분노세대

The Trolls of Wall Street
Copyright © 2024 Nathaniel Popper
All rights reserved.

Korean translation copyright © 2025 by Woongjin Think Big Co., Ltd.
Published by arrangement with Dey Street Books,
an imprint of HarperCollins Publishers through EYA (Eric Yang Agency).

이 책의 한국어판 저작권은 EYA (Eric Yang Agency)를 통해
Dey Street Books, an imprint of HarperCollins Publishers 사와 독점계약한
주식회사 웅진씽크빅에 있습니다.
저작권법에 의하여 한국 내에서 보호를 받는 저작물이므로
무단전재 및 복제를 금합니다.

THE TROLLS OF WALL STREET

분노 세대

밈과 혐오로 시장을 교란하는 불안 세력의 탄생

너새니얼 포퍼 지음 | 김지연 옮김

웅진 지식하우스

일러두기

1. 단행본은 겹낫표(『』), 신문·잡지 등 정기 간행물은 겹꺽쇠(《》), 영화·음악 등 예술 작품의 제목은 홑꺽쇠(〈〉)로 표기했다.
2. 이 책은 국립국어원 표준국어대사전의 표기법을 따랐으나, 일부 용어의 경우 통상의 발음을 따랐다.
3. 원어는 첨자로 병기하되, 일부 온라인 게시판 명칭이나 닉네임 등은 원어 그대로 표기했다.
4. 이 책에서 언급한 원/달러 환율은 1,400원으로 적용했으며, '달러(원)' 형식으로 표기했다.
5. 본문 중 각주는 저자의 주석이며, 독자의 이해를 돕기 위한 옮긴이 주는 괄호에 '―옮긴이'로 표기하였다.

이 책을 향한 찬사

대단히 중요하고, 한 시대의(그리고 한 세대의) 상징적 사건이 될 거라 직감하지만 그게 왜 중요하고 어떤 상징이 될 것인지 아직 명확히 파악하기 어려운 현상이 있다. 기존 상식을 너무 벗어나고, 질서와 논리가 없어 보이고, 상상하기 싫은 파괴적 전망을 내비치는 듯해서 무섭고 기괴한데, 한편으로는 익숙한 풍경. '게임스톱 주가 폭등 사태'라고 불리기도 하고 '레딧발 밈 주식 광풍'이라고 불리기도 하는 사건이다.

이 사건이 상징적인 이유는 우리 시대의 중요한 균열들이 여기에 집중되어 있기 때문이다. 이 사건이 익숙한 이유는 같은 균열이 한국 사회에도 있기 때문이다. '우리가 알던 세상이 발밑에서 무너지는 것 같다'는 느낌을 받을 때 때로는 원인으로, 때로는 결과로 지목되는 균열들이다. 온라인에서 사람들이 주고받는 상호작용이 나날이 기묘해지는 것, 금융시장이 실물 경제를 압도하고 평범한 개인이 직접 투자를 사실상 강요받는 것, 중산층과 노동계급이 붕괴하면서 노동윤리도 함께 사라지는 것, 사회 담론에서 젊은 남성들이 소외되고 그들의 분노가 결집하며 서브컬처와 섞이는 것, 정치적 올바름을 둘러싸고 문화 전쟁이 벌어지고 반대편에서 극단주의가 부상하는 것…….

너새니얼 포퍼는 그 균열들이 지금 어떤 모양을 그리며 우리 발밑의 바닥을 가르고 찢는지 숙련된 저널리스트의 솜씨로 생생하게 보여준다. 주역 인물들과 그들의 동기를 추려내고, 레딧 이용자들이 왜 동조했는지, 그런 움직임이 헤지펀드에, 또 금융시장에 어떤 타격을 어떻게 가했는지. 포퍼는 레딧의 젊은 남성들을 옹호하지 않지만, 그들을 얄팍한 악당이나 공감 능력이 없는 괴물로 묘사하지도 않는다. 그들의 기이한 정의감이나 유치한 인정욕구만큼이나 좌절감과 무력감, 외로움, 두려움, 곤궁함도 잘 전달한다. 나는 이 책이 지금 우리가 기대할 수 있는 가장 성실한 세대 보고서라고 생각하며, 젊은 세대 남성에 관심 없는 사람들에게 좋은 안내서가 될 거라 믿는다. 예상치 않은 곳에, 예상치 않은 방식으로 먼저 온 미래에 대한 훌륭한 르포르타주이기 때문이다.

-장강명(소설가)

세계는 때로 이성을 잃은 자들에 의해 움직인다. 『분노 세대』는 시장이 항상 깨끗하고 합리적인 금융 법칙을 따르는 것은 아니라는 사실을 일깨워주는 책이다. 모든 투자자들은 이 책을 꼭 읽어야 한다.   - 모건 하우절(『돈의 심리학』 저자)

인터넷의 힘에 대한 생생한 증거인 『분노 세대』는 금융계의 골리앗에 맞서는 디지털 다윗의 이야기로 시선을 사로잡는다. 너새니얼 포퍼는 몰입도 높은 취재와 재미있는 스토리텔링으로 전례 없는 금융계의 격변을 조명한다.
- 브래들리 호프(『빈 살만의 두 얼굴』 저자)

인터넷 시대의 인간 행동에 대한 훌륭한 탐구. 포퍼는 주식 거래가 돈을 벌고자 하는 영원한 욕구만큼이나 분노와 외로움, 남성들의 유대감에 대한 욕구에서 비롯된 것이라는 완전히 다른 새로운 동기를 가지고 있다는 것을 내보이는 데 성공했다.
- 조 노세라(『모든 악마가 여기에 있다』 저자)

다른 언론들에서 월스트리트베츠를 월가라는 골리앗에 맞서는 다윗으로 묘사한 반면, 너새니얼 포퍼는 이 기묘한 서브레딧을 트럼프 대통령 임기 동안 인종차별과 여성 혐오의 원천으로 악화된 관계에 굶주린 젊은 남성들의 피난처로 묘사했다. 예리하면서도 놀랍도록 객관적인 이 책은 게임스톱 사태를 평가한 작품들 중 단연 돋보이는 수작이다.
- 《퍼블리셔 위클리》

소셜 미디어 시대의 투자에 대한 영리하고 불안감을 주는 통찰을 담은 책.
- 《포춘》

소셜 미디어의 '핀플루언서'들이 분노한 아마추어 투자자들의 군대를 이끌어 거대 금융에 도전했던 게임스톱 밈 주식 열풍의 내

막을 추적한 생생한 이야기.　　　　　　-《더 타임스》

최근 게임스톱을 포함한 밈 주식의 부활은 아마추어 투자자들의 시장 영향력이 과거의 사건이 아니라 현재 진행형임을 증명한다. 현재 1,600만 명을 넘어선 월스트리트베츠의 회원들은 3년 전처럼 시장을 '해킹'하지는 않더라도, 여전히 적극적으로 시장에 참여하고 있다. '월가의 트롤들'은 여전히 존재하며, 그들의 이야기는 계속되고 있다. 절묘한 때에 출간된 시의적절한 책!

-《파이낸셜 타임스》

게임스톱 사태가 열어젖힌 새로운 세계

2021년 1월 27일 밤, 온라인에서 'zjz'라는 아이디로 불리는 조던 자자라Jordan Zazzara는 자신에게 미국 주식시장을 움직일 수 있는 힘이 있다는 사실을 깨달았다.

조던은 전통적인 금융계 거물과는 거리가 먼 삶을 살고 있었다. 뉴욕주 이타카의 후미진 동네에 위치한 낡은 목조 주택 한편의 어둡고 지저분한 골방이 조던의 보금자리였다. 방에 달린 보일러는 한겨울이면 차디찬 북부의 추위를 견디지 못하고 이따금씩 고장이 나곤 했다. 조던은 스물일곱 살이 되도록 변변한 직업조차 없었다. 몇 년 전에는 길을 걷다 차에 치여 다리도 살짝 저는 신세가 되고 말았다. 친구도 많지 않았고, 그나마 가깝게 지내는 몇 안 되는 지인은 전부 온라인에서만 알고 지내는 사이였다. 어떤 날은 게임을 하거나 소셜 미디어에서 벌어지는 논쟁에 참여하며 하루에 열여덟 시간을 온라인에서만 보내기도 했다. 하지만 이처럼 온라인 세상에 투자한 시간이 마냥 헛되지만은 않았다. 그 덕분에 투기성 금융 거래에 초점을 맞춘 온라인 커뮤니티 '월스트리트베츠WallStreetBets'의 운영자가 되었으니 말이다.

월스트리트베츠는 레딧Reddit(한국의 디시인사이드와 유사한 미국 최대 인터넷 커뮤니티 포털 사이트—옮긴이)이라는 소셜 네트워크를 기반으로 한 온라인 커뮤니티다. 레딧은 사용자가 공통의 관심사를 중심으로 주제별 커뮤니티를 만들고 게시판 형식으로 글을 올리며 소통하는 소셜 네트워크로, 페이스북이나 틱톡처럼 이용자 수가 많진 않지만 최신 기술에 능통한 사람들을 중심으로 인기를 끌었다. 특히 '서브레딧subreddit'이라고 불리는 주제별 커뮤니티는 이용자가 직접 해당 게시판을 관리할 수 있었다. 조던은 월스트리트베츠를 관리하는 일에 가장 적극적인 운영진이었다. 회원들이 주식 거래에 관한 대화를 이어나갈 때 자동으로 규칙을 적용하는 소프트웨어를 직접 만들어 운용할 정도였다. 인터넷 변방의 이름 모를 커뮤니티의 관리자였던 조던은 2021년 1월, 느닷없이 주식시장에 수십억 달러를 투입하며 금융계 기득권 세력을 위협할 수 있는 힘을 가진 커뮤니티 관리자로 등극한다. 월스트리트베츠 이용자들이 서로를 독려해 불과 며칠 만에 비디오 게임 소매 회사인 게임스톱의 주식과 기타 여러 대기업 주식 수백만 주를 사들이면서 전 세계의 이목을 끈 것이다. 1월 27일에는 그 활동이 정점에 달하면서 방문자 수가 폭증했고, 월스트리트베츠뿐만 아니라 레딧 전체가 마비될 뻔했다. 심지어 일각에서는 이 사태가 금융시장에까지 영향을 미칠 수 있다며 우려를 표명했다.

조던은 그날 월스트리트베츠 회원들에게 "우리는 하루아침에 꿈에서만 상상했던 규모로 성장했다"라는 글을 남겼다.

레딧이나 정부 당국이 어떤 명분을 내세워서라도 월스트리트베츠를 폐쇄해버릴지도 모른다는 두려움이 엄습하자 조던은 독단적으로 월스트리트베츠를 비공개로 전환했다. 너무나도 사랑하는 커뮤니티를 지키기 위한 최후의 수단이자, 사실상 일반 대중의 접근을 차단하는 조치였다. 그 덕분에 조던은 다른 운영진과 함께 그날 발생한 문제를 해결할 시간을 벌 수 있었다.

그러나 조던은 곧 자신이 내린 결정이 불러온 예상치 못한 파장에 직면했다. 소셜 미디어 여기저기서 공황 상태에 빠진 목소리가 터져나왔고, 주가는 급락하기 시작했으며, 월스트리트베츠에서 가장 많이 언급된 종목들이 하락세를 주도했다. 조던이 월스트리트베츠를 비공개로 전환한 지 불과 몇 분 만에 게임스톱의 주가는 100달러 가까이 떨어졌다.

거의 모든 글로벌 뉴스 채널과 언론에서는 월스트리트베츠가 주도한 이번 게임스톱 사태가 하룻밤 사이에 반짝 생겨난 관심으로 빚어진 일회성 이벤트일 거라고 예상했다. 지금까지 인터넷에서 유행했던 수많은 밈meme(인터넷상에서 빠르게 전파되는 콘텐츠로, 한국에서는 '짤'이라고도 한다—옮긴이)과 마찬가지로 말이다. 하지만 조던과 월스트리트베츠 이용자들에게 이번 사태는 이미 아주 오래전부터 예견된 것이었다. 월스트리트베츠는 2012년에 제이미 로고진스키Jaime Rogozinski가 창설했다. 당시 서른한 살이던 제이미는 워싱턴 D.C. 외곽의 허름한 아파트에 거주하며 레딧에서 자르텍jartek이라는 아이디로 활동했다. 2016년에 조던이 합류하면서 두 사람은 주식이라는 공통의 관심사를 가지고 이 서브레딧에 모인 혈기 왕성한 젊은이들을 어떻게 통제할 수 있을지를 함께 고민했다.

여느 미국 젊은이들처럼 인생의 길을 찾고자 고군분투하던 제이미와 조던은 외로움을 달래려 레딧을 찾았다. 하지만 서로 자라온 배경도 다르고 커뮤니티에 대한 비전도 달랐던 두 사람은 시간이 지나면서 서로를 헐뜯으며 충돌을 빚었다. 도시 변두리에서 홀어머니 손에 자란 조던은 대학 졸업장도 없었던 반면, 멕시코시티 부촌에서 이중 언어를 구사하며 자란 제이미는 워싱턴 D.C.에서 대학을 졸업하고 금융업계에 취직했다. 게임스톱 사태가 발생하기 1년 전, 조던이 다른 회원들까지 끌어들여 월스트리트베츠 창설자인 제이미를 쫓아내려고 할 정도로 두 사람 사이의 갈등은 극에 달했다. 조던에게 이 싸움은 실존적 투쟁이었다.

"밖에서 보기에는 지금 이 상황이 이름 모를 인터넷 포럼에서 이상한 사람들끼리 모여 별것도 아닌 일로 난리를 치는 것처럼 보일 수 있습니다. 어느 누가 신경이나 쓰겠어요?" 조던이 제이미와 갈등을 빚던 와중에 《뉴욕 타임스》 기자에게 보낸 편지다.[1]

하지만 조던을 비롯한 많은 이에게는 매우 중요한 일이었다. "오늘 이 성공은 저와 제 친구들이 힘을 합쳐 이루어낸 것입니다. 그 어느 때보다도 자랑스럽습니다. 악당이 되려면 될 수 있는 기회도 많았지만 저희는 결코 단 한 차례도 그 기회를 잡지 않았습니다. 이런 말을 당당하게 할 수 있는 사람이 세상에 과연 몇이나 될까요?"

* * *

2008년 금융위기 이후 주식시장은 오랫동안 소셜 미디어와 대중문화의 영향력이 미치지 않는 전문가들만의 영역이었다. 하지만 10년 후 코로나바이러스가 전 세계를 덮치면서 상황은 급변했다. 주식, 통화 정책, 금융 시스템에 예상 밖의 관심을 보이는 청소년과 청년들이 생겨났고, 이들은 금융이라는 어려운 주제를 흥미롭고 자극적인 게시물이나 동영상으로 만들어 레딧이나 틱톡에 공유하며 인기를 끌었다.

이러한 사회적, 경제적 움직임의 중심에는 월스트리트베츠가 있었다. 얼핏 보면 괴짜들이 모여 부적절한 게시글이나 올리는 곳으로 치부하기 쉬웠지만, 황당하고 직설적인 농담 이면에는 진지한 생각과 열망, 실험 정신이 숨어 있었다. 이처럼 농담과 진담을 구분하기 어려운 것이 21세기 초 온라인 담론의 특성이었다. 트롤(온라인에서 의도적으로 분란을 조장하는 말이나 행동을 하는 사람을 일컫는 인터넷 속어—옮긴이)을 자처하기에 더할 나위 없이 좋은 자질이기도 했다. 이를 여실히 보여주는 예시가 바로 2016년 도널드 트럼프의 대통령 당선이다. 농담처럼 보였던 대선 후보가 실제로 백악관에 입성했으니 말이다. 월스트리트베츠가 돈을 대하는 태도도 다르지 않았다. 젊은 트롤들은 장난인 듯 아닌 듯 실제 월가에 종사하는 어른들에게서 스포트라이트를 훔치고 때로는 수익을 챙겼다.

  2008년 금융위기 이후 젊은이들이 주식이나 금융 같은 것에 환멸을 느끼던 시대에 돈과 금융 거래에 초점을 맞춘 온라인 커뮤니티가 등장한 것은 예상치 못한 일이었다. 당시 젊은이들은 주로 월가 점령 시위에 참여했고 사회주의에 큰 관심을 보였기 때문이다. 그렇게 청년층은 10년간 금융권에서 소외된 세대였다. 그러다 갑자기 수백만 미국 청년들이 투자자로 돌아선 이 전례 없는 변화의 중심에 바로 월스트리트베츠가 있었다. 부자도 아니고 심지어 부자 근처에도 못 미치는 사람들이 온라인에서 뭉치니 실제 주식시장과 기업에 수백억 달러를 투자할 수 있는 힘을 가지게 되었다. 언론에서는 이 새로운 유형의 온라인 커뮤니티를 무시하거나 과소평가했다. 그러나 월스트리트베츠는 새로운 기술이 상상할 수 없을 정도로 많은 사람을 한데 모으고, 특히 젊은 세대가 등한시했던 투자 활동을 주류의 취미로 바꾼 역사상 가장 극적인 사례로 한 획을 그었다.

월스트리트베츠가 바꾼 것은 금융시장만이 아니었다. 이전에는 없던 새로운 종류의 커뮤니티가 생겨나고 사회운동이 일어났다. 사람들은 장이 끝난 후에도 집에 틀어박혀 온라인에서 끼리끼리 소통하기를 열망했다. 이 커뮤니티를 지배하는 거침없고 공격적인 태도는 외부에서 보면 이해하기 힘들었지만, 내부에서 보면 사회적 지위에 대한 불만과 인생의 목적에 대한 깊은 갈망을 대변했다. 월스트리트베츠는 생각과 감정을 여과 없이 쏟아낼 수 있는 공간이었고, 그로 인해 돈에 대한 새로운 사고방식과 대화 방식이 형성되었다. 이 커뮤니티는 단순한 온라인 커뮤니티를 넘어 현실에서 돈의 흐름에 영향을 미쳤으며 젊은이들의 경제관념에도 변화를 일으켰다.

제이미가 2012년에 월스트리트베츠를 창설했을 때만 해도 그의 목표는 소박했다. 단지 자신처럼 복잡하고 위험한 금융상품에 관심이 많은 소수의 사람을 끌어모아 소통할 목적이었다. 이 커뮤니티는 수년 동안 알려지지 않았지만 제이미는 계속해서 커뮤니티를 운영해나갔다. 그에게는 이 커뮤니티가 다른 곳에서는 찾을 수 없는 사회적 출구였기 때문이다.

월스트리트베츠에 활기가 돌기 시작한 것은 주식 거래 전용 앱인 로빈후드가 등장하면서부터였다. 로빈후드는 실리콘 밸리의 디자인과 기술력을 바탕으로 소수의 전유물이었던 금융 거래를 누구나 할 수 있게 만들었다. 그러나 전형적인 실리콘 밸리의 관행에 따라 로빈후드는 오로지 회사의 성장에만 집중했다. 월급을 택시 부르듯 순식간에 탕진할 수 있게 만들고 그 이후에 불어닥칠 후폭풍에 대해서는 눈곱만큼도 고려하지 않았다. 이러한 사실은 월스트리트베츠에 로빈후드 앱을 사용하면서 막대한 금전적 손실과 인적 피해가 발생했다는 게시물이 올라오기 시작하면서 세상에 알려지기 시작했다. 이러한 손실은 로빈후드가 급하게 구축한 소프트웨어의 오류로 인해 발생한 경우도 적지 않았다. 로빈후드는 월스트리트베츠가 성장하는 데 결정적인 역할을 한 일등 공신인 동시에 그 회원들 사이에서는 공공의 적이기도 했다.

    월스트리트베츠에서는 특정 종목을 고르지 말라거나 시장 타이밍을 맞추려 하지 말라는 등의 기존 투자 규칙을 깡그리 무시한 위험하고 무모한 거래가 횡행했다. 월스트리트베츠의 이러한 투자 행태는 기성세대를 향한 반항이자 금융위기 이후 미국 젊은이들 사이에 만연한 기존 관습에 대한 불신의 표출이었다. 소셜 미디어는 반항과 불신을 표출할 수 있는 창구가 되었고, 시간이 지날수록 너도나도 외쳐대는 아우성 속에서 무엇이 진실인지를 분간하기란 더욱 어려워졌다.

    이러한 불신과 냉소는 특히 월스트리트베츠 회원의 대부분을 차지하는 젊은 남성들 사이에서 더욱 강하게 나타났다. 여러 세대에 걸쳐 인간 사회에서 먹이사슬의 최상위를 차지했던 젊은 남성들이 언제부터인가 측정 가능한 거의 모든 삶의 영역에서 젊은 여성들에게 뒤처지고 있다는 증거가 사회 곳곳에서 나타났다. 금융위기 이후 이러한 추세는 더욱 가속화되어 젊은 남성은 이제 젊은 여성보다 친구를 사귀고, 좋은 성적을 받고, 대학을 졸업하고, 취직할 확률이 낮아졌다. 전통적인 남성성의 특징인 공격성과 경쟁심보다 협력과 감성 지능을 우선시하는 현대 사회에 어떻게 적응해야 할지를 몰라 방황하는 젊은 남성들이 갈수록 늘어났다.

월스트리트베츠는 바로 이런 처지에 놓인 젊은 남성들에게 때때로 부적절해 보이지만 만족스러운 해방구를 제시했다. 그 해방구는 다름 아닌 투기성 거래였다. 이는 잘만 하면 빚더미에서 단번에 빠져나오게 해줄 동아줄처럼 보였다. 설령 손실을 입는다 하더라도 이 같은 무모한 행동은 곧 세상을 이처럼 엉망진창으로 만들어놓은 전문가 집단과 베이비부머 세대에게 저항하는 행위처럼 느껴졌다. 한편 거래를 두고 오가는 대담한 대화는 재미와 유대감의 원천이었다. 주식시장은 1년에 몇 달만 뛰고 마는 스포츠 팀보다 여러 면에서 유대감을 형성하기에 훨씬 더 좋은 주제였다. 시간이 지나면서 여성 회원도 늘어났지만 그다지 환영받지는 못했다.

월스트리트베츠는 2015년과 2016년에 사회에 대한 신뢰를 잃어버린 외로운 젊은 남성들에게 도피처가 되어주었다. 이 혈기 왕성한 온라인 문화의 원조는 '포챈4chan'이라는 웹사이트였다. 포챈에서 주로 사회의 기대에 맞춰 온순하고 예의 바르게 행동하기를 거부하는 젊은 남성들이 익명으로 음담패설이나 욕설을 거리낌 없이 쏟아냈다. 이처럼 거친 남성성을 여과 없이 표출하는 문화는 주식 거래와 비디오 게임을 주제로 한 서브레딧에서부터 조 로건Joe Rogan이나 조던 피터슨Jordan Peterson 같은 팟캐스터의 트위터와 유튜브 계정에 이르기까지 인터넷 전반으로 빠르게 확산되었다. 남성 중심의 인터넷 커뮤니티를 뜻하는 '남초 커뮤니티manosphere'는 오바마 행정부 시절 특히 성 정체성과 인종 정체성에 관한 진보적 이념에 반기를 들며 성차별적, 인종차별적 용어를 쏟아내는 곳으로 유명해졌다. 그러나 이러한 사이트가 충성도 높은 이용자를 확보할 수 있었던 까닭은 오늘날 젊은 남성으로서 겪는 어려움을 유일하게 인정해주는 곳이었기 때문이다.

2016년 도널드 트럼프의 대선 운동은 이 같은 남초 커뮤니티가 부흥하는 데 가장 큰 촉매 역할을 했다. 트럼프는 남성 중심의 온라인 커뮤니티에 만연한 분노와 반문화적 성향을 누구보다 잘 이해하고 대변하며 인기를 끌었다. 트럼프의 핵심 온라인 지지층이 레딧에 형성된 것은 우연이 아니었다. 이 서브레딧(r/the_donald)은 온라인에 집결한 트럼프 지지층의 본진이 되어 트럼프의 선거 운동을 전폭적으로 지지했다. 월스트리트 베츠를 시작할 당시만 해도 제이미와 조던은 정치적으로 다소 전통적인 진보 성향을 지니고 있었다. 하지만 트럼프가 유력한 대선 후보로 급부상하는 과정에서 서브레딧의 다른 동지들과 마찬가지로 자신들의 마음을 대변해주는 이 예기치 못한 인물을 지지하는 쪽으로 돌아섰다.

그러나 월스트리트베츠는 결코 정치 문제에 잠식되지 않았다. 이곳에 모여든 젊은 남성들은 마음속에 쌓인 분노와 에너지를 금융시장으로 돌렸기 때문이다. 월스트리트베츠의 투자 행태가 시장 역사상 전례 없는 정신과 태도를 보여준 것도 이러한 까닭이다. 처음에는 주식 거래와 옵션 및 선물과 같은 기타 표준 금융 거래가 중심이었다. 하지만 얼마 지나지 않아 비트코인을 비롯한 여러 암호화폐로 손을 뻗으며 관련 커뮤니티와 얽히게 되었다. 디지털 화폐는 투자 위험이 높아 단번에 큰 부자가 될 수 있는 기회를 제공하는 동시에 기존 금융시장에 도전할 수 있는 수단이 되어주었다. 새로운 암호화폐가 등장할 때마다 새롭게 생겨난 서브레딧과 더불어 월스트리트베츠의 젊은 투자자들은 그날그날 가장 유망해 보이고 구미가 당기는 투자처로 자금을 옮기며 시너지 효과를 창출했다.

코로나 팬데믹이 미국을 강타한 2020년 초에 이미 당시 상황을 1990년대에 빗대어 이야기하는 사람이 많았다. 1990년대에는 닷컴 버블과 함께 새로이 생겨난 전자 주식 계좌로 저축예금을 옮기는 초보 투자자가 급증했다. 코로나19 이후 소액 투자자가 급증한 것도 이와 유사했지만 그 영향력은 훨씬 더 크고 강력했다. 월스트리트베츠는 그 존재가 대중에게 알려지기도 전인 2020년 중반에 이미 대기업 주가를 움직일 수 있는 힘이 있음을 증명하며, 세계에서 가장 뛰어나고 막강한 투자 회사에 손실을 입히기도 했다. 소셜 미디어와 금융 인프라의 발전으로 팬데믹 때문에 집 안에만 갇혀 있던 대중이 서로 생각을 공유하고 격려하며 1990년대와는 달리 훨씬 더 조직적으로 움직일 수 있게 되었다. 게임스톱과 같은 밈 주식(인터넷 커뮤니티나 소셜 미디어에서 유행하는 밈처럼 빠르게 퍼지고 주목받는 주식을 뜻한다—옮긴이)의 등장으로 월스트리트베츠는 불현듯 이 온라인 커뮤니티의 모태이자 오랜 적인 월가에 복수할 기회를 손에 쥐게 되었다.

요약하자면 이 책은 제이미 로고진스키와 조던 자자라라는 두 청년이 친구와 돈을 벌기도 하고 잃기도 하며 겪은 극적인 여정을 다룬 이야기다. 공통된 목표를 이루고자 노력하는 과정에서 물론 갈등도 있었다. 하지만 두 사람은 누가 뭐래도 월스트리트베츠를 창설해 4,000만 명의 회원을 보유한 커뮤니티로 성장시키고 젊은이들의 관심을 돈과 금융 거래로 끌어들인 주역들이다.

게임스톱 열풍 당시 많은 사람이 이 새로운 우주에 눈을 떴지만, 곧 수많은 온라인의 현상들처럼 잠시 유행하고 사라질 거라고 예상했다. 하지만 시간이 지날수록 금융시장에 대한 젊은 세대의 관심은 지속적으로 확대되었다. 2023년 초, 개인 투자자들의 투자 금액 합계는 게임스톱 열풍이 불었던 2021년 초와 거의 동일했다. 이는 코로나19 이전과 비교해 무려 6배에 달하는 수치로, 팬데믹 이후 주식 투자 및 금융 거래가 전 국민적인 취미가 되었음을 보여준다. 소액 투자자들을 추적하고 이 책에서 사용된 데이터 중 일부를 제공한 회사인 반다 리서치에 따르면 개인 투자자들의 주식 보유 금액은 2019년 상반기에 210억 달러(한화 약 30조 원)였는데, 2023년 상반기에 1,180억 달러(한화 약 174조 260억 원)로 폭증했다.[2] 2022년에 주식을 보유한 미국인의 비율은 사상 최고치를 기록했다. 관련 통계에 따르면 새로운 주식 보유자들은 과거에는 주식에 거의 관심을 보이지 않았던 다양한 인구통계학적 집단에 속한 것으로 나타났다.[3] 이처럼 광범위한 주식 투자 열풍은 월스트리트베츠를 훨씬 뛰어넘는 규모의 문화적 변화였다. 그러나 월스트리트베츠가 이 열풍에 크게 기여했다는 사실을 부인할 수는 없다.

이 새로운 투자자 집단은 단순히 주식에 더 많은 돈을 투자하는 데 그치지 않고 자산 유형을 확장하면서 돈과 투자에 대한 새로운 사고방식을 형성해나갔다. 월스트리트베츠 이전 세대는 일반적으로 안정적인 뮤추얼 펀드를 선택했고 일부만이 개별 주식 거래나 옵션, 암호화폐 같은 투기성 거래에 손을 댔다. 이와는 대조적으로 가장 어린 성인 세대인 Z세대는 일반적인 투자 관행을 뒤엎고 주로 암호화폐에 투자하는 경향을 보인다. 2023년 중반 금융 규제 당국과 학계에서 발표한 보고서에 따르면 Z세대의 절반 이상이 디지털 화폐를 보유하고 있는 것으로 나타났다. 개별 주식 보유 비율이 바로 그 뒤를 이으며 과거와는 달리 고루한 선택지가 되어버린 뮤추얼 펀드를 훨씬 앞질렀다.[4]

금융 거래가 카지노나 복권과 크게 다를 바 없다고 생각하는 사람도 많다. 실제로 그렇게 되기 쉬운 것도 사실이다. 주식 투자로 재정적, 심적 고통에 시달리다가 자살로 생을 마감한 사례도 많다. 하지만 카지노와 달리 시장은 제로섬 게임이 아니다. 주식은 저축을 경제에 투자해 물건을 생산하고 사람을 고용할 수 있게 해준다. 올바르게 접근하기만 한다면 양쪽 모두 승자가 될 수 있는 구조. 월스트리트베츠를 중심으로 퍼져나간 청년층의 새로운 투자 방식은 실제로 기업이 운영 자금을 조달하는 방식을 바꾸고 있다. 또한 주식을 보유한 미국인 비율이 늘어나면서 과거에는 시장 상승의 혜택을 누리지 못했던 많은 사람이 자산 증식의 혜택을 누리고 있다는 징후가 서서히 나타나고 있다.[5]

설사 투자로 돈을 잃더라도 책이나 뉴스를 통해 수동적인 방식으로만 세상을 이해하려 할 때는 결코 얻을 수 없는 귀한 경험과 교훈을 얻을 수 있다. 확신에 찬 전문가의 말도 틀릴 수 있고 내가 믿어 의심치 않던 가정 또한 틀릴 수 있다는 사실을 깨닫고 행동과 생각을 조정하기에 일주일 치 급여를 잃는 것만큼 효과적인 수업은 없다. 이 새로운 온라인 금융 세계는 경제를 작동시키는 지렛대에 대한 전례 없는 지식을 갖춘 자칭 트롤과 이단아를 양산했으며, 이들이 가진 지식은 앞으로 수년 동안 이들의 투자 방식에 영향을 미칠 것이다.

금융은 이제 대중문화의 일부가 되었으며, 앞으로 영원히 그럴 것이다. 학계와 전문가들은 이제 막 이러한 변화가 사회와 실물 경제에 미칠 긍정적, 부정적 영향에 관해 논의하기 시작했다. 현재 분명한 사실은 새롭게 떠오른 이 기이한 금융 생태계를 구성하는 세대가 미국 역사상 과거의 그 어떤 세대와도 다르다는 것뿐이다. 금융 생태계의 현재를 이해하고 미래를 예측하기에 월스트리트베츠 이야기보다 더 좋은 출발섬은 없다.

차례

이 책을 향한 찬사   005
서문   게임스톱 사태가 열어젖힌 새로운 세계   009

1부   아웃사이더들의 은둔지, 레딧

1장   아웃사이더, 레딧을 점령하다   029
2장   트롤링의 씨앗을 뿌리다   043
3장   로빈후드, 완전히 새로운 판을 짜다   062
4장   혐오와 분노, 문화에서 정치로   079
5장   트럼프 당선시키기   095
6장   폭주하는 밈과 암호화폐 도박꾼들   119
7장   더 위험할수록 더 유명해진다   137

2부   분노 세대의 탄생

8장   이달의 밈 주식과 테슬라 열풍   166
9장   시장 조작, 닥치고 매수하라   185
10장   코로나19와 요동치는 시장   205
11장   뒤집힌 자본 시장의 패러다임   225
12장   검열이냐 표현의 자유냐   245

3부 **이제 복수할 기회가 왔다**

13장 목적지는 명왕성, 지금 탑승하라   **266**

14장 분노, 불만, 열정을 베팅하다   **288**

15장 게임스톱 주가 대폭등   **327**

16장 유인원, 인플루언서 그리고 광신도   **372**

17장 분노 세대의 집권   **410**

감사의 글   **449**
출처에 대한 설명   **452**
주   **457**

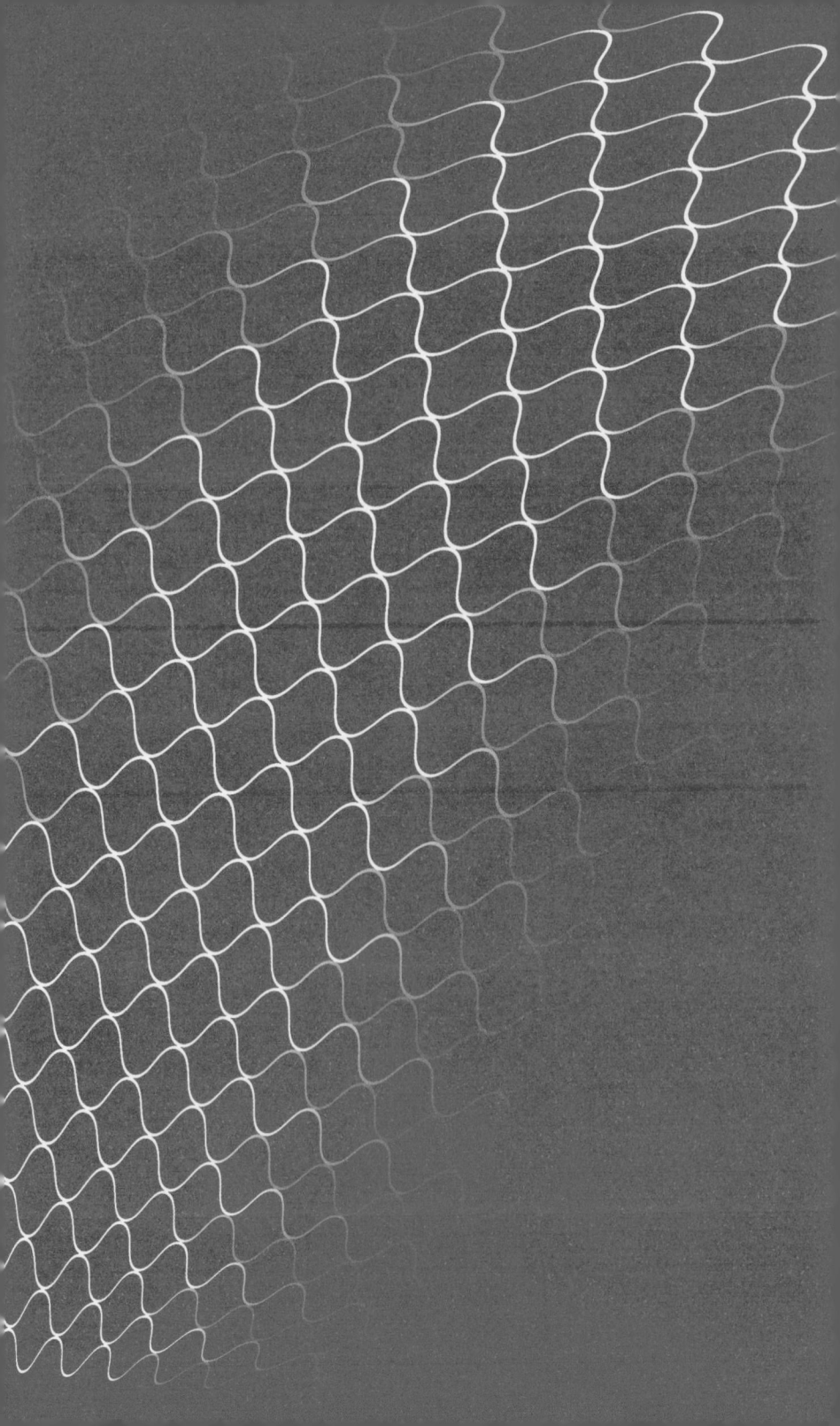

1부
아웃사이더들의 은둔지, 레딧

1장
아웃사이더, 레딧을 점령하다

> "여기에는 투자 행위에 분노하는 사람이 많은 것 같다."

2011년 말, 스물아홉 살의 제이미 로고진스키는 매너리즘에 빠져 있었다. 워싱턴 D.C.에 있는 미주개발은행의 창문 없는 사무실에서 하루 종일 컴퓨터 화면 앞에 앉아 끝도 없이 이어지는 경제 통계 데이터를 관리하는 일이 제이미의 주된 일상이었다. 제이미는 업무에서 어떤 즐거움도 느낄 수 없었다. 게다가 복장 규정 때문에 매일 입고 출근하는 양복은 최근 들어 불어난 체중 때문인지 불편하기 짝이 없었다. 일과가 끝나면 곧바로 지하철을 타고 교외에 있는 아파트로 퇴근했다. 아무런 장식도 하지 않은 아파트는 삭막하기 그지없었다. 해가 지면 곧장 침실로 들어가 또 다른 컴퓨터 화면 앞에 앉아 그가 좋아하는 소셜 미디어 네트워크 레딧에서 다른 사람들의 삶을 훔쳐보며 시간을 보냈다. 그에게 한 줄기 빛이 되어준 존재이자 그를 밖으로 나가게 만드는 유일한 존재는 충성스러운 저먼 셰퍼드 카포였다. 카포는 제이미가 아무리 우울한 얼굴을 하고 있어도 뺨에 침 세례를 퍼부으며 변함없는 애정을 표현했다. 그러니 카포가 거실에 있는 값비싼 가죽 소파를 물어뜯어 너덜너덜하게 만들어도 제이미는 전혀 개의치 않았다.

제이미도 한때는 밝고 쾌활했다. 멕시코시티에서 자란 제이미는 학창 시절 수학을 잘했고, 연극 동아리 친구들과 어울려 다녔으며, 반에서 오락부장으로 불리기도 했다. 대학에 진학해서도 활발한 사교 활동을 이어갔다. 일리노이대학교에서 컴퓨터과학과 경제학을 복수 전공한 제이미는 남성적인 턱선과 풍성한 검은 머리카락 덕분에 여자 친구를 사귀는 데 별다른 어려움이 없었다. 하지만 대학 시절 사교 모임에서 빼놓을 수 없었던 술이 문제였다. 알코올 중독에 빠진 것이다. 술을 도피처로 삼게 된 이유를 제이미 스스로도 정확히 알지 못했다. 다만 부모에게 배운 친절하고 사회적으로 용인되는 행동과는 정반대되는, 혈기 왕성한 젊은 남성의 몸속 깊은 곳에서 끓어오르는 충동을 어떻게든 잠재우려 노력하는 과정에서 그렇게 된 것이 아닐까 짐작만 할 뿐이었다. 대학을 졸업하고 6년 후인 2011년까지 제이미는 주로 혼자 술을 마셨다. 알코올 중독을 가리키는 여러 가지 적신호를 들킬세라 가족과 친구들을 피해 다녔다. 그는 매일 밤 저녁거리를 사 들고 룸메이트에게는 대충 이런저런 핑계를 둘러대고는 혼자 방으로 올라가 보드카 한 잔을 스트레이트로 따르며 청승맞게 안도의 한숨을 내쉬곤 했다.

밤의 공허함과 낮의 지루함을 메우고자 제이미는 2011년에 위탁 계좌 하나를 개설했다. 처음에는 소소한 주식 거래로 시작했지만 얼마 지나지 않아 옵션 거래에도 뛰어들었다. 옵션은 애플이나 포드 같은 일반 주식에 연동된 금융 파생 상품이다. 하지만 주가의 변동성, 옵션 계약에 따른 특정 만기일 등 여러 가지 복잡한 요인 때문에 주식보다 훨씬 더 가격 변동이 크고 예측이 어렵다. 그래서 대부분 옵션 거래를 주저하지만, 어릴 때부터 퍼즐을 즐겨 하고 TV나 라디오 같은 기계를 분해해 원리를 파악하기를 좋아했던 제이미는 옵션 거래에 매력을 느꼈다. 특정 주식에 연계된 모든 옵션 가격을 보여주는 옵션 매트릭스가 제이미에게는 마치 직접 설계한 3D 퍼즐처럼 보였다.

2011년 말, 결코 평범하지 않은 이 새로운 취미 생활에 몰두하면서 제이미는 역사상 매우 특별한 시기를 지나고 있다는 사실을 직감했다. 2008년 금융위기를 겪은 지 얼마 되지 않은 시점이었다. 옵션 거래를 시작한 이후 몇 주 동안 그는 출근길에 백악관과 멀지 않은 곳에 진을 치고 있는 월가 점령 시위 현장을 지나쳤다. 2011년 10월, 흐트러진 행색이지만 활기 넘치는 젊은이들이 매일 텐트에서 잠을 자고 공원에 모여 팻말을 들고 부패한 금융권에 휘둘리는 미국 경제를 비판했다. 서브프라임 모기지 사태는 상위 1퍼센트 부자를 대변하는 월가가 자초했건만 정작 그 대가는 나머지 99퍼센트가 치르고 있는 현실에 반발하는 시위였다. 2011년 여름 로어맨해튼에서 시작된 월가 점령 시위는 젊은이들을 중심으로 순식간에 미 전역으로 확산되었다.

이 온갖 혼란의 소용돌이 속에서 수많은 미국인이 금융시장에 등을 돌렸다. 2008년과 2011년 사이에 미국의 주식 보유자 비율은 급감했다.[1] 금융위기 당시 폭락해 2009년 3월 최저점을 기록했던 주요 주가지수는 2011년에 들어서면서 거의 회복되었으나 설문 조사 결과에 따르면 주가 회복은 오히려 주식시장에 대한 불신만 가중시켰다. 주식시장은 현실 경제와 동떨어져 월가가 좌지우지하는 그들만의 세상처럼 보였기 때문이다. 실제로 금융위기 동안 수많은 개인 투자자가 주식을 처분했기 때문에 결국 끝까지 시장에 남아 있을 여력이 있던 부자들만 시장 회복의 최대 수혜자가 되었고, 이는 미국 내 부의 불평등을 심화하는 결과를 낳았다. 2011년 은행을 신뢰하는 미국인의 비율은 32퍼센트로 떨어졌으며, 주식시장을 신뢰하는 비율은 12퍼센트로 그보다 더 낮아졌다.[2]

이제 막 성인 대열에 합류한 밀레니얼 세대는 금융위기가 닥치자마자 취업 시장에 뛰어들면서 자본주의에 입문했기 때문에 특히나 금융과 더욱 멀어졌다. 이전에는 청년층이 시장에서 가장 위험을 감수하려는 집단이었지만, 금융위기 이후 미국 밀레니얼 세대 가운데 주식을 보유한 비율은 7퍼센트로, 금융위기 이전의 절반 가까이로 떨어졌다.[3] 당시 신문에는 갓 대학을 졸업한 사회 초년생들이 자본주의에 등을 돌리고 급작스레 사회주의에 관심을 보이고 있다는 기사가 넘쳐났다.

제이미가 생각하기에 자신도 어찌 보면 월가 점령 시위대의 표적 계층에 해당할 수 있었다. 제이미의 아버지는 멕시코 정부의 경제 관료였고, 미국인인 어머니는 멕시코시티의 유대인이 모여 사는 부유한 동네에서 삼 남매를 키웠기 때문이다. 그러나 제이미는 금융위기가 시작되자마자 직장을 잃고 오랜 기간 실직 상태였으며 이 시기에 알코올 중독도 악화되었다. 월가 점령 시위에 참여한 다른 젊은이들과 마찬가지로 제이미도 밤마다 존 스튜어트가 진행하는 〈더 데일리 쇼〉를 보며 미국 사회의 불평등에 분노했다. 2008년에 치러진 대선에서 제이미는 변화를 기대하며 버락 오바마에게 투표했다. 2010년에는 존 스튜어트와 스티븐 콜버트Stephen Colbert가 금융권과 공화당에 책임을 묻기 위해 공동으로 조직한 '제정신 회복을 위한 집회Rally to Restore Sanity'에 참여해 워싱턴 D.C.에서 참가 인원을 모집하기도 했다. 제이미는 주식 투자에 대한 자신의 관심이 월가 점령 시위의 동기가 된 원칙과 무관하지 않다고 생각했다. 제이미는 경제를 위기에 빠뜨리는 불투명한 금융상품과 그 뒤에 감춰진 위험을 이해하고 싶었다. 2011년에는 월가의 불투명한 거래 관행을 드러낸다고 믿었던 희귀 금융상품에 관해 14쪽 분량의 논문을 쓰기도 했다.

속 터놓고 이 모든 이야기를 풀어낼 창구가 필요했던 제이미가 선택한 곳이 바로 레딧이었다. 그가 소셜 미디어에 빠진 이유는 빨갛게 충혈된 눈이나 어눌해진 발음을 들키지 않고도 사람들과 교류할 수 있다는 점이었다. 레딧에서만큼은 알코올 중독자 제이미 로고진스키가 아니라 자신의 이니셜과 '테크놀로지'를 대충 합성해 만든 '자르텍'일 수 있었다. 제이미가 수많은 소셜 미디어 가운데 레딧을 선택한 이유는 이 사이트의 디자인 때문이었다. 작은 글자 크기와 넉넉한 글자 수 제한 덕분에 심도 있는 대화를 나눌 수 있었다. 레딧은 페이스북이나 트위터같이 가볍게 한마디 던지고 사라지는 그런 공간과는 달랐다. 제이미는 레딧에서 중동 지역의 분쟁 상황을 놓고 열띤 토론을 벌이기도 하고, 저먼 셰퍼드가 얼마나 훌륭한 품종인지를 찬양하거나 실연의 아픔이 얼마나 큰지를 토로하기도 하며 몇 시간씩 보냈다. 솔직하고 지적인 대화를 넘어 레딧은 (음란물만 피한다면) 서로에게서 다정한 친구 같은 면모를 이끌어내는 공간이었다. 제이미는 매년 겨울마다 레딧에서 주최하는 비밀 산타 행사에도 열심히 참여해 무작위로 배정받은 상대방에게 보낼 의미 있는 선물을 고심하고 또 고심했다.

믿기지 않겠지만 당시만 해도 소셜 미디어가 억압받는 사람들이 제 목소리를 낼 수 있는 공간이 되리라는 장밋빛 기대가 넘쳐났다. 소셜 미디어는 오바마의 선거 운동과 월가 점령 시위에 큰 역할을 했고, 튀니지와 이집트에서는 독재자를 몰아내는 데 크게 공헌했다는 평가를 받았다. 인터넷이 없던 시절에는 상상도 할 수 없던 일이었다. 당시만 해도 온라인 괴롭힘이나 스크린 중독은 아직 큰 문제가 아니었다. 여러 가지로 사는 게 쉽지 않았던 제이미에게 소셜 미디어는 더 크고 긍정적인 일에 참여하고 있다는 느낌을 주었다. 다만 제이미는 소셜 미디어가 너무 빠르게 성장하면서 그 순수함을 잃게 될까 봐 두려웠다.

"뉴스 매체에서 레딧을 인용하지 않아서 얼마나 다행인지… 그랬다가는 이 사이트가 너무 빨리 성장하게 될 테니까 말이다." 제이미가 썼던 댓글이다. "게다가 뉴스에 나오기도 전에 내가 먼저 그 소식을 접하고 심지어 잘 알고 있다는 사실에 은근한 만족감이 들기도 한다."

제이미가 처음 가입한 서브레딧은 당시 주식 거래에서 가장 유명했던 r/investing이었다. 그곳에서는 배당금이나 주식 분할을 주제로 열띤 대화를 나눌 수 있었다. 하지만 여기서도 금융 위기 이후 주식이나 투자가 인기 없는 취미라는 사실을 명확히 확인할 수 있었다. 주변에서 주식이나 투자에 관심 있는 사람을 찾기가 힘들다는 대화가 자주 오갔다. 레딧에서 제이미는 스스로 힘을 내기 위해서라도 밝고 긍정적인 면모만 보여주려고 노력했다. 당시 r/investing의 회원 수는 1만 3,000명 정도로 많진 않았지만, 제이미의 표현을 빌리자면 "교류가 활발히 오가면서도 소규모 공동체 느낌을 주기에 딱 적당한 규모"였다.

몇 달 동안 제이미는 매일 저녁 퇴근해서 집에 돌아오면 r/investing을 확인하고, 옵션 시장에 관한 장문의 게시물을 올리곤 했다. 그러나 2012년에 들어서면서 무언가를 더 갈망하기 시작했다. 그게 무엇인지 정확히 설명하기는 어려웠지만 옵션에 대해 더 깊이 있는 대화를 나누고 싶었다. 동시에 금융위기 이후 금단의 영역이라 일컬어지는 투기성 거래에 매력을 느꼈다. 과거 월가에서 큰 문제를 일으킨 투자 관행과 비슷한 종류의 갈망이었다. 제이미는 옵션 거래로 초반에는 수천 달러를 벌었지만 얼마 지나지 않아 고스란히 다 잃었다. 그는 돈을 투자한 뒤에 마치 야생동물처럼 날뛰는 숫자를 지켜보는 짜릿함에 빠져들었다. 그는 투기성 거래에서 느낄 수 있는 비이성적인 면을 사랑했다. 수시로 바뀌는 숫자에 아드레날린이 치솟았고 아침에 눈을 뜨자마자 간밤에 숫자가 어떻게 변했는지부터 확인했다. 투기성 거래는 평소 컴퓨터 앞에 앉아 보내는 따분하고 단조로운 일상에서는 결코 경험할 수 없는 재미와 긴장감을 선사했다.

레딧에서 새로운 주제로 서브레딧 게시판을 창설할 수 있는 권한을 이용자에게 부여하자 제이미는 이 기회를 활용해보기로 마음먹었다. 2012년 1월 말, 제이미는 새로운 서브레딧을 만들었다. 이름에 투기성 거래가 주는 짜릿함을 담아내고 싶었던 제이미는 카지노 용어인 '베팅'과 때마침 한창 화제이던 월가 점령 시위에 착안하여 기막힌 이름을 떠올렸다. 그렇게 월스트리트베츠가 탄생했다. 제이미가 하고 싶은 투자란 바로 그런 것이었다. 어린애 장난이 아닌 월가의 은행에서 근무하는 트레이더나 할 법한 진짜 투기 말이다.

 제이미는 서브레딧 신규 등록 페이지에 들어가 게시판 이름을 입력했다. 사이트를 공개하기에 앞서 정식 커뮤니티로 보이길 바랐던 그는 몇 주에 걸쳐 상단에 올라갈 배너를 만들고 커뮤니티의 방향성을 제시할 게시물을 작성했다. 배너에는 레딧의 귀여운 외계인 마스코트 '스누'가 월가를 상징하는 황소를 타고 있는 모습을 합성해 올렸다. 방문자가 텅 빈 게시판을 마주하지 않도록 최근에 했던 거래에 관한 글도 서너 개 작성해서 올려두었다. 이 작업에 몰두하는 동안 한동안 느끼지 못했던 삶의 의욕이 샘솟았다. 2012년 4월, 마침내 모든 준비가 끝났다. 제이미는 r/investing에 레딧 특유의 예의 바르고 친근한 어조로 글을 올렸다.

 "이곳은 정말 멋진 커뮤니티입니다. 여기 계신 모든 분들께 정말이지 많은 것을 배웠습니다. 이 훌륭한 커뮤니티의 구독자 수가 50퍼센트 증가하는 모습을 지켜보았습니다. 대단한 일입니다. 매일매일 메인 페이지보다 r/investing에 먼저 들어오는 것이 제 일상이 되었습니다." 제이미는 이어서 r/WallStreetBets 창설 소식을 알렸다.

몇 달 전 저는 r/WallStreetBets를 창설했고, 2주 전부터 이 새로운 게시판의 존재를 슬쩍슬쩍 언급하면서 반응을 살폈습니다. 놀랍게도 벌써 50명이나 되는 회원이 가입해 활발하게 활동하고 있습니다. 그 모습을 보고 저는 다음과 같은 몇 가지 일을 할 수 있는 기회를 발견했습니다.

1. r/investing 정리 정돈하기
2. 모두가 적극적으로 거래에 참여하는 서브레딧 만들기
3. 돈을 잃기 쉬운 초보 투자자 돕기

제이미는 이렇게 끝맺었다. "이 새로운 서브레딧이 좋은 기회가 될 것 같습니다. 그러니 관심 있으신 분은 한번 들러보시고 마음에 들면 구독해주세요. 이게 과연 성공할지 기대가 됩니다."

글을 올리고 나서 방문자 수와 더불어 구독자 수가 조금씩 늘어났다. 최근에 무엇을 매수하고 무엇을 매도했는지에 관한 게시글도 하나둘 올라오기 시작했다. 제이미가 초반에 올린 게시물 가운데 가장 인기를 끌었던 것은 '스트래들straddle'이라는 옵션 거래 전략으로 애플의 주식 가격 변동성에 배팅했던 내용을 담았는데, 온갖 전문 용어가 가득한 글이었다. 그 이후로 월스트리트베츠에는 딱히 이렇다 할 만한 진전이 없었다. 제이미의 실험은 단기간에 수포로 돌아가는 듯 보였다.

수시로 r/investing을 들락날락하던 제이미에게 '아메리칸페가수스americanpegasus'라는 아이디가 눈에 들어왔다. 지금까지 그가 올린 게시물을 찾아보니 가난하게 자라서 공군으로 복무했던 개인사를 담은 내용이 많았다. 제이미와는 아주 다른 삶을 살아왔지만 제이미 못지않게 금융시장의 작동 원리에 광적인 호기심을 가진 인물이었다. 최근에는 동전주에 빠져 있는 듯했다. '동전주penny stock'란 주당 가격이 매우 저렴한 주식으로, 주로 소규모 회사가 발행하며 변동성이 커서 투기성이 높다. 아메리칸페가수스는 동전주에 관한 정보라면 모조리 섭렵한 것처럼 보였다. 그리고 새롭게 알게 된 지식을 길고 상세하게 글로 써서 공유했다. 아메리칸페가수스에게는 제이미를 비롯해 r/investing를 이용하는 나머지 회원들에게서는 찾아볼 수 없는 무언가가 있었다. 그가 올린 게시물에서는 설렘과 흥분이 느껴졌다. 비록 일부 순진하고 과장된 면도 있었지만 그 이면에서 흘러나오는 강렬한 열정만큼은 숨길 수가 없었다. r/investing에 올린 첫 번째 게시물에서 아메리칸페가수스는 투기성이 지나치게 강하다며 분노하는 사람들에게 다음과 같은 댓글을 남겼다.

투자 행위에 분노하는 사람이 많은 것 같다. 누가 조금만 아는 척을 하면 득달같이 달려들어 악의적인 비난을 퍼붓는다…
그 잘난 투자 전문가들보다 자신이 더 똑똑하다는 착각은 위험하다… 그러나 그보다 더 위험한 것은 그들의 조언을 따르는 것이다.

제이미도 아메리칸페가수스에게 공격적인 투자는 위험하다고 경고하는 댓글을 남겼지만 아메리칸페가수스가 그러한 위험을 분명히 인지하고 있다는 사실이 명확해지자 그를 월스트리트베츠로 초대했다. 월스트리트베츠에 입성한 아메리칸페가수스는 전염성 강한 특유의 열정을 내뿜었고, 나머지 회원들의 반응도 호의적이었다. 제이미에게 좋은 생각이 하나 떠올랐다.

제이미는 옵션을 좋아했고, 아메리칸페가수스는 동전주를 좋아했다. 그래서 각자의 방식대로 투자해서 누가 더 많은 수익을 내는지 내기를 하기로 했다. 이긴 쪽이 상대방의 수익까지 다 가져간다는 조건이었다. 제이미가 내기를 제안한 지 며칠 만에 두 사람은 서브레딧에 이를 공표하고 투자에 돌입했다. 손실이 너무 커지는 것을 방지하기 위해 각자 투자금은 500달러로 제한했다.

초반에는 아메리칸페가수스가 에너지 산업에 장비를 제공하는 작은 회사인 AGR 툴스에 투자하며 앞서나갔다. 제이미는 전혀 개의치 않았다. 이 내기 덕분에 구독자 수가 며칠 만에 수백 명으로 증가했기 때문이다. 제이미는 하루 종일 잠잠히 있다가 투자 결정을 내리기 직전의 긴박감을 서부 활극의 결투 장면에 빗대어 묘사하는 글을 남겼다.

"클린트 이스트우드가 출연하는 서부 영화에 등장하는 결투 장면을 떠올려보라. '와우와우와 와와와' 하는 음악과 함께 서로를 노려보며 마주 선 두 사람 사이에 숨 막히는 긴장감이 흐른다."

하지만 상황을 심각하게 받아들이지 않고 본능적으로 모든 것을 쉽고 친밀하게 설명하는 아메리칸페가수스를 응원하는 사람이 더 많았다.

아메리칸페가수스는 이런 글을 쓰기도 했다. "나는 주식의 주 자도 모르는 완전 초짜에 멍청이다. 나를 따라 투자하는 사람이 있다면 그 사람도 나랑 똑같은 멍청이다."

내기가 둘째 주에 들어서면서 아메리칸페가수스가 투자했던 종목이 폭락하는 바람에 그의 패배가 확실시되었다. 그뿐 아니라 전 재산이었던 투자금 6,000달러를 모두 잃었다.

아메리칸페가수스가 이 상황을 공유하자 거래의 묘미를 느끼게 해주었다는 찬사와 함께 위로가 쏟아졌다. 이 일을 계기로 거래가 이렇게 재미있을 수 있다는 사실을 처음 깨달았다는 사람도 많았다. "이 서브레딧은 내가 인터넷에 접속할 때마다 제일 먼저 들르는 곳이 되었다"라는 댓글도 있었고, "10점 만점에 10점 드리겠습니다"라는 댓글도 있었다.

그러나 아메리칸페가수스가 며칠 만에 전 재산을 잃었다는 사실은 대부분의 사람들이 적극적으로 주식 거래에 뛰어들기를 주저하는 이유와 시작했다가도 금방 그만두는 이유를 다시금 되새기게 해주었다. 이런 내기는 이제 두 번 다시 없을 것만 같았다.

2장
트롤링의 씨앗을 뿌리다

> "월스트리트베츠는 양자 채팅방이다."

내기가 끝나고 월스트리트베츠에서는 아메리칸페가수스를 중심으로 불타오르던 열기가 서서히 식어갔다. 이쯤에서 모든 것이 시들해져버릴 수도 있었다. 하지만 아메리칸페가수스가 한창 인기를 끌 무렵 제이미는 여세를 몰아 실시간 채팅방을 만들었다. 덕분에 내기가 끝난 이후에도 활발한 교류가 이어졌다. 레딧은 서브레딧에서 다른 이용자들과 실시간으로 대화할 수 있는 도구를 따로 제공하지 않았다. 그래서 제이미는 '인터넷 릴레이 챗(Internet Relay Chat, IRC)'이라는 실시간 채팅 플랫폼에 #wallstreetbets라는 채팅방을 만들었다. 많은 사람이 심도 있는 게시물을 주기적으로 올려야 유지되는 서브레딧과 달리 IRC 채팅방은 서너 명이 모여서 잡담만 나누어도 유지되었다. 제이미는 내기가 끝난 이후에도 몇 주 동안 정기적으로 채팅방에 들어오는 몇몇 인물을 발견했다. 이들은 서로 투자 및 수익률 현황을 실시간으로 공유했다. 얼마 지나지 않아 사소한 일상이나 개인적인 이야기도 나눌 만큼 친해졌다.

서브레딧보다 이 실시간 채팅방이 제이미의 사회적 욕구를 더 잘 충족해주었다. 제이미는 보드카를 한 병 들고 방에 앉아 술에 취한 채 논리정연하게 말을 고르지 않고도 끊임없이 업데이트되는 재밋거리와 사회적 연결감을 즐겼다.

채팅방에는 곧 소수의 고정 멤버가 생겼다. 대부분 r/investing에서 떠돌다가 공허함을 메우려고 흘러 들어왔거나 이국땅에서 이민자로 살면서 현지 문화에 적응하지 못한 채 겉돌고 있는 사람들이었다. 아프리카에서 근무 중인 호주인, 중국에 거주하는 젊은 미국인, 캘리포니아에 거주하는 싱가포르 교환학생도 있었다. 유명한 한국 축구 선수의 이름을 따서 '온리원박지성only1parkjsung'이라는 아이디를 사용하는 텍사스에서 프로그래머로 일하는 영국인도 있었다.

원래는 다들 좀 더 전문적인 투자를 시도하면서 그 과정에서 겪는 어려움을 나누고 싶어 채팅방에 참여했다가 제이미의 친근한 태도에 점차 인생의 고충도 나누고 서로를 격려하는 사이로 발전했다. '시케이탈론CKtalon'이라는 아이디를 사용하는 싱가포르 출신 대학원생은 이론물리학 연구의 어려움을 호소하거나, 어린 시절부터 가톨릭을 믿었지만 최근 신앙의 위기를 겪고 있다는 이야기를 넌지시 털어놓기도 했다. 일명 'IRL(In Real Life의 약자로 '실생활'을 줄여 부르는 인터넷 용어—옮긴이)'에서 일어나는 재미있고 엉뚱한 일화는 채팅방에서 하루 종일 농담의 소재가 되었다.

하지만 제이미와 다른 멤버들에게서 가장 큰 호응을 이끌어내며 이후 수년간 월스트리트베츠만의 분위기를 조성하는 데 거의 전적으로 기여한 채팅 참가자가 한 명 있었다. 바로 '아웃스퀘어outsquare', 줄여서 o2라고 불리는 인물이었다.

제이미는 아웃스퀘어와 곧바로 친해졌다. 아웃스퀘어는 처음에 제이미를 레딧으로 이끈 세상에 대한 폭넓은 호기심을 충족해줄 만큼 다방면으로 넓고 깊은 지식을 갖추고 있었기 때문이다. 아웃스퀘어는 채팅방에서 자신이 심리학을 공부하고 사이비 종교를 탈퇴했던 시절에 대해 이야기하곤 했다. 운동과 명상에도 일가견이 있어서 누군가가 건강에 해로운 습관을 이야기할 때면 적절한 조언도 아끼지 않았다. 아웃스퀘어는 성장배경도 남달랐다. 채팅방에 주기적으로 참여하는 멤버들은 대부분 정도의 차이는 있지만 국제적인 삶을 살아갈 여력이 있는 특권층 자녀들이었다. 반면에 그는 빈민가에서 나고 자라 일찍이 아버지를 여의고 어머니와 동생들을 도와 집안의 가장 노릇을 하며 살아왔다고 했다. 아웃스퀘어는 종종 자신이 이 방에서 유일한 흑인이라는 사실을 농담 삼아 언급하며 넌지시 외로움을 드러내기도 했다. 하지만 아웃스퀘어가 선망의 대상이 된 것은 남다른 인생 경험 때문이 아니라 모두의 관심사인 트레이딩에 관한 전문 지식 덕분이었다.

제이미를 비롯한 다른 멤버들은 여전히 트레이딩의 기본에서 헤매고 있었다. 하지만 아웃스퀘어는 이미 시장 데이터를 수집하여 매수 및 매도 시점을 알려주는 알고리즘 시스템을 구축한 상태였다. 아웃스퀘어는 자신의 수익률을 자랑하지 않았지만 다른 사람들이 그의 거래 내역을 추적하여 그의 수익률이 얼마나 높은지를 알아차렸다.

이러한 통찰력의 원천은 멤버들 간에 신뢰가 쌓이고 아웃스퀘어가 자신의 과거를 더욱 자세히 밝히면서 분명하게 드러났다. 아웃스퀘어는 월가에서 가장 명망 높은 헤지펀드인 르네상스 테크놀로지스에서 전문 트레이더로 일한 전적이 있었다. 렌테크라고도 불리는 이 회사는 뛰어난 수학자와 물리학자를 고용해 시장에서 예상치 못한 수익 기회를 포착하는 신비한 소프트웨어를 개발하는 것으로 유명했다. 아웃스퀘어는 비전통적인 방식으로 트레이딩 인재를 발굴하는 훈련 프로그램의 일환으로 운 좋게 입사했다며, 가끔 렌테크가 시장에서 우위를 점하기 위해 사용한 기이한 방법에 대해 이야기해주곤 했다.

"거기서는 직원들에게 별 해괴한 짓을 많이도 시켰다. 힌두교 점성술에서 투자 전략을 찾는 사람이 있는가 하면, 태양 흑점 폭발에서 투자 전략을 찾는 사람도 있었다."

아웃스퀘어가 인터넷의 익명성을 이용해 허풍을 떤다고 생각하는 사람도 많았다. 아웃스퀘어가 어느 누구보다 자신의 실명과 신분을 밝히기를 꺼렸기 때문에 진실 여부를 판단하기란 불가능했다. 하지만 시간이 지나면서 이러한 의심은 대부분 사그라졌다. 출중한 트레이딩 실력뿐 아니라 결코 수익률이나 과거의 이력을 자랑하지 않는 겸손함 덕분이었다. 얼마 지나지 않아 사람들의 관심사는 아웃스퀘어가 하는 이야기의 진위 여부보다 왜 그처럼 능력 있는 사람이 이런 IRC 채팅방에서 시간을 때우고 있는지에 대한 의문으로 옮겨 갔다.

"딱히 할 일이 없으니까." 아웃스퀘어의 답변은 간단명료했다. "애도 없고. 다들 결혼해서 애 낳고 키우느라 바쁘고. 그렇다고 어린 것들이랑 어울리고 싶진 않고. 심심하니까 여기서 이러고 있는 거지. 젠장, 무슨 이유가 더 필요해."

아웃스퀘어의 거친 입담은 월스트리트베츠의 분위기까지 바꿔놓았다. 제이미는 사람들이 편안하게 배우고 질문할 수 있는 친근한 분위기를 조성하고 싶어 했다. 하지만 아웃스퀘어는 채팅방에 새로 들어오는 사람들을 대부분 바보 취급했고, 게다가 그 말투를 따라 하는 사람이 점차 늘어갔다. 레딧에서 소통할 때 오가는 친근하면서도 예의 바른 어투는 제이미가 외로웠던 초창기 시절을 버틸 수 있게 해준 힘이었다. IRC 채팅방에서 누군가 귀찮은 질문을 하거나 어리석은 의견을 제시하면 가차 없이 쫓아내는 아웃스퀘어에게 제이미는 화가 났다. 반대로 아웃스퀘어는 재능도 없고 잠재력도 없는 '초짜들'을 무조건 받아주는 제이미에게 화를 냈다.

하지만 시간이 지나면서 제이미도 아웃스퀘어의 태도를 높이 평가하고 모방하기 시작했다. 그러한 태도가 오히려 초창기에 월스트리트베츠를 만들 때 세웠던 또 다른 목표와 더 잘 부합하며 존중과 친근함보다 훨씬 더 중요하다는 사실을 이해하게 됐기 때문이다. 제이미는 사람들이 트레이딩의 복잡성을 이해하고 실제로 돈을 잃을 수 있는 위험을 인지하길 원했다. 월스트리트베츠를 처음으로 소개한 게시물에서 제이미는 이 서브레딧이 '돈을 잃기 쉬운 초보 투자자를 도와줄' 수 있을 것이라고 썼다. 제이미는 아웃스퀘어가 초보 투자자들에게 그토록 무례하게 대하는 이유가 그들이 돈을 잃는 모습을 지켜보는 일이 안타깝고 답답하기 때문임을 깨달았다. 거칠고 무례해 보이는 말투 이면에는 뜻하지 않게 고통받는 사람들을 향한 연민이 있었고 아웃스퀘어는 그런 연민을 이따금씩 드러냈다. 그는 "젠장, 눈물 난다. 열차 사고는 두 번 다시 보고 싶지 않다"라고 쓰기도 했다.

제이미는 아웃스퀘어의 까칠한 태도에 대한 거부감을 버리고 그가 월스트리트베츠에 새롭게 불러온 보다 어른스럽고 지적인 분위기를 높이 평가했다. 심지어 채팅방에서 누군가가 잘난 척을 하면 직접 쫓아내기도 했다.

1990년대 닷컴 버블 당시 데이트레이딩(같은 날에 매수하고 매도하는 거래 방식으로 '일중 매매' 또는 '당일 매매'라고도 한다—옮긴이)이 유행하던 시절에도 유명한 온라인 채팅방과 주식 전용 게시판이 있었다. 하지만 보통 그런 곳에서는 자신의 트레이딩 실력을 과시하기 바빴다. 월스트리트베츠는 기존 채팅방과는 다른 분위기를 조성했다. 이들은 스스로를 조롱하며 트레이딩으로 돈을 버는 게 얼마나 어려운 일인지에 대해 끊임없이 농담을 했다.

지나친 자신감을 보이는 사람에 대한 거부감은 월스트리트베츠의 분위기를 특징짓는 중요하고 독특한 요소로 자리 잡았다. 월스트리트베츠에서 트레이딩과 인생에서 경험한 손실과 어려움을 솔직하게 이야기하면 환영받았다. 이런 점에서 최대한 자기 자신을 꾸미고 포장하려는 대부분의 소셜 미디어와 차별화되었다.

하지만 이러한 분위기는 월스트리트베츠에 다소 어두운 면을 불러오기도 했다. 신규 가입자가 지나치게 허세를 부리면 아웃스퀘어와 제이미는 단지 쫓아내는 데 그치지 않고 인터넷을 뒤져 그 사람의 신상을 털고 조롱하기 시작했다. 그중에는 자신이 제작한 유료 투자 강의와 트레이딩 수익을 자랑하던 cjp라는 레딧 이용자가 있었는데, 제이미와 아웃스퀘어는 cjp를 찾을 수 있는 곳이라면 어디든 찾아가서 그를 끌어내리려 했다. 가짜 웹사이트를 만들어 cjp의 팔로워들을 혼란에 빠뜨리고, 군대에 복무 중인 cjp의 위치를 파악해 익명의 편지와 소포를 보내기도 했다. 이러한 행위는 '트롤링trolling'으로 알려지기 시작했다. 아웃스퀘어와 제이미는 단순한 장난으로 치부했지만 말이다. 트롤링은 전통적인 괴롭힘과는 달리 인터넷의 익명성을 이용해 공격 대상을 혼란에 빠뜨리고 불안하게 만드는 것이 목표다. 게다가 공격을 당하는 사람은 왜 자신이 표적이 되었는지 동기를 파악할 수 없는 경우가 많았다.

이러한 트롤링으로 월스트리트베츠는 초창기의 친근했던 분위기와는 점점 멀어져갔다. 그러나 이는 인터넷 전반에서 일어나고 있는 변화였다. 레딧이 출범했을 당시는 어찌 보면 소셜 미디어의 황금기였다. 2010년과 2011년에 일어난 아랍의 봄 혁명 당시 트위터와 페이스북이 미친 긍정적인 영향은 2013년에 들어서면서 사라진 것처럼 보였다. 이슬람 근본주의 단체와 군부 세력이 혁명에 동조하면서 동기가 불투명한 세력들도 소셜 미디어를 쉽게 활용하기 시작했기 때문이다. 또한 2013년에 레딧에서는 레딧의 음란물 허용 정책에 반대하는 사람들을 겨냥한 온라인 괴롭힘이 여러 차례 발생했다. 당시 한 연구에 따르면, 인터넷에 실명으로 글을 쓸 때보다 익명으로 쓸 때 무례한 행동을 할 가능성이 거의 2배나 높았다. 월스트리트베츠에서 일어난 일들은 인터넷의 익명성 때문에 온라인 괴롭힘과 트롤링의 피해자가 실제 감정을 가진 진짜 사람이라는 사실을 잊기 쉽다는 점을 다시금 보여주었다.

제이미는 단조로운 사람이 아니었다. 학창 시절 그는 오락부장이면서 연극광이기도 했고 파티광인 동시에 지식인이었다. 옵션 매트릭스를 좋아하는 분석광인 동시에 위험한 거래를 즐기는 트레이더이기도 했다. 제이미는 살면서 이러한 내적 갈등을 조정하는 방법을 배워왔다. 적어도 더 소란스러운 쪽을 억누르며 사는 법을 체득했다. 제이미는 자신의 내면에 존재하는 난폭한 청년이 현대 사회에서는 결코 환영받을 수 없다는 사실을 잘 알았다. 술은 이 충동적인 면을 임시로 봉합해주는 역할을 했다. 하지만 월스트리트베츠가 성상하고 트레이닝과 브롤링이 주된 활동이 되면서 제이미는 마침내 사회적으로 용납되지 않는 충동을 해소할 수 있는 탈출구를 찾은 것 같았다.

채팅방에 주기적으로 참여하는 다른 멤버들에게도 이 작은 커뮤니티는 비슷한 해방감을 선사했다. 채팅방에서는 하루 종일 직장에서 오간 정중한 대화가 농담의 소재가 되곤 했다. 보통 제이미와 아웃스퀘어를 비롯한 몇몇이 이 자유분방한 분위기가 도를 넘어가지 않도록 선을 긋는 역할을 했다. 남자들끼리만 있을 때 넘기 쉬운 최악의 선은 넘지 않도록 통제했고, 덕분에 전통적인 남성 중심의 환경에 여전히 만연해 있는 동성애 혐오와 여성 혐오는 오히려 조롱거리가 되었다. 실제로 이 채팅방이 인기를 끌었던 이유는 마초적인 허세에만 초점을 맞추지 않는 새로운 종류의 남성성을 제시했기 때문이다. 젊은 남성에게 오랫동안 권장되어온 대담하고 공격적이며 위험을 감수하는 충동을 더 이상 장려하지 않는 현대 사회에서 젊은 남성으로 산다는 것이 얼마나 힘든지를 솔직하게 털어놓을 수 있는 곳이기도 했다. '리신LeeSin'이라는 단골 멤버는 월스트리트베츠 채팅방에 합류하기 전까지는 피아노 연주만이 유일한 스트레스 해소 수단이었다며, 20대 초반부터 하루에 여섯 시간씩 피아노를 연주했다고 털어놓았다.

"어느 날 쇼팽과 라흐마니노프를 연주하다가 너무 행복해서 10분쯤 오열했던 기억이 난다. wsb(월스트리트베츠의 약자—옮긴이)를 알게 돼서 기쁘다. 트레이딩과 관련된 도움을 받을 수 있을 뿐만 아니라 인생을 열심히 살아가는 사람들 혹은 성공한 사람들과 함께할 수 있기 때문이다." 리신이 말했다.

또 다른 단골 멤버인 온리원박지성이 물었다. "또 진지한 이야기 가나요?"

"wsb는 형태도 없고 형식도 없다. 여기에는 아무런 규칙도 존재하지 않는다." 제이미가 말했다.

"wsb는 양자 채팅방이다. 어떤 형태로든 존재할 수 있고 아무 형태로도 존재하지 않을 수 있다." 온리원박지성이 덧붙였다.

* * *

그 후 2년 동안 이 소규모 월스트리트베츠 채팅방은 외로운 제이미의 삶을 지탱하는 중심축이었다. 회사에서 생일을 맞은 직장 동료를 축하해주자고 사람들을 불러 모을 때면 모니터 화면 뒤로 숨어버리곤 했다. 그다지 열정적으로 회사 생활에 임하지 않았는데도 승진을 했고, 직급이 높아진 뒤로 새로운 사무실에서 하루 종일 채팅방을 띄워놓고 트레이딩하는 것을 상사나 동료들에게 들킬까 봐 전전긍긍했다.

가끔씩 메릴랜드주 포토맥에 있는 부모님 댁에 저녁을 먹으러 들르던 일도 피하게 되었다. 제이미가 술을 많이 마시는 것을 아버지가 걱정했기 때문이다. 매일 퇴근 후에 정장을 벗어던지고 카포를 산책시킨 다음 방에만 틀어박혔다. 아무런 장식도 없는 창가에는 에너지 드링크만 줄줄이 늘어서 있었다. 숙취를 달래주는 비밀의 물약이었다. 침대에서는 위아래로 쌓아놓은 모니터 두 개가 정면으로 보였다. 모니터 하나에는 주식 차트와 증권 계좌가, 다른 하나에는 레딧과 IRC 채팅방이 띄워져 있었다.

거의 매일 밤 제이미는 보드카 한 병을 다 비웠고, 담배를 피우러 베란다에 나갈 때도 손에서 술잔을 놓지 않았다. 제이미는 함께 살던 케이시와 켈리 부부에게 술 마시는 걸 숨기려 최선을 다했다. 하지만 두 사람은 제이미의 안색을 보고 그의 건강이 악화되고 있다는 사실을 알아차렸다. 제이미가 벤치에서 잠이 들었다가 구급차에 실려 간 뒤로, 켈리는 제이미 몫까지 음식을 넉넉하게 준비해서 퇴근한 제이미가 방으로 올라갈 때마다 건네주곤 했다. 하지만 제이미가 아직 실낱처럼 남아 있는 관계의 끈마저 끊어버릴까 봐 대놓고 음주 문제를 언급하진 못했다. 월스트리트베츠 채팅방 역시 알코올 중독을 드러내지 않고도 사람들과 어울릴 수 있는 곳이었기에 제이미는 술을 끊을 필요성을 느끼지 못했다.

이 채팅방은 제이미의 인생에서 마지막으로 남은 의미와 유대감의 원천이었다. 제이미와 몇몇 멤버들은 기존의 주식이나 옵션 대신 24시간 거래가 가능해서 채팅방에서 더 자주 소통할 수 있는 선물 계약으로 갈아타기 시작했다. 하지만 트레이딩에 대한 대화가 계속 이어지는 가운데, 채팅방은 정기적인 주식 거래가 현명하지 않은 선택임을 보여주는 증거가 되어갔다. 심지어 아웃스퀘어 같은 전문가로부터 조언을 받는 사람들에게도 마찬가지였다. 피아노를 좋아한다고 이야기했던 단골 멤버 리신은 아웃스퀘어의 가장 유망한 제자였는데, 어느 날 밤에는 너무 큰 돈을 잃었다며 심리적으로 무너진 모습을 보이기도 했다. 그는 큰 충격을 받은 나머지 이런 말을 남겼다.

> 다 합하면 6만에서 7만 달러 정도 잃은 것 같다.
> 존재 자체가 엿 같다.
> 실력이 부족한 걸 알면서도 겁도 없이 진짜 돈으로 트레이딩에 뛰어든 내 잘못이지.
> 이건 운이 없었던 게 아니라, 내가 자초한 거야.

이 와중에 이 채팅방에서 나눈 대화가 유일하게 좋은 경험이었네.

트레이딩에서 느끼는 도파민 분비가 중독 성향과 어떻게 연결되는지에 관한 대화도 오갔다. 제이미 역시 빠르게 변동하는 옵션 거래를 할 때 아드레날린이 폭발하면서 솟아오르는 흥분감이 술과 비슷한 매력을 가지고 있다고 느꼈다.

아웃스퀘어는 보통 이런 대화가 오갈 때 상담사 역할을 하며 청년들이 자신의 약점을 파악하고 개선점을 찾도록 도와주곤 했지만 시간이 지날수록 자신에게 누군가를 가르칠 자격이 있는지, 오히려 해를 끼치는 건 아닌지 걱정하기 시작했다.

"지금까지 일어난 일을 돌이켜봤을 때 이제는 누군가를 가르치기가 망설여진다."

적극적인 거래에 뒤따르는 위험성에 대해 수많은 금융 전문가와 같은 결론에 도달하게 된 것이다. 아웃스퀘어는 주식 거래가 오랜 진화 과정에서 인간의 본능으로 자리 잡은 인지적 습관을 자극해 사람들을 잘못된 길로 빠지게 만든다는 연구 결과를 자주 언급했다. 예를 들어, 인간의 뇌는 사회적 특성 때문에 일반적으로 이미 가치가 상승하여 향후 하락할 가능성이 높은 주식임에도 불구하고 인기 있는 주식을 사고 싶어 한다. 이러한 경향을 군집 본능이라고 한다. 심리학자와 트레이딩 전문가들은 인간의 뇌에는 이와 유사한 진화적으로 내재된 수십 가지 행동 편향이 있으며, 이로 인해 자연 상태의 사람들은 나쁜 선택을 할 수밖에 없다는 사실을 밝혀냈다. 아웃스퀘어가 말했듯이, 트레이딩에서 성공하는 가장 좋은 방법은 감정을 무시하고 마음과 반대로 행동하는 것이다. 개인 투자자가 결코 '시장을 능가'하지 못하는 현실을 보고 아웃스퀘어를 포함한 월스트리트 종사자들은 이들을 가리켜 '어리석은 돈dumb money'이라고 은밀히 불렀다.

그래서 아웃스퀘어는 채팅방 멤버들에게 트레이딩에서 벗어나 '인덱스index'라는 보다 소극적인 형태의 투자를 권유했다. 인덱싱은 S&P 500과 같은 특정 주가지수에 속한 모든 기업의 주식을 담고 있는 단일 뮤추얼 펀드나 상장지수 펀드ETF에 돈을 넣는 것을 말한다. 연구에 따르면 주요 지수에 포함된 주식과 같은 다양한 주식을 매수하고 보유하는 것이 기업을 골라 투자하거나 주식을 매매하는 것보다 장기적인 수익률이 거의 항상 더 높았다. 개인 투자자가 적극적인 거래를 할 때 불리하게 작용하는 심리적, 시장적 요인이 너무 많기 때문이다. 심지어 전문적인 헤지펀드조차도 일반적으로 미국 주식시장의 대표 지수인 S&P 500 지수 펀드의 수익률을 따라가지 못했다. 그래서 꾸준히 높은 수익률을 유지하는 렌테크는 월스트리트에서 더더욱 주목을 받았다. 렌테크에 몸담았던 아웃스퀘어는 "자동화된 시스템과 비교하면 개미는 항상 호구일 수밖에 없다"라고 설명했다.

"그게 전부다. 더 설명할 것도 없다."

금융위기 이후 몇 년 동안 인덱스 펀드의 장점이 특히 두드러졌다. 채팅방에서는 다들 손익분기점을 맞추느라 고군분투하는 사이 S&P 500 지수에 연동된 인덱스 펀드는 2012년에 16퍼센트, 2013년에 32퍼센트의 수익률을 기록했다. 아웃스퀘어는 일반 투자자는 인덱스 펀드에 돈을 넣어두는 것이 정답이라는 이야기를 자주 했다.

월스트리트베츠를 시작했을 때만 해도 제이미는 서브레딧에서 거론되는 투기성 거래에 모든 저축을 쏟아붓고 있었다. 그러나 이제는 아웃스퀘어의 조언을 따라 재미로 소액 거래를 하는 계좌를 따로 두고 나머지 저축과 퇴직 연금은 인덱스 펀드에 투자했다.

훗날 월스트리트베츠가 적극적으로 주식을 사고파는 개미들의 본거지가 된 것을 생각하면 초기 채팅방이 미국인들이 단기 투자를 기피하는 이유를 보여주는 또 다른 증거가 되었다는 사실은 참으로 아이러니하다.

월스트리트베츠는 채팅방과 렌테크 출신 트레이더가 활동하는 곳이라는 독점적인 매력 덕분에 천천히 성장해나갔다. 2012년에 수백 명에 불과했던 회원 수가 2년 후에는 5,000명으로 늘어났다. 하지만 제이미는 월스트리트베츠가 불건전한 방식으로 거래를 하고 돈을 잃은 사람들의 안식처로 변질된 이후로 이곳에 흥미가 떨어졌다고 말했다. 심지어 한때는 월스트리트베츠 구독을 취소했다고 말하기도 했다.

"전적으로 내 책임이다. 어떻게든 조치를 취할 수도 있었지만 그렇게 하지 않았다. 중재를 할 수도 있었지만 하지 않았다. 자유방임을 택했지만 잘못된 방식이었다."

트레이딩과 서브레딧에 대한 관심이 줄어들면서 월스트리트베츠 채팅방은 서로 개인적인 어려움을 공유하며 정서적인 지지를 주고받는 사교 모임으로 변해갔다. 유타주에 사는 한 몰몬교 트레이더는 동성애에 대한 교리를 더 이상 견딜 수 없어 아내와 함께 교회를 떠나게 된 심정을 토로하기도 했다. 투자로 엄청난 돈을 잃었던 리신은 자신과 형제자매를 데리고 대만에서 이민 온 부모님을 생각하면 반드시 성공해야 한다는 압박감에 시달린다고 털어놓았다. 제이미는 채팅방의 이런 분위기에도 불구하고 알코올 중독 문제를 철저히 숨긴 채 대화에 참여했다. 어느 누구에게도 들키고 싶지 않았고, 변화를 강요받고 싶지도 않았다. 그는 자신의 인생에서 인류애를 느낄 수 있는 마지막 오아시스인 이 채팅방을 결코 잃고 싶지 않았다. 때때로 그는 이 채팅방이 있어서 삶의 의미를 느낄 수 있다고 고백하곤 했다.

"내가 방금 깨달은 게 하나 있다. wsb 없는 직장 생활은 거지 같다."

"아무도 몰래 여기를 슬쩍 빠져나가야겠다." 아무도 대답하지 않자 제이미는 혼잣말로 이어서 말했다.

좋아, 이렇게 해야겠다.
점심 먹으러 나갔다가 다시는 돌아오지 않겠어.
그래.
그게 내 계획이야.

제이미는 채팅방 멤버들에게 실제로 만나자고 끊임없이 권유했다. 마침내 몇 명을 설득해 뉴욕에서 약속을 잡는 데 성공했지만, 늘 베일에 가려져 있던 아웃스퀘어는 초대를 거절했다. 워싱턴에서 출발한 기차가 뉴욕에 도착했을 때 제이미는 이미 술에 취해 있었고, 주말은 보드카에 취해 흐릿하게 지나갔다. 하지만 제이미는 얼마 지나지 않아 또 다른 만남을 추진했다.

직장 상사와 채팅방 멤버들을 제외하면 제이미가 정기적으로 대화하는 거의 유일한 사람은 동생이었다. 제이미는 동생에게도 알코올 중독을 숨겼다. 하지만 동생도 룸메이트 켈리와 마찬가지로 오랫동안 제이미를 걱정하고 있었다. 두 사람은 다만 어떻게 이야기해야 할지 몰라서 직접적인 대화를 피하고 있었다.

2014년 여름, 가족끼리 알고 지낸 오랜 친구가 제이미에게 전화를 해왔다. 그는 최근에 제이미의 동생을 만났다며 동생이 제이미를 무척 걱정하고 있다고 전했다. 자신도 같은 문제로 멕시코의 해변에 위치한 호화로운 중독 치료 시설에서 치료를 받아 지금은 술을 완전히 끊었다고 했다. 그러면서 제이미도 그곳에서 치료받을 수 있도록 자신이 비용을 대주겠다며, 제이미가 제안을 거절하지 못하게 설득했다.

다음 날 제이미는 몇 시간 동안 해당 치료소와 재활 과정에 관한 정보를 찾아보았다. 제이미가 가장 먼저 이 소식을 알린 사람은 가족도 오랜 친구도 아니었다. 제이미는 월스트리트베츠 채팅방을 찾았다.

"내게는 헤어 나올 수 없는 심각한 문제가 하나 있다. 여기서 처음 고백한다. 가족이나 친구들에게도 말한 적 없다."

제이미는 채팅방에서 이미 보드카 한 병을 4분의 3 정도 마셨고, 보통은 매일 한 병씩 비운다고 고백했다. 다른 사람들이 힘든 일을 털어놓았을 때와 마찬가지로 다들 제이미를 걱정하고 응원해주었다. 아웃스퀘어는 과거에 중독 치료소에서 일했던 경험을 바탕으로 문제를 정면으로 마주하고 해결해야 한다고 충고했다.

아웃스퀘어가 제이미에게 말했다. "이제는 좋아질 일만 남았다. 남들 시선 따윈 신경 쓰지 말고 회복에만 집중해라."

그 후 몇 주는 치료소로 떠날 채비를 하느라 정신없이 지나갔다. 제이미는 직장에 사표를 내고 워싱턴 생활을 마무리 지었다. 리신이 제이미의 아파트에 머물면서 카포를 돌봐주기로 했다. 멕시코로 떠나던 날, 제이미는 채팅방에 들어가 중독 치료소에서 치료받는 동안에는 들어오지 않겠다며 간곡한 부탁을 남겼다.

"이곳을 잘 유지해줘."

이 모든 과정에서 제이미는 이 모든 일의 시작점이었던 서브레딧에 관해서는 한마디도 언급하지 않았다. 당시의 문화적, 경제적 흐름을 종합적으로 고려했을 때 월스트리트베츠는 결국 다른 수많은 서브레딧과 마찬가지로 잊히고 사라질 것처럼 보였다. 이 서브레딧이 미국에서 개인 투자가 종말을 맞았음을 알리는 쓸쓸한 기념비로 남을 것이라는 많은 사람의 예상은 합리적이었지만, 결과적으로는 빗나갔다.

로빈후드, 완전히 새로운 판을 짜다

> "지루하고 안전한 거래 따위 개나 줘."

제이미는 워싱턴 D.C.에서 중독 치료소가 있는 멕시코의 태평양 연안으로 가는 비행기에 올라탔다. 비행기에서 제이미는 미니 보드카 세 병을 주문했다. 이 술이 생애 마지막 술이 되리라, 다짐했다. 승무원이 멕시코로 휴가를 가느냐고 물었다. 제이미가 사실대로 말하자 승무원은 보드카 한 병을 공짜로 주면서 비행기에서 내릴 때 제이미를 꼭 안아주었다. 중독 치료소 직원이 공항으로 제이미를 데리러 왔고, 고통스러운 중독 치료 과정이 시작되었다.

제이미가 듣기로 알코올은 끊으면 사망할 수 있는 몇 안 되는 약물 가운데 하나였다. 실제로 그는 거의 죽을 뻔했다. 하루 보드카 한 병에 너무 익숙해져버린 탓에 갑자기 중추 신경계를 억제하는 알코올의 진정 작용이 사라지자 그의 신체가 과잉 반응을 일으킨 것이다. 수축기 혈압이 200을 넘게 치솟더니 며칠 간 떨어지지 않았다. 침대에서 일어날 수 없을 정도의 고통이 찾아왔다. 천장의 하얀 형광등이 스머프 같은 생명체로 변하고, 문이 열리면서 밝은 빛 속에 서 있는 사람들의 실루엣이 보이는 환각에 시달렸다. 제이미는 이대로 죽는구나 생각했지만 놀라울 정도로 차분한 느낌이 늘었다. 치료소에서 일하는 의사들은 금단 증상 가운데 하나인 이러한 진전섬망(만성 알코올 중독 이후에 나타나는 의식 장애로 몸이 떨리고 의식이 혼란스러워지는 상태를 뜻하는 의학 용어—옮긴이) 상태를 여러 번 봐왔지만 제이미의 경우에는 너무 오랫동안 증상이 지속된 탓에 큰 병원으로 이송해야 할지 고민할 정도였다. 하지만 최악의 고비를 무사히 넘기고 제이미는 회복하기 시작했다.

　치료소에 도착한 지 일주일 만에 제이미는 마침내 금단 증상에서 벗어났고, 상태는 곧바로 호전되기 시작했다. 그는 나머지 과정을 정말로 즐길 수 있었다. 치료소는 그야말로 호화로운 휴가 시설이었다. 제이미는 수영이나 스포츠를 즐기지 않을 때는 해변에 앉아 있거나 그룹 치료에 참여해 다른 환자들이 들려주는 고통과 타락에 관한 경험담을 놀라운 마음으로 들었다. 부유한 멕시코 중독자들의 이야기는 흥미진진했다.

다른 환자들과 달리 제이미는 알코올 중독에 빠지게 된 구체적인 트라우마나 촉매를 찾을 수 없었고, 따라서 정확한 이유도 알 수 없었다. 그래서 5주간의 치료 과정을 마치고 퇴소할 때 제이미는 자신을 중독으로 다시 끌어들일 방아쇠가 될 수 있는 유혹이나 상황을 피하고자 미국 생활을 청산하기로 결심했다. 제이미는 잠시 워싱턴으로 돌아와 예전 삶을 마지막으로 정리했다. 룸메이트였던 켈리는 제이미에게 새사람이 되었다며 지난 몇 년간 볼 수 없었던 자신감과 안정감이 보인다고 말했다. 제이미는 반려견 카포와 함께 멕시코시티로 돌아와 새출발을 준비했다. 멕시코시티 시내의 아름다운 아파트에 살고 계신 부모님이 방 하나를 내주었다. 가족들의 도움으로 제이미는 멕시코 정부와 계약을 맺은 기술 기업에 취직했다.

제이미는 도파민과 아드레날린을 분출시키는 트레이딩을 금지 활동 목록에 올렸다. 제이미는 이제 거의 모든 자산을 아웃스퀘어가 추천한 인덱스 펀드에 투자했다. 소셜 미디어도 끊고 싶었지만 월스트리트베츠 채팅방에는 간간이 들러 새로운 삶을 살려 노력하고 있다는 소식을 전했다.

이 채팅방이 생겨난 출발점이었던 서브레딧에 대해서는 거의 생각하지 않았다. 하지만 제이미가 워싱턴을 떠난 직후, 이 서브레딧은 모든 사람의 관심을 끌며 활기를 띠기 시작했다.

"여기서 도대체 무슨 일이 벌어지고 있는 거야?" 이 사실을 처음 알게 됐을 때 제이미는 채팅방에 물었다.

> 난리 났네. 혼란 그 자체!
> 통제 불능이군. 예상 밖의 일이 벌어지고 있어.

아무도 이 서브레딧을 주시하고 있지 않았다. 하지만 봇물 터지듯 올라오는 새로운 게시물을 하나하나 읽어보니 많은 사람이 '로빈후드Robinhood'라는 새로운 주식 거래 앱에 관한 정보나 조언을 찾으려다 우연히 월스트리트베츠를 발견했다는 사실을 분명히 알 수 있었다.

신규 가입자 한 명은 "방금 로빈후드 앱을 다운받았는데 여기 뭐 관련된 이야기가 있나 궁금해서 찾아왔다"라며 "노후 자금 마련을 위한 장기 투자 말고 다른 투자는 해본 적이 없어서 이것저것 알아보는 중이다"라고 썼다.

로빈후드는 스탠퍼드대학교에서 각각 수학과 물리학을 공부하다가 만난 블래드 테네브Vlad Tenev와 바이주 바트Baiju Bhatt가 2012년에 공동으로 창업한 회사다. 이민자 가정에서 자란 두 사람은 창업 당시 미국 젊은 층이 주식시장에 관심이 부족했던 탓에 자금을 모으는 데 어려움을 겪었다. 하지만 마침내 2014년 말에 아이폰 앱 스토어에 정식 버전을 출시할 수 있을 만큼 충분한 투자자를 확보했다. 일부 증권사에서는 이미 고객에게 스마트폰 거래 기능을 제공하고 있었지만, 아예 스마트폰 전용으로 설계된 트레이딩 애플리케이션은 로빈후드가 최초였다. 로빈후드 앱은 웹사이트를 단순히 스마트폰 화면에 맞게 축소한 형태가 아니라 모바일에 최적화된 형태로 디자인되었다. 숫자는 큼지막한 네온 컬러로 표시되었고 주식을 매수하려면 손가락으로 버튼 하나만 살짝 밀면 끝이었다.

로빈후드에 대한 소문이 퍼지자 호기심 많은 아웃스퀘어는 몇 가지를 조사한 후 채팅방 멤버들에게 간략히 설명했다. 아웃스퀘어는 로빈후드가 주식을 사고파는 매우 기본적인 서비스만 제공한다고 말했다. 채팅방 멤버들 사이에서 인기 있는 옵션이나 선물 같은 복잡한 금융상품은 전혀 지원하지 않으며, 어느 정도 경험이 있는 트레이더가 원하는 기본적인 차트 분석 기능이나 주문 방식도 없었다. 아웃스퀘어는 일찌감치 "저건 쓰레기"라고 결론지었다.

하지만 월스트리트베츠에 모인 로빈후드 이용자들은 앱의 한계에 크게 신경 쓰지 않는 분위기였다. 대신 개인 투자자들이 주식을 매매할 때마다 증권사에서 부과하던 10달러의 거래 수수료를 없애버린 로빈후드의 혁신적인 정책이 큰 화제가 되었다. 거래 수수료를 낮춰서 더 많은 사람을 주식 거래로 끌어들이려는 증권사들 사이에서 벌어진 오랜 경쟁의 결과였다.

로빈후드의 혁신은 단지 수수료를 없애는 데서 끝나지 않았다. 이 스타트업은 기존 증권사 웹사이트에 들어가면 볼 수 있는 복잡한 차트와 데이터도 과감히 없애버렸다. 경험 많은 트레이더에게는 이러한 차트와 데이터가 매우 유용했다. 그러나 로빈후드 공동 창업자들은 숫자와 글자가 뒤섞인 이 복잡한 정보가 초보 투자자들에게는 오히려 주식 투자를 어렵고 두렵게 만드는 요인이라고 판단했다. 공동 창업자이자 디자인을 담당한 바이주 바트는 스냅챗과 우버를 살펴보며 영감을 얻었다고 말했다. 투자자가 앱을 실행한 후 30초 이내에 거래할 수 있도록 디자인하는 것을 목표로 잡았다. 그래서 앱을 실행하면 첫 화면에 현재 투자자가 소유한 포트폴리오 가치를 보여주는 단일 차트 하나만 보이도록 만들었다. 각 주식 페이지는 가격 차트 하나와 '매수' 버튼 하나로 단순하게 구성되었다.

바트는 당시 여러 인터뷰에서 자신의 목표는 과거에 주식 투자를 두려워했던 사람들이 용기 내어 시작할 수 있도록 힘을 실어주는 것이라고 밝혔다. 로빈후드가 셔우드 숲에서 가난한 사람들을 도와준 것처럼 개미 투자자들을 돕는 것이 목표라고 말했다.

"월가에 대한 불신이 지금처럼 높았던 적은 없었습니다." 2014년 말 한 팟캐스트에 출연한 바트가 말했다. "우리는 완전히 다른 방식으로 사람들에게 신뢰성을 전달할 수 있는 기회를 얻었습니다."

또 다른 공동 창업자인 테네브는 로빈후드를 "개인적인 이익보다 사용자를 우선시하는 몇 안 되는 금융 회사"라고 더 간결하게 소개했다.[1]

하지만 로빈후드가 변화를 도입한 데는 단순히 서민을 돕고 주식시장에 대한 신뢰를 회복하려는 목적만 있는 것이 아니었다. 로빈후드는 사용자가 최대한 자주 거래하도록 유도하는 방식으로 이익을 창출하고 있었다. 로빈후드의 비즈니스 모델은 다른 증권사처럼 고객이 뮤추얼 펀드 같은 상품에 장기 투자할 때 소액의 수수료를 징수하여 수익을 창출하는 방식이 아니었다. 대신 고객이 거래할 때마다 수익이 창출되는 방식으로 비즈니스 모델을 간소화했다. 표면적으로는 수수료가 없는 것처럼 보였지만 실질적으로 경험이 적은 개인 투자자들의 거래 정보를 이용하고자 하는 월가 기업들이 대신해서 수수료를 지불했다. 이 회사들은 로빈후드 이용자가 주식을 사고팔 때마다 주당 소액의 수수료를 로빈후드에 지급했다. 이러한 시스템을 가리켜 '주문 흐름에 대한 지불payment for order flow'이라고 한다.

다른 증권사도 주문 흐름에 대한 지불을 받았지만 로빈후드만큼 그 비중이 높지는 않았다. 로빈후드가 다른 증권사와 경쟁하려면 이용자의 거래량이 더욱 증가해야 했다. 로빈후드 앱에는 자동 알림 등 이용자에게 수시로 매매를 유도하는 기능이 많았다. 문제는 개인 투자자 입장에서는 자주 거래하는 것이 장기적으로 이익이 되지 않는다는 점이었다. 실제로 주식을 사고파는 횟수가 늘어날수록 장기적으로 수익이 줄어드는 경향이 있다는 연구 결과가 많이 존재한다.

아웃스퀘어를 비롯한 많은 사람이 로빈후드의 비즈니스 모델과 월가 점령 시위에서 영감을 받아 탄생한 선한 기업이라는 이미지 사이에 명백한 모순이 존재한다는 사실을 즉시 알아차렸다. 로빈후드에 관한 초기 기사 가운데 일부는 이러한 모순을 언급했다. 매슈 이글레시아스Matthew Yglesias는 로빈후드가 출시되자마자 《복스Vox》에 기고한 칼럼에서 "주식을 더 저렴하고 쉽게 거래할 수 있게 하는 것은 끔찍한 생각"[2]이라고 주장했다. 아웃스퀘어의 주장과 크게 다르지 않았다.

"다양한 주식 포트폴리오를 매수하여 장기적으로 저축한다면 미래를 대비할 수 있다. 하지만 종목을 골라 빠르게 거래하는 것은 좋지 않은 생각이므로, 이를 더 저렴하고 쉽게 할 수 있는 새로운 플랫폼이 등장한 것은 결코 좋은 소식이 아니다."

월스트리트베츠에 새로 유입된 로빈후드 이용자 가운데 상당수는 고용주가 제공하는 401(k) 계좌에 은퇴 저축을 하고 급여의 일부를 자동으로 인덱스 펀드에 넣는 등 전통적인 투자의 정석을 알고 있다고 답했다. 401(k) 계좌가 등장하면서 많은 젊은이가 주식시장에 발을 들였다. 하지만 주식시장과 인덱스 펀드가 업무 및 노후 대비와 관련된 의무이자 책임처럼 느껴져 자유 시간에 즐기고 싶은 오락이나 여가 활동처럼 여겨지지 않는 의도치 않은 부작용이 발생했다.

2015년 초, 월스트리트베츠에서 인덱스 펀드를 통한 책임감 있는 투자 방식을 지루하게 생각하는 사람이 점점 더 늘어났다. 이들이 로빈후드에 매력을 느낀 것도 같은 이유에서였다. 매우 간단하고 빠르게 주식을 사고팔 수 있게 되면서 큰 이익을 얻거나 큰 손실을 입을 가능성도 높아졌기 때문이다. 이러한 위험을 감수하는 투자자 한 명은 댓글로 누군가 훈계를 하자 다음과 같이 대답하며 자신의 의도를 명확히 밝혔다.

"빌어먹을, 내가 5년 동안 돈이 천천히 불어나는 걸 느긋하게 지켜보자고 3주 전부터 투자를 시작한 줄 아나."

로빈후드는 스마트폰, 비디오 게임, 소셜 미디어가 인기를 끌면서 비롯된 여러 트렌드를 영리하게 활용했다. 넷플릭스, 스포티파이, 인스타그램과 함께 성장한 젊은 세대는 라디오 방송국이나 TV 채널이 제공하는 콘텐츠를 수동적으로 받아들이지 않고 모든 것을 개인의 취향에 맞춰 직접 선택하는 데 익숙했다. 이들에게 S&P 500 지수를 구성하는 모든 기업의 주식을 포함하는 뮤추얼 펀드에 투자하는 것은 현명한 결정일 수는 있어도 라디오 방송국의 톱 40 차트처럼 지루하고 획일적인 상품처럼 보였다. 아이팟이나 스마트폰으로 자신만의 재생 목록을 선택하며 자라온 밀레니얼 세대는 주식 또한 자신만의 취향과 기분에 따라 고르고 싶어 했다.

로빈후드의 단순한 디자인과 네온 컬러도 비디오 게임을 즐기며 자란 이들에게 매우 친숙하게 다가갔다. 로빈후드는 거래 직전에 한번 들여다봐야겠다는 유혹이 생길 수 있는 복잡한 데이터와 연구 자료는 모두 제거하고, 큼지막한 버튼과 눈에 띄는 색상으로 대체해 거래가 마치 게임처럼 느껴지도록 만들었다. 특히 바트는 데이팅 앱인 '틴더Tinder'에서 사용자가 마음에

드는 상대를 골라 스마트폰 화면을 손가락으로 밀기만 하면 매칭이 성사되듯 로빈후드에서도 손가락으로 버튼을 밀기만 하면 주식을 매수할 수 있도록 만든 것이 가장 마음에 든다고 수차례 언급했다.

젊은 남성들은 비디오 게임과 빠르고 비싼 자동차를 좋아하는 것과 같은 이유로 이 새롭고 보다 본능적인 주식 거래 방식에 흥미와 매력을 느꼈다. 시간과 돈을 현명하게 소비하는 방법은 아니었지만, 현대 사회가 강요하는 틀 안에서는 거의 얻지 못하는 도파민의 분출을 경험할 수 있기 때문이다. 과학자들은 주식 거래 직후에 뇌의 전전두엽 피질에서 잠재적 보상을 기대하며 도파민이 약간 분비된다는 사실을 발견했다. 특히 젊은 남성은 도파민에 대한 갈망이 강하다.

로빈후드는 전통적인 증권사 앱에서 제공하던 중요한 정보를 과감히 삭제했다. 수익성을 더욱 높일 수 있는 방향으로 신중한 결정을 내리는 데 도움을 주는 정보를 제거해버린 것이다. 하지만 신규 투자자들은 별로 개의치 않는 듯했다. 대놓고 이렇게 말하는 사람도 있었다. "그깟 위험쯤 감수하고 가는 거지. 지루하고 안전한 거래 따위 개나 줘."

* * *

제이미와 아웃스퀘어는 월스트리트베츠를 시작할 당시 초

보 투자자들이 손해를 볼까 봐 걱정했다. 하지만 로빈후드에서 신규 회원이 대거 유입되면서 월스트리트베츠가 활기를 띠자 이러한 걱정은 잠시 내려놓고 커뮤니티의 부활을 기뻐했다. 적어도 초반에는 그랬다.

2015년 초에 아웃스퀘어는 기뻐하며 이런 글을 남겼다.

"WSB가 부활했다. 이건 시작에 불과하다."

1월 한 달 동안 서브레딧 방문자 수는 계속 증가하여 월말에는 20만 명을 기록했다. 한 달 전과 비교해 4배 넘게 증가한 수치였다. 4월에는 1년 전보다 방문자 수가 10배 증가했다. 제이미는 원래 명성이나 관심을 추구하지 않았지만 사람들이 알아서 찾아오면서 자기 자신과 자신이 만든 커뮤니티가 인정받는데에 만족감을 느끼기 시작했다.

신규 가입자가 쏟아져 들어오면서 그들은 관심을 끌기 위해 서로 경쟁했다. 복잡하고 빠르게 변화하는 소셜 미디어 환경에서 진실이나 신중한 분석이 주목받는 경우는 거의 없었다. 소셜 미디어의 등장 이후 삶의 많은 영역이 새로운 형태의 엔터테인먼트로 변모한 세상에서 대중의 시선을 사로잡는 가장 쉬운 방법은 가능한 한 눈에 띄고 재미있게 행동하는 것이었다.

일각에서는 주목을 받으려고 아메리칸페가수스를 따라 하기도 했다. 아메리칸페가수스는 예전에 위험한 종목을 골라 투자하고 이를 자세히 설명하면서 인기를 끌었다. 새로운 얼굴인 '에프에스코모fscomeau'는 애플 주식에 엄청난 자금을 투자했다가 결국 실패하면서 이름을 알렸다. 에프에스코모는 이 투자로 불안감이 극에 달한 나머지 회사 화장실에서 구토를 하고 응급실로 달려갔다고 전했다.

또한 수많은 신규 가입자가 인터넷에서 새롭게 유행하던 '밈'을 월스트리트베츠에도 전파했다. 아메리칸페가수스 이후로 이제 모든 소셜 미디어에서 밈을 볼 수 있었다. 월스트리트베츠에서 가장 먼저 등장한 밈은 2011년 힙합 아티스트 드레이크가 유행시킨 '한 번뿐인 인생you only live once'의 줄임말인 '욜로YOLO'였다. 에프에스코모가 애쁠 수식으로 성신 나간 도박을 시작하면서 올렸던 첫 게시물 제목이 바로 #YOLO였는데, 그 후로 월스트리트베츠에서는 미래를 진지하게 생각한다면 결코 할 수 없는 무모한 도박을 가리키는 용어로 욜로가 사용되기 시작했다.

어느 초보 투자자는 로빈후드로 석유 및 가스 회사에 5,000달러를 투자하면서 이런 게시글을 남기기도 했다. "내 첫 욜로. 날 위해 기도해줘."

2015년이 밝은 지 몇 달 되지 않아 월스트리트베츠로 갈아탄 또 다른 신규 가입자는 "이 서브가 온통 욜로 천지가 돼버려서 너무 좋다"라고 쓰기도 했다.

1990년대에도 밈은 존재했지만 대중적으로 확산되기 시작한 것은 금융위기 전후로 소셜 미디어가 부상하면서부터였다. 특히 텀블러와 레딧 같은 몇몇 소셜 미디어가 새로운 밈을 가장 활발히 생성하는 플랫폼으로 자리 잡았다. 성공한 밈에는 보통 약간 이상하거나 이해하기 어려운 요소가 있어서 사람들로 하여금 그 밈을 이해하고 싶게 만들거나 이해하는 척 유머를 공유하게 만들면서 확산되곤 했다. 초기 소셜 미디어에서 크게 성공한 밈 하나는 'I CAN HAS CHEEZBURGER?'라는 문법적으로 틀린 문구가 적힌 이상한 표정을 짓는 고양이 이미지였다. 이 밈은 딱히 설명하긴 어렵지만 어떤 상황에서나 통하는 유머로 확산되었다. 밈은 특정 개인의 창작물이 아닌 인터넷 커뮤니티의 집단 지성에서 자연스럽게 생겨난 것처럼 보인다는 사실도 중요했다.[3]

월스트리트베츠에 모인 군중은 다른 곳에서 시작된 유행어를 빠르게 퍼다 날랐다. 동시에 자신이 좋아하는 주식을 밈처럼 취급하는 새로운 행동 양상을 보이기 시작했다. 가장 먼저 이런 대접을 받은 주식은 반도체 제조사인 어드밴스드 마이크로 디바이시스(Advanced Micro Devices, AMD)였다. 저렴한 프로세서를 제조하는 AMD는 인텔의 기술력에 밀려 수년 동안 주가가 고전을 면치 못했다. 하지만 2015년 초, 위기에 처한 기업을 살리는 데 탁월한 능력을 가진 여성 CEO 리사 수(Lisa Su)가 부임하고 신제품을 출시하면서 극적으로 소생했다.

AMD 주식을 산 사람들은 AMD를 차세대 인기 종목으로 만들고자 이러한 특징적인 요소를 활용해 밈처럼 주식에 대해 이야기하기 시작했다. 그중 한 사람이 주도적으로 나서서 전형적인 서사 구조를 활용한 콘텐츠를 제작했다. 이를테면 10년 뒤 AMD 주식으로 부자가 된 자신의 모습을 상상하며 다음과 같은 게시글을 올렸다.

"나는 AMD를 살지 말지가 아니라 모든 자산을 처분해 주식을 더 사들이는 동안 어떻게 먹고살 것인지를 고민했다."

AMD를 밈처럼 이야기하는 게시물은 여느 밈과 다름없이 이상하고 다소 이해하기 어려운 특성을 지녔지만, 그 덕분에 AMD는 화제의 중심이 되었다. 특히 AMD에서 제품을 주문하면 배송이 지연되는 일이 예사라는 점을 풍자해 회사 이름의 머리글자를 따서 만든 'All My Dollars and Always More Delays(돈은 돈대로 내고, 배송은 늦을 대로 늦고)'라는 문구가 큰 인기를 끌었다. 심지어 회사를 비판하는 내용인데도 홍보 효과는 엄청났다. 사람들은 AMD 주식이 왜 이토록 유명한지 궁금해했다. 그 결과 AMD는 대형주보다 훨씬 작은 규모임에도 월스트리트베츠에서 가장 많이 회자되는 종목이 되었다.

AMD의 주가가 상승하기 시작하면서 밈을 금융 세계에 적용할 때 완전히 새로운 권력을 창출할 수 있는 가능성이 보이기 시작했다. 원래 대중문화에서 밈이 성공하면 그 결과로 온라인에서 일시적인 명성을 얻는 것이 보통이었다. 하지만 금융 세계에서 밈이 성공해 다른 사람들이 해당 자산을 구매하게 되면 그 보상은 훨씬 더 실질적이었다. 즉, 밈을 제작한 사람은 자산 가치가 상승하면서 순자산이 증가하는 것을 직접 경험할 수 있었다. 언제나 최신 트렌드를 누구보다 먼저 파악했던 아웃스퀘어는 밈 주식의 중요성 또한 재빨리 간파하고선 이렇게 말했다.

"제기랄, 여기도 밈, 저기도 밈. 빌어먹을 밈이 빌어먹을 시장에 혁명을 가져왔군."

아웃스퀘어는 월스트리트베츠에서 일어나고 있는 이 표현 방식의 진화가 단순히 서로 대화하는 방식을 바꾸는 데서 그치지 않는다고 내다봤다. 밈은 새로운 사람들을 끌어들이고 실제로 돈을 투자하도록 만들고 있었다.

"일부 트레이더가 엿 같은 밈을 만들어 더 많은 사람을 끌어들이겠지. 누구든지 그 빌어먹을 밈을 보면 지루한 r/investing 커뮤니티나 트레이딩 분석보다는 구미가 당기겠지."

아웃스퀘어는 으레 그랬듯이 인류학적 호기심을 발동시켜 밈 주식이 유행하는 현상을 설명했다.

당시 월스트리트베츠와 로빈후드는 금융위기 이후 처음으로 주식 투자에 부흥의 씨앗을 뿌리고 있었다. 여전히 주식 투자를 두려워하는 미국인이 많았고 찰스 슈와브Charles Schwab나 이트레이드E-Trade 같은 대형 증권사도 어려움을 겪고 있었지만 로빈후드는 빠른 속도로 성장했다. 2015년 중반에 로빈후드는 앱 다운로드 횟수가 수십만 건에 달하면서 창립 이래 첫 3년 동안 모금한 금액의 3배에 달하는 5,000만 달러의 투자금을 유치했다고 발표했다. 월스트리트베츠의 트래픽도 그에 못지않게 빠르게 증가하고 있었다.

로빈후드와 월스트리트베츠를 찾는 이용자는 데이트레이딩이 유행했던 닷컴 시대와 금융위기 이전 시기에 활동했던 투자자들과는 완전히 다른 특징을 보였다. 로빈후드 이용자의 평균 연령은 26세로 다른 증권사 고객의 평균 연령보다 수십 년 더 젊었다. 로빈후드 이용자 가운데 4분의 1은 이전에 주식을 소유한 적이 한 번도 없었다. 이들은 젊을 뿐 아니라 위험을 감수하려는 의지도 남달랐다. 2015년 여름, 중국 경제 위기에 대한 불안감으로 주가가 급락하자 로빈후드는 접속 폭주로 서버가 다운되었다. 시스템을 다시 복구하고 실행했을 때 눈앞에 펼쳐진 의외의 광경에 로빈후드 직원들은 깜짝 놀랐다. 시장 폭락 시점에 공포에 질려 주식을 팔아치웠을 줄 알았던 개인 투자자들이 오히려 앞다투어 주식을 사들이고 있었던 것이다.

이처럼 두려운 순간에 위험을 무릅쓰고 주식을 매수하는 행위는 이 젊은 투자자들이 모두의 예상과는 달리 우둔하지 않다는 사실을 보여주는 첫 번째 징후이기도 했다. 실제로 2015년 8월 증시가 폭락한 직후에 주식을 매수한 것은 매우 현명한 결정이었다. 확률적으로 주식시장이 폭락한 이후에 주가가 다시 급등할 가능성이 가장 높기 때문이다.

월스트리트베츠에 모인 애송이들이 인기 게시물에서 보이는 것처럼 마냥 멍청하지만은 않다는 사실을 보여주는 증거는 또 있었다. 표면적으로는 속어와 허세가 난무했지만 자세히 들여다보면 AMD 비즈니스 모델의 경제성이나 중국 시장의 침체 이유 같은 복잡한 주제를 둘러싸고 심도 있는 토론이 오갔다. 게다가 경제를 논할 때 쉽게 찾아볼 수 있는 오만한 확신이나 근거가 빈약한 주장도 찾아보기 힘들었다. 비록 이들의 거래 행위가 무모해 보일 수 있지만 적어도 일부는 더 똑똑한 판단을 내리려 노력하고 있었던 것이다.

2015년 가을에 한 신규 가입자는 "투자 관련 서브 중에 우월감에 취해 남을 가르치려 들면서 헛소리나 지껄이는 사람이 없는 유일한 곳인 것 같다"라고 말하기도 했다.

월스트리트베츠에서 투기로 돈을 잃는 사람들 때문에 심기가 불편했던 아웃스퀘어조차 긍정적인 면을 인정하는 발언을 했다.

우리는 틈새를 채운다. 말 그대로 인터넷의 다른 어디에서도 하지 않는 행위를 하고 있다.
여기는 인터넷 투기꾼들이 모이는 곳이다.
우리는 쓸데없이 구독 서비스를 팔지 않는다.
하지만 엄격한 관리가 이루어지고 있다.
우리는 유일무이하다고 할 수 있다.
긍정적인 혼돈, 그게 내 좌우명이다.

4장

혐오와 분노, 문화에서 정치로

> "하루 종일 꾹꾹 눌러 참고 사는데, 여기서까지 예의를 차려야 해?"

2015년 월스트리트베츠가 부활할 무렵, 제이미도 일종의 부활을 경험하고 있었다. 알코올 중독에서 벗어난 뒤 새롭게 구한 직장에서는 장갑차를 타고 멕시코 전역을 다니며 잠재적인 동업 및 투자 기회를 검토하는 일을 맡았다. 제이미는 맞춤 제작한 차량에서 건장한 보디가드와 함께 찍은 사진을 월스트리트베츠 채팅방에 보냈다. 멕시코시티에 머물 때면 틴더 앱에서 만난 이성과 데이트를 즐겼다. 어린 의대생과 첫 데이트를 한 지 불과 몇 달 만에 제이미는 결혼을 생각했다. 제이미는 그녀를 알레한드라라는 이름 대신 '아모르(스페인어로 '사랑'이라는 뜻—옮긴이)'라고 불렀다. 알레한드라가 내분비학 기말고사를 대비해 공부할 때면 제이미는 그 옆에 꼭 붙어 앉아 업무 이메일을 쓰거나 월스트리트베츠 채팅방을 방문하곤 했다. 2015년 중반에 제이미가 멕시코 해변에 있는 어느 마을에서 오랜 채팅방 멤버들과 만났을 때 알레한드라도 동행했다.

알레한드라는 멕시코 문화에 적응해가는 제이미를 지켜보는 데서 즐거움을 느꼈다. 제이미는 경찰이 갓길에 차를 세우라고 하면 뇌물을 줘야 한다는 사실에 익숙하지 않았다. 제이미는 멕시코의 뇌물 문화에 불만을 표출했고 알레한드라는 그런 제이미의 미국식 윤리의식을 비웃었다. 하지만 얼마 지나지 않아 제이미는 이 문제를 자신에게 유리하게 풀어나갈 수 있는 또 다른 퍼즐처럼 여기기 시작했다. 게다가 새로운 직장은 제이미가 그렇게 할 수밖에 없도록 등을 떠밀었다. 제이미가 맡은 업무는 정부 공무원을 상대로 전화나 자동차 임대 같은 민간 서비스 계약을 따내는 일이었다. 제이미는 계약 당사자들이 합법적으로 조세를 회피하면서 필요한 혜택을 받을 수 있도록 계약서를 작성해야 한다는 사실과 누구보다도 정부 관계자들이 이러한 혜택을 가장 중요하게 여긴다는 사실을 깨달았다. 제이미가 채팅방에서 이와 관련해 언급한 내용을 보면 제이미가 이 사기 행각을 은근히 즐기고 있었다는 사실이 분명하게 드러난다.

"난 정정당당하게 돈을 벌고 있다. 부정부패의 힘을 약간 빌려서." 그는 자신의 오랜 친구들에게 말했다.

제이미는 반골 기질을 타고난 사람이었다. 학창 시절에도 선생님께 혼날 걸 알면서도 까불거리며 오락부장을 자처하곤 했다. 월스트리트베츠 서브레딧과 채팅방은 이러한 기질을 부추겼다. 제이미가 초반에 보여주었던 예의 바른 태도는 재활 시설에 들어갈 무렵에는 짓궂은 태도로 바뀌어 있었고, 그런 제이미에게 월스트리트베츠 회원들은 따뜻한 관심으로 화답했다. 알코올 중독에서 벗어난 이후, 제이미는 자신의 태도 변화를 반성하는 듯한 모습을 보이기도 했다. 2015년 새해가 밝고 서너 달쯤 지났을 무렵, 아웃스퀘어와 다른 몇몇 멤버가 월스트리트베츠 초기 화면의 상단 배너를 무지개색 페니스가 화면을 가로질러 날아다니는 이미지로 변경했다. 제이미가 이를 두고 걱정 어린 목소리를 냈다. 하필 이 배너가 올라간 날은 월스트리트베츠가 처음으로 주류 언론 기사에 언급된 날이었다. 《포춘》지 웹사이트에 월스트리트베츠에서 논의되고 있는 특이한 거래를 언급한 기사가 게재된 것이다. 이 기사를 보고 월스트리트베츠를 방문한 사람은 누구나 날아다니는 페니스 세례를 받았다. 페니스 배너가 올라갈 때 출타 중이었던 제이미는 초반의 그 예의 바른 말투로 채팅방에서 일단 사실을 확인했다.

"진짜 서브를 그 상태 그대로 놔둘 거야?" 제이미가 물었다.

"그래, 자르텍." 아웃스퀘어가 대답했다.

그 상태 그대로 놔둘 거야.

왜냐하면 우리는 개자식들이니까.

되돌려놓을 만한 능력도 없어.

하지만 설사 그럴 능력이 있다고 해도 안 바꿀 거야.

제이미는 금세 태세를 전환해 사실을 고백했다. "저거 보고 한 시간 내내 웃었잖아!"

시간이 지나면서 제이미는 트롤링을 단순히 구경하는 데서 그치지 않고 선동하기도 했다. 2015년 초가을에 제이미는 악명 높은 젊은 헤지펀드 매니저 마틴 슈크렐리Martin Shkreli에게 연락을 시도했다. 슈크렐리는 희귀 의약품 특허를 사들인 후 보험 회사를 상대로 약값을 터무니없이 올려 받으며 사회적 물의를 일으킨 인물이었다. 제이미는 슈크렐리에게 의료계를 농락한 점을 높이 산다고 말하며 월스트리트베츠의 운영자 자리를 내주었다.

"속보, 속보. 마틴 슈크렐리가 내 초대를 수락했다." 제이미가 이 사실을 채팅방에 알리며 다음과 같이 말했다.

"좋아, 우리는 이 혼란을 제대로 이용해서 노출을 최대화해야 한다. 엄청난 논란이 일 테니까."

운영진은 월스트리트베츠 상단 배너를 슈크렐리가 비웃고 있는 얼굴 그림으로 바꿨다. 몇 달 뒤 슈크렐리가 증권 사기 혐의로 체포되자 더 많은 관심을 끌기 위해 활동량을 늘렸다.

이처럼 장난질이 심해지자 일각에서는 월스트리트베츠가 당시 많은 관심을 받고 있던 또 다른 온라인 커뮤니티와 점점 더 비슷해지고 있다는 지적이 나왔다.

"요즘 이 서브, 포챈이랑 비슷하네."

포챈은 널리 알려지진 않았지만 월스트리트베츠뿐만 아니라 인터넷 구석구석에 강력하고 독특한 영향력을 미치는 커뮤니티였다. 이 인터넷 커뮤니티 사이트는 2003년 한 미국 청소년이 애니메이션 이미지를 공유할 목적으로 만들었다. 이후 10년 동안 포챈 이용자들은 /pol/이나 /b/ 같은 내부 커뮤니티 게시판을 만들어 정치적으로나 사회적으로 허용되지 않는 다양한 주제에 대해 이야기했다(/pol/은 '정치적으로 옳지 않은politically incorrect'의 약자로 정치 사회 게시판을 표방하지만 극단적 이념과 혐오와 음모론이 난무하는 곳으로 악명 높다. /b/는 '게시판board'의 약자로 주제가 정해져 있지 않은 자유 게시판이며 음란물이나 범죄 예고 등 각종 논란을 생성하는 곳으로 악명 높다—옮긴이). 포챈은 각종 사회 규범에서 벗어나길 갈망하는 젊은 남성들의 네버랜드였다. 완전한 익명성이 보장되어 아무런 규제나 책임 없이 마음대로 활동할 수 있었기 때문이다. '채너스channers'라고 불리는 포챈 이용자들은 이 무법천지를 이용해 반사회적인 행동이 어느 수위까지 허용되는지를 실험하기 시작했다. 특히 역겨운 음란물이 끊임없이 올라오는 /b/ 게시판은 극단적인 여성 혐오를 부추기고 확산하는 곳으로 악명 높았다. 그러나 한편으로는 가벼운 재미를 주는 초기 인터넷 밈 문화와 '낚시' 문화의 발상지이기도 했다. 토요일에 고양이 사진이나 영상을 공유하는 '캐터데이Caturday' 문화도 포챈에서 시작되어 고양이 밈이 인터넷 전반으로 퍼져나가는 계기가 되었고, 링크를 눌렀는데 기대와 다르게 오래된 릭 애스틀리의 뮤직비디오 영상이 재생되는 이상한 낚시 장난도 포챈에서 시작되었다.

일각에서는 이 이상한 문화를 그래피티 문화처럼 시대를 막론하고 관심을 갈구하며 반항심으로 가득한 사춘기 청소년들의 본능이 온라인에서 표출된 것으로 보기도 했다. 포챈 이용자들이 보이는 냉소와 모순은 자신의 약한 모습과 고통을 감추기 위한 일종의 방패였다. 하지만 포챈의 이러한 특징이 21세기 초 젊은 남성들이 직면한 어려움에서 비롯되었다는 점은 분명했다.

21세기에 들어서면서 대부분의 인종 및 사회경제적 집단에서 남자아이들이 여자아이들보다 학업 성취도가 떨어지고, 고등학교와 대학교에 진학할수록 그 격차는 더욱 벌어진다는 사실을 입증하는 연구 결과가 점점 더 많이 나오기 시작했다. 물론 사회에서는 여전히 중년 및 노년 남성이 대부분의 권력을 꿰차고 있었다. 그러나 젊은 남성들, 특히 교육 수준이 낮고 부모에게 별다른 특권을 물려받지 못한 젊은 남성들은 집단적으로 젊은 여성들보다 여러 면에서 뒤처졌다. 1960년대 여성의 기회 균등을 위한 법률 제정을 추진하는 시민운동이 한창이었을 당시만 해도 여학생의 대학 졸업률은 남학생보다 훨씬 낮았다. 2015년에는 상황이 역전되어 남학생이 여학생보다 대학을 졸업할 확률뿐만 아니라 좋은 직장에 취직할 확률도 훨씬 낮아졌다. 젊은 남성은 젊은 여성보다 임금 수준이 낮은 일자리를 구하거나 아예 고용 시장을 이탈할 가능성도 높았다.[1] 그 결과 부모님과 함께 살면서 비디오 게임이나 채팅을 하며 자유 시간을 보내는 젊은 남성이 많아졌다. 한 연구팀이 전국적으로 시간 사용에 관한 설문 조사를 실시한 결과, 2015년에 21세에서 30세 사이 젊은 남성의 유급 근로 시간이 10년 전에 비해 12퍼센트 감소했으며, 다른 인구 집단보다 훨씬 더 가파른 감소세를 보였다. 일하는 시간이 줄어든 대신 컴퓨터 앞에서 보내는 시간은 급격히 늘어났다. 30세 미만 남성의 '비디오 게임 및 여가 목적의 컴퓨터 이용 시간'은 2015년에 연간 520시간으로 10년 전보다 99시간 증가했는데, 이는 더 높은 연령대의 남성 및 모든 연령대의 여성과 비교해 훨씬 더 많은 시간이며 더 가파른 증가세를 보이는 것이었다.[2]

포챈만의 문화가 형성된 배경에는 이처럼 달라진 세상에 등장한 새로운 부류의 청년들, 즉 시간은 남아돌고 사회에서 도태되었다는 자괴감에 빠진 젊은 남성들이 있었다. 포챈의 문화는 과거 로커 룸에서 서로 강함과 우월함을 증명하려 했던 전통적인 남성 문화와는 매우 달랐다. 남성이 뒤처지는 현실을 반영하는 새로운 문화였다. 때로는 세상에 불만을 터뜨리기도 하고 앞서 나가는 여성 동료들을 원망하기도 했다. 그러나 또 다른 한편으로는 스스로를 조롱하고 서로를 놀려대며 불운한 처지를 슬퍼하기보다는 웃음거리로 삼았다. 포챈 이용자들은 스스로를 저능아retard나 자폐아autist로 지칭했다. 이들은 이러한 단어를 모욕적으로 여기기보다 사회 부적응자라는 정체성을 자발적으로 인정하고 유대감을 형성하는 수단으로 삼았다. 이러한 용어 사용에 일반 사람들이 불쾌해하거나 분노하는 모습을 보는 것은 덤으로 얻는 즐거움이었다.

한때 포챈의 단골이었던 작가 데일 베란Dale Beran은 포챈이 "탈출구 없는 현실을 운명으로 받아들이고 체념한 사람들이 모여들면서" 성장했다고 설명한다. "그렇다면 부모님 댁 지하실로 피신하지 않을 이유가 없지 않은가? 시도했다가 실패해서 좌절하느니 아예 시도하지 않는 편이 낫지 않은가? 컴퓨터 속 환상의 세계로 도피하자. 내리막에 속도를 더하자!"[3]

월스트리트베츠 채팅방이 생겨날 무렵 포챈은 제이미와 그 친구들이 채팅방에서 자주 언급할 정도로 규모가 커졌고, 적대적인 트롤링과 밈 문화를 포챈에서 배웠다고 말하는 멤버도 나타났다. 이 모든 것이 그리 놀라운 일은 아니었다. 애초에 제이미가 월스트리트베츠를 시작한 이유도 많은 젊은 남성이 포챈을 찾는 이유와 다르지 않았기 때문이다. 그는 어차피 온라인에서 많은 시간을 보내는 김에 자신처럼 삶의 목적을 잃고 방황하는 사람들과 소통하고 싶었다. 어린 시절 배웠던 남성성은 예전 같았으면 사회에서 인정받고 출세하는 데 도움이 되었을지 몰라도 오늘날 협업과 감성 지능을 중시하는 새로운 서비스 기반 경제에서는 오히려 걸림돌이 되었다.

비슷한 처지에 있는 사람들이 모여 월스트리트베츠에서는 주식시장에서 재미와 즐거움을 찾았고, 포챈에서는 힘든 일이나 투자 손실을 농담으로 승화하고 위로받기도 했다. 월스트리트베츠에서는 포챈의 도전적이고 반항적인 문화에 영향을 받아 '모 아니면 도'라는 식의 일명 욜로 투자가 유행하기 시작했다. 주식시장을 좌지우지하기란 불가능하다는 사실을 알면서도 위험을 무릅쓰고 무모한 투자를 즐기는 문화가 형성되었다. 2015년에 들어선 지 얼마 지나지 않아 포챈에서 쓰던 저능아와 자폐아라는 용어가 월스트리트베츠로 넘어와 무모한 트레이딩을 서슴지 않는 젊은이들을 가리키는 단어로 사용되기 시작했다. 2015년 중반에 한 젊은 여성이 월스트리트베츠에 올린 게시물에 달린 댓글을 보면 포챈이 월스트리트베츠에 미친 영향력이 어느 정도인지를 분명하게 가늠할 수 있다. '그래니_스미스Granny_Smith'라는 아이디를 사용하는 이 이용자는 월스트리트베츠에 다음과 같은 글을 남겼다. "내 아이디는 할머니란 뜻이지만 사실 나는 열여덟 살 소녀야. 이 금녀의 공간에 그 벽을 한번 부숴보려고 왔으니, 다들 조심해! 하하."

이 게시물에는 단지 여성임을 밝혔다는 이유만으로 비난하는 댓글이 줄을 이었다. 사진으로 증명하라는 댓글도 달렸다. 음란한 사진이어야 한다는 저속한 댓글도 있었다. 당사자가 불쾌감을 표시하자 보다 못한 제이미가 그래니_스미스를 응원하는 댓글을 달았다. "그냥 무시하세요. 응원합니다."

하지만 다른 운영진은 제이미를 따르지 않았다. 그중 몇몇은 여성 혐오를 멈추기는커녕 오히려 여론에 가세해 그래니_스미스가 주식 투자와 아무런 관련도 없는 성별을 언급한 것 자체가 잘못이라고 주장했다. 여태까지 이곳에서 개인 신상을 상세히 언급하며 자신의 투자 습관을 설명한 수많은 회원들 가운데 이 같은 반발에 직면한 사람은 단 한 명도 없었다는 사실은 깡그리 무시했다. 누구인지는 알 수 없으나 관리자 한 명이 그래니_스미스를 차단했다. 그러자 그녀는 '그래니_스미스2'라는 새로운 계정을 만들어 재가입한 뒤 월스트리트베츠를 맹비난하는 글을 올렸다.

나는 이 포럼의 유독한 문화에 극심한 충격을 받았다. 어딜 가나 성차별주의자나 미성숙한 사람이 한두 명쯤은 있기 마련이지만, 여기는 새로운 가입자가 자기소개 글에 단지 여자라는 사실을 딱 한 번 언급했다는 이유만으로 '참을 수 없는 X년'이라는 욕을 먹고, 성적인 공격을 받고, 차단을 당하고, 모든 운영진에게 공격을 받는데도 90퍼센트가 전혀 개의치 않는 것 같다.

그러나 그녀를 비난하던 사람들은 조금도 수그러들지 않았다. 오히려 월스트리트베츠와 레딧은 외부의 기준이나 기대에서 자유로운 곳이라는 사실을 강조했다. "월스트리트베츠까지 와서 사회정의를 찾다니 X 까. 하루 종일 어딜 가서 누굴 만나든 꾹꾹 눌러 참고 사는데, 여기서까지 남녀 가려가면서 예의 바르게 행동해야 해?" 그래니_스미스2의 비난에 달린 댓글 중 하나였다.

전통적인 남성성을 당연하게 여기며 자란 아웃스퀘어는 자신의 무력함을 즐기는 듯한 젊은 남성들의 새로운 세계를 어떻게 받아들여야 할지 몰라 혼란스러워했다.

아웃스퀘어는 어느 날 채팅방에서 "서브가 갈수록 이상해지고 있다"라며 운을 뗐다.

"마치 만지면 X 되는 미다스의 손을 가진 것 같다. 손대는 것마다 똥이 되고 있는데 다들 금이라고 착각을 하네."

예전 같았으면 제이미도 아웃스퀘어의 말에 동의했을 것이다. 하지만 월스트리트베츠가 성공하고 제이미 본인도 알코올 중독에서 벗어나 새로운 삶을 살게 되면서 생각이 많이 바뀌었다. 제이미는 채팅방에서 월스트리트베츠의 성장을 자주 이야기했다. 2015년 말쯤에는 가입자 수가 9,000명 미만에서 2만 6,000명 이상으로 거의 3배 가까이 증가했다.[4] 가입자 수는 여전히 r/investing보다 적었지만 1일 방문자 수나 조회수는 훨씬 많았다. 레딧의 알고리즘은 이용자가 가장 관심 있어 할 만한 자료가 가장 전면에 뜨도록 설계되어 있었다. 또한 이용자는 모든 게시물과 댓글에 찬성 또는 반대 투표를 할 수 있었고, 가장 인기 있는 항목은 서브레딧 초기 화면에 게재되었다.

월스트리트베츠는 2015년 미국의 정치적 흐름에 반기를 드는 젊은 남성들이 늘어나는 데에도 직접적인 영향을 미쳤다. 오바마 대통령 임기 마지막 해에 '흑인의 생명도 소중하다Black Lives Matter' 같은 진보적 시민운동이 힘을 얻으면서 여성과 다양한 소수자 집단의 정치적 권리가 강화되었다. 반면에 젊은 남성들은 자신들의 사회적 입지가 점점 줄어들고 있으며 그 어느 곳에서도 자신들의 이익은 대변해주지 않는다는 사실에 분노와 불만을 표출했다. 포챈 같은 온라인 커뮤니티가 그 창구가 되었다. 이성에게 거절당하고 분노에 찬 젊은 남성들을 위한 서브레딧이 갑자기 여럿 생겨났다. 이들 중 일부는 스스로를 비자발적 독신주의자involuntary celibates, 줄여서 '인셀'이라고 부르며 인터넷을 통해 세상과 맞섰다. 새로운 정치적 분위기가 형성되면서 이른바 '대안 우파'도 등장했다. 이들은 온라인에서 트롤링 전술을 이용해 '눈송이(영미권에서 나약하고 예민하고 불평이 많은 청년 세대를 일컫는 멸칭—옮긴이) 진보주의자'와 '사회정의 전사(Social Justice Warrior, SJW)'를 공격했다. 대안 우파 운동이 확산되면서 도널드 트럼프의 대선 운동을 지지하는 사람들이 모여

r/the_donald라는 새로운 서브레딧을 만들었다. 2015년 6월 도널드 트럼프가 황금 에스컬레이터를 타고 내려와 대선 출마를 선언한 이후, 이 서브레딧에 지지층이 결집했다.

월스트리트베츠에 트롤링 문화가 얼마나 깊숙이 스며들었는지는 2015년 말 제이미가 새로운 트롤링 작전을 공표하면서 분명하게 드러났다.

우리는 홍보 지식과 경험을 동원해서
트럼프의 대선 운동을 지지해야 한다.
현재로선 트럼프를 진지하게 지지하는 서브레딧은 없는
상태다.

월스트리트베츠를 시작했을 때만 해도 제이미는 버락 오바마를 지지했고 합리적이고 존중하는 태도로 정치 문제에 접근했다. 그래서 제이미를 오랫동안 알고 지낸 채팅방 친구들은 처음에 제이미가 농담을 한다고 생각했다. 제이미는 트럼프를 지지하려는 이유를 진지하게 설명했다. 트럼프의 정책이나 공략 때문이 아니라 월스트리트베츠가 지향하는 새로운 정체성이 트럼프라는 인물과 잘 맞아떨어지기 때문이라고 말이다.

> 트럼프는 wsb의 정체성을 실제로 보여주는 인물이다.
>
> 트럼프는 우리가 하고자 하는 모든 것을 대변한다.
>
> wsb 회원들은 운영진을 바보라고 생각한다. 바보 같은 짓만 하니까 모든 것이 단순히 사람들을 엿 먹이려고 신중하게 계획된 일인 줄은 꿈에도 모르고 말이다.
>
> 이걸 트럼프보다 잘하는 사람은 없다.

트럼프는 선거 운동 초기에 이미 다른 후보, 여성, 다양한 소수자 집단을 모욕하는 고의적인 발언으로 이목을 끌고 언론에 오르내리는 포챈의 오랜 전술을 구사했다. 사람들이 불쾌감을 표시하면 트럼프는 농담일 뿐이라며 상황을 반전시켰는데, 이 또한 포챈 회원들이 논란에 대응하는 방식과 동일했다. 트럼프의 선거 운동은 처음부터 끝까지 농담과 진담의 경계를 모호하게 만드는 기술, 즉 트롤링의 진수를 보여주는 최고급 강의나 다름없었다.

아웃스퀘어의 트롤링 전력을 고려했을 때, 월스트리트베츠 채팅방 멤버 가운데 일부는 아웃스퀘어가 트럼프의 비정상적인 정치 행적을 좋아할 거라고 생각했다. 하지만 아웃스퀘어는 곧바로 제이미의 제안에 반대 의사를 표시했다.

날아다니는 페니스 배너를 함께 만들었던 채팅방 멤버 온리원박지성이 트럼프에 대해 묻자 아웃스퀘어는 이렇게 말했다.

"이봐, 내가 세상이 망하는 꼴을 보고 싶은 사람처럼 보여?"

온리원박지성은 아웃스퀘어를 다시 한번 몰아붙였다. "트럼프가 두려워요?"

아웃스퀘어는 순순히 그렇다고 대답했다.

"나는 가끔씩만 혼돈을 원할 뿐이야. 트럼프는 혼돈 너머에 있어. 트럼프는 순수한 파괴자야."

몇 주 후, 멕시코 경제 관료인 제이미의 아버지가 CNBC에 출연해 트럼프는 대선 후보로서 자격이 없다며 트럼프가 멕시코 이민자를 비하한 사실을 비난했다. 제이미는 채팅방에 있는 모든 사람에게 이 방송 링크를 보냈다. 하지만 아버지의 생각은 아무런 영향도 미치지 못했다. 제이미가 트럼프를 지지하게 된 이유는 이민이나 성차별에 대한 트럼프의 견해 때문이 아니라, 실질적인 문제 해결에는 관심이 없고 권력과 돈만 따라 움직이는 미국 정치의 부조리를 폭로했기 때문이었다.

제이미는 트럼프가 폭로한 내용을 가리켜 "씨발, 역대급으로 멋진 연설이야"라며 당시 남초 커뮤니티의 목표를 총망라했다고 평가하기도 했다.

제이미는 오바마에게 걸었던 기대가 컸던 만큼 실망도 컸다고 밝혔다.

바마라마(전 세계 오바마 지지층이 조직한 비공식 팬클럽을 지칭

하거나 그와 관련된 일련의 현상을 비유적으로 표현하는 말—옮
긴이) 이후로 대통령이 이 나라에 어떤 영향력을 행사할 것
이라는 희망을 모두 잃었다.
좋든 나쁘든 대통령은 그저 사진이나 찍기 위해 존재하는
허수아비일 뿐이다.

월가 점령 시위로 촉발된 신뢰의 하락은 소셜 미디어에서
현실과 사실이 분열되면서 더욱 악화되었다.
"그래서 결론은 트럼프를 대통령으로." 제이미가 말했다.

누가 대통령이 되든 간에 NSA(미국 국가안보국—옮긴이)를
축소하지도 않을 거고, 낙태 문제에 종지부를 찍지도 않을
거면서 그게 왜 쟁점인지 모르겠다.
게다가 나랑은 아무런 상관도 없는 문제들이고
누가 되든 똑같다. 그 나물에 그 밥이다.

이렇게까지 이야기했지만 채팅방 멤버 대부분은 제이미가
여전히 농담을 하고 있다고 생각했다. 하지만 얼마 지나지 않
아 다들 농담이면서 동시에 진담일 수도 있다는 포챈의 기본적
인 가르침을 피부로 체감하게 되었다.

트럼프 당선시키기

"처음에는 장난삼아 시작했다가"

조던 자자라는 스물여섯 살이던 2016년 초부터 월스트리트베츠에서 시간을 보내기 시작했다. 그보다 6년 전에 일어난 사건이 계기였다. 2010년에 어머니는 조던을 롱아일랜드 교외에 있는 컴퓨터 수리점에 내려주었다. 그런데 휴대폰 문자에 정신이 팔린 한 운전자가 그대로 조던을 들이받았다. 조던은 공중으로 날아가 피투성이가 된 채 의식을 잃었다. 불행 중 다행으로 사고 지점은 지역 외상 병원 근처였다. 곧바로 병원으로 이송된 조던은 산산조각이 난 발과 발목을 나사와 티타늄 막대를 이용해 재건하는 수술을 받았다.

몇 달에 걸친 고통스러운 회복과 재활 끝에 조던은 거의 60만 달러에 이르는 보상금을 받았다. 어머니는 조던이 그 돈으로 세상을 구경하길 바랐지만, 조던은 뉴욕주의 이타카에 위치한 오래된 집을 구입했다. 조던의 아버지가 그 동네 식당에서 주방장으로 일하고 있었기 때문이다. 조던의 부모님은 조던이 아장아장 걸어 다니던 어린 시절에 이혼했다. 아버지가 집을 나간 뒤로 조던의 마음속에는 항상 아버지와 함께 더 많은 시간을 보내고 싶은 갈망이 있었다. 조던은 뉴욕 북부의 핑거 레이크 지역에 위치한 소도시 이타카에 집을 마련한 후, 아버지와 삼촌에게 위층 세입자로 들어와 함께 살자고 청했다.

조던은 부모 중에 누구와 함께 시간을 보낼지 선택할 기회가 주어질 때마다 아버지를 선택하곤 했다. 어머니는 생활비를 벌기 위해 오랜 시간 일을 했고, 지켜야 할 규칙을 정하고 꼬박꼬박 숙제를 강요하는 사람이었다. 반면에 아버지는 자유분방한 방랑자에 가까웠다. 어린 시절 조던은 여름이면 아버지를 따라 이타카 근처 협곡과 숲을 거닐고 음악 축제를 즐겼다. 조던이 여덟 살일 때 아버지는 영화 세트 디자이너로 성공하겠다는 포부를 안고 서부로 이주했지만, 관련 종사자 연맹에 가입하지 못하고 다른 직업을 전전했다.

성인이 된 첫해에 조던은 아버지처럼 목적 없이 떠도는 삶에 이끌렸다. 전문 대학에 진학했지만 1년도 안 돼서 중퇴했다. 혼자 힘으로 대학에서 문헌정보학을 전공하고 대학원까지 졸업한 어머니는 크게 실망했다. 교통사고 이후 조던은 온라인에서 돈을 벌어보려고 이것저것 손을 댔지만 전부 잘되지 않았다. 결국 남은 사고 보상금으로 집에 눌러앉아 비디오 게임과 소셜 미디어에 몰두하며 시간을 흘려보냈다. 조던은 자신이 좋아하는 비디오 게임을 해킹하여 높은 점수를 내는 방법을 알아내던 아이였다. 사고를 당하고 몇 달 동안 침대 밖으로 나오지 못하게 되면서 디지털 의존도는 더욱 높아졌다. 신체적 회복은 놀라울 정도로 빨랐지만 정신적 트라우마로 외출을 꺼리게 되었다.

"차만 보면 두려움이 엄습한다. 중앙분리대만 보면 날아와 나를 찌를 것 같다. 고속도로는 가장 끔찍한 악몽과도 같다. 영화나 TV에서 사람들이 차에 치이는 장면을 보면 식은땀이 나고 과호흡이 온다." 조던이 레딧에서 대화 도중에 했던 말이다.

조던은 병원에서 입원 생활을 하던 중에 '돼지독감팬데믹 swineflupandemic'이라는 아이디로 레딧에 처음 가입했다. 아이디는 당시 뉴스에 보도되던 바이러스에서 차용했다. 이후 몇 년 동안 조던은 이 아이디로 활동하며, 제이미가 처음 레딧에 가입했을 때처럼 레딧에서 상상할 수 있는 모든 주제에 대해 배우고 이야기하며 하루를 보냈다. 그는 대부분의 시간을 침실 옆 서재에서 보냈다. 서재에는 대형 모니터와 위아래로 움직일 수 있는 책상이 있어서 너무 오래 앉아만 있지 않아도 되었다. 가끔씩 틴더 앱으로 만난 동네 여대생들과 어울리는 것 빼고는 실제로 사람을 만나는 일도 거의 없었다. 고등학교 시절에는 헤비메탈 밴드에서 드럼을 연주했지만, 지금은 그저 책상 뒤에 드럼을 두고 헤비메탈과 재즈 트랙을 헤드폰에 연결해 혼자 연주할 뿐이었다. 드럼 옆에는 군살 없는 몸매를 유지하기 위해 운동할 때 쓰는 덤벨이 놓여 있었다.

2015년 말까지 사고 보상금을 야금야금 갉아먹는 이런 생활이 지속되었다. 조던은 로빈후드에 대한 소문을 듣고 주식 투자로 돈을 벌어 생활비를 충당해보기로 결심했다. 월스트리트베츠 서브레딧 사이드바에 링크된 채팅방(#wsb)을 발견한 후 "여기서 기본적인 것부터 배워서 조금이라도 정기적으로 돈을 벌 수 있으면 좋을 것 같다"라고 썼다. 사실 이 채팅방은 제이미와 아웃스퀘어를 비롯한 원년 멤버들끼리만 소통하는 채팅방과는 다른 곳이었다. 이곳은 미숙한 이용자들을 트롤링할 목적으로 IRC에 'wsb'라는 이름으로 개설한 또 다른 채팅방이었으나 2015년 서브레딧이 급성장하면서 활발한 소통의 중심지가 되었다.

조던은 wsb 채팅방에 참여하고 옵션 거래를 시작하면서 주가 변동에 맞춰 돈을 버는 것이 얼마나 어려운 일인지를 금방 깨달았다. 트레이딩에 입문하면서 돈이 불어나기는커녕 오히려 한 번에 몇백 달러씩 손실이 났다. 하지만 조던은 트레이딩이 주는 자극과 도전에 빠져들었다. 그는 하루에 몇 시간씩 철학과 경제사에 관한 오디오북을 들으며 공부했다. 하지만 트레이딩은 다른 곳에서는 배울 수 없는 가르침을 주었다. 조던은 인플레이션 기대치나 상품 가격에 영향을 미치는 요인에 관해 찾을 수 있는 정보는 모두 찾아서 읽었다. 하지만 이론을 학습하는 데서 끝나는 것이 아니라 실전에서 시험해봐야 했고, 틀릴 경우 실제로 금전적 손실이 발생했다.

"트레이딩 진짜 재밌네." 조던은 채팅방에서 이렇게 말했다.

"망해도 재밌어. 돈을 잃고 나면 오히려 트레이딩 지식을 더 찾아서 공부하게 되네."

조던은 돈을 잃고 난 뒤에 스스로를 조롱하고 실패를 웃어넘기는 커뮤니티 문화에도 금세 적응했다. 조던의 겸손한 태도와 지적 호기심에 아웃스퀘어는 호감을 느꼈다. 아웃스퀘어는 조던에게 트레이딩에 관해 도움을 주었을 뿐 아니라 불안을 대마초로 달랜다는 조던의 말에 진심 어린 조언도 아끼지 않았다.

제이미가 채팅방에 나타났을 때, 조던은 월스트리트베츠의 역사에 대해 묻고 서브레딧 운영을 돕고 싶다고 말했다. 하지만 2016년 초까지만 해도 제이미는 회사 일과 그해 말에 있을 알레한드라와의 결혼식 준비로 바빠서 거의 모습을 드러내지 않았다. 서브레딧 관리 업무 대부분을 담당하던 아웃스퀘어도 한 여자를 만나 가정을 꾸린 상태였다. 그래서 옵션과 선물만큼이나 제빵기와 모유 수유에 관한 이야기도 많이 했다.

조던이 wsb 채팅방에서 만난 인물 가운데 가장 영향력 있는 인물은 '라카이lakai'라는 아이디를 가진 또 다른 신규 가입자였다. 라카이는 월스트리트베츠에 성공적인 트레이더를 더 많이 데려오기 위해 아웃스퀘어가 영입한 사람이었다. 라카이는 자택에 꾸며놓은 사무실에서 신나는 전자 음악을 배경으로 큰돈을 빠르게 매매하는 모습을 영상으로 찍어 유튜브 채널에 올렸다. 아웃스퀘어가 파악한 바에 따르면 라카이는 하루에 100만 달러를 벌기도 하고 또 그만큼 손실을 입기도 했다.

아웃스퀘어에게서 관리자 권한을 부여받은 후, 라카이는 월스트리트베츠를 더 세련되고 깔끔한 공간으로 꾸몄다. 레딧에서 제공하는 플레어라고 불리는 작은 스티커로 게시물을 분류해 다양한 콘텐츠를 더욱 쉽게 찾을 수 있도록 정리했다. 채팅방에 퀴즈와 포커 게임을 도입해 단골 멤버들이 거래를 하지 않을 때에도 즐길 거리를 제공했다. 아웃스퀘어와 마찬가지로 라카이는 시장에서 돈을 버는 것이 얼마나 어려운지 잘 알고 있었지만 불가능한 일은 아니라는 것을 보여주기도 했다. 하지만 아웃스퀘어나 제이미보다 훨씬 더 신랄한 유머 감각의 소유자였던 라카이는 당시 유명 남초 커뮤니티에 만연한 보다 극단적인 요소를 월스트리트베츠로 끌어들였다.

라카이는 여성 혐오적인 언어를 사용했으며, 포챈에서 유행하던 '컥cuck'이라는 단어도 남발했다. 컥은 전통적인 남성적 가치를 배신한 나약한 남성을 지칭하는 은어였다. 라카이는 기혼이었고 아내가 얼마나 매력적인지도 이야기하곤 했다. 그러나 여성들이 남성들과 지적으로 동등한 존재라고 생각하는 것을 혐오한다며 채팅방에서 이런 말을 하기도 했다.

"나랑 지적으로 동등한 존재인 것처럼 구는 년들은 하나같이 나를 끌어내리려는 멍청한 년들이었지."

기존의 채팅방에서는 동성애 혐오를 구시대적인 편견으로 보고, 오히려 동성애 혐오 자체를 가벼운 비웃음거리로 삼곤 했었다. 하지만 라카이가 등장하면서 대안 우파, 즉 극우 세력 사이에서 점점 더 보편화되고 있던 분노에 찬 동성애 혐오 발언이 나타나기 시작했다.

라카이는 "동성 결혼의 문제는 동성 결혼이 합법화되면서 학교에서 아이들에게 동성애를 해도 괜찮다고 가르치기 시작했다는 점"이라고 설명했다.

이제 만화에도 호모들이 나온다.
예전에는 호모들이 자기 인생을 어떻게 살든 X도 신경 안 썼다.
부모가 되기 전까지는.
자기 자식이 게이가 되길 바라는 사람은 아무도 없다.

아웃스퀘어는 라카이를 지켜보며 기존 채팅방에 보고하곤 했다. 처음에 느꼈던 흥미는 라카이의 영향력이 커지면서 점차 두려움으로 바뀌어갔다. 라카이는 기존 채팅방에는 초대받은 적이 없었다. 아웃스퀘어는 라카이에게서 관리자 권한을 박탈하라고 기존 채팅방 멤버들을 압박했다.

"대인 관계를 바라보는 관점이 아주 왜곡된 인간"이라고 아웃스퀘어는 설명했다.

자신의 이해나 능력을 벗어나는 일은 뭐든지
위협으로 간주하고
도망치거나 폭주하거나 둘 중 하나야.

라카이는 종종 성차별주의자나 인종차별주의자라는 비난을 받았는데, 그럴 때마다 포챈 이용자들의 단골 변명인 '농담이었다'로 응수하곤 했다.

"엿 먹어, 난 인종차별주의자가 아니야." 그는 자신을 비판한 사람에게 이렇게 답했다.

인종차별이라는 게
사실 그냥 고정관념일 뿐이잖아.
괜히 찔리는 인간들만 발끈하는 거지.
농담을 농담으로 못 받아들이고.

채팅방에 머무는 시간이 늘어나면서 조던은 라카이의 생각과 태도에 반발했다. 라카이가 도널드 트럼프 후보를 지지한 발언을 두고 두 사람은 여러 차례 언쟁을 벌였다. 조던은 적어도 그 당시에는 트럼프를 지지하지 않았다. 조던은 트럼프를 "등신들에게 아부하는 빌어먹을 저능아"라고 표현했다.

조던은 특히 트럼프가 "막대한 부를 물려받은 주제에 자기가 이룩한 것처럼 생각하고 행동한다"는 점을 문제 삼았다.

라카이가 받아쳤다. "그래서 뭐, 트럼프는 아무런 노력도 안 했다는 뜻이야?"

조던은 정확히 그렇게 생각한다고 답변했다.

록펠러가 스스로 얼마나 영민한 사업가인지 떠벌리고 다니는 거랑 다를 바 없지.
그냥 물려받은 재산 관리만 할 뿐이면서.
물론 탕진하지 않으려면 관리도 잘해야겠지.
하긴, 그것도 훌륭하네.

하지만 조던과 라카이의 사이는 나쁘지 않았다. 두 사람은 해수 어항이라는 뜻밖의 관심사를 공유했다. 조던은 작업 책상 뒤에 대형 어항을 설치해두고 문어와 열대어를 키웠다. 그래서 대궐 같은 집에 더 큰 수족관을 설치하려 계획하고 있던 라카이에게 이런저런 조언을 해주었다. 해양 생물이라는 공통의 관심사를 떠나서도 라카이는 경험 많은 트레이더들의 비위를 맞추며 알랑방귀를 뀌는 다른 초짜들과는 달리 독립적이고 당당한 조던을 높이 평가하는 듯했다.

조던은 트레이더로서 성공을 거두고 가족을 부양하고자 노력하는 라카이를 존경했다. 라카이는 남부 캘리포니아에서 부동산 투자를 시작했지만 서브프라임 모기지 사태로 주택 시장 거품이 꺼지면서 거의 전 재산을 잃었다고 했다. 그때를 기점으로 라카이는 주식시장으로 관심을 돌렸다. 정식으로 교육을 받거나 다른 사람 밑에서 일하며 배우는 대신 시행착오를 겪으며 독학했다. 라카이는 채팅방에서 자신이 노력해서 얻은 성공의 결실을 보란 듯이 자랑했다. 주로 자신이 소유한 고급 스포츠카 사진을 올리거나 아들딸에게 열어준 사치스러운 생일 파티와 선물로 무엇을 주었는지에 대해 떠벌렸다. 라카이는 딸아이의 유치원 입학 선물로 62캐럿짜리 다이아몬드 티아라와 3,000달러짜리 루이비통 백팩을 사 주었다면서 이렇게 말했다.

"나는 아이들에게 좋은 본보기가 되기 위해 최선을 다할 것이다. 아이들이 커서 무엇이 되든지 간에 내 직업 윤리와 야망이 동기 부여가 되기를 바란다."

조던은 이따금 다양한 소수자 집단을 향해 라카이가 쏟아내는 거친 발언에 거부감을 느끼기도 했다. 하지만 온라인과 오프라인을 넘나들며 안정적인 삶을 구축하려고 고군분투하는 가운데 점차 라카이의 태도와 정치적 관점에 동조하게 되었다.

조던이 나고 자란 롱아일랜드 교외에서는 민주당을 지지하는 것이 일반적이었다. 조던 역시 제이미와 마찬가지로 조지 W. 부시 대통령 시절 공화당을 풍자하고 비판하는 존 스튜어트의 〈코미디 센트럴〉 같은 심야 TV 프로그램을 즐겨 보았다. 하지만 금융위기가 닥쳤을 때 성인이 된 조던은 교통사고 이전에도 먹고살 길을 찾느라 발버둥 치고 있었다. 버락 오바마나 그 뒤를 이은 힐러리 클린턴은 소위 백인 특권이라고 불리는 것에 반발하는 것 외에는 기존 체제를 개혁하려는 의지가 없는 듯했다. 2016년 대선이 본격화되면서 버니 샌더스만이 조던의 관심을 끌었다. 비록 조던은 사회주의 사상을 경멸했지만 샌더스만이 자신의 견해를 솔직히 피력하고 기존의 정치 관행에 의문을 제기하는 유일한 후보처럼 보였기 때문이다.

"씨발, 내가 왜 내 이익을 대변해주지도 않는 인간을 뽑아야 하지." 조던이 말했다.

특히 민주당 지도부가 당의 기존 체제에 반기를 드는 샌더스를 물리치기 위해 클린턴 편에 섰다는 사실이 밝혀지면서 조던은 민주당과 클린턴에게서 완전히 등을 돌렸다. 이를 계기로 힐러리를 비롯한 정치판이 결국은 돈을 좇아 움직인다는 조던의 의심은 확신이 되었다.

하지만 대선을 떠나 인터넷에서 오랜 시간을 보내면서 조던이 세상을 바라보는 시각 또한 서서히 변해갔다. 조던과 그 또래 집단은 금융위기와 소셜 미디어의 확산 이전에는 주류 언론과 TV 프로그램에서 세상에 대한 정보를 얻곤 했다. 특히 정치에 관심이 있는 젊은이들은 〈코미디 센트럴〉의 존 스튜어트 같은 진보주의적 성향을 가진 진행자들에게서 정치와 사회 문제를 배웠다. 하지만 조던은 레딧에서 보내는 시간이 늘어나면서 상상할 수 있는 모든 주제에 관한 반대 의견에 끊임없이 노출되었다. 그러다 보니 지금까지 합의된 진실이라고 믿었던 것들이 조금씩 흔들리기 시작했다. 2015년에 조던은 음모론을 다루는 서브레딧을 자주 방문했다. 처음에는 얼마나 말도 안 되는 주장을 하는지 보러 갔다. 하지만 계속 논쟁을 하다 보니 처음에는 터무니없다고 생각했던 주장들도 어느 순간 합리적으로 보이기 시작했다. 이렇게 확고하다고 믿었던 현실 감각이 점점 깨지기 시작했다.

하지만 2015년에 레딧이 '문화 전쟁'과 '정체성 정치'라는 논쟁적 주제에 휩쓸리면서 분위기가 달라졌다. 원래 제이미와 마찬가지로 조던도 주제에 상관없이 자유롭게 의견을 교환하고 논쟁을 벌일 수 있다는 점 때문에 레딧을 좋아했다. 하지만 2015년 한 해 동안 조던은 다른 사람의 발언을 비판하고, 특히 성별과 인종 정체성에 관한 논쟁이나 토론을 금기시하는 사람들을 계속 맞닥뜨렸다. 특히 조던은 이타카 관련 서브레딧에서 지역 범죄나 경찰에 관한 대화가 오갈 때마다 이런 사람들을 자주 마주쳤다. 한번은 지역 경찰이 범죄를 처리한 방식을 변호하다가 인종차별주의자라는 비난을 받기도 했다.

"전형적이네." 그는 자신을 비난한 사람에게 이렇게 말했다. "네 의견이나 우선순위에 동의하지 않는다는 이유로 나를 증오하는 거잖아, 지금. 그게 바로 도덕적 권위주의야. 네 의견에 동의하지 않는다고 해서 나쁜 사람 취급하는 거."

이러한 논쟁이 있기 전에도 조던은 상대방이 자신을 존중하지 않는다고 느낄 때 쉽게 분노를 느끼곤 했다. 이는 최근 들어 더욱 민감해진 정치적 소통의 시대에 큰 도움이 되지 않았다. 2015년 트럼프의 대선 운동으로 문화 전쟁이 한층 격렬해지면서 논란이 될 만한 언어와 사상에 사람들은 한층 더 예민하게 반응하기 시작했다. 이러한 상황 속에서 조던은 그전까지 믿었던 모든 것을 재고하게 되었다. 2015년이 끝나갈 무렵 레딧에서 또 다른 논쟁을 벌이던 중에 조던은 자신에게 일어나고 있는 변화를 설명했다. "예전에는 나 스스로를 진보라고 생각했지만, 최근에는 '정치적 올바름politically correct'을 내세워 사회 정의를 강요하며 거기서 조금이라도 벗어나면 사상범으로 몰아가는 분위기 때문에 생각이 송두리째 바뀌었다. 이런 쓰레기 같은 일을 겪지 않고는 온라인에서 아무것도 할 수가 없는 지경에 이르렀다."

조던이 월스트리트베츠를 그토록 사랑했던 이유는 자기 생각을 솔직하고 자유롭게 말할 수 있고, 오히려 다른 사람 말에 예민하게 반응하는 사람들을 용납하지 않는 몇 안 되는 곳이었기 때문이다. 조던은 단지 사회정의 전사(SJW)들을 도발하려고 포챈에서 흘러 들어온 공격적인 용어를 일부러 써보기도 했다. 제이미가 본인도 유대인이면서 유대인들이 악착같이 돈을 긁어모으는 면모를 풍자하는 부적절한 농담을 할 때 맞장구를 치다가 불현듯 후회하기도 했다.

"언젠가 멋진 유대인 여성을 만나 결혼할 수도 있는데 이런 반유대주의적인 농담에 동참하다니 갑자기 후회가 밀려든다."

하지만 조던에게 일어난 생각과 태도의 변화는 단지 공격적인 용어를 서너 개 쓰는 수준을 넘어서고 있었다. 조던은 힐러리 클린턴에 관한 밈을 보기 위해 r/the_donald를 방문했다. 처음에는 블라디미르 푸틴과 독재자를 찬양하는 트럼프 지지자들과 논쟁을 벌이기도 했다. 하지만 이미 주류 정치인들에 대한 신뢰가 깨진 터라 결국 음모론 서브레딧에 들어갔을 때와 마찬가지로 트럼프 지지자들의 주장에서 타당성을 느끼기 시작했다. 레딧에서 트럼프에 관한 수많은 논쟁을 벌이는 가운데 조던은 다음과 같은 말을 했다. "나는 트럼프가 사람들을 화나게 하고 제멋대로 행동하는 것을 좋아한다. 트럼프가 지금 위치에 오를 수 있었던 것은 '나를 지지하는 것은 기존 정치 체제를 뒤엎는 행위다'라는 메시지 때문이라고 생각한다. 트럼프가 그런 식으로 행동할 때마다 오히려 기존의 정치판과 상관없이 소신껏 행동하는 인물이라는 사실을 알 수 있다."

이 시기에 월스트리트베츠에서 생각을 바꾼 사람은 조던뿐만이 아니었다. 피아노 연주와 트레이딩을 즐기는 리신은 특정 정체성과 관련된 담론에 극도로 예민하게 반응하는 정체성 정치 풍조에 오히려 반발심이 들어 일부러 친구들을 화나게 하려고 트럼프에게 투표할 계획이라는 말을 한다고 했다. 초기 채팅방의 단골 멤버인 '저지푸어 JerseyPoor'도 비슷한 변화를 겪고 있다고 말했다.

저지푸어는 월스트리트베츠 원년 멤버들끼리 있는 채팅방에서 "진보주의자들이 너무 역겨워서 보수주의자가 되어가고 있다"고 말했다.

"트럼프가 만약 미국의 '정치적 올바름'을 무너뜨리겠다고 약속한다면 트럼프에게 투표하겠어."

잠시 후에 저지푸어는 자신이 방금 무슨 말을 한 건지 반문했다. "나한테 무슨 일이 일어나고 있는 거지? 나 진짜 완전 진보였는데."

나중에 학계에서는 젊은 남성들이 남초 커뮤니티에 만연한 분노의 정치에 빠져들게 된 이유를 탐구했다. 처음에는 재미 삼아 밈이나 농담에 발을 담갔던 사람들이 점차 그 아래에 숨어 있는 진지한 생각과 정서에 빠져들게 된다고 분석했다. 일부 전문가들은 이 과정을 가리켜 '아이러니 중독 irony poisoning'이라고 명명했다. 조던이 채팅방에서 그해 월스트리트베츠에 가입한 사람들에게 일어난 변화를 이야기할 때 사용한 표현도 이와 일맥상통한다.

"2016년 채팅방에서 가장 재밌었던 건 처음에는 장난삼아 시작했다가 나중에 가서는 완전히 진지해지는 거였다."

이 기간 동안 가장 눈에 띄는 관리자였던 라카이는 월스트리트베츠 단골 회원들 사이에서 트럼프에 대한 공감 여론을 불러일으켰다. 2016년 초에 라카이는 양복을 입고 선글라스를 쓴 작은 아기 그림을 하나 그렸는데, 이 아기는 곧 월스트리트베츠의 마스코트가 되었다. 월스트리트베츠 사람들은 예의 그 짓궂은 장난기를 발동시켜 이 아기에게 '퍽보이FuckBoy(양아치라는 뜻―옮긴이)'라는 별명을 붙여주었다. 트럼프가 공화당 예비선거에서 연달아 승리하면서 라카이는 퍽보이에게 빨간 트럼프 모자를 씌우고 공중에 돈을 던지는 애니메이션을 추가했다. 모자를 벗으면 트럼프를 상징하는 노란 머리카락이 드러났다.

제이미는 가끔씩 들를 때마다 트럼프를 지지하는 분위기를 한층 더 고조하는 데 일조했다. 6월에는 트럼프에게 레딧의 트레이드마크인 '무엇이든 물어보세요Ask Me Anything(줄여서 무물AMA)'를 월스트리트베츠에서 진행해보지 않겠냐고 제안하는 게시물을 올리기도 했다.

"월스트리트베츠는 인터넷에서 트럼프에게 공정한 기회를 줄 수 있는 유일한 곳이다. 이 계획을 현실화해보자." 제이미는 서브레딧 이용자들에게 트럼프가 이 초대에 응하도록 '좋아요'를 눌러달라고 부탁하는 글을 썼다.

포챈과의 동맹도 이 무렵에 훨씬 더 구체화되었다. 레딧에는 포챈의 전초기지 격인 r/4chan이라는 서브레딧이 있었다. 이곳의 주요 관리자 한 명이 월스트리트베츠에도 꾸준히 출석하다가 운영자 자격을 얻었다. 제이미는 포챈과의 융합을 월스트리트베츠의 새로운 표어로 내세워 사이드바에 게시했다. "포챈이 블룸버그 터미널을 발견한 것처럼."

블룸버그 터미널은 모든 시장 관련 데이터를 수집하고 분석해서 월가에 제공하는 서비스다. 제이미가 다른 서브레딧 이용자와 대화를 나누다가 월스트리트베츠의 독특한 분위기와 관행을 가리켜 비유적으로 표현한 말을 그대로 가져온 것이다.

2016년 월스트리트베츠 이용자 실태 조사 결과, 눈으로 보이는 이용자 집단의 특성이 실제 인구통계학적 사실과도 일치하는 것으로 나타났다. 응답자 4,000명 중 95퍼센트 이상이 자신을 남성이라고 밝혔으며, 그중 90퍼센트는 30세 미만이었다. 여성 이용자 수는 자신의 성별을 '공격 헬리콥터' 또는 '아파치 공격 헬리콥터'라고 밝힌 응답자 수와 비슷했다.[1]

2016년 여름, 트롤링과 농담의 수위가 도를 넘어가면서 아웃스퀘어는 점차 서브레딧에서 손을 떼기 시작했다. 포챈 관리자가 월스트리트베츠 관리자로 임명된 사실을 알게 된 후 아웃스퀘어는 다음과 같은 결론을 내렸다.

이젠 뭐, 완전히 포챈이 되어버렸다.

> 나는 운영자 자리에서 사임하겠다.
> 갈수록 더 이상해지고 지저분해질 것 같다.

하지만 월스트리트베츠의 과격하고 신랄한 분위기는 시대 흐름을 타고 다른 남초 커뮤니티와 더불어 성장하는 데 도움이 되었다. 2016년부터 월스트리트베츠에 관한 기사가 주류 언론에 등장하기 시작했다. 미국의 경제 뉴스 웹사이트 《마켓워치 MarketWatch》에 실린 기사에서는 월스트리트베츠가 "레딧에 존재하는 82만 4,000개 이상의 서브레딧을 통틀어 신규 구독자 증가율에서 상위 1퍼센트를 기록했다"라고 소개했다.[2] 물론 트럼프 지지층이 결집하면서 트럼프 대선 운동의 온라인 본거지가 된 r/the_donald의 성장률에는 미치지 못했다.

레딧에는 다른 대부분의 소셜 미디어에 비해 남성과 공화당 지지자가 많긴 했지만, 전반적으로 이 사이트의 젊은 이용자층은 여전히 대부분 진보 성향이었다.[3] 따라서 레딧은 트럼프 지지자와 반대파가 정기적으로 맞닥뜨리는 몇 안 되는 곳 중 하나였고, 양쪽의 갈등이 점점 고조되면서 이 사이트는 트럼프 지지층에게 전략적 요충지가 되었다. 전통적으로 집 앞마당 잔디밭에 꽂아두던 대선 후보 지지 푯말 대신에 r/the_donald 이용자들은 트럼프를 위한 농담과 밈을 만들어 레딧을 넘어 다른 곳에서까지 주목을 끌었다. 2016년 여름 무렵에는 트럼프 선거 본부 지도부가 r/the_donald을 주기적으로 모니터링하며 이곳에 올라오는 밈을 트럼프의 트위터 계정에도 올렸다. 그중에는 포챈에서 인기를 끌던 개구리 캐릭터 페페pepe도 포함되어 있었다. 포챈 전문가인 데일 베란은 페페가 포챈의 아이콘이 된 이유를 "바지를 내리고 엉덩이를 내놓은 채 소변 보는 모습을 들키는" 등 짠하고 지질한 모습이 젊은 남성층의 자기 연민 문화와 공명하기 때문이라고 설명한다.

"페페는 패배와 절망을 수용하는 태도를 상징한다. 이는 포챈을 찾는 수백만 이용자가 공감하고 소통하는 주제다. 다시 말해, 주류 정치와 기득권에서 동떨어져 남들의 경멸을 받는 상태를 오히려 자랑스레 여기는 가치관이다."

힐러리 클린턴은 2016년 가을 페페를 트럼프의 '소름 끼치는' 밈으로 규정하며 "스스로를 '대안 우파'라 자처하는 백인 우월주의자들이 이 캐릭터를 완전히 장악해 악용하고 있다"라고 지적했다. 그러나 클린턴의 이러한 발언은 오히려 트럼프 지지자들에게 큰 기쁨을 주었고 그들은 더욱 공격적으로 밈을 제작하며 응수했다.

당시 조던이 활동하던 #wsb 채팅방에서도 이러한 기이한 변화를 둘러싸고 수많은 대화가 오갔다. 트럼프를 비난하던 사람도 여전히 많았는데, 그중 한 명이 이러한 현상을 다음과 같이 분석했다.

"혐오 집단의 메시지를 철없는 아이들이 가벼운 농담쯤으로 여겨 퍼 나른다."

그러자 새로이 가입한 트럼프 지지자가 이 말에 동의하며 덧붙였다.

"맞다. 처음에는 트럼프를 놀리려고 시작한 농담인 줄 알았는데 아니더라. 진지하더라."

선거를 불과 2주 앞두고 FBI 국장 제임스 코미가 힐러리 클린턴이 국무장관으로 일할 당시 공식 이메일 대신 개인 이메일을 이용하면서 정부 기밀이 유출된 정황을 계속해서 수사하고 있다고 발표했다. 이로써 트럼프에게 유리한 상황이 전개되었다. 이 사건은 조던이 클린턴을 불신하게 된 결정적인 계기가 되었다. 단순히 주류 정치에 대한 반감을 표출하기 위해서라도 트럼프 같은 인물이 필요하다고 생각하게 된 것이다.

트럼프가 당선돼서 한번 뒤집어엎어야

다음 선거에는 사람들이 좀 정신을 차리겠지?

전부 불 싸지르자.

그러고 나면 사람들이 최소한의 품위는 지켜가며 다시 단결하겠지.

그러나 막상 선거 당일에 조던은 투표하지 않았다. 당시에는 트럼프가 클린턴을 이기지 못할 것이라는 예측이 지배적이었고, 라카이와 아웃스퀘어도 주류 언론과 마찬가지로 트럼프의 패배를 확신하고 있었다.

그날 저녁 늦게 개표 결과가 트럼프 쪽으로 기울기 시작했을 때, 조던은 월스트리트베츠 채팅방에서 게임을 하며 선거 결과에 따라 주가가 어떻게 변할지를 이야기하고 있었다. 이윽고 수요일 새벽이 밝았고 조던은 여전히 채팅방에 있었다. 경합주인 펜실베이니아주가 트럼프에게 넘어갔다는 뉴스 보도가 흘러나왔다.

조던은 뉴스 속보를 보자마자 채팅창에 글을 올렸다. "힐러리가 패배를 승복하는 전화를 했다네."

이어진 대화에서는 개가 운전대를 잡긴 했는데 이제 뭘 어떻게 할 거냐는 이야기가 나오기도 했다.

밈에 이끌려 트럼프를 지지하게 되었다고 밝힌 어느 회원은 선거 결과에 당혹감을 감추지 못했다.

> 정치학 미국 대선 교과서 개정판에 어떤 내용이 실릴지 한 번 생각해봐.
> 밈과 포챈이 2016년 대선에 어떤 영향을 미쳤는지 설명해야 한다고 생각해보라고.
> 이 난장판이 교과서에 길이길이 남게 될 거라니.

라카이는 처음에는 클린턴에게 동정심을 표했다.

"불쌍한 힐러리. 당연히 자기가 될 줄 알았을 텐데. 안타깝기 그지없군."

사람들은 평소 라카이의 언행에 비추어 당연히 또 농담일 거라고 생각했다. 실제로 그날 밤 라카이는 노출이 심한 옷을 입은 젊은 여성들에게 둘러싸여 환하게 웃고 있는 트럼프의 사진이 담긴 새로운 배너를 서브레딧 상단에 게시했다.

조던은 트럼프의 당선 소식을 듣자마자 특유의 불안감부터 내비쳤다.

"조금 무섭긴 하지만 일단 지켜보자고. 씨발, 뭐가 어떻게 될지 누가 알겠어."

하지만 조던은 그날 밤에도 그다음 날에도 온라인에 접속해 동향을 살폈다. 클린턴 지지자들의 반응을 보고 나서야 미국 진보 진영은 뭔가 잘못되었고 이를 고쳐야 한다는 생각이 다시금 떠올랐다.

내 페북에 백인이 아니라 몰살당할까 봐 두렵다는 사람이 너무 많다.
맙소사, 제발 정신 좀 차려라.
트럼프가 별로인 건 맞지만
히틀러는 아니다.

채팅방에서 새로 사귄 '스타일럭스stylux'라는 아이디를 쓰는 젊은 변호사는 조던에게 그들이 백인 남성이기 때문에 여전히 세상에서 특권을 누리고 있다는 사실을 지적했다. 스타일럭스는 조던이 채팅방에서 쓰던 jcrza라는 닉네임을 부르며 말했다.

"jcrza 형, 우린 백인 남자잖아. 정말 그런 화법을 구사하는 사람이 백악관에 들어가길 원해?"

스타일럭스는 자신의 아시아계 여자 친구가 트럼프가 당선되면서 이민자인 자신의 신분에 어떤 변화가 생길지 두려워하고 있다고 말했다.

"jcrza, 내 여자 친구는 실제로 자기 신변을 걱정하고 있다고."

하지만 조던은 개의치 않고 쏘아붙였다.

"솔직히 이번 사태로 우리나라에 민주주의가 살아 있다는 믿음이 회복되었어. 나쁜 결정일지라도 적어도 우리에게 결정을 내릴 자유가 있다는 거니까. 이번 일을 교훈 삼아서 다음번에는 더 나은 결정을 내릴 수 있겠지."

아웃스퀘어도 이 대화에 끼어들었지만 누구의 말도 들을 생각이 없었고 누군가를 설득할 마음도 없었다. 단지 역겨움을 표현하고 싶었을 뿐이었다.

"더 이상 여기에 머무를 이유가 없군. 젠장, 신경 끄고 나가겠어."

선거 당일 밤늦게 아웃스퀘어는 채팅방에 이런 글을 남겼다.

"씨발, 너네가 자초한 일이야. 난 빠진다."

선거 결과를 놓고 비슷한 말을 했던 많은 사람과 달리 아웃스퀘어는 이 말을 실행에 옮길 돈과 의지가 있었다. 몇 주 후, 아웃스퀘어는 채팅방에 들어와 가족과 함께 호주 멜버른에 머물고 있으며, 트럼프 임기 8년 동안 돌아가지 않을 계획이라고 밝혔다. 아웃스퀘어는 초창기부터 함께 일궈온 이 커뮤니티가 원래 모습을 찾아볼 수 없을 정도로 변해버린 데 분노했지만, 그곳에서 만난 사람들이 너무 좋아서 오랫동안 월스트리트베츠를 떠나지 못했다.

6장

폭주하는 밈과 암호화폐 도박꾼들

> "비트코인에 '올로'할 때가 왔다."

월스트리트베츠를 창립한 제이미 로고진스키 또는 자르텍은 여전히 서브레딧 운영자 목록에서 최상단을 차지하고 있었다. 레딧에서 이는 곧 자기 밑에 있는 운영자는 누구든지 해임할 수 있는 권한을 의미했다. 하지만 2016년 말, 아웃스퀘어가 호주로 떠나고 제이미가 알레한드라와 결혼해 가정을 꾸리면서 기존 운영진 중 대다수는 서브레딧 운영권을 최근에 합류해 활발하게 활동하는 사람들에게 넘겨주었다. 레딧에서 'bawse1'이라는 또 다른 아이디로 활동하던 라카이는 철면피 같은 태도와 트레이더로서 거둔 성공 덕분에 채팅방에서 독보적인 위치를 차지하고 있었다. 월스트리트베츠 상단 배너는 라카이가 전담한 이후로 점점 더 정교해졌다. 계절마다 다소 부적절한 테마로 배너를 꾸미기도 했다. 하지만 콘텐츠 관리는 상당 부분 조던을 중심으로 한 다른 팀원들에게 맡겼다. 레딧에서는 게시판, 즉 서브레딧마다 운영진이 자신들만의 규칙을 만들고 이를 따르지 않는 게시물이나 이용자가 있으면 삭제하거나 차단할 수 있었다.

제이미는 이러한 권한을 많이 활용하지 않았지만, 조던은 월스트리트베츠에 합류하기 훨씬 이전부터 온라인 커뮤니티를 관리하는 방법에 관심이 많았다. 조던은 10대 시절, 블록으로 원하는 세상을 마음대로 창조하는 마인크래프트라는 게임을 즐겨 했다. 조던은 몇 날 며칠에 걸쳐 거대한 나무 위에 복잡한 도로와 은신처로 가득한 세상을 건설한 다음 인터넷에서 사람들을 초대했다. 조던은 구조물을 창조하는 것 못지않게 방문객들의 행동을 관찰하며 재방문을 유도하는 규칙과 기능을 만드는 작업에 흥미를 느꼈다. 나아가 규칙을 수정하면 사람들이 어떻게 반응하는지 관찰하는 실험도 즐겼다. 교통사고 후 레딧을 발견하고 활동을 시작한 이후로는 월스트리트베츠 운영진과 커뮤니티가 계속 성장하려면 어떤 종류의 대화를 장려하고 어떤 종류의 대화는 막아야 하는지에 관해 자주 이야기를 나누었다.

월스트리트베츠에서 운영자로서 더 많은 권한을 가지게 되면서 조던은 2016년 대선 기간 동안 서브레딧을 휩쓸었던 정치적 대화에 주목했다. 물론 조던 본인도 트럼프에 관한 대화에 참여하면서 주류 정치에 좀 더 반항적인 태도를 가지게 되었다. 하지만 선거가 최고로 과열 양상을 띨 때조차 월스트리트베츠에서는 여전히 정치보다는 트레이딩이 더 중요한 주제였다. 다른 남초 커뮤니티처럼 정치에만 매몰되지 않는다는 점이 조던은 굉장히 마음에 들었다. 트럼프와 클린턴은 주로 주가에 어떤 영향을 미칠 것인가라는 맥락에서만 등장하곤 했다. 조던은 남초 커뮤니티의 일부 특성을 수용하면서도 정치 이야기는 자기 자신을 포함해 모든 사람에게서 최악의 모습을 이끌어낸다는 사실을 알았기 때문에 월스트리트베츠에서만큼은 최대한 피하려고 했다.

"우리 모두는 레딧에서 갑자기 몇몇 서브레딧이 정치 세력에게 장악당해 정치적 대변인으로 전락하는 것을 보았다. 나는 WSB도 이런 양극화 과정의 예비 단계나 초기 단계에 있다고 생각하며, 이를 막고 싶다."

조던이 정치의 개입을 막기 위해 가장 적극적으로 시도한 일은 자동화된 관리 작업을 수행하는 새로운 소프트웨어 모듈인 봇을 도입한 것이었다. 조던은 2010년 레딧에 합류한 직후 첫 번째 봇을 만들었다. '조던봇'이라고 이름 붙인 이 소프트웨어 모듈은 당시 일부 서브레딧을 장악해버린 광고 스팸을 태그하고 삭제했다. 2016년 대선 이후에는 일명 '양극화봇'을 만들어 월스트리트베츠에 도입했다. 이 봇은 '나치', '쉴러리', '힐러리를 투옥하라' 같은 선동적인 단어와 문구를 포함한 게시물을 찾아내 삭제했다.

조던은 이 봇을 설치하면서 이렇게 썼다. "버니를 좋아하든 트럼프를 좋아하든 상관 안 한다. 여긴 트레이딩 서브다. 특정 정치적 성향에 잠식당해선 안 된다."

조던은 봇에만 의존하지 않고 시간과 품을 들여 모든 게시물을 일일이 직접 살펴보며 걸러냈다. 그는 초기에 제이미와 아웃스퀘어가 확립한 솔직하되 선을 넘지 않는 대화와 자신이 목표로 정한 시장에 관한 자유롭지만 이성적인 대화를 장려하기 위해 노력했다.

하지만 조던의 이러한 노력을 모든 사람이 좋게 보지는 않았다. 제이미도 호의적이지 않은 사람 중 하나였다. 2016년 말 신혼여행에서 돌아와 월스트리트베츠에 들른 제이미는 '새로운 운영자' 조던이 자유방임을 원칙으로 하는 기존의 운영 방식에서 벗어났다고 비판했다.

"적대적 기업 인수, 한 달에 걸친 신혼여행 계획, 수백만 달러 규모의 거래 체결 등으로 바빠서 한동안 WSB를 떠나 있다가 이제 돌아와 상황을 파악해보고 있는데, 현재 서브레딧 운영진에 문제가 있는 것 같다. 새로운 운영진을 가리켜 '권력에 굶주린 백수'라는 평판이 돌고 있다."

조던은 이 게시물을 보고 제이미가 말하는 새로운 운영진이 자신이라는 사실을 깨닫고 분통을 터뜨렸다.

"빌어먹을 자르텍, 저거 나 들으라고 하는 말이잖아."

조던은 채팅창에 이렇게 쓰고 나서, 곧이어 제이미에게 비공개 메시지를 보내 분노를 표출했다.

"꼭 그렇게 공개적으로 망신을 줘야 속이 시원한가 봐? 선행에는 항상 이렇게 징벌이 뒤따르는 거로군."

하지만 제이미는 별다른 반응을 하지 않았다. 조던은 이에 굴하지 않고 하던 일을 계속해나갔다. 한 번의 논쟁으로 그만두기에는 이미 월스트리트베츠가 조던에게 너무 큰 의미를 지닌 곳이었기 때문이다.

조던의 아버지는 조던의 집 위층에 살고 있었지만 아들의 안부를 묻거나 대화를 나누려고 아래층에 들르는 일은 거의 없었다. 조던은 롱아일랜드에서 알고 지낸 오랜 친구가 중독에 빠져 힘들어한다는 소식을 듣고 돈은 안 내도 좋으니 자기 집에 와서 함께 살자고 제안했다. 친구는 이사를 왔지만 자신의 인생을 사느라 너무 바빠서 함께 보내는 시간이 많지 않았고, 공용 공간인 거실도 사용하는 사람이 거의 없었다.

21세기를 살아가는 젊은 남성들이 친밀한 사회적 관계를 유지하는 데 어려움을 겪고 있다는 사실이 점점 더 분명해지고 있었다. 2018년에 실시한 미국의 한 설문 조사에 따르면 나이가 어릴수록 외로움을 더 많이 느끼며, 특히 젊은 남성들은 친구 관계를 유지하는 데 어려움을 겪고 있는 것으로 나타났다.[1]

친구가 전혀 없다고 응답한 남성의 비율은 1990년대에는 3퍼센트에 불과했지만 2018년에는 15퍼센트로 증가했다.[2] 사회학자들은 갈수록 중독과 자살에 빠지는 젊은 남성의 수가 폭증하는 현상 이면에는 이러한 사회적 고립과 외로움이 존재한다고 분석했다.

젊고 일자리가 불안정한 남성들 사이에 만연한 외로움은 이들을 월스트리트베츠로 끌어들인 요인 가운데 하나였다. 이는 제이미가 서브레딧을 창설한 초기에도 그랬고, 수년이 지난 뒤에도 마찬가지였다. 조던의 경우 채팅방에서 나누는 솔직담백한 대화는 인생의 큰 구멍을 메워주었다. 거래의 어려움을 토로하는 대화만 오갈 때도 있었지만, 그것은 종종 더 실존적인 대화로 이어지는 통로였다. 2016년에 조던은 세인트루이스 출신의 변호사 스타일럭스와 가장 많은 대화를 나누었는데, 스타일럭스는 우울한 기분이 들 때 트레이딩이 기분 전환에 도움이 된다고 말했다. 설령 손실이 난다 해도 말이다.

"나는 겨울이 싫어. 우울해지거든. 트레이딩으로 돈이라도 잃고 나면 우울했던 기분에서 잠시 벗어날 수 있어."

조던이 스타일럭스의 이야기에 공감하며 예전에 아웃스퀘어에게 들었던 조언을 건넸다.

"불안하고 강박적인 생각이 문제를 일으킬 수 있어. 그런 생각에 사로잡히면 원래 대응하던 방식을 잊고 순간적인 반응만 하게 되는 것 같아."

조던이 이어서 덧붙였다. "잠시 쉬는 시간이 필요해."

조던은 이참에 자신도 겨울이면 계절성 우울증을 겪는다는 이야기를 털어놓았다. 그는 책상 뒤에 놓인 해수 어항에 설치한 전구를 활용해 일종의 광선 요법을 시도한다고 말했다.

"계절성 우울증은 정말 짜증 나." 조던이 말했다.

"거대한 산호초 수조 불빛을 보면 기분이 좀 나아져. 600와트의 태양."

젊은 남성들의 상황에 무관심해 보이는 세상 속에서 월스트리트베츠는 조던을 비롯한 수많은 친구들이 서로 이야기를 들어주고 함께 공감할 수 있는 곳이었다. 단지 채팅방일지라도 안정적인 소속감을 느낄 수 있는 곳이 있다는 것은 결코 작은 일이 아니었다. 대선이 끝난 후, #wsb 채팅방은 너무 활발해져서 IRC의 단순한 인터페이스가 부족하게 느껴질 정도였다. 월스트리트베츠의 회원 수는 10만 명을 훌쩍 넘어섰다. 1년 전과 비교해 3배에 달하는 숫자였다. 조던은 라카이를 도와 게이머들이 선호하는 채팅 플랫폼인 '디스코드'로 모든 회원이 옮겨 가도록 했다. 디스코드에서는 대화를 여러 채널로 나눌 수 있어서 선물이나 AMD 같은 인기 주식 등 특정 주제에 집중해서 대화를 나눌 수 있었다. 또한 '스타 시티즌' 같은 인기 게임을 하면서 헤드셋으로 대화할 수 있는 채널도 만들었다. 사실 트레이딩에는 별 관심이 없다고 고백하는 사람들도 있었기 때문이다.

"나는 청소부로 최저임금을 받으며 일하기 때문에 시장이 열리는 내내 잠만 자고 있어." 어느 회원은 조던에게 이렇게 말했다.

"평생 주식을 사본 적은 없지만 이 채팅방이 정말 좋아. 인생에서 다른 그 무엇보다 내게 더 큰 기쁨을 주는 곳이야."

조던은 더 많은 즐거움을 함께 나누자고 답장했다. "우린 절대 잠들지 않으니까."

* * *

월스트리트베츠는 조던의 인생에서 없어서는 안 될 부분이 되었다. 그래서 2017년 초에 이 커뮤니티에서 열정과 활기를 앗아가는 새로운 위협을 발견했을 때 조던은 기분이 좋지 않았다. 이 위협을 소개하는 게시물은 하나같이 비슷비슷했다.

"비트코인bitcoin에 욜로할 때가 왔다."

비트코인에 관한 게시물 대부분은 1년 전 400달러(한화 약 56만 원) 미만이었던 비트코인 가격이 2017년 초 1,000달러(한화 약 140만 원) 이상으로 상승했다는 사실을 언급했다. 이는 2016년 미국 주요 주가지수보다 15배나 큰 폭으로 상승한 수치였다. 많은 게시물이 당시 우후죽순으로 생겨나던 비트코인 관련 서브레딧 링크를 걸어두고 월스트리트베츠 회원들을 유도하려 했다.

비트코인이 월스트리트베츠에 등장한 것은 이번이 처음은 아니었다. 사토시 나카모토라는 미지의 프로그래머가 비트코인을 개발한 것은 2009년이었다. 하지만 2013년 비트코인의 개당 가격이 10달러를 넘어선 이후, 서너 달 간격으로 100달러, 1,000달러로 급등하면서 본격적으로 화제가 되었다. 제이미와 채팅방 원년 멤버들은 이러한 가격 폭등을 지켜보며 베팅할 가치를 논의하고 있었다. 고지식한 아웃스퀘어는 이번에도 아마추어 투자자들 사이에서 잠시 불었다 꺼질 열풍이라며 가장 부정적인 반응을 보였다.

"이제 개미들도 너나없이 뛰어들고 있네." 그가 말했다.

"이번에도 이 말도 안 되는 거품이 꺼지면 폭락할 게 불 보듯 뻔하다."

적어도 단기적으로는 아웃스퀘어의 말이 옳았다. 사실 2015년에 많은 사람이 월스트리트베츠를 찾은 이유가 바로 비트코인이었다. 당시 로빈후드 계좌를 신설한 사람들 가운데 상당수가 주변 친구들이 비트코인으로 부자가 된 것을 보고 다음 기회에 자신도 한몫 잡아보려 한다는 포부를 밝혔다. 2013년의 비트코인 열풍으로 수많은 밀레니얼 세대는 평범한 사람이 투자로 돈을 버는 모습을 목격했다. 하지만 비트코인의 매력은 단순한 돈벌이 그 이상이었다. 비트코인의 설계 방식은 월스트리트베츠의 인기 요인과 유사점이 많았다.

비트코인 백서에는 2008년 금융위기로 기존 금융 체제에 대한 신뢰를 상실한 상황에서 이 새로운 디지털 화폐가 대안이 될 수 있을 것이라고 기술되어 있다. 정부에서 발행하는 기존 화폐와는 달리 비트코인은 컴퓨터 코드에 기반해 생성된다. 이 코드는 누구나 볼 수 있으며 최대 발행 개수가 2,100만 개로 제한되어 있다. 또한 비트코인은 모든 거래 내역을 은행이 관리하는 것이 아니라 블록체인이라는 기술을 사용해 여러 컴퓨터에 분산해 관리하기 때문에 누구도 임의로 수정할 수 없고 누구나 열람할 수 있다. 이 모든 요소가 월스트리트베츠가 인기를 끌었던 이유와 같은 맥락에서 기존의 금융 체계에 반감을 가지고 있거나 독자적인 투자 성향을 가진 사람들에게 매력적으로 다가갔다.

비트코인이 가진 기술 중심의 특이한 아이디어에 매료된 사람들은 자연스럽게 레딧으로 모여들었다. 주제별 게시판마다 독립적이고 분산된 방식으로 대화가 이루어지는 레딧의 구조가 비트코인과 닮아 있었기 때문이다. 2013년에 r/Bitcoin의 회원 수는 월스트리트베츠나 r/investing의 회원 수를 훨씬 넘어섰다. '욜로'라는 용어나 몇몇 유명한 금융 관련 밈도 이 비트코인 서브레딧에서 처음 등장해 나중에 월스트리트베츠로 넘어왔다.

조던은 비트코인의 잠재력에 눈을 뜬 월스트리트베츠의 여러 회원 가운데 한 명이었다. 비트코인의 개당 가격이 100달러 미만(한화 약 14만 원)이었던 2013년에 조던은 수상한 온라인 거래소에서 힘들게 비트코인 일곱 개를 구했다. 당시 어른들은 대부분 디지털 토큰이 실질적인 가치를 가질 수 있다는 생각을 비웃었다. 하지만 비디오 게임을 즐기며 자란 조던 같은 젊은 세대는 이 개념을 아주 자연스럽게 받아들였다. 마인크래프트 같은 게임에서 사람들은 아바타가 입고 쓰는 망토 같은 디지털 아이템에 기꺼이 실제 돈을 지불했다. 특히 희귀한 망토는 항상 더 높은 가격에 거래되었다. 그런 마당에 희귀한 암호화폐가 실질적인 가치를 지니지 못할 이유가 없지 않은가?

조던은 자신이 보유하고 있던 비트코인의 가치가 급격히 오르는 것을 지켜보았다. 하지만 2013년 비트코인이 최고가를 경신했을 때, 조던이 비트코인을 구입하고 보관하던 거래소가 해킹을 당해 소중한 자산을 도난당하는 사건이 발생했다.

2016년 월스트리트베츠 채팅방에서 비트코인에 대한 이야기가 나왔을 때 조던은 그 사건을 언급했다. "초반에 거래소 해킹으로 비트코인 일곱 개를 잃었는데, 아직도 그 생각만 하면 괴롭다."

2014년부터 2016년까지는 그 고통스러운 사건을 거의 잊고 지낼 수 있었다. 비트코인 가격이 2014년에 폭락한 이후 몇 년 동안 하락세를 이어가면서, 이제 비트코인의 시대가 끝났다고 생각하는 사람이 많았다. 하지만 2016년, 비트코인이 다시 뚜렷한 회복세를 보이면서 조던의 오래된 상처도 다시 쑤시기 시작했다. 조던은 비트코인의 보안 문제를 지적하며 비트코인에

맹목적으로 열광하는 사람들을 비판했다. 조던이 좋아했던 월스트리트베츠 특유의 회의적이고 비판적인 태도를 그들에게선 전혀 찾아볼 수 없었기 때문이다. 조던은 비트코인을 가리켜 "인류가 지금까지 창조한 모든 발명품을 통틀어 가장 중요하고 기능적이며 혁신적인 기술"이라고 찬양하는 댓글에 다음과 같은 일갈을 날렸다.

"우와. 자동차, 트랜지스터, 인쇄기, 백신, 일찍이 존재했던 실물 화폐 다 제치고… 비트코인 따위가?"

암호화폐를 둘러싼 모든 논리적 논쟁을 떠나서 조던이 비트코인 유행을 못마땅하게 바라본 데에는 또 다른 이유가 있었다. 조던은 젊은 남성들이 비트코인에 시간과 에너지를 빼앗기면서 월스트리트베츠도 그만큼 인기와 활기를 잃었다고 생각했다. 온라인상에서 이루어지는 투자에 관한 대화가 모조리 비트코인에 집중됨에 따라, 2016년에 크게 성장했던 월스트리트베츠는 2017년에 접어들면서 둔화된 성장세를 보였다. 이에 조던은 다른 운영진과 협력하여 모든 암호화폐와 관련된 대화를 전면 금지하는 결정을 내렸다. 조던은 비트코인에 엉덩이를 뜻하는 '버트^{Butt}'를 갖다 붙여 '버트코인'이라고 부르며 조롱하기도 했다.

"버트코인 및 모든 암호화폐 언급 전면 금지." 정책을 설명하는 게시물에서 조던은 이렇게 설명했다. "올바른 콜/풋옵션(미래의 가격 변동을 예상해 주식 같은 특정 자산을 정해진 가격에 사고팔 수 있는 권리를 구매하는 것—옮긴이)에 투자하면 버트코인보다 일주일에 더 많은 수익을 올릴 수 있다. 그래서 우리는 여기서 버트코인을 금지하기로 결정했다."

다른 운영진도 금지 조치에 찬성하긴 했지만 실제로 월스트리트베츠에서 이 새로운 투기성 자산의 매력에 저항하는 사람은 조던이 유일한 듯했다. 라카이는 비트코인을 '너드nerd나 가지고 노는 장난감'이라며 비하하면서도 비트코인 수백 개를 구매했다. 이로써 라카이는 가슴이 아닌 머리를 따라 투자해서 부자가 되었음을 증명해 보인 셈이었다. 제이미는 투자에 선견지명이 있는 편은 아니었지만 비트코인의 급성장에 흥미를 느껴 자신의 트위터 계정인 @wallstreetbets에서 비트코인을 자주 언급했다. 하지만 이로 인해 왜 월스트리트베츠에서는 비트코인에 대한 대화를 금지했는지를 둘러싸고 상당한 혼란이 빚어졌다. 트럼프가 미국 증시가 사상 최고치를 기록했다는 트윗을 올린 후, 제이미는 바로 다음과 같은 댓글을 달았다. "@realDonaldTrump 비트코인도 오늘 사상 최고치를 기록했습니다. 감사합니다, 대통령님 #MAGA(트럼프의 대선 구호로 '미국을 다시 위대하게'를 뜻하는 'Make America Great Again'의 약자다—옮긴이)."

이러한 종류의 대화에서 트럼프를 지지하거나 남초 커뮤니티에서 활동하는 사람들이 암호화폐에서도 동일한 매력을 느끼고 있다는 사실이 분명히 드러났다. 비트코인은 중앙은행과 정부에 도전하는 개념, 즉 대안 화폐를 만들고자 한다는 점에서 정부 권력을 불신하는 트럼프 지지층의 마음을 사로잡았다. 또한 베이비부머 세대의 지혜를 거부하고 기득권에 대한 경멸을 드러내는 수단이 되었다. 트럼프가 자신의 부를 거침없이 과시하는 것처럼, 비트코인 서브레딧에는 포챈에서 영감을 받아 비트코인으로 부자가 된 것을 자랑하는 밈이 쏟아졌다. 이어서 2017년에는 비트코인 가격이 또다시 폭등했다. 1월과 5월 사이에 2배로 상승하여 개당 2,000달러(한화 약 280만 원)를 기록했고, 5월과 8월 사이에 또다시 2배, 그리고 8월과 11월 사이에 또다시 2배로 상승하여 개당 가격이 1만 달러(한화 약 1,400만 원) 가까이 올라섰다.

이를 축하하는 게시물마다 암호화폐로 이룩한 부의 상징이 된 요트와 롤렉스, 일명 람보로 불리는 람보르기니 사진이 넘쳐났다. '람보는 언제쯤Wen Lambo'이라는 레딧에서만 통용되는 표현도 등장했다. 비트코인 가격이 언제 또 상승해서 람보르기니를 살 만큼 떼돈을 벌 수 있을지를 묻는 친근한 질문이었다. 그러나 초기 비트코인 서브레딧에서 월스트리트베츠에 밈을 전파한 것처럼, 이제는 월스트리트베츠에서 비트코인 서브레딧에 새로운 밈을 전파했다. 밈의 특성상 다른 소셜 미디어로 빠르게 퍼지기 때문에 언제 어디서 시작되어 인기를 얻었는지는 파악하기가 어렵다. 하지만 암호화폐 도박꾼들이 스스로를 저능아, 자폐아, (당시 월스트리트베츠에서 새롭게 유행하던) 이단아degenerate라는 단어로 지칭하면서 이 두 서브레딧이 서로 영향을 주고받으며 유사한 사고방식과 태도를 공유해나가는 흐름이 겉으로 드러나기 시작했다.

암호화폐 이용에 관한 첫 번째 설문 조사 결과, 암호화폐 열풍을 주도한 사람들이 실제로 처음부터 월스트리트베츠를 중심으로 활동했던 사람들과 동일한 집단이라는 사실이 드러났다. 2017년 중반에 실시한 설문 조사에 따르면 미국인의 2퍼센트만이 암호화폐를 보유하고 있는 것으로 나타났다. 하지만 밀레니얼 세대 남성의 경우 그 수치는 몇 배 더 높았다. 밀레니얼 세대 남성의 43퍼센트가 국채보다 비트코인을 보유하겠다고 응답했는데, 이는 밀레니얼 세대 여성 응답자의 2배, 65세 이상 응답자의 거의 3배에 달하는 수치다.[3]

월스트리트베츠는 이미 언론을 통해 조금씩 알려지고 있었지만, 비트코인이 등장하면서 온라인에 익숙한 젊은 남성들이 금융시장에 미칠 수 있는 잠재적 영향력이 처음으로 대중에게 알려지게 되었다. 당시만 해도 전통적인 투자자와 기관은 암호화폐를 거의 외면하고 있었다. JP모건체이스의 CEO인 제이미 다이먼Jamie Dimon은 2017년 가을에 비트코인을 '사기'라고 말했다. 그러나 이러한 무시와 경멸에도 불구하고 미국을 비롯한 전 세계의 젊은 기술 중심 투자자들은 암호화폐를 월가가 무시할 수 없는 완전히 새로운 자산군으로 만들어가고 있었다. 다이먼은 심지어 자신의 딸도 이 광풍에 동참했다고 밝히며, "이제 딸은 자기가 천재라고 생각한다"[4]라고 말하기도 했다.

2017년에는 비트코인의 기술적 단점을 개선하겠다는 새로운 암호화폐가 잇따라 등장하면서 비트코인 열풍이 더욱 거세졌다. 가장 인기를 끈 라이벌은 비트코인과 동일한 원리를 기반으로 하지만 더 복잡한 거래를 가능하게 한 이더리움^{ethereum}이었다. 이더리움이 만든 이른바 '스마트 계약'은 변호사나 은행의 개입 없이도 법률 및 금융 계약을 디지털 거래에 직접 코딩할 수 있는 가능성을 열었다. 2017년 1월부터 9월까지 이더리움 가격은 비트코인보다 10배 더 빠른 속도로 급등했다. 이 때문에 월스트리트베츠에서는 암호화폐 관련 대화 금지 조항에 불만을 토로하는 게시물이 많아지기 시작했다.

"지난 몇 달 동안 이더리움으로 3배 이상 벌었는데, 같은 기간에 주식으로는 몇 퍼센트도 벌지 못했다."

"처음부터 암호화폐에 투자할 걸 그랬다."

조던은 봇이 찾아내기도 전에 해당 게시물을 삭제했다. 하지만 끓어오르는 분노는 쉬이 가라앉지 않았다. 계절이 가을에서 겨울로 바뀌는 사이 비트코인과 이더리움 가격이 더 올랐기 때문이다. 11월과 12월 사이에 비트코인과 이더리움 가격은 하루 상승 폭이 지난 한 해 동안의 상승 폭을 넘어서는 날이 많았다. 언론에서 하루아침에 부자가 된 젊은이들의 이야기가 끊임없이 보도되면서 '나만 이 기회를 놓치면 어쩌지$^{Fear\ of\ Missing\ Out}$' 하는 두려움, 일명 '포모^{FOMO} 증후군'이 팽배했다. 그 결과 너 나 할 것 없이 암호화폐 투자에 뛰어들면서 거품은 걷잡을 수 없이 빠르게 커져갔다. 2016년에 월스트리트베츠에 관한 기사를 작성했던《마켓워치》기자들은 2017년 말에 레딧에서 오가는 모든 대화가 암호화폐에 집중되고 있다는 기사를 작성했다. 조던 또한 월스트리트베츠에서만큼이나 많은 시간을 암호화폐 서브레딧에 할애하면서 잘못된 점을 알리려고 노력했다. 때로는 좀 더 친근한 접근 방식을 시도하기도 했다.

"월스트리트베츠로 돌아와서 주간 옵션에 걸어봐. 그럼 짜증 나는 양도소득세 걱정은 안 해도 되잖아." 조던은 어느 변절자에게 이런 댓글을 남기기도 했다.

그러나 대개는 분노에 굴복해버리고 말았다.

"이 비트코인 성애자 새끼들 진짜 못 봐주겠네." 조던은 특유의 성질을 참지 못하고 폭발하곤 했다.

제이미 로고진스키가 자신의 트위터 계정을 비트코인 관련 뉴스와 가격 현황을 실시간으로 추적하는 일종의 '가격 표시기'처럼 운영하는 것도 조던의 화를 부추겼다. 2017년 12월, 비트코인 가격이 2만 달러(한화 약 2,800만 원)에 근접하자 조던은 완전히 새로운 서브레딧 r/shitcryptosays를 만들어 암호화폐 관련 서브레딧에서 찾아낸 가장 어리석고 짜증 나는 게시글을 모아 비판하고 조롱했다. 공교롭게도 이 새로운 서브레딧이 등장한 날은 비트코인이 2만 달러를 상회하며 당해 최고치를 기록한 바로 그날이었다. 이후 일주일 만에 비트코인 가격은 거의 7,000달러 선까지 떨어졌고, 곧이어 더 큰 하락세가 이어졌다.

결국 1년 내내 조던이 제기했던 비판은 암호화폐 열풍을 종식시킬 몇 가지 문제를 예견한 셈이 되었다. 조던은 암호화폐 거래소가 여전히 해킹에 취약하다고 경고했는데, 이는 결국 시스템이 지닌 커다란 약점으로 드러났다. 특히 조던은 최근 중국의 젊은 남성들이 비트코인에 관심을 보이기 시작한 현상에 주목하며 "중국 정치인들이 결국 비트코인 거래를 극도로 엄격히 규제하는 법률을 제정할 것"이라고 말했다. 실제로 12월에 중국 정부가 은행이 암호화폐 거래소로 돈을 송금하지 못하게 하는 엄격한 규제를 시행한 직후 비트코인은 폭락했다.

그러나 조던은 암호화폐에 대한 분노에 사로잡힌 나머지, 이 열풍이 곧 조던이 사랑해 마지않는 월스트리트베츠에 새롭게 합류할 지금까지와는 완전히 다른 젊은 투자자 군단을 양성하고 있다는 사실을 놓치고 말았다.

7장
더 위험할수록 더 유명해진다

> "하루에 수십 만을 잃고도 자랑하는 사람들"

2017년 막바지에 일어난 암호화폐 붐으로 수많은 사람이 휴대폰으로 부자가 될 수 있다는 꿈을 꾸게 되었다. 12월에만 300만 명이 미국의 주요 암호화폐 거래소인 코인베이스의 앱을 다운로드했다. 코인베이스는 로빈후드보다 훨씬 규모도 작고 인기도 적었지만 12월 한 달 동안 앱 다운로드 수는 6배가량 더 많았다.[1]

한 달 뒤인 2018년 1월에 비트코인을 비롯한 여러 암호화폐 가치가 급락하면서, 투기에 이제 막 눈을 뜬 신생 투자자 가운데 일부는 또 다른 투자처를 찾아 다른 증권사로 눈을 돌렸다.

TD 아메리트레이드는 1월 거래량이 전년 동월 대비 48퍼센트 증가했으며, 밀레니얼 세대 고객의 거래량이 가장 빠르게 증가했다고 보고했다. 비트코인이 큰 인기를 끄는 동안 전통적인 주식시장도 상승세를 보였다. 특히 S&P 500 지수는 2017년에 22퍼센트 상승하면서 9년 연속 플러스 성장을 기록했다.

로빈후드는 비트코인 열풍이 끝날 무렵에야 암호화폐 거래로 사업을 확장한다고 발표했다. 하지만 곧이어 새로운 기회가 찾아왔다. 2017년 12월에 로빈후드는 앱에서 옵션 계약도 거래할 수 있도록 하겠다고 발표했다. 주식과 마찬가지로 옵션 거래 수수료도 없앴다. 당시에는 암호화폐에 모든 관심이 쏠려 있던 터라 이 같은 발표는 묻히고 말았다. 하지만 1월이 되면서 로빈후드가 새롭게 선보인 기능이 주목받기 시작했다.

"암호화폐로 5,000달러를 잃었고, 이제 옵션 거래로 5,000달러를 잃을 준비가 됐다. 어디서부터 시작하면 되나?" 2018년 초에 올라온 이 게시물은 당시의 군중 심리를 보여준다.

2015년 초 로빈후드가 처음 출시되면서 월스트리트베츠가 갑자기 활기를 띠었을 때와 비슷한 상황이 재현되었다. 암호화폐의 그늘에 가려 고군분투하던 월스트리트베츠에 다시 로빈후드가 출시한 최신 서비스를 이용하려는 신규 가입자가 몰려들었다. 오랜 레딧 이용자는 이런 글을 남기기도 했다.

"지금처럼 많은 사람이 유입되는 것을 본 적이 없다. 틀림없이 RH(로빈후드) 때문이다."

그러나 같은 현상일지라도 이를 바라보는 시선은 이전과는 달리 의심이 가득했다. 제이미는 복잡한 옵션 거래의 매력에 이끌려 이 서브레딧을 시작했었다. 그러나 수차례 손실을 입고 나서야 아웃스퀘어의 도움으로 옵션 시장은 제한된 시간과 자본을 가진 개미 투자자에게는 별로 승산이 높지 않다는 사실을 깨달았다.

"이 멋진 커뮤니티를 시작한 것에 후회는 없지만, 사람들이 옵션 거래에 지나치게 집착하거나 제대로 이해하지 못한 채 접근한다는 점이 유일한 아쉬움이다." 제이미는 경고성 게시물을 작성했다.

이어서 제이미는 옵션 거래를 가리켜 "소중한 돈을 월가의 어두운 창자 속으로 그냥 던져 넣는 정말이지 어리석은 방법"이라고 썼다.

옵션 거래는 얼핏 그다지 위험해 보이지 않는다. 가장 기본적인 용어로 설명하자면, 옵션은 주식을 매수하지 않고도 주식의 미래 가치에 투자할 수 있는 수단일 뿐이다. 하지만 옵션의 복잡한 구조 속에는 수많은 위험 요소가 숨어 있다. 그중에 가장 명백한 위험은 주식과 달리 특정 날짜에 만기된다는 점이다. 해당 날짜까지 주가가 예상했던 대로 움직이지 않으면 투자한 돈을 모두 잃게 된다.

옵션은 모 아니면 도라는 이분법적 특성 때문에 금융시장의 복권이라고도 불린다. 주식을 보유한 경우에는 주가가 하락하더라도 일반적으로 여전히 어느 정도의 가치를 지니고 있으므로 주가가 회복될 때까지 기다릴 수 있다. 하지만 옵션은 예상이 틀리면 투자금 전액을 잃게 되며, 실제로 그렇게 끝나는 경우가 많다. 게다가 옵션은 일반적으로 기초 주식 100주에 연동되기 때문에 주식보다 훨씬 더 빠르게 오르거나 내릴 수 있다. 이런 점 때문에 위험을 추구하는 경향이 강한 투자자들에게는 매력적이지만 그만큼 빠르게 손실이 발생할 수 있다.

조던은 제이미와 의견 차이로 부딪치는 일이 많았지만 옵션에 관해서만큼은 의견을 같이했다. 제이미와 마찬가지로 조던도 정확히 이해가 안 된다면 옵션을 멀리하라고 경고했다.

조던은 "옵션에 손댔다가는 거시기가 날아갈 것"이라며 "과학적으로 입증된 사실"이라고 덧붙였다.

그러나 이러한 경고의 목소리와 옵션으로 손실을 입었다는 게시글은 오히려 위험을 감수하려는 욕구를 자극하는 듯했다. 누군가 포트폴리오에서 93퍼센트 손실을 입었다고 이야기하자 그 바로 아래에 다른 누군가가 곧바로 비뚤어진 경쟁심으로 자신의 손실을 인증하는 사진을 첨부했다. "93퍼센트 손실을 입었다는 사람 보아라. 이게 진짜 90퍼센트 손실이라는 거다." 로빈후드 홈 화면을 캡처한 그 사진에는 한 달이 채 안 되는 기간에 2만 2,000달러에서 2,000달러로 급락한 그래프가 그려져 있었다.

2018년 월스트리트베츠는 다시 한번 언론의 주목을 받기 시작했다. 기사에서는 2018년 중반 회원 수 30만 명을 기록하며 승승장구하는 월스트리트베츠의 성장과 돈을 잃는 것을 오히려 자랑처럼 여기는 독특한 성향에 주목했다. 월스트리트베츠를 다룬 첫 번째 잡지 기사는 '하루에 수십만 달러를 잃고도 자랑하는 r/WallStreetBets의 형제들'이라는 제목으로 《머니Money》지에 실렸다.

이 기사의 주인공은 암호화폐로 작은 수익을 올린 후 로빈후드에서 옵션 거래를 시작한 스물네 살의 프로그래머였다. 그는 이어서 페이스북 주식에 올인했다가 단 며칠 만에 18만 달러를 잃었다.

제이미는 지금까지 월스트리트베츠에서 논란이 되었던 많은 상황을 포용하곤 했다. 하지만 《머니》 기자에게 연락을 받았을 때는 불편한 심기를 드러냈다. 제이미는 "진지하게 배울 수 있는 포럼"을 만들겠다는 목표로 월스트리트베츠를 설립했다고 말하며 자신은 "밈을 좋아하지 않는다"라고 강조했다.

월스트리트베츠에서 나타나는 손실에 대한 이해할 수 없는 불감증을 둘러싸고 많은 이야기가 오갔다. 이런 현상을 일컬어 커뮤니티 내부에서는 '손실 포르노loss porn'라고 불렀다. 조던은 처음에 이 표현이 '음란한 농담'을 가리키는 말인 줄 알았다는 어느 회원과 대화를 나누다가 문득 '사람들이 실제로 돈을 잃는 것을 즐기고 있는지도 모르겠다'는 생각이 들었다.

조던은 서브레딧에 만연한 이런 태도가 일종의 스트레스 대처 방식인 것 같다고 분석했다. "많은 돈을 잃으면 같은 처지에 있는 다른 사람들과 서로 얼마나 잃었는지 이야기하면서 웃고 떠든다. 돈을 잃고 쓸쓸해하는 것과 돈은 잃었지만 비슷한 사람끼리 어울리며 위안을 얻는 것, 둘 중에 뭐가 더 나을까? 사람들은 감정적으로 저항이 가장 적은 길을 택한다."

하지만 2018년 한 해 동안 올라온 월스트리트베츠 게시물에서 나타나듯이 극단적인 위험 감수 성향이 증가한 데에는 그 밖에도 여러 가지 원인이 존재했다.

많은 사람이 암호화폐와 옵션 거래에 뛰어든 이유는 불안정한 재정 상황과 빠른 수익을 원하는 욕구 때문이었다. 밀레니얼 세대는 전례 없는 수준의 학자금 부채를 떠안고 있었다. 2018년 미국 젊은이들의 평균 학자금 부채는 1990년대에 비해 2배 이상 증가했다.[2] 이제 갓 대학을 졸업하고 이자 상환을 감당하기 어려운 상황에서, 더구나 끊임없이 오르는 부동산 가격으로 내 집 마련이 어려워진 현실을 고려할 때 모험적인 투자는 거부할 수 없는 매력으로 다가왔다. 2018년에 신규 가입자가 월스트리트베츠에 올린 게시물에는 이러한 현실이 잘 드러나 있다.

"안녕, 난 빚이 1만 달러고 재정적 어려움을 극복하기 위해 데이트레이딩을 해볼까 생각 중이야! 그 전에 먼저 옵션은 어떻게 거래하는 거야?"

일단 투자를 한번 시작하면 뇌에서 피드백 고리가 작동하며 점점 더 빠져드는 경우가 많았다. 투자한 종목이 상승할 때 기쁨과 흥분을 느끼면 뇌에서는 도파민dopamin이라는 신경전달물질을 분비한다. 도파민이 분비되면 해당 행위에 대한 욕구가 커지는데, 도박 같은 다른 중독성 있는 활동을 할 때도 뇌에서 이와 유사한 반응이 일어난다.[3] 연구에 따르면 월스트리트베츠의 핵심 이용자인 젊은 남성들이 특히 이런 중독성 있는 행동에 빠지기 쉬우며, 주식보다 가격 변동이 심한 옵션 거래가 이러한 자극을 더 많이 유발하는 것으로 나타났다. 고점을 좇다가 결국 수익은 고사하고 원금까지 모두 잃어 절망감에 빠졌다는 게시물이 수도 없이 올라왔다.

"옵션은 헤로인 같다. 한번 맛보면 다른 무엇으로도 충족이 되지 않는다." 이런 게시물이 올라오기도 했다.

이는 특히 ADHD(주의력 결핍 과잉행동장애) 진단을 받은 이들에게 문제가 되었다. 미국에서는 ADHD로 진단받는 젊은 남성이 점점 늘어나고 있었다. 이들은 일반적으로 도파민을 충분히 생산하지 못하거나 처리하는 데 어려움을 겪기 때문에 더 큰 쾌락을 주는 활동을 찾는 경우가 많다. 월스트리트베츠 채팅방에는 ADHD 진단을 받았다고 털어놓은 사람이 여러 명 있었는데, 제이미도 그중 한 명이었다. 제이미가 술과 트레이딩에 빠진 데에는 ADHD도 한몫했다. 연구에 따르면 실제로 ADHD를 가진 사람은 도박에 중독되기가 훨씬 더 쉽다.[4]

로빈후드는 그 어떤 증권사도 하지 않았던 방식으로 젊은 이용자층이 지닌 이러한 본능을 이용했다. 로빈후드는 앱에 도파민 분출을 유도하는 작은 특수 효과를 여러 개 추가했다. 대표적으로 주식을 사고팔 때마다 화면 가득 색종이가 흩날렸다. 또한 다른 증권사들에서는 거래를 완료하기 전에 투자자가 잠시 숨을 고르고 이게 과연 현명한 선택인지를 다시 한번 고민할 수 있도록 짧은 경고문을 띄우거나 진행 여부를 재차 확인하는 절차를 두고 있었는데, 로빈후드에서는 이러한 절차를 모두 생략했다. 도박을 연구하는 문화인류학자 너태샤 다우 쉴Natasha Dow Schüll은 로빈후드가 사용하는 전략 중 상당수가 라스베이거스 카지노에서 고객이 손실을 잊고 다시 베팅하도록 유도할 때 사용하는 전략과 동일하다는 사실을 지적했다.[5]

하지만 로빈후드가 게임처럼 만든 옵션 거래 서비스를 선보이기 훨씬 전부터 이미 많은 젊은 남성이 투기에 가까운 위험한 투자에 관심을 가지고 월스트리트베츠를 찾았다. 물론 여기에는 소셜 미디어의 역할도 컸다. 연구자들은 젊은 남성들이 함께 모여 있을 때 더 큰 위험을 감수하려는 한다는 사실을 발견했으며, 레딧에서도 이러한 경향이 확실히 나타났다.[6]

직장도 친구도 없이 집에만 틀어박혀 있던 포챈의 평범한 젊은이들에게 인터넷은 재미 삼아 어리석은 도전을 감행하고 잠깐이지만 유명해질 수도 있는 곳이었다. 이러한 목표를 달성하기에 가장 쉬운 방법이 바로 돈을 잃는 것이었다. 포챈 전문가인 데일 베란은 이 웹사이트에서 오래전부터 실패를 일종의 예술로 승화시키는 문화가 발달했다고 주장했다.

"'세상이 불공평하게 돌아간다'는 절망감에서 비롯된 문화다."[7] 베란이 말했다.

월스트리트베츠의 허무주의적 태도는 투자 수익을 지칭하는 용어인 '텐디스tendies'에서 잘 드러난다. 포챈에서 유래한 이 용어는 투자 수익을 부모님 댁 지하실에 얹혀 사는 젊은 청년이 착한 일을 하면 엄마에게 보상으로 받을 수 있는 치킨 텐더에 비유한 것이다. 치킨 텐더쯤이야 몇 개 잃어버려도 엄마가 언제든지 보충해줄 텐데 무슨 대수랴? 이런 태도는 '애널파머2analfarmer2'라는 다소 부적절한 아이디를 사용하는 투자자가 로빈후드 옵션 거래로 50만 달러 이상을 벌어들이며 유명해진 후 종국에는 모든 돈을 잃고 보인 태도에서 여실히 드러난다.

"결국에 돈이란 것도 종잇조각에 불과하다." 그는 자신이 커다란 손실을 입었다고 알리며 이렇게 썼다.

《바이스Vice》 잡지사의 기자 로이신 키버드Roisin Kiberd는 조던에게 이런 기이한 태도에 관해 질문을 던졌다. "포챈 같은 사이트에서 항상 느끼는 것은 그 밑에 근본적으로 깔려 있는 허무주의입니다. 대안 우파나 페페, 트럼프가 등장하기 훨씬 전부터 그랬죠. WSB에도 이런 허무주의적 태도가 나타나는지 궁금합니다. 가령 돈을 올인해서 다 잃어도 상관없다는 식의 태도 말입니다."

조던은 트레이딩의 전염성과 중독성을 지적하며 답변했다.

"트레이딩은 나병에 걸리는 것과 같다고 생각합니다. 일단 걸리면 회복될지 장담할 수 없고, 때로는 팔과 다리를 잃을 수도 있습니다."

하지만 그는 월스트리트베츠에서 돈을 잃는 것이 관계의 중심 요소가 되었다는 사실을 인정했다. "결국 우리는 진지함의 정도에 차이는 있을지언정 다들 불가능하다고 말하는 분야에서 성공하기 위해 함께 모여 노력하는 사람들일 뿐입니다. 혼자보다는 함께가 나으니까요." 그가 말했다.

"수년간 혼자서 쓸쓸하게 컴퓨터 앞에 앉아 있기를 원하는 사람은 아무도 없을 겁니다."[8]

조던은 라카이와 아웃스퀘어에게 얻은 조언에도 불구하고 여전히 시장에서 고군분투하고 있었다. 조던은 불안감이 최선의 결과를 내는 데 걸림돌이 된다는 사실을 알고 있었다.

"인내심이 부족한 것이 나의 가장 큰 문제다. 내 예상이 옳았는데 끝까지 기다리지 못하고 성급하게 행동해서 손해를 본 적이 도대체 몇 번인지…." 조던이 채팅방에서 말했다.

"인내심이 없으면 돈도 없다." 라카이가 동의했다.

"나도 라카이를 따라 하려고 노력은 해봤는데… 잘 안됐다. 747기가 착륙하기를 바라며 미군들의 수신호를 흉내 내던 화물 신앙(제2차 세계대전이 끝나고 태평양 섬에 살던 원주민들이 미군이 나눠주던 각종 보급품을 신의 선물이라 생각해 미군들이 떠난 이후 그 수신호를 일종의 주술 행위로 여겨 모방한 데서 유래한 표현—옮긴이)에 빠진 원주민 꼴밖에 되지 않았다."

조던은 트레이딩에서 잠시 손을 떼고 동료 운영진과 비디오 게임을 하거나 서브레딧에서 발생하는 문제를 해결하기 위해 새로운 봇을 고안하는 데 더 많은 시간을 보냈다. 사이트 트래픽이 증가함에 따라 조던과 라카이를 비롯한 운영진은 점점 더 복잡한 규칙과 구조를 개발하여 수많은 콘텐츠를 탐색할 수 있게 했다. 기본적으로 레딧에서는 좋아요 수가 많은 게시물이 상위에 노출되었다. 하지만 매일 게시물이 수백 개씩 올라오고 댓글이 수천 개씩 달리기 시작하면서 운영진이 주의 깊게 관찰하지 않으면 커뮤니티가 난장판이 되는 건 시간문제였다.

라카이와 다른 관리자들은 서브레딧에서 주제별로 게시물을 더 쉽게 찾을 수 있도록 체계를 확립했다. 레딧에서 제공하는 분류 기능인 플레어flair를 이용해 정보에 입각한 게시물과 소위 손실 포르노나 밈 게시물을 구분했다. 조던은 규칙이 잘 지켜지는지 감시하기 위해 점점 더 봇을 정교하게 만들었다. 하지만 봇은 오류를 범할 수밖에 없었고, 조던과 몇몇 다른 관리자가 수작업으로 일일이 게시물을 검토해 차단하거나 삭제해야 했다.

조던은 단순히 관리 업무와 코딩 작업에 그치지 않고 매우 인간적인 면모도 보여주었다. 최소한의 관리 업무만 했던 아웃스퀘어나 제이미와는 달리, 댓글을 꼼꼼히 살펴보며 조언을 해주기도 하고 월스트리트베츠를 찾은 사람들이 더 똑똑하게 행동하도록 격려를 아끼지 않았다. 명백한 실수는 짚어주었고, 돈을 잃은 것을 후회하기보다 원래 투자의 본질이 그런 것이라며 가볍게 여기는 태도는 꾸짖었다.

"막대한 손실을 내고 '나도 이제 어엿한 일원이 된 건가?'라고 말하는 것은 '올바른 행동'이 아니다. 마치 한 무리의 멍청이들이 과거의 상처를 서로 비교하는 숙련된 투자자들을 보고 그 대화에 끼고 싶어서 일부러 자기 몸에 상처를 내는 것이나 다름없다."

조던은 원년 멤버들이 모인 월스트리트베츠 채팅방에서 아웃스퀘어가 담당했던 일종의 입담 거친 상담사 역할도 도맡았다. 2018년 말, 사람들의 관심을 받으려고 무리한 투자를 했다가 실제로 어떤 결과를 초래할 수 있는지를 보여주는 게시물이 올라왔을 때 조던은 곧바로 행동에 나섰다.

"오늘 지하철에서 울음을 터뜨렸다. 버스 운전기사로 일하면서 2개월 동안 5,000달러를 모았다. 약 1만 1,000달러까지 불렸고 버스 기사도 그만뒀는데 옵션 거래로 전부 다 잃어서 형편없는 식당에서 알바라도 해야 할 판이다. 나는 미래가 없다. 가방끈도 짧고 이렇다 할 기술도 없다. 나이 스물셋, 버스나 운전하는 한심한 처지다. 여자 친구도 없고 사귄 적도 없다. 뭘 어떻게 해야 이 지긋지긋한 악순환에서 벗어날 수 있을지 모르겠다. 스물다섯 살까지 끝장을 볼 거다."

조던은 이 게시물과 자신의 답변을 사이트 상단에 고정했다.

"이걸 OP('오리지널 포스터original poster'의 약자로 한국에서는 '원글'이라고 한다—옮긴이)로 남겨두겠다. WSB가 평소에 개자식 집합소처럼 보여도 우리가 글쓴이를 걱정하고 있다는 사실을 알 수 있도록 말이다."

조던은 이 청년에게 트레이딩에서 잠시 벗어나 다른 관점에서 인생을 바라보라고 조언했다. "돈을 잃었다고 해서 가장 소중하고 대체 불가능한 자산까지 내팽개치지 마라. 당신은 이제 겨우 20대이고 60세에 죽는다 하더라도 앞으로 살날이 훨씬 더 많다. 살다 보면 전혀 예상치 못한 좋은 일들이 펼쳐질 거다."

조던의 공감 어린 개입과 노력에 감사를 표하는 댓글이 줄지어 달리자 조던은 겸손하게 답변을 달았다. "나도 자존심 강하고 인터넷에 붙어 사는 오타쿠일 뿐이지만 서브에 도움이 되려고 노력하고 있다."

그러고 나서 얼마 지나지 않아, 월스트리트베츠에서는 조던이 바라던 대로 사람들이 서로의 실수와 경험에서 교훈을 얻고 있다는 징후가 나타나기 시작했다.

* * *

이 모든 손실로 가장 큰 혜택을 본 것은 당연히 로빈후드였다. 2018년 중반에 로빈후드는 이트레이드가 36년 동안 확보한 고객 수 350만 명을 돌파했다고 발표했다. 이러한 성장에 힘입어 로빈후드는 2018년에 투자자들에게서 3억 5,000만 달러를 추가로 유치하며 기업 가치를 1년 전의 4배인 56억 달러로 끌어올렸다. 이로써 공동 창업자 두 사람은 억만장자 대열에 합류했다. 대중에게 더 잘 알려진 공동 창업자 바이주 바트는 보란 듯이 포르쉐를 타고 본사에 출근해 자기 사무실에서 바로 내려다보이는 곳에 주차했다.

로빈후드 경영진은 이용자들의 성향을 잘 파악하고 있었다. 로빈후드는 월스트리트베츠에 '욜로'라고 표시된 고속도로 출구 표지판이 있는 광고를 게재해 투기심을 부추겼다.

하지만 바트는 여전히 공개 석상에서 다른 사람을 돕고자 하는 열망으로 이 모든 일을 하고 있는 보헤미안적 이타주의자로 자신을 포장하고 싶어 했다. 2018년 한 인터뷰에서 그는 이렇게 주장했다. "진부하게 들릴지 모르겠지만 저희는 사명감으로 움직이는 회사입니다."

이어서 바트는 로빈후드가 "단순히 돈을 벌기 위해 존재하는" 스타트업이 아니라는 점을 강조했다. "저희는 금융 시스템을 개선하는 제품을 만드는 데 중점을 두고 있으며, 돈은 그 과정에서 생겨난 부수적인 결과일 뿐입니다."[9]

2018년에 로빈후드 본사를 방문한 《블룸버그》 기자들은 바트를 가리켜 "어깨까지 내려오는 장발에 덥수룩한 수염은 금융 회사 임원실보다는 버니 샌더스 유세장에 어울리는 사람처럼 보였다"[10]라고 보도했다.

그러나 로빈후드가 옵션 거래를 적극적으로 도입하면서 월스트리트베츠와 금융업계에서는 이 회사가 공개적으로 표방하는 이미지와는 달리 다소 위선적이라고 느끼기 시작했다.

로빈후드는 연금 투자를 포함해 더 안전하고 신뢰할 수 있는 금융 서비스로 사업을 확장하려고 했지만 지금까지는 모든 노력이 실패로 돌아갔다. 이로 인해 주문 흐름에 대한 지불에 수익 구조를 의존할 수밖에 없었다. 다시 말해, 로빈후드 고객들의 거래 주문을 월가 증권사에 넘기고 그 대가로 받는 수수료가 주된 수익원이었다. 경쟁사들도 이러한 수수료를 징수했지만 전체 사업에서 차지하는 비중은 훨씬 적었다. 나중에 《배런스Barron's》가 조사해서 발표한 자료에 따르면 거래 수수료가 전체 수익에서 차지하는 비중이 이트레이드와 찰스 슈와브에서는 각각 약 16퍼센트와 7퍼센트에 불과했다.[11] 이 회사들이 징수하는 다른 수수료들은 고객의 포트폴리오를 전체적으로 잘 관리해야 하는 이유가 되기도 했다.

반면에 거래 수수료에 전적으로 의존하는 로빈후드의 수익 구조는 앱을 설계하고 운용하는 방식에서도 고스란히 드러났다. 옵션 거래 한 건당 받는 수수료가 주식 거래 한 건당 받는 수수료보다 훨씬 더 컸기 때문에 이용자로 하여금 옵션 거래를 하도록 유도하는 것이 회사 입장에서는 이득이었다.[12] 로빈후드가 옵션 거래를 도입한 직후, 이용자들은 이 회사가 위험성 따위는 전혀 신경 쓰지 않고 무작정 옵션 거래를 권장한다는 느낌을 받았다.

"이용자가 옵션 거래를 얼마나 이해하고 있는지 제대로 확인하지도 않고 승인해주는 로빈후드의 방식이 마음에 들지 않는다." 한 이용자가 월스트리트베츠에 불만을 토로했다. "정말 무책임한 행동이다. 자기네가 수익을 얻으려고 이용자를 불필요하게 큰 손실을 입을 가능성으로 몰아넣고 있다."

다른 증권사와 마찬가지로 로빈후드도 신규 이용자가 옵션 거래를 시작하기에 앞서 충분한 경험이 있는지 확인하는 절차를 두었다. 하지만 최소 기준을 충족하지 못하더라도 이전으로 돌아가서 답변을 변경해 즉각적인 승인을 받을 수 있도록 안내했다. 나중에 규제 당국은 로빈후드가 이용자의 답변을 무시하고 그냥 승인해준 경우도 있었다는 사실을 발견했다. 규제 당국은 몇 년이 지난 후에야 이런 문제를 조사하고 로빈후드에 벌금을 부과했지만, 월스트리트베츠에서는 이미 2018년에 이 문제를 농담거리로 삼고 있었다.

가령 한 신규 가입자가 "나는 열여덟 살 고등학생인데 방금 로빈후드에서 옵션 거래를 승인받았다"라고 남기자 그 밑에 다음과 같은 댓글이 달렸다.

"구글에 검색해보면 알겠지만, 로빈후드는 네가 누구든 전혀 상관 안 해."

심지어 로빈후드와 함께 일했던 회사들도 폭로에 가담했다. 로빈후드의 거래 주문을 처리하던 한 업체는 주민등록번호, 나이, 주소 등이 가짜로 보이는 계좌 약 9만 개를 잠재적 사기 계정으로 분류했다. 하지만 규제 당국이 발견한 사실에 따르면 로빈후드는 "이런 경고를 '무시'하고 고객이 제공한 정보를 확인하지 않은 채 계정을 승인하도록"[13] 시스템을 프로그래밍했다.

월스트리트베츠 이용자들은 로빈후드가 옵션 거래를 최대한 빨리 진행할 수 있도록 노력한 점에 대해서는 불만이 없었다. 어차피 옵션 거래를 하고 싶어 하는 사람들이었기 때문이다. 다만 로빈후드가 비용을 아끼려고 여러 절차를 간소화하면서 이용자들에게 손해를 끼친 점에 대해서는 불만을 제기했다.

문제가 발생했을 때 고객이 전화할 수 있는 직원이 없는 대형 증권사는 로빈후드가 유일했다. 바트는 텔레비전에 출연해 로빈후드가 이트레이드보다 더 많은 사용자를 보유하고 있지만 직원 수는 14분의 1에 불과하다고 자랑했다. 적은 직원 수가 고객 서비스에 미치는 영향에 대해서는 언급하지 않았지만, 로빈후드를 이용하는 사람들은 누구보다 이를 잘 알고 있었다. 월스트리트베츠에서는 로빈후드 고객 지원팀에 긴급한 문제로 이메일을 보냈을 때 몇 주 내로 답신을 받으면 다행이라는 농담이 유행했다. '탑 트레이드 리뷰'라는 웹사이트에서도 로빈후드의 형편없는 고객 서비스를 언급하며 일곱 개 항목 가운데 네 개에서 별 다섯 개 만점에 하나를 주었다. "로빈후드는 고객 서비스가 나쁘기로 악명이 높다. 앱 이용자 대다수는 수수료가 없기 때문에 형편없는 고객 서비스를 필요악이라 여기고 어쩔 수 없이 감수한다. 그 결과 레딧에 열정적인 로빈후드 이용자들이 모인 대규모 커뮤니티가 생겨났고, 여기서 그들은 앱에서 발생한 문제를 해결하는 데 도움을 주고받고 있다."[14]

열악한 고객 서비스가 특히 더 문제가 된 이유는 로빈후드 거래 플랫폼에서 오류가 자주 발생했기 때문이다. 2018년 가을, 로빈후드는 두 차례에 걸쳐 고객에게 거래 잔액을 지불하려면 보유 주식을 모두 처분해야 한다는 잘못된 안내문을 수만 통이나 발송했다. 첫 번째 실수 때는 로빈후드의 한 직원이 레딧에 올라온 글을 읽은 뒤에야 오류를 인지했다. 두 차례에 걸친 시스템 오류로 고객들은 160만 달러 이상의 손해를 입었지만, 실수는 여기서 그치지 않았다.[15]

그렇다면 왜 다른 증권사로 옮기지 않고 계속 로빈후드를 이용하는지 의문을 제기하는 사람이 많았다. 어느 댓글에서는 그 이유를 투자 중독에 빠진 사람의 욕구를 충족해주기에 로빈후드만 한 곳이 없기 때문이라고 설명했다. "다른 증권사로 갈아타는 게 답이라는 걸 알면서도 로빈후드가 투기 중독자에게는 안성맞춤이라 떠날 수가 없다."

월스트리트베츠에서는 로빈후드가 실수를 저지를 때마다 더욱 창의적인 방법으로 회사와 공동 창업자 두 사람을 조롱하는 일이 하나의 놀이처럼 되었다. 로빈후드를 한번 써보고 곧바로 지워버린 조던은 채팅방에 "장난감 같은 허접쓰레기"라며

"장난감 브랜드인 피셔프라이스 수준"이라고 혹평했다.

"수수료 아끼려다가 끔찍한 플랫폼 때문에 망하는 수가 있다." 조던은 경고했다.

조던의 친구인 스타일럭스는 더욱 강도 높게 비판했다. 스타일럭스는 로빈후드에서 돈을 인출하려고 여러 달 시도했지만 거듭 실패한 황당한 경험담을 공유하며 "돈 잃고 로빈후드 사옥을 불태운 남자에 관한 단편 소설을 쓸 것"이라며 분노를 표출했다.

로빈후드에 대한 반감이 커지던 중, 2019년에 월스트리트베츠 역사상 전대미문의 사건이 발생했다. 그해 초 '아이러니맨 1R0NYMAN'이라는 아이디를 사용하는 한 청년은 로빈후드 시스템에서 오류를 발견하고 이를 이용해 로빈후드에서 빌린 돈으로 점점 더 위험한 거래를 하기 시작했다. 그는 5,000달러로 시작해서 28만 7,000달러까지 규모를 키웠고, 로빈후드가 상황을 파악하기 전에 초기 투자금의 2배인 1만 달러를 인출한 뒤 계좌를 해지해버렸다. 거래로 인해 발생한 손실 5만 8,000달러는 로빈후드가 고스란히 떠안게 되었다. 아이러니맨은 로빈후드를 트롤링하는 데 성공한 내용을 자랑스럽게 월스트리트베츠에 게재했고, 댓글들은 고객에게 손실을 떠넘기던 로빈후드로 하여금 그 대가를 톡톡히 치르게 한 아이러니맨에게 경외감을 드러내며 폭발적인 반응을 보였다.

"로빈후드 소속 변호사가 이 게시물을 처음부터 끝까지 정독하고 있을 것"이라는 댓글도 달렸다.

"로빈후드 변호사는 보아라. 너네 플랫폼 진짜 엿 같다."

로빈후드는 해당 오류를 수정했다고 발표했다. 그러나 월스트리트베츠의 용감무쌍한 몇몇 사용자가 아이러니맨과 똑같은 방식으로 거래를 시도하면서 문제가 해결되지 않았다는 사실이 밝혀졌다. 이 속임수는 '무한 머니 치트 코드' 또는 '무한 레버리지'라 불렸고, 누가 로빈후드에서 가장 많은 돈을 빌려서 가장 빠르게 잃는지를 두고 경쟁이 벌어졌다. 2019년에 이 같은 결함을 이용해 가장 크게 유명해진 트레이더는 '컨트롤더내러티브ControlTheNarrative'라는 아이디를 쓰는 대안 우파 중심의 남초 커뮤니티에서 유입된 인물이었다. 컨트롤더내러티브는 로빈후드에서 빌린 5만 달러를 모두 잃은 뒤 그 과정을 동영상으로 올리고 동기를 설명했는데, 포챈 출신의 수많은 젊은이에게 신조가 될 만한 말이었다.

"나는 이미 실패자다. 이미 다 잃어서 더 잃을 것도 없다. 오직 딸 일만 남았다."

이 사건 이후로 로빈후드 임원진은 언론에 해당 문제 해결에 총력을 기울이고 있다고 발표했다. 그러나 월스트리트베츠에서는 그 발표가 이번에도 사실이 아님을 이내 간파했고, 몇몇 회원은 심지어 100만 달러가 넘는 돈을 빌리기도 했다.

이 무한 레버리지 사건은 지난 5년간 차곡차곡 쌓여온 이상하고 분노에 찬 에너지가 실제로 폭발한 사례였다. 그러나 당시에는 아무도 이 현상을 이해하거나 대처할 방법을 알지 못했다. CNBC 뉴스에서는 이 사건을 다루며 월스트리트베츠 회원들을 가리켜 '사이코패스' 집단이라고 표현했다. 그러나 월스트리트베츠 회원들은 오히려 이 표현을 재미있게 받아들이며 인정했다. 이윽고 오랫동안 잠잠했던 제이미가 나타나 트위터에 로빈후드 공식 계정을 태그하며 불난 집에 부채질을 했다.

"친애하는 u/RobinhoodTeam에게. 회사를 곤란하게 만들려는 의도는 추호도 없습니다. 믿기 힘들겠지만, 전 정말 이 문제가 해결되길 바랍니다. 제발 제발 이 거지 같은 문제를 이해할 수 있는 어른을 좀 찾아서 문제를 해결해주시길 간곡히 부탁드립니다."

바이주 바트는 2018년에 여러 차례 곤욕을 치른 이후 공식적인 대외 활동에서 물러난 상태였다. 대신 공동 창립자인 블래드 테네브가 블룸버그 TV에 출연했다. 진행자가 당시 벌어지고 있던 무한 레버리지 사태에 관해 짓궂은 얼굴로 질문을 던지자 테네브는 정색하며 답변했다.

"말씀하신 것은 꽤 오래전에 있었던 일로, 극소수의 고객이 저희 플랫폼을 악용한 사건이었습니다. 저희는 즉시 이 문제를 알아차리고 해당 계정을 제한했으며 해당 거래 행위를 중지시켰습니다. 이후 며칠 만에 영구적인 해결책을 마련했습니다."

월스트리트베츠에는 곧장 이 인터뷰 영상이 올라왔고, 로빈후드가 여전히 그 문제를 완전히 해결하지 못했다는 댓글이 달렸다. 하지만 테네브의 약간 헝클어진 긴 머리와 웃음을 참지 못하는 진행자, 그리고 그와 상반된 테네브의 냉랭한 표정을 조롱하는 댓글들이 무엇보다도 인기를 끌었다.

그중에 큰 인기를 끌었던 댓글 하나는 "아직 모르시는 분들을 위해 설명하자면, 이 사람이 바로 블래드 테네브다"로 시작했다.

마치 동네 대마초 가게에서 뽕 파티를 막 즐기고 나온 것 같은 행색에 고등학생을 상대로 강력한 식용 대마초를 판매하는 사람처럼 보인다. 이 사람을 보면서 머릿속에 두 가지 생각이 떠올랐다.
1. 아마 이 사람은 지가 무슨 일을 하는지도 모를 것 같다.
2. 나이만 먹었지 어른이 덜 된 이 인간을 믿고 돈을 맡기는 인간은 정말 말 그대로 저능아다.

조던과 다른 운영자들은 서브레딧에서 시행하는 첫 연말 시상식을 준비하면서 '올해의 자폐인상 Autist of the Year'을 로빈후드에게 수여하기로 결정했다. '자사 플랫폼조차 제대로 통제하지 못한 것'이 수상자로 선정된 이유였다.

이렇게 이상한 행동들로 이목을 끌면서 몇몇 눈치 빠른 사람들은 월스트리트베츠에서 자행하는 끊임없는 트롤링이 실제로는 철저히 계산된 행동이라는 사실을 알아차렸다. 맷 러빈Matt Levine이라는 월스트리트 유명 해설자는 2019년 말 《블룸버그》에 실린 칼럼에서 레딧 이용자들이 게임처럼 설계된 로빈후드 앱의 본질을 간파하고 이를 이용해 수익을 창출하는 방법을 알아냈다고 설명했다.

"어떤 이들은 게임을 개발자가 의도한 대로 플레이하는 데 관심이 없다. 이들은 게임을 해킹하고, 이상한 결함과 취약점을 찾아내고, 게임을 낱낱이 해부해 그들만의 이상한 레벨을 만들고, 이렇게 변형한 결과물로 친구들을 즐겁게 한다."[16]

러빈은 이러한 사고방식이 비단 젊은 게이머들만의 특성은 아니며, 월가에서도 금융상품에 비슷하게 접근하는 사람들이 많다고 주장했다. 러빈은 월스트리트베츠의 장난꾸러기들이 "실제로 투자은행에서 복잡한 파생 상품을 설계하거나 신용부도스와프CDS처럼 위험도 높은 금융상품을 거래해도 손색없을 것"이라며, "높은 위험을 감수하는 성향, 융통성 있는 윤리관, 규칙이나 지침을 철저히 문자 그대로 해석하고 적용하는 태도, 유희적 감각, 창의성을 즐기는 경향"이 뚜렷하게 보인다고 했다. "이러한 태도는 단순한 금융 지식을 넘어 금융업계 특유의 사고방식을 보여준다."

이 무한 레버리지 사건은 월스트리트베츠가 일반적인 인식보다 훨씬 더 똑똑한 사람들이 모여드는 공간으로 변화하고 있다는 증거 중 하나일 뿐이었다. 일례로 2015년에 월스트리트베츠에서 인기를 끌었던 AMD 주식은 가망 없는 멍청한 선택으로 유명했다. 그러나 2015년에서 2019년 사이에 AMD의 주가는 거의 500퍼센트나 상승했다. AMD를 밈으로 만들려고 월스트리트베츠에서 농담처럼 다룬 회사의 문제점들이 결국 회사가 회생하는 데 중요한 단서가 되었다.

AMD는 수년 동안 월스트리트베츠에서 가장 많이 언급된 인기 주식이었으며, 2019년 말에는 AMD 주식으로 큰돈을 벌었다는 게시물이 넘쳐났다. 그해 가장 성공적인 욜로 투자 사례를 집계해보니 AMD 주식에 투자한 두 사람이 큰 수익을 올린 것으로 나타났는데, 각각 100만 달러와 72만 5,000달러를 벌었다. 겉으로는 무모한 트롤링으로 포장했지만 실제로는 그 바탕에 치밀한 분석과 학습이 있었기 때문에 이러한 성과가 가능했다고 설명하는 게시물도 있었다.

"우리는 다들 자신이 돈을 잃거나 아니면 운이 좋거나 둘 중 하나인 멍청이라고 농담을 하지만, 사실 여기에서 배우는 게 많다. 여기에 올라온 '자주 묻는 질문'과 아무렇게나 싸지른 글에서도 많이 배웠다. 실제로 조엘 그린블라트의 『주식시장을 이기는 작은 책』(알키, 2021)도 읽어봤고, 마이클 루이스의 『빅숏』(비즈니스맵, 2010)과 『플래시 보이스』(비즈니스북스, 2014)도 읽었다. 좋은 회사와 나쁜 회사를 구별하는 법도 배웠고, 기업이 저평가 혹은 고평가받는 시점도 더 잘 이해하게 되었다."

이러한 성공 사례들은 뜻하지 않게 로빈후드 공동 창업자

두 사람이 초반에 주장했던 내용에 힘을 실어주었다. 로빈후드가 위험한 거래 방식을 장려한다는 비판에 바트와 테네브는 시장에서 성공하려면 처음에는 손실을 겪으면서 배워야 한다고 주장했다. 특히 젊을 때 손실을 경험하는 것이 회복할 시간도 많기 때문에 더 낫다고 말했다. 제이미 또한 투자 손실을 시장이 어떻게 움직이는지를 배우기 위해 지불해야 하는 일종의 '학비'라고 표현하며 이 논리를 지지했다.

연구에 따르면, 주식을 자주 매매하는 사람은 S&P 500 주식으로 구성된 인덱스 펀드에 돈을 넣고 장기적으로 유지하는 사람보다 대체로 수익률이 낮다고 한다. 그러나 적극적인 거래로 얻는 수익이 아주 크지는 않더라도 주식 투자를 기피해 은행 계좌에 돈을 넣어만 두는 것보다는 낫다. 금융위기 이후 많은 미국인이 시장에 대한 두려움 때문에 투자를 하지 않았고, 시간이 지나면서 주식 가격이 계속 오르자 기회손실은 점점 더 분명해졌다.

하지만 젊은 층 사이에서는 시장에 대한 두려움이 조금씩 사라지는 것처럼 보였다. 로빈후드와 월스트리트베츠 덕분에 주식시장이 좀 더 친숙하고 재미있게 보였기 때문이다. 로빈후드가 나중에 공개한 데이터에 따르면, 이 시기에 회사 수익의 대부분은 옵션 거래에서 나왔지만, 옵션 거래에 참여한 고객은 소수에 불과했다. 대부분의 로빈후드 이용자는 주식 거래에만 참여했으며, 이 방식이 장기적으로 봤을 때 수익률 측면에서 더 유리했다.

미 연방준비제도가 3년마다 조사해 발표하는 소비자 재정 조사 보고서에 따르면, 2013년에서 2019년 사이에 밀레니얼 세대의 개별 주식 보유 비율은 거의 2배로 증가했다. 2018년에 막 성인이 된 Z세대에서는 이런 경향이 더욱 두드러졌다. 1997년 이후에 태어난 Z세대는 이전 세대가 그 나이였을 때보다 주식에 대한 관심이 훨씬 높았다. 2019년 자료에 따르면 개별 주식을 보유한 Z세대의 비율은 16퍼센트로, 이는 밀레니얼 세대가 같은 나이였을 때보다 3배, 1980년대 후반 X세대가 성인이 되었을 때보다는 4배 높은 수치였다.[17]

젊은 세대가 주식시장에 관심을 가진 결과가 곧 세상에 드러나려 하고 있었다. 하지만 그때까지 월스트리트베츠에서는 외부에서 자신들을 과소평가한다는 농담을 이어갔다. 이 모습을 관찰하던 어느 영리한 회원이 다음과 같은 댓글을 달았다.

"여기 모인 바보들 대부분이 실제로는 꽤 똑똑하다. 똑똑하게 맞는 말만 하기보다는 그냥 바보처럼 웃기기를 좋아할 뿐이다."

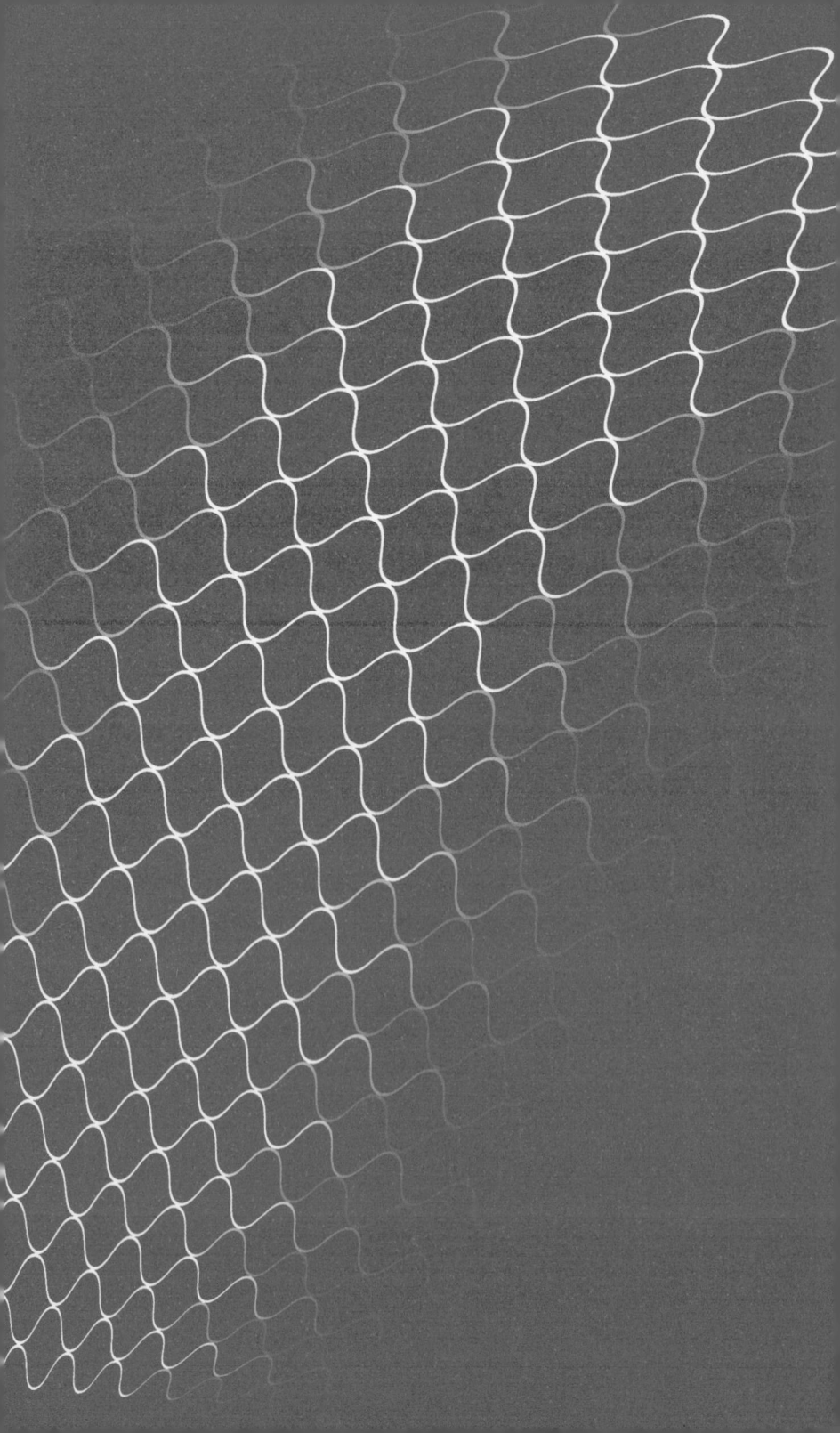

## 2부

분노 세대의 탄생

이달의 밈 주식과 테슬라 열풍

> "혁신이 업계를 송두리째 뒤흔들고 있습니다."

2019년 제이미 로고진스키의 삶은 처음 월스트리트베츠를 만들었을 때와는 많이 달라져 있었다. 4년째 술은 입에 대지도 않았고 더 이상 인터넷에 빠져 살지도 않았다. 멕시코시티 교외에 위치한 빛이 잘 드는 아파트는 2017년 말 아내 알레한드라가 아들 쌍둥이를 출산한 이후 언제나 활기와 생동감이 넘쳤다. 알레한드라는 출산 후 몇 주 동안 병원 신세를 져야 했다. 그 덕분에 제이미는 아들들과 더욱 끈끈한 유대감을 형성할 수 있었다. 제이미가 아는 멕시코 아빠들은 대부분 아내에게 육아를 전적으로 떠넘겼다. 하지만 제이미는 아이들에게 시간과 관심을 아끼지 않는 아빠로 동네에 소문이 났다. 제이미는 아이들과 함께 방에 요새를 만들고 아이들이 좋아할 만한 과학 실험을 고안해냈다. 또한 아이들에게 유대교 전통을 알려주며 유대교에서 중요하게 여기는 모든 명절을 꼼꼼하게 챙겼다.

이렇게 바쁜 와중에도 제이미는 여전히 주식시장에 강한 매력을 느꼈다. 투자 행위에는 다른 데서는 찾을 수 없는 정서적이고 지적인 매력이 있었다. 트레이딩이 술을 마시고 싶은 욕구를 다시 불러일으키지 않는다는 사실을 확인한 후, 제이미는 다시 투자를 시작했고 예전에 느꼈던 강렬하고 짜릿한 흥분감을 되찾았다.

제이미 또한 다른 많은 청년들처럼 월스트리트베츠에서 얼마나 많은 것을 배웠는지 새삼 깨닫고 있었다. 제이미는 여전히 아웃스퀘어의 조언에 따라 대부분의 저축을 인덱스 펀드에 넣어두었다. 하지만 얼마간 따로 떼어 투기도 즐겼다. 예전에 아웃스퀘어가 알려준 원칙대로 투자를 했는데, 술을 마시지 않고 말짱한 상태에서는 그 원칙을 지키기가 훨씬 쉬웠다. 가장 중요한 원칙은 투자하기 전에 미리 출구 전략을 세워놓고, 매일 시장이 변동함에 따라 생겨나는 계획에서 벗어나 행동하고 싶은 충동을 무시하는 것이었다. 제이미는 가장 큰 충동이 들 때 거래를 멈추는 것이 가장 현명하다는 사실을 금방 깨달았다.

제이미는 트레이딩으로 약간의 재미를 봤지만 생활비를 충당하기에는 부족했다. 2018년 말부터는 일감이 줄면서 당장 안정적인 수입원을 찾아야 할 상황에 직면했다. 멕시코로 이주한 이후 다니던 직장은 아버지가 경제 관료로 있던 멕시코 정부의 호의에 어느 정도 의존하고 있었다. 그러나 2018년 말에 정권이 바뀌면서 사회주의자인 안드레스 마누엘 로페스 오브라도르Andrés Manuel López Obrador, 줄여서 '암로AMLO'가 집권했다. 그는 제이미와 같은 부유한 투자 계층에 반대했고, 제이미는 본격적으로 새로운 수입원을 찾아 나섰다.

잠재적 투자처를 물색하고 있을 때, 모임에서 만난 친구 하나가 왜 입에 달고 사는 그 서브레딧으로 돈을 벌지 않느냐고 물었다. 제이미는 왜 진작 그 생각을 못 했는지 모르겠다며 당장 자신의 창작물을 현금화하기 위한 전략을 세우기 시작했다. 먼저 몇 년 동안 고민해왔던 월스트리트베츠에 관한 책을 집필하겠다는 야심 찬 계획을 실행에 옮기기로 결심했다. 제이미는 원래 글쓰기를 싫어했고 소질이 있다고 생각하지도 않았지만 젊은이들이 시장에서 엄청난 위험을 감수하는 이 새로운 현상을 설명할 수 있는 전문가로 자리매김하려면 책을 집필하는 것이 가장 쉬운 길 같았다. 월스트리트베츠는 2019년에 이곳에서 트롤링이 한창일 때 진지하게 주목받기 시작했다. 제이미는 이러한 현상에 관한 전문가로 거듭날 수 있다면 다른 사업 계획에도 큰 도움이 되리라 생각했다.

2019년 가을 무렵에는 책을 집필하는 일이 일상에 안정적으로 자리 잡았다. 매일 아침 제이미는 아이들보다 두 시간 일찍 일어나 조용한 시간에 자료를 조사하고 글을 썼다. 그의 서재는 아파트에서 가장 추운 방이었기 때문에 옷을 겹겹이 껴입고 창문을 등지고 앉아 글을 썼다. 충성스러운 저먼 셰퍼드 카포는 서재로 따라 들어와 출입문을 지키고 앉아 집 안을 감시했다. 제이미는 채팅방 원년 멤버 중 한 명이 즐겨 듣던 일렉트로닉 음악을 배경 음악으로 틀어둔 채 짧은 시간이나마 글쓰기에 집중했다.

이 책은 월스트리트베츠에서 일어났던 놀라운 사건들을 소개하고 이 커뮤니티가 성공할 수 있었던 요인과 금융계에 미칠 영향을 다루고 있었다. 첫 장은 '새로운 세대'라는 제목으로 월가와 미래의 재정 현실에 절망한 미국 젊은이들의 사고방식을 설명했다. 제이미는 월스트리트베츠에서 벌어진 위험한 장난을 숨기지 않고 솔직하게 기술하면서, 이런 투기 행위를 가능케 하는 금융업계를 비판했다. 제이미는 레딧 통계를 인용해 로빈후드가 옵션 거래를 도입한 후 월스트리트베츠에서 위험한 거래 행위가 얼마나 활발해졌는지를 보여주며 로빈후드를 저격했다.

"이들 밀레니얼 세대는 복잡한 금융상품을 장난감처럼 가지고 놀면서 그 의미나 위험성을 제대로 이해하지 못하거나 이해하려고 노력하지도 않는다." 제이미는 이렇게 썼다.

"심지어 일부 증권사조차 그 구조를 완전히 이해하고 있는지 의심스럽다. 월가가 설계해 금융업계 내부자가 고객에게 제공한 후 정부가 승인한 장난감이다."

제이미가 책을 집필하던 중에 로빈후드의 기술적 결함을 악용한 무한 레버리지 사태가 벌어졌다. 제이미는 컨트롤더내러티브가 5만 달러를 빌리고 모두 잃는 과정을 흥미롭게 지켜보았고, 이 사건을 실제 월가에서 벌어지는 일들을 젊은이들이 어떻게 따라 하고 있는지를 보여주는 사례로 즉시 책에 실었다.

"진지한 구경꾼들은 WSB에서 벌어지는 일에 분노할 수 있지만, 밀레니얼 세대에게 월가는 그저 마음껏 놀 수 있는 거대한 카지노일 뿐이다."[1]

제이미가 젊은 투자자들을 집중 조명하기로 한 것은 결과적으로 선견지명이었다. 집필 과정이 막바지에 다다랐을 무렵인 2019년 10월 1일, 찰스 슈와브는 로빈후드를 따라 거래 수수료를 전면 폐지하겠다고 발표해 금융업계를 충격에 빠뜨렸다.

슈와브는 로빈후드가 처음 등장했을 때만 해도 그 존재를 가볍게 여겼다. 슈와브의 고객들은 일반적으로 수십만 달러의 자산을 보유하고 있던 터라, 보통 수백 달러밖에 없는 로빈후드 고객들에게 별다른 관심을 두지 않았다. 하지만 이제 모든 논란에도 불구하고 로빈후드가 미래의 투자자를 확보하고 시장에 관심이 있는 완전히 새로운 고객층을 만들어내고 있다는 사실이 분명해졌다.

슈와브의 최고재무책임자는 수수료 전면 폐지를 발표하면서 다음과 같이 말했다. "다양한 산업 분야에서 신생 기업이 등장했을 때 너무 늦게 대응하는 바람에 수많은 기업이 결국 뒤처지고 말았던 우를 우리는 범하지 않으려고 합니다."[2]

이후 몇 주 만에 거의 모든 대형 증권사가 슈와브를 따라 거래 수수료를 없앴다. 월가 거래소에 걸려 있는 텔레비전 화면에서는 흥분한 해설자들이 로빈후드가 촉발한 증권업계의 완전한 재편에 대해 연이어 보도했다.

"혁신이 업계를 송두리째 뒤흔들고 있습니다." CNBC 초청 해설자인 짐 크레이머Jim Cramer도 열변을 토했다.

초보 투자자도 쉽게 시장에 진입할 수 있게 해주는 신생 기업도 여럿 생겨났다. '에이콘스Acorns'라는 앱은 투자 경험이 없는 투자자도 매주 소액을 다양한 주식에 분산 투자할 수 있도록 도와주었다. '베터먼트Betterment'와 '웰스프론트Wealthfront'는 밀레니얼 세대에게 장기 투자처에 대한 조언을 자동화된 방식으로 저렴하게 제공했다. 그러나 게임처럼 재미있고 직관적인 방식으로 투자할 수 있게 설계된 로빈후드가 단연 독보적인 인기를 끌었다. 크레이머는 CNBC에서 가는 곳마다 완전히 새로운 방식으로 투자하는 밀레니얼 세대를 만난다고 말했다.

"로빈후드는 완전히 새로운 세대의 투자자, 즉 아이폰을 사용하며 개별 주식을 직접 소유하고 싶어 하는 밀레니얼 세대를 시장으로 끌어들였다."[3]

모든 대형 증권사가 거래 수수료를 철폐하고 몇 주 동안 주식시장에는 활기가 넘쳤다. 모든 증권사의 신규 앱 다운로드 수와 거래 활동이 기록적으로 증가했다. 로빈후드는 이용자 1,000만 명을 달성했다고 발표했는데, 이는 불과 1년 전과 비교해 2배 늘어난 숫자였다. 수수료 폐지로 업계 경제 구조가 바뀌면서 슈와브가 TD 아메리트레이드를 인수하고 모건 스탠리가 이트레이드를 인수하는 등 빠르게 합병이 일어났다.

소규모 개인 투자자들이 활발하게 활동하면서 주식시장과 미국 대기업 주가에도 영향을 미치기 시작했다. 가장 먼저 영향력이 뚜렷하게 나타난 곳이 바로 전기 자동차 회사 테슬라의 주식이었다. 테슬라는 투자분석가들이 기업 CEO인 일론 머스크가 전기차를 상업적 규모로 생산할 능력이 있는지에 대해 의문을 제기하면서 수년 동안 주가 침체를 겪었다. 테슬라 주식은 헤지펀드 세력의 표적이 되었다. 이들은 주가가 떨어질 것이라 예상하고 주가 하락 시점에 시세차익을 얻을 목적으로 테슬라 주식을 공매도했다. 그 결과 테슬라는 시장에서 가장 인기 없는 주식이 되었다.

하지만 슈와브가 거래 수수료 철폐 경쟁에 불을 지핀 후 몇 주가 지난 시점인 2019년 말부터 테슬라의 운명은 급변하기 시작했다. 10월 말 분기 실적 발표에서 테슬라는 예상치 못한 수익으로 분기를 마감했다고 보고했다. 이 수치는 월가 증권분석가들의 마음을 돌리는 데는 실패했지만, 그럼에도 주가는 급등했고 이후 몇 주 동안 상승세를 이어갔다.

머스크는 미래 지향적인 자동차와 우주에 대한 비전으로 수

많은 젊은 남성 팬을 끌어모았고, 테슬라와 머스크를 주제로 한 서브레딧도 여러 개 생겨났다. 특히 머스크는 소셜 미디어에서 테슬라 주가를 떨어뜨리려는 공매도 세력과 맞서 싸우면서 인기를 끌었는데, 그 과정에서 포챈 이용자들에게 익숙한 농담과 밈을 사용했기 때문이었다. 한때 머스크는 회사를 살리기 위해 모든 주식을 주당 420달러에 매입하겠다고 약속하기도 했다. 420은 대마초를 가리키는 은어로(학생들이 학교가 끝날 무렵인 4시 20분에 뒷골목으로 몰려가 대마초를 피우는 미국 문화에서 유래─옮긴이), 젊은 남성 팬들은 즉시 이 유머를 이해하고 즐거워했다.

이전에는 머스크의 열성 팬만으로 주식을 살리기엔 역부족이었다. 하지만 2019년 말에 머스크의 팬들은 테슬라 주식과 옵션 계약, 특히 주가 상승을 예상하고 투자하는 콜옵션을 사들이기 시작했다. 테슬라는 항상 월스트리트베츠에서 눈여겨보는 주식이긴 했지만, 이제는 가장 많이 언급된 주식 차트에서 1위에 오르며 최고 인기주였던 AMD를 앞질렀다.[4] 12월 말, 테슬라 주식이 연초 저점 대비 100퍼센트 이상 올라 420달러 밈에 가까운 가격에 근접하자 제이미는 머스크에게 농담 삼아 월스트리트베츠에 감사해야 한다는 트윗을 보냈다.

"친애하는 @elonmusk, TSLA가 420을 찍으면 저희 서브레딧에서 '무물'을 진행해주실 수 있으신가요? WSB는 당신을 결코 포기하지 않습니다. -열성팬들 올림." 제이미는 자신의

@wallstreetbets 계정으로 이렇게 써서 보냈다.

하지만 곧 주가가 급등하면서 제이미의 트윗은 점차 농담이 아닌 것처럼 보이기 시작했다. 월스트리트베츠의 초기 페이지는 로빈후드 화면을 캡처한 인증샷이 줄지어 올라오면서 영문도 모른 채 테슬라에 투자했다가 큰 수익을 올린 사람들로 넘쳐났다.

"오늘 아침 여기서 많은 사람이 광분해서 테슬라와 옵션, 로빈후드 이야기를 하는 걸 봤다. 그래서 나도 뛰어들었다." 2020년 1월 초에 한 초보 투자자가 글을 남겼다.

"이제 뭘 해야 할지, 심지어 이걸 어떻게 인출하는지도 모르겠다. 간단히 알려주실 분?"

'월스트리트베츠 X나 사랑해'라는 제목으로 올라온 또 다른 게시물에서는 팔에 새로 새긴 월스트리트베츠 마스코트와 로켓 이모티콘 문신을 자랑했다. 주가 급등을 상징하는 로켓 이모티콘은 월스트리트베츠 내에서 성공적인 주식 거래를 표현할 때 쓰이곤 했다.

로빈후드 앱에는 매일 얼마나 많은 사람이 특정 주식을 구매했는지 확인할 수 있는 기능이 있었다. 1월 첫 주에 수만 명이 테슬라 주식을 사들이면서 테슬라는 규모가 훨씬 큰 다른 기업들을 제치고 로빈후드에서 가장 인기 있는 주식에 등극했다.[5] 한 달 뒤, 월가 증권분석가 및 해설자들도 개인 투자자들 사이에 열기가 고조되어 매수가 이어지면서 주가가 상승하는 것 같다고 이야기하기 시작했다.

짐 크레이머는 CNBC에서 "확실히 개인 투자자들의 과도한 매수 흐름이 있다"라고 말했다. "신규 투자자들의 매수가 쇄도하고 있다."

머스크는 누구보다 이 사실을 잘 알고 있었다. 머스크는 테슬라 주식을 둘러싼 소셜 미디어의 열풍을 주시하고 있다는 사실을 분명히 밝히고 불길에 부채질을 하는 것으로 화답했다. 1월 어느 날, 머스크는 주가 급등에 대한 메시지를 받고 이에 대한 응답으로 세 개의 불 이모지를 트위터에 올렸다. 1월에 열린 실적 발표회에서 주식을 사는 팬들에 대한 질문을 받았을 때, 머스크는 그들이 월가에 있는 모든 사람보다 더 똑똑하다고 답했다.

"많은 개인 투자자들이 실제로 대형 기관 투자자들보다 더 깊고 정확한 통찰력을 가지고 있으며, 증권 전문가들보다 더 나은 안목을 지녔다고 생각합니다."[6]

레딧에서 오랫동안 머스크를 '파파 머스크'라고 부르던 팬들은 이제 그를 '머스크 경'이라고 부르기 시작했고, 테슬라와 관련된 새로운 밈이 끊임없이 올라왔다. 테슬라 주식으로 수익을 낸 한 사람은 그 돈으로 테슬라에서 곧 출시될 사이버트럭을 구입할 계획이라며, 그 트럭에 월스트리트베츠 범퍼 스티커를 붙이겠다고 약속했다.

밈이 입소문을 타고 빠르게 퍼지는 일은 자주 있어도 주식이 이런 식으로 인기를 끄는 것은 전례 없는 현상이었다. 소셜 미디어의 영향으로 갑자기 한 회사에 수천만 달러가 집중적으로 쏟아졌다. 1월 말까지 테슬라 주식을 소유한 로빈후드 고객 수는 14만 5,000명에 달했고, 주가는 한 달 사이 55퍼센트나 상승했다. 반면에 S&P 500 지수는 같은 기간 1퍼센트 상승하는 데 그쳤다. 이러한 열기로 월스트리트베츠의 트래픽도 증가해 1월에만 3,400만 페이지뷰(방문자가 조회한 페이지 수—옮긴이)를 기록했다. 언론에서도 레딧에서 밈을 차용해 상황을 설명하면서 기회를 놓칠지도 모른다는 두려움, 즉 포모 증후군 때문에 많은 투자자가 테슬라 매수 열기에 동참하고 있다고 보도했다.

이러한 혼란의 소용돌이 가운데 제이미는 책을 출간했다. 출판사를 찾지 못한 제이미는 월스트리트베츠가 좋아할 만한 기업가 정신을 발휘해 아마존에서 직접 책을 출간했다. 1월 30일에 그는 월스트리트베츠에 책 출간 소식을 전하며 커뮤니티의 성장에 놀라움을 표했다.

"지금 WSB 사람들 수준을 보면 옛날 WSB는 유치원처럼 보일 지경이다. 예전에는 2,000달러가 대단한 수익이었는데 지금은 돈도 아니니 말이다."

초반에는 테슬라 열풍이 제이미에게 호재였다. 책 홍보 게시물에 좋아요 수가 올라갈수록 아마존 책 판매량도 증가했다. 제이미는 이달의 밈 주식을 이용할 기회도 놓치지 않았다. 테슬라를 공매도해 손실을 입은 사람에게는 책 구매 시 쓸 수 있는 할인 코드를 제공하겠다고 약속한 것이다.

하지만 테슬라에 대한 투자 열풍이 과열되면서 제이미를 비롯한 많은 사람이 불안감을 느끼기 시작했다. 2월 첫 거래일에 테슬라의 주가는 거의 20퍼센트 가까이 상승해 8년 만에 가장 큰 폭으로 올랐고, 다음 날에도 14퍼센트 추가로 상승했다. 단 이틀 만에 테슬라의 기업 가치가 약 500억 달러(한화 약 70조 4천만 원)나 증가했다. 이제 테슬라는 포드나 GM과 같은 거대 자동차 제조사보다 훨씬 적은 차량을 생산함에도 불구하고 세계에서 가장 가치 있는 자동차 제조업체가 되었다. 언론은 이런 상황을 가리켜 "단일 종목 광풍", "순전한 투기 거품"이라고 보도하며 우려를 표시했다.

그러나 시장 전문가들은 테슬라의 주가가 급등하는 실제 원인을 파악하는 데 어려움을 겪고 있었다. 머스크가 1월 말에 발표한 분기 실적이 양호했지만, 증권분석가들은 보통 이런 소식만으로 주가가 이렇게 급등하지는 않는다고 입을 모았다.

월가에서는 테슬라의 주가가 급등한 배경에는 레딧을 중심으로 활동하는 새로운 유형의 젊은 투기꾼들이 있다는 소문이 돌기 시작했다. 나중에 밝혀진 사실이지만, 이 모든 것은 월스트리트베츠에서 옵션 시장에 처음으로 뛰어든 사람들이 테슬라의 콜옵션을 매수하면서 벌어진 일이었다. 콜옵션은 특정 주식을 미래에 미리 정해놓은 가격으로 살 수 있는 권리로, 나중에 주가가 오를 때 수익을 얻기 위한 도구다. 옵션의 구조상 주가 상승을 기대하며 콜옵션을 사들이는 사람이 늘어날수록 해당 주식을 매수하는 사람도 늘어나면서 주가는 실제로 더 빠르게 오른다. 즉, 월스트리트베츠에서 군중 심리를 따라 너도나도 콜옵션을 매수하고 덩달아 주식도 사들이면서 테슬라의 주가가 마치 로켓처럼 빠르게 상승하게 된 것이다.

《블룸버그》가 초반에 보도한 기사에 따르면 옵션 열풍으로 인기 있는 테슬라 콜옵션 가치가 며칠 만에 거의 1만 퍼센트나 상승했으며, 이는 테슬라 주식 자체의 상승률보다 수백 배나 빠른 속도였다. 시장 데이터는 전문 투자자가 아닌 한 번에 옵션 서너 개만 사들이는 개인 투자자들이 이처럼 주가를 급등시켰다는 사실을 분명하게 보여주었다. 몇 주 후《블룸버그 비즈니스위크》는 표지 기사에서 이 상황을 상세히 다루며 온라인 개인 투자자들이 갑작스레 시장에 미친 엄청난 영향력에 놀라움을 금치 못했다.

"심지어 업계에서 잔뼈가 굵은 트레이더들조차도 이용자가 90만 명에 달하는 r/WallStreetBets, 줄여서 r/WSB라는 레딧 포럼을 무시하기 어렵다. 이 포럼에 올라오는 투자 정보와 전략이 적어도 단기적으로는 주가를 놀라울 정도로 밀어 올릴 수 있는 능력을 입증했기 때문이다."[7]

월스트리트베츠에 모인 개인 투자자들이 불러일으킨 이 현상은 전문 용어로 '감마 스퀴즈'라고 한다. 옵션과 기초 자산(주식) 사이의 가격 차이를 가리키는 '감마'라는 그리스 문자에서 유래한 용어다. 감마 스퀴즈는 워낙 복잡한 금융 메커니즘이 얽혀 있어 전문가조차 명확하게 설명하기가 어렵다. 그러나 가장 기본적인 수준에서 설명하자면, 개인 투자자가 로빈후드나 슈와브에서 콜옵션을 매수하면 이를 판매한 증권사들은 주가가 옵션 계약에 명시된 수준까지 상승할 경우를 대비해야 한다. 보통은 이런 일이 발생하지 않지만 만에 하나 발생할 경우를 대비해 콜옵션을 판매한 증권사는 추가 손실을 막기 위해 신속하게 해당 주식을 매입해야 한다. 그런데 증권사까지 주식 매입에 가담하게 되면 결과적으로 해당 주가는 더 올라가고, 또다시 손실을 막기 위해 추가로 주식을 매입해야 하는 이른바 자기 영속 루프에 빠지게 된다. 결과적으로 테슬라의 주가가 급등한 것도 바로 이 감마 스퀴즈 현상 때문인 듯 보였다.

《블룸버그 비즈니스위크》에 테슬라 감마 스퀴즈 현상에 관한 첫 번째 기사가 나온 직후인 2월 초, 월스트리트베츠에 올라온 어느 게시물은 이 어려운 용어를 대문자로 아주 간결하게 설명했다.

"푸하하! 우리가 콜옵션을 계속 사들이는 한 헤징 알고리즘(옵션이나 기타 금융상품에서 가격 변동으로 생기는 위험을 줄이기 위해 자동으로 주식을 사고파는 프로그램—옮긴이) 때문에 주가는 계속 오를 수밖에 없다는 사실을 블룸버그가 인정했다."

심지어 뒤에는 더욱 간단하게 핵심만 짚어낸 문장이 따라왔다. "우리는 사실상 돈을 찍어내고 있다. 정말이지 믿을 수가 없다."

감마 스퀴즈가 실제로 발생하는 일은 드물었다. 일반적으로 주식 옵션 계약은 주가 상승에 베팅하는 콜옵션과 주가 하락에 베팅하는 풋옵션이 섞여 있어 서로 위험이 상쇄되기 때문이다. 이렇게 되면 월가의 투자사에서는 주가가 급변하더라도 주식을 추가로 매수할 필요가 없다. 그러나 레딧에 모인 군중은 모두가 주가 상승에 베팅하는 콜옵션을 매수하도록 서로를 독려했다.

이전에는 옵션 거래 수수료가 너무 비싸서 개인 투자자 대부분은 옵션에 투자하기가 어려웠다. 하지만 모든 증권사에서 수수료를 철폐함에 따라 소액 투자자들도 과감히 뛰어들어 군중 심리를 따라 적극적으로 옵션을 매수할 수 있게 되었다. 이 감마 스퀴즈 현상에 관심이 쏠렸을 때, 온전히 개인 투자자들의 영향력만으로 테슬라 주가가 올랐다고 생각하는 사람은 아무도 없었다. 이 상황을 이용하려는 헤지펀드와 투자사도 가세해 시장에 더 큰 자금을 투입하며 불난 집에 부채질을 했다. 그러나 옵션 시장 전문가인 조슈아 미츠Joshua Mitts 교수는 다른 모든 변수가 그대로라고 가정했을 때 개인 투자자들이 옵션 매수에 참여하지 않았더라면 1월과 2월에 정점에 달했던 테슬라 주가 상승 폭은 실제의 3분의 1 정도에 그쳤을 것이라고 추정했다.[8]

개인 투자자들이 시장에 미치는 영향력은 앞으로 몇 주 뒤면 훨씬 더 분명하게 드러날 예정이었다. 그러나 현재로서는 모든 것이 그저 혼란스러울 뿐이었다. 그 와중에 월스트리트베츠에 올라오는 게시물로 확인할 수 있는 분명한 사실 하나는 수많은 젊은 투기꾼이 그들조차 설명할 수 없는 방식으로 큰돈을 벌고 있다는 점이었다.

"오늘 포모가 심해서 900달러짜리 콜을 샀다." 2월 초에 테슬라 콜옵션을 매수했다는 회원이 남긴 글이다.

"20분 만에 100퍼센트 올랐는데 이게 대체 무슨 일이야, 조작 아니야?"

최근까지만 해도 돈을 잃는 데 일가견이 있는 것으로 유명했던 사람들에게는 예상치 못한 반전이었다. 이제는 모든 사람이 테슬라 투자로 얻은 텐디(수익)를 자랑했고, 그중에 일부는 투자 포트폴리오가 100만 달러를 넘어선 로빈후드 캡처 화면을 공유하기도 했다.

이 상황이 더욱 놀라운 이유는 손실을 본 쪽이 개인 투자자들이 아니라 테슬라 주가 하락에 베팅했던 대형 헤지펀드들이었기 때문이다. 데이터 분석 회사인 S3의 보고에 따르면, 2020년 첫 5주 동안 테슬라 주가 하락에 베팅했던 헤지펀드들은 총 84억 달러의 손실을 입었다. 이는 대다수 대형 헤지펀드의 연간 총수익보다 많은 금액이다. 불과 두 달 전만 해도 월스트리트베츠에서는 로빈후드를 조롱하는 일에 열광했다. 이제 그들은 세계에서 가장 명망 높은 증권사까지 조롱하고 있었다.

테슬라를 공매도했던 유명 헤지펀드 매니저 스티브 아이스먼Steve Eisman은 테슬라 주식이 일종의 '종교적' 지위를 얻기에 이르렀다며 포기를 선언했다. 기대 수익이나 기업 가치 같은 재정적 근거도 없이 열성적인 개인 투자자들 때문에 주가가 과도하게 오르는 상황에 헤지펀드 매니저들은 불편함을 드러냈다.

제이미는 이 상황에 매료되어 관련 자료를 모두 읽어보았다. 전문가들도 이해하지 못하는 복잡한 금융상품 때문에 시장이 흔들리고 있다는 제이미의 주장을 확실히 뒷받침할 수 있는 사례였기 때문이다. 하지만 1월에 테슬라 열풍을 부추긴 이후 2월 초에 월스트리트베츠와 옵션 거래를 하는 회원들에게 관심이 집중되자 제이미는 더욱 신중하게 행동하려 했다. 월스트리트베츠가 주가를 움직이거나 조작하려는 계획을 세우는 곳으로 알려지면 법적인 문제에 휘말릴 수 있다는 사실을 잘 알고 있었기 때문이다. 초짜들만 들락거리던 시절을 생각하면 상상도 할 수 없는 일이었다. 하지만 테슬라 관련 보도는 월스트리트베츠가 이제 시장을 움직일 수 있을 만큼 규모가 커졌다는 사실을 암시했다. 특히 대형 헤지펀드들이 수십억 달러씩 손실을 보고 있다는 사실은 불안감을 더욱 가중했다.

제이미는 이런 걱정이 곧 현실로 닥칠 수도 있지만 그건 그때 가서 정면으로 대응하기로 하고, 일단은 테슬라에 대한 공개적인 언급을 삼가기로 결심했다. 2월 첫째 주에 제이미는 레딧에서 자신의 책과 관련해 '무엇이든 물어보세요'를 진행했다.

질문이 수백 개 쏟아졌고, 대부분이 테슬라와 관련된 질문이었다. 하지만 제이미는 최대한 대답을 회피했다.

제이미는 이 열기를 어떻게 진정시켜야 할지 알 수가 없었다. 관련 게시물을 삭제하고 일부 이용자를 차단하려고 했지만, 혼자서는 역부족이었다. 이 작업을 자동으로 처리하는 봇을 어떻게 이용하는지도 알지 못했다. 게다가 제이미는 자신이 떠난 뒤로 커뮤니티를 관리하고 있는 다른 운영진과 소통이 단절된 상태였다. 이들은 모두 디스코드에서 소통하고 있었는데, 제이미는 곧 설명할 어떤 이유로 여기에 참여하지 않았다.

제이미는 테슬라 패거리 중에 가장 눈에 띄는 주동자인 'WSBgod'이라는 아이디를 사용하는 인물에 대한 우려를 표명했다. WSBgod은 테슬라로 400만 달러 이상의 수익을 올렸다는 스크린샷을 올렸고, 그 주에 일부 언론에 등장하기도 했다. 하지만 제이미는 WSBgod이 관심을 끌기 위해 수익을 조작한 것은 아닐까 의심했다. 제이미는 해당 게시물을 삭제하고 WSBgod에게 연락해 몇 시간 동안 화상 통화를 하며 실제로 그 돈을 벌었다는 증거를 확인하려고 했다. 통화를 마치고 제이미는 WSBgod의 주장이 사실이라는 증거를 제시하는 기나긴 게시물을 작성했다. 제이미는 이 글을 통해 자신이 사이트에서 가장 눈에 띄는 게시물의 진위 여부를 확인하기 위해 최선을 다하고 있다는 사실을 모두가 믿어주길 바랐다. 하지만 제이미 역시 대부분의 전문가들과 마찬가지로 하루빨리 테슬라 광풍이 끝나고 주식이 제자리로 돌아가기를 고대하고 있었다.

어느 월스트리트 증권분석가는 "머지않아 테슬라 주가는 완전히 폭락할 것"이라고 자신만만하게 예측했다.

그러나 이때만 해도 테슬라 열풍이 앞으로 월스트리트베츠와 로빈후드와 젊은 투자자들이 열어갈 새 시대에 불어닥칠 더 거대한 광풍의 신호탄일 뿐임을 아무도 예측하지 못했다. 제이미의 책 속에 나오는 이 구절은 결과적으로 예언이 되었다.

"판도라의 상자는 열렸고 이제 닫을 수 없다."

시장 조작, 닥치고 매수하라

"우리가 곧 시장이고 우리가 돈을 찍어낸다는 뜻이지."

2019년 가을 제이미가 책을 집필하고 있을 때, 조던은 교통사고 보험금이 바닥을 드러내 더 이상 가스비와 전기세도 내지 못할 형편에 이르렀다. 조던은 값비싼 해수 어항을 팔고 그 자리에 사랑하는 고양이 빙키, 릴리, 트러블을 위한 카펫이 깔린 경사로와 스크래처 기둥을 옮겨 놓았다. 하지만 그것만으로는 생활비를 감당할 수 없었고, 2019년 말에는 집에서 10분 거리에 있는 웨그먼스 마트에 과감하게 입사 지원서를 냈다. 조던은 아직 차가 없었고, 웨그먼스 마트는 걸어갈 수 있는 거리에서 가장 쉽게 구할 수 있는 일자리였다. 제이미는 야간에 근무하며 진열대를 정리하는 일을 했고, 그 덕분에 근무 시간에 헤드폰을 끼고 오디오북을 들을 수 있었다. 아침에 집에 돌아오면 곧장 잠자리에 들지 않고 디스코드에 접속해 9시 30분에 장이 열리기를 기다리곤 했다. 조던은 채팅방에서 솔직하고 개인적인 대화를 나누길 좋아했지만, 마트에서 일하는 것은 비밀로 했다.

이런 상황에서 테슬라 열풍과 함께 제이미가 다시 나타나 서브레딧 운영에 관여하기 시작했다. 조던도 처음에는 이를 반겼다. 그렇지 않아도 컴퓨터 앞에 앉아 있을 시간이 줄어든 탓에 월스트리트베츠 관리를 도와줄 사람이 필요했기 때문이다. 하지만 얼마 지나지 않아 제이미가 최고 운영자로서 역할을 수행하는 방식에 실망했다. 제이미는 레딧에서 제공하는 복잡한 관리자 도구를 제대로 배우려고 하지 않았고, 대신 마음에 들지 않는 게시물을 발견할 때마다 마치 운영진 목록 하단에 위치한 관리자들이 자신의 부하 직원이나 되는 것처럼 공개적으로 문제 해결을 지시하는 댓글을 해당 게시물에 달곤 했다. 제이미는 이곳이 마치 CEO가 지시를 내리면 그대로 수행해야 하는 전통적인 회사라고 착각하는 것 같았다. 하물며 의사 결정권자처럼 행동해야 하는 상황이 부지기수인 조던조차 월스트리트베츠는 모두가 함께 규칙을 만들어가는 일종의 새로운 사회적 생태계라는 사실을 알고 있었는데 말이다.

게다가 제이미는 월스트리트베츠를 자기 책을 홍보하는 수단으로 이용하기까지 했다. 제이미는 서브레딧 사이드바에 책 구매 링크를 넣고, 시장에 큰 영향을 미치는 흥미롭고 중요한 정보를 제치고 책 홍보 게시물을 최상단에 고정해놓았다.

조던 역시 증권사나 다른 업체로부터 월스트리트베츠와 협력해 돈을 벌고 싶다는 제안을 여러 차례 받았다. 하지만 조던을 비롯한 운영진은 항상 그런 제안을 단칼에 거절했다. 조던은 이용자들이 월스트리트베츠를 신뢰하게 된 이유가 서로를 돈벌이 수단으로 이용하지 않았기 때문이라고 생각했다. 그런데 제이미는 개인적인 이익을 위해 이 서브레딧을 이용하는 데 아무런 거리낌이 없어 보였다. 조던은 제이미에게 직접 맞서고 싶지는 않았지만, 에둘러 불만을 표출했다.

"WSB에서는 새로운 사람들이 주도적으로 활동을 이어가고, 오래된 회원들은 실무에는 참여하지 않는 회사 임원처럼 가끔씩 얼굴만 비춘다."

"이용자들의 선의는 내가 저축하는 상품과도 같은데 사람들이 명분도 없이 그걸 낭비한다."

하지만 제이미는 개인적인 이익을 위해 서브레딧을 활용하는 것을 전혀 개의치 않았다. 대놓고 말은 안 했지만 책을 쓰는 동안 이미 훨씬 더 야심 찬 돈벌이 계획을 세워둔 터였다. 제이미는 개인 투자자들이 출연해 정해진 시간 동안 누가 더 많은 돈을 벌 수 있는지 경쟁하는 방송 프로그램을 제작하고 싶었다. 이는 본질적으로 월스트리트베츠 초창기에 벌어진 아메리칸페가수스와의 투자 대결을 부활시킨 것이지만, 이제는 전문가들과 함께 투자의 짜릿함을 진정한 오락으로 제작할 생각이었다.

처음에는 이 아이디어를 함께 실현할 동업자를 찾는 데 애를 먹었다. 사람들에게 월스트리트베츠를 보여주면 대체로 사이트의 조잡한 유머 감각 때문에 별 관심을 보이지 않았다. 결국 투자에 관심을 보인 사람은 동전주를 홍보하고 고가의 투자 강좌를 제공하는 회사를 운영하는 두 사람뿐이었다. 제이미는 이 회사와 동업해야 할지도 모른다는 생각에 불안했지만 방송 프로그램을 직접 제작할 자본금이 없었고, 일단 시작하면 다른 후원사를 찾을 수 있을 거라고 긍정적으로 생각하기로 했다. 제이미가 책을 출간할 무렵, 방송 제작 계획은 놀라울 정도로 빠르게 진행되었다. 제이미는 댈러스에 있는 대규모 비디오 게임 대회를 개최하는 장소와 협상을 진행 중이었다. 변호사 비용과 계약 협상에 필요한 모든 비용은 제이미의 동업자들이 전액 부담했다.

제이미는 월스트리트베츠에 다시 모습을 드러냈을 때 이에 대한 언급을 극도로 피했다. 모든 것이 확실해질 때까지 기다렸다가 공개할 심산이었다. 게다가 자신이 영입한 동업자에 대해 사람들이 뭐라고 할지도 걱정되었다. 원년 멤버들이 모인 채팅방은 트레이딩 전문가를 자처하는 모든 사람을 조롱하는 분위기였고, 제이미는 새로운 동업자를 소개한다면 어김없이 심한 조롱이 쏟아질 것임을 누구보다 잘 알았다. 갈등을 싫어하는 제이미는 새로운 동업자를 최대한 늦게 소개하고 싶었다. 가능하면 채팅방 사람들이 관심을 가질 만한 다른 구체적인 사항이 충분히 정해질 때까지 미루고 싶었다. 일부러 채팅방에 들어가지 않고 있는 제이미 대신, 호주에서 돌아온 아웃스퀘어를 주축으로 채팅방은 여전히 IRC에서 활발하게 운영되고 있었다.

하지만 2월에 제이미가 채팅방 활동을 재개하면서 새로운 동업자들은 예상외로 이 일을 진지하게 받아들였다. 특히 회사 대표인 애덤 하이만Adam Heimann이라는 젊은이는 더욱 그랬다. 제이미가 테슬라를 둘러싼 혼란스러운 상황과 씨름하는 동안 하이만은 서브레딧을 둘러보며 이곳이 어떻게 운영되는지 이해하고자 했고, 곧 조던을 비롯해 약 6만 5,000명의 회원들이 어울려 지내는 디스코드 서버에 접속하게 되었다. 하이만은 그곳에서 오가는 대화에 충격을 받았다. 디스코드 서버에는 관심사별로 다양한 채널이 존재했지만, 메인 채팅 채널에서는 상상을 넘어설 정도로 추악한 인종차별적 농담과 모욕이 난무했기 때문이다. 그는 제이미에게 곧장 이메일과 문자를 연달아 보냈다. 하이만과 제이미는 둘 다 유대인이었고, 하이만은 나치 상징과 홀로코스트에 관한 농담이 담긴 스크린샷을 여러 장 보냈다. 제이미는 처음에는 이를 무시했다. 자신 또한 채팅방에서 활동하던 시절에 유대인이면서도 반유대주의에 가담한 적이 많았다. 하지만 갈수록 도를 지나치는 내용이 발견되자 결국 하이만은 디스코드 서버를 끊어내지 않으면 동업 관계도 끝장이라는 최후통첩을 날렸다.

처음부터 다시 시작하기에는 너무 멀리 왔기 때문에 이대로 포기할 수는 없었다. 제이미는 밸런타인데이 전날 밤을 새워 기존 디스코드 서버를 새로운 서버로 교체하고 자신이 아는 몇몇 관리자에게 통제를 맡겼다. 다음 날 아침, 제이미는 '새로운 디스코드 채팅방'이라는 제목으로 새로운 채팅방 링크가 포함된 게시물을 올리는 동시에 이전 디스코드 서버로 연결되는 사이드바 링크를 삭제했다.

여기서도 갈등을 극도로 회피하는 제이미의 성향이 드러났다. 제이미는 이전 디스코드 서버에 들어가서 새로운 서버로 이전하는 이유를 설명하지 않았다. 심지어 서버 이전을 알리는 게시물에서도 아무런 설명을 덧붙이지 않았다. 제이미는 모두가 그냥 받아들이기를 바랐다. 하지만 급작스러운 변경에 운영진 대다수는 제이미의 계정이 해킹당했거나 이 모든 것이 교묘한 트롤링이라고 생각했다.

제이미는 몇 시간에 걸쳐 운영진을 설득했다. 그리고 마침내 자신이 올린 게시물에 달린 댓글에 대한 답변으로 서버 이전에 대해 공개 해명했다.

"기존의 디스코드는 외국인 혐오 콘텐츠로 가득 차 있으며 WSB의 주제조차 다루고 있지 않다."

새로운 디스코드 서버에서는 이전과는 다른 분위기를 조성하기 위해 제이미는 '인종차별, 혐오 발언, 편견, 또는 이와 유사한 모든 행위'를 명시적으로 금지한다는 규칙을 게시했다.

회원들은 6만 5,000명의 이용자가 매일 몇 시간씩 대화하던 디스코드 채팅방이 아무런 설명도 없이 갑작스레 변경된 것에 대해 불만을 쏟아냈다. 가장 강력하게 반발한 사람은 조던이었다. 조던은 레딧에서 제이미에게 항의하는 메시지를 보내 "이건 정말이지 엿 같다"라며 어찌 된 영문인지 정확한 해명을 요구했다. 제이미는 빠르게 답장을 보내 조던에게 조금만 참아달라고 부탁하며 문제가 된 모욕적인 언어 행태에 대한 자신의 우려를 설명했다.

조던도 디스코드 서버 관리 방식이 완벽하게 만족스럽지는 않았다. 2016년에 서버를 구축한 라카이가 관리 방식을 엄격히 통제해왔기 때문이다. 그는 대화를 관리하는 봇을 만들자는 조던의 요청도 거부했다. 조던은 주로 절친한 친구들이 모이는 운영자 전용 채널에만 머무르며 서버 관리에 문제가 있다는 사실을 인식하고 있었음에도, 오랜 부재 끝에 돌아온 제이미가 권위적으로 행동하는 것을 받아들일 수가 없었다. 조던은 기존 디스코드 서버 이용자들이 "콘텐츠에 대한 구체적인 규칙과 '혐오 발언'을 엄격하게 검열하는 봇"을 도입하는 데 동의할 수도 있다고 말했다. 그는 제이미에게 이전 대화방 링크를 복원하라고 단호하게 요청했다.

조던은 제이미에게 "예전에는 이 커뮤니티를 떠올릴 때 자부심, 주인의식, 주체성을 느꼈다"며 "지금은 배신감을 느끼고 시간만 낭비한 것 같다"라고 말했다.

제이미는 갈등 상황이 괴로웠지만 물러서진 않았다. 제이미는 조던의 자존심을 세워주면서 마음을 돌리려고 애썼다. 적어도 조던이 서브레딧에서 어떤 역할을 해왔는지 모르진 않았다.

"너와 라카이가 화난 건 이해해. 그럴 만도 해." 제이미는 이렇게 썼다. "WSB에 많은 시간과 노력을 쏟았는데, 새로운 디스코드로 이전한 데에 배신감이 들었을 거야. 나도 그 점을 이해해." 하지만 제이미는 이전 디스코드 서버를 복원하지 않을 것임을 분명히 했다.

더 이상 되돌릴 수 없다는 사실을 깨달은 조던은 분노에 차서 지난 10년 동안 자신의 정체성이었던 레딧 계정과 사용자 아이디를 삭제하기로 마음먹었다. 그리고 삭제 전에 전체 운영진에게 메시지를 보냈다.

"예전에는 무언가를 만들어나가고 있다고 느꼈다. 지금은 지난 3년 동안 남의 서점 벽에서 낙서만 닦아낸 기분이다." 그는 이렇게 썼다.

"행운을 빈다. 아마 필요할 거다."

조던은 평소에도 분노를 잘 조절하는 편은 아니었지만, 마트에서 일을 시작한 이후로는 장시간 근무와 불규칙한 수면 때문에 유난히 쉽게 화를 내는 성격이 되었다. 조던은 가까운 친구들에게조차 상황을 설명하지 않은 채 그냥 탈퇴해버렸다.

가장 친한 친구인 스타일럭스는 조던이 남기고 간 이별 통보를 보고 다른 운영진에게 메시지를 보냈다. "참 나 어이가 없네. 이게 대체 무슨 일이야."

스타일럭스는 조던이 "사실상 무대 뒤에서도 꾸준히 관리 작업을 해온 유일한 사람"이라며, 조던의 부재로 커뮤니티에 당장 문제가 생길 수 있음을 지적했다.

조던의 레딧 아바타인 돼지독감팬데믹을 기리는 추모 글이 홈페이시에 올라왔다. "u/SwineFluPandemic에게 술 한잔 올리세요"로 시작되는 글이었다. 제이미는 이에 대해 아무런 응답도 하지 않았다. 다만 다시금 이 서브레딧이 얼마나 통제하기 어려운지를 깨닫고 관리의 필요성을 절실히 느낄 뿐이었다. 게다가 이제는 대부분의 관리 작업을 도맡아 해오던 조던도 없었다.

✳ ✳ ✳

테슬라 주가가 급등했던 몇 주 동안, 월스트리트베츠에는 누군가 의도적으로 군중을 움직이고 있다는 사실을 나타낼 만한 이렇다 할 증거는 없었다. 당시에 사람들은 감마 스퀴즈가 무엇인지조차 몰랐다. 그저 테슬라 옵션으로 돈을 벌었다는 인증샷을 보고 너도나도 따라 샀을 뿐이었다.

하지만 월스트리트베츠에 모인 이들은 관찰력과 습득력이 뛰어났다. 《블룸버그》가 이 서브레딧이 옵션 시장에서 어떻게 힘을 발휘했는지 설명한 기사가 나온 후, 회원들은 다음에는 어떻게 하면 좀 더 의식적인 노력을 기울여 화력을 집중할 수 있을지에 대해 이야기하기 시작했다. 가장 먼저 이를 실행에 옮긴 사람은 《블룸버그》 기사를 인상 깊게 요약했던 사람, 일명 '푸하하 블룸버그'였다. 그는 서브레딧에서 새로이 발견한 이 힘을 이용하기 위해 돌아왔다. 그의 계획은 대기업 하나를 대상으로 콜옵션을 노리자는 것이었다. 목표는 마이크로소프트였다.

'블룸버그가 시장을 조작하는 방법을 알려주었다. 공돈을 벌고 싶다면 $MSFT를 매수하라'라는 간결한 제목으로 글 하나가 올라왔다.

"간단히 말해서, 재미있는 실험을 하나 해보려고 한다. 만약 내일 MSFT 주가가 장 시작과 동시에 전일 종가보다 크게 상승하면, 우리가 곧 시장이고 우리가 돈을 찍어낸다는 뜻이지."

그는 자신이 법적으로 다소 위험한 행동을 하고 있다는 사실을 분명히 인지하고 있었다. 그래서 금융 규제 기관인 증권거래위원회에 보내는 농담 같은 추신을 덧붙였다. "여기에 게시된 이야기와 정보는 허구와 거짓이 뒤섞인 예술 작품이며, 오직 바보만이 여기에 게시된 내용을 사실로 받아들일 겁니다."

마이크로소프트의 주가를 올리자는 요청에 월스트리트베츠

에서는 그 정도로 큰 주식을 과연 움직일 수 있을지를 둘러싸고 논의가 일어났다. 테슬라는 상대적으로 규모가 훨씬 더 작아서 주가를 움직이기가 쉬웠기 때문이다. 사람들은 마이크로소프트 대신 훨씬 더 현실적으로 타당한 목표인 리처드 브랜슨Richard Branson이 창업한 우주 기업 버진 갤럭틱SPCE을 표적으로 모여들기 시작했다.

"자, 저능아 여러분 가운데 75퍼센트는 테슬라 열차를 놓쳤고, 그래서 스스로를 자책하고 있는 상황이다. 하지만 잠깐! 아직 늦지 않았다." 버진 갤럭틱의 매력을 설명한 어느 게시물은 이렇게 시작했다.

버진 갤럭틱도 테슬라와 마찬가지로 카리스마 넘치는 CEO가 있고 관광객을 우주로 보내려는 미래 지향적인 산업이라는 점에서 젊은 남성들에게 자연스럽게 인기를 끌었다. 또한 버진 갤럭틱도 헤지펀드의 공격으로 주가가 고전을 면치 못하고 있었다. 테슬라에 대한 관심이 조금 사그라들자 버진 갤럭틱에 대한 게시물과 우주를 주제로 한 밈이 서브레딧을 점령했다.

"빌어먹을 버진 갤럭틱 우주선에 탑승하기에 아직 늦지 않았다. 단언컨대… SPCE 주식은 문자 그대로나 비유적으로나 달까지 가는 우주선이다!"

2월 중순부터 버진 갤럭틱의 주가가 상승하기 시작했다. 주목할 만한 점은 테슬라와 달리 주가를 오르게 할 만한 새로운 재무 보고서나 소식을 발표하지 않았다는 점이었다. 단지 버진 갤럭틱의 주가가 오를 것에 베팅한 콜옵션 수만 달라졌을 뿐이었다. CNBC는 2019년 12월에 주당 약 1만 2,500건이었던 버진 갤럭틱의 콜옵션 계약 수가 2020년 2월 중순에는 하루 17만 5,000건으로 증가했다고 보도했다.

"완전 미친 거래량입니다!" CNBC 옵션 전문가 존 나자리안 Jon Najarian은 방송에서 이렇게 말했다.[1]

테슬라 감마 스퀴즈에 관한 기사를 썼던《블룸버그》의 기자 루크 카와는 개인 투자자들이 그 경험에서 배운 점이 있는 것 같다는 기사를 게재했다. 이전 기사에서는 월스트리트베츠를 직접 언급하지 않았지만, 이번에는 그 이름을 언급하며 월스트리트베츠 이용자들이 옵션 매수가 감마 스퀴즈를 일으킬 수 있다는 사실을 분명히 알고 있을 것이라고 기술했다. "수익이 눈덩이처럼 불어나고, 옵션 트레이더들이 몰려들고, 채팅방이 불타고 있다."[2]

이 기사는 조던이 계정을 삭제하고 월스트리트베츠에서 사라진 지 이틀 뒤인 2월 18일에 나왔다. 제이미는 서브레딧에서 조직적인 주가 조작을 암시하는 노골적인 게시물을 삭제하며 상황을 통제하려고 했다. 그러나 조던이 사용하던 봇이나 자동화된 도구의 이용법을 전혀 알지 못하는 제이미는 쏟아지는 게시물을 효율적으로 처리하는 데 어려움을 겪었다. 더구나 버진 갤럭틱에 대한 새로운 기사가 뜬 시점에 제이미는 일주일간 워싱턴 D.C.에 있는 부모님을 방문하기 위해 여행 준비를 하느라 정신이 없었다. 그래서 이 문제가 저절로 잠잠해지기만을 바랐다. 하지만 월스트리트베츠에서는 오히려 다음 표적을 찾기 시작했다. 제이미가 멕시코시티에서 워싱턴으로 가는 비행기에 앉아 있는 동안 다음 표적이 정해졌고, 워싱턴에 도착해 휴대폰을 켰을 때 제이미는 플러그 파워Plug Power라는 차세대 배터리를 제조하는 작은 기업이 새로운 밈 주식으로 선정되었다는 사실을 알게 되었다. 금융 규제 당국이 개입하게 되면 무슨 일이 벌어질지 농담 삼아 이야기하는 회원들도 있었고, 운영진에게 그 전에 조치를 취해달라고 간청하는 회원들도 있었다.

"이 망할 펌프 앤 덤프(주가를 인위적으로 올리고 빠르게 팔아버리는 가격 조작 방식―옮긴이) 좀 제발 금지시킬 수 없나?" 어느 이용자가 물었다.

제이미는 바로 노력하고 있다고 답장했다. "오늘 확실히 플러그 펌핑이 의심스럽게 급증했다. 해당 게시물을 삭제하고 이런 문제를 어떻게 다룰지 재정비하겠다."

그날 밤 부모님 댁에 도착한 제이미는 가족들과 시간을 보내느라 월스트리트베츠에서 벌어지고 있는 위험한 일들을 어떻게 처리할지에 관한 골치 아픈 문제는 잠시 제쳐두었다. 다음 날 아침, 제이미는 《파이낸셜 타임스》에도 레딧에서 벌어지고 있는 이 미친 짓에 관한 기사가 올라온 것을 발견했다.

"간단한 퀴즈: 버진 갤럭틱과 플러그 파워의 공통점은 무엇일까?"라는 문장으로 기사는 시작했다. "정답은 바로 둘 다 레딧 포럼 r/WallStreetBets에서 조직적인 매수 대상이 되었다는 점이다."[3]

기자는 여기에 잠재된 문제를 에둘러 표현하지 않았다. 대신 헤드라인에 대문짝만하게 질문을 던졌다. "주가가 오르면 시장 조작인가?"

이전에 로빈후드 투자자들의 급성장을 긍정적으로 바라봤던 짐 크레이머도 상당히 걱정스러운 입장을 표명했다.

"지금 당장은 이 흐름을 막을 수 없으며, 이런 일은 보통 끝이 좋지 않다. 하지만 지금은 말해봤자 아무도 듣지 않는다." 크레이머는 CNBC 아침 방송인 〈스쿼크 박스Squawk Box〉에서 이렇게 말했다.

전 세계 뉴스 매체에서 월스트리트베츠가 시장을 조작하고 있다는 이야기가 나오기 시작했을 때, 제이미는 레딧의 그 누구에게서도 연락을 받지 못했다. 제이미는 뜻밖의 상황에 당혹스럽고 불안했다. 레딧 측은 자원봉사로 활동하는 운영진이 모든 것을 알아서 처리하리라 생각하는 것 같았다. 제이미는 방송 프로그램 제작 관련 협상을 도와주었던 변호사에게 연락해 이 문제를 어떻게 해결해야 할지, 나아가 자신이나 서브레딧이 법적 문제에 휘말리지 않으려면 어떤 조치를 취해야 하는지 조언을 구했다. 변호사와 이야기를 나누는 동안에도 또 다른, 훨씬 더 노골적인 주가 조작 움직임이 포착되었다. 이번에는 풀뿌리에서 서서히 솟아오른 것이 아니었다. '클로즈더퍼킹라이트closethefuckinglight'라는 아이디를 사용하는 이 남자는 일견 전문가처럼 보였다. 게다가 추천 종목도 인기 있는 미래형 기술주가 아니었다. 훨씬 더 조작하기 쉬운 소규모 바닥재 소매업체인 '럼버 리퀴데이터Lumber Liquidators'였다. 클로즈더퍼킹라이트가 작성한 게시물에는 마치 월가 증권분석가가 작성한 보고서처럼 매장 규모나 평방피트당 매출 등 구체적인 정보가 담겨 있었다. 특히 다른 이용자들이 보고 따라 할지 말지를 선택할 수 있도록 무모한 투자 내역을 인증하는 스크린샷이 아니라는 점이 우려를 자아냈다. 이 게시물에는 감마 스퀴즈에 가담하는 방법이 매우 구체적으로 명시되어 있었다.

이 게시물은 "가장 좋은 방법은 콜옵션을 이용하는 것이다. 2월 28일 만기인 8달러 콜옵션은 0.50달러에 거래되고 있다"라는 말로 끝을 맺었다.

제이미가 이 게시물을 발견했을 때는 이미 럼버 리퀴데이터의 주가가 급등하고 있었고, 해당 게시물 하단에는 클로즈더퍼킹라이트 덕분에 단 몇 시간 만에 얼마만큼의 수익을 올렸다는 댓글이 줄줄이 달려 있었다. 월스트리트베츠를 계속해서 주시하던 《블룸버그》 기자 루크 카와는 자신의 트위터에 최근 콜옵션이 악용된 사례를 언급하면서 이 모든 일을 촉발한 책임이 자신에게 있다며 사과하는 글을 올렸다. "이 사람들에게 델타 헤징(옵션 거래에서 옵션을 판 증권사가 가격 변동에 따른 손실을 최소화하기 위해 해당 주식을 미리 사거나 파는 전략을 뜻한다―옮긴이)을 반만 설명한 나 자신을 결코 용서할 수 없을 것 같다."

제이미는 이 문제를 너무 오랫동안 방치했다는 사실을 깨닫고 마침내 본격적으로 나서기 시작했다. 레딧에서 운영자 설정을 변경해 레딧 전체에서 가장 인기 있는 게시물을 보여주는 r/all에 월스트리트베츠 게시물이 뜨지 않도록 했다. 지난 수년 동안 더 많은 관심과 더 많은 트래픽을 끌어모으려고 애썼던 것과는 반대로 이제는 월스트리트베츠에 쏟아지는 관심을 차단하려 애쓰고 있었다.

"이렇게 하면 신규 이용자 유입이 줄어들어 그사이 운영진이 트래픽 증가에 대처할 수 있는 최선의 방법을 찾는 데 도움이 될 것이다." 제이미의 이러한 조치를 오랜 회원들도 크게 반겼다.

하지만 제이미는 클로즈더퍼킹라이트를 곧바로 차단하지 않았던 결정을 후회할 수밖에 없었다. 다음 날 아침 시장이 열리기 전에 클로즈더퍼킹라이트가 새로운 게시물을 올렸기 때문이다. 이번 표적은 어이없게도 수공예 재료업체인 '마이클스Michaels'였다. 이번에도 외부에는 잘 알려지지 않은 회사에 대한 세부 정보로 가득했는데, 훨씬 더 뻔뻔하고 대담한 태도로 투자를 부추기고 있었다.

"잘난 척하지 말고 들어봐. 오늘은 내가 너희를 위해 더 괜찮은 투자 정보를 준비했어. 그리고 기억해, 지루함도 아름다울 수 있다는 걸."

조던과 라카이와 불화를 겪은 이후 혼자서 혼란을 수습하려 고군분투하던 제이미에게 지난가을의 무한 레버리지 사태 이후 '조이알비joeyrb'라는 젊은 청년이 먼저 연락해 도움을 자원해왔다. 조이알비는 신규 투자자가 아니라 헤지펀드에서 근무하는 주니어 증권분석가였는데, 이는 월스트리트베츠에 점점 더 전문적인 배경을 가진 사람들이 유입되고 있다는 증거였다. 이 사실을 알고 제이미는 조이알비에게 운영자 권한을 부여했다. 클로즈더퍼킹라이트가 마이클스에 관한 게시물을 올린 직후 조이알비는 제이미에게 해당 게시물의 존재를 알리고 삭제할지를 물었다. 제이미는 조이알비에게 감사 인사를 전하며 게시물을 삭제하고 클로즈더퍼킹라이트를 차단해달라고 요청했다.

"모든 행동은 잘못하면 궁극적으로 되돌릴 수 있지만, 우리는 그런 식으로 이 서브를 게임처럼 제멋대로 가지고 놀게 둘 수는 없다." 제이미가 조이알비에게 말했다.

제이미는 멕시코시티로 돌아가는 비행기를 타러 공항으로 가던 중이었다. 체크인을 하고 보안 검색대를 통과하는 동안 변호사와 통화를 하고 조이알비와 메시지를 주고받았다. 조이알비는 월스트리트베츠 운영진이 앞으로 더 강경한 태도를 취할 거라고 설명하는 글을 작성하고 있었다. 제이미의 지시에 따라 조이알비는 새로운 규칙을 정리했다. 여기에는 마이클스나 클로즈더퍼킹라이트를 언급하는 사람을 차단하고, 소규모 기업일수록 조작이 쉽다는 사실을 고려해 기업 가치가 10억 달러 미만인 기업에 대한 논의를 금지하는 등의 내용이 포함되어 있었다.

"r/WallStreetBets는 고위험 투자를 논의하기 위해 만들어졌다. 최근의 주가 띄우기 행위는 이 서브의 정신에 맞지 않고 규칙에 위배되며 시장 조작일 수 있다."

조이알비가 새로운 정책을 올리자마자 제이미는 이를 서브레딧의 최상단에 고정했다.

"훌륭한 게시물이야. 대단해. 고마워." 제이미는 서둘러 조이알비에게 답장을 보냈다.

금요일 오후였기 때문에 며칠간의 여유를 얻었지만, 이미 상당한 피해가 발생한 뒤였다. 이제 자신들의 위력을 깨달은 월스트리트베츠 이용자들은 직원 수만 명을 거느린 대기업의 주가까지 움직이며 주식시장에서 매겨진 기업 가치의 신뢰성에 의문을 제기하고 있었다. 멕시코로 돌아와 서브레딧에 로그인한 제이미는 2월의 페이지뷰가 4,100만으로, 불과 몇 달 전과 비교해 2배 이상 증가한 것을 확인했다.

당시만 해도 바깥세상에서는 이런 일이 일어나고 있다는 사실을 아는 사람이 거의 없었다. 하지만 그 주 주말에 경제 언론은 주식시장을 뒤흔드는 새로운 불안 세력을 다룬 기사로 도배되었다. CNBC 기사에서는 이 서브레딧을 가리켜 "이제는 악명 높은 월스트리트베츠"라고 묘사했다. 이번에도 테슬라 열풍의 진상을 처음으로 알아차린 《블룸버그》 기자 루크 카와가 완벽한 마무리를 선사했다. 카와는 지난 몇 주 동안 일어난 사건을 설명하는 긴 기사를 썼다. 《블룸버그 비즈니스위크》 편집자들은 이 기사를 레딧의 마스코트인 장난꾸러기 스누들이 사방에서 월가의 황소를 괴롭히고 있는 삽화와 함께 표지 기사로 실었다. 이 기사를 본 월스트리트베츠에서는 축하의 목소리만큼이나 우려의 목소리도 높았다.

"대형 증권사가 이 서브 때문에 손해를 봤다. 자폐증 원숭이 떼가 최고 전문가 집단을 능가하는 모습을 두 손 놓고 지켜만 보고 있진 않을 것이다. 이렇게 언론에 주목받는 게 반드시 좋은 일만은 아니다. 시대가 바뀌고 있다. 정신 바짝 차리고, 텐디(수익)를 지켜라." 감마 스퀴즈의 중심에 있던 어느 이용자가 경고했다.

하지만 제이미가 월요일을 어떻게 맞이할지 고민하는 동안 제이미를 한숨 돌리게 하고 지난 몇 주간 이어졌던 투기 광풍에 종지부를 찍을 또 다른 뉴스가 헤드라인을 점령했다. 일요일 신문에는 중국에서 발생해 전 세계로 퍼지고 있는 신종 바이러스에 관한 기사가 가득했다. 이탈리아와 한국에서는 단 며칠 사이에 코로나19 신규 확진자가 수백 명씩 발생했다. 이때까지만 해도 투자자들은 이 바이러스를 그다지 심각하게 받아들이지 않았다. 그러나 월요일 시장이 열리자마자 전 세계 증시가 일제히 폭락했다. 테슬라, 버진 갤럭틱 등 최근에 가장 빠르게 상승했던 종목들이 이제 가장 빠르게 하락하고 있었다.

《블룸버그》는 손실이 가장 큰 곳을 집중 조명했다. "이번 주식 매도세는 증권사 수수료 인하 전쟁에 고무되어 지난 몇 달간 거래량를 2배로 늘린 개인 투자자들에게 처음으로 찾아온 큰 시험대다."[4]

그 주, 월스트리트베츠에는 큰 손실을 입었다는 게시물이 줄을 지었다. 이제 곧 열기가 식고 월스트리트베츠가 구축한 세상도 끝날 것처럼 보였다. 슈와브가 거래 수수료를 폐지한 이후 지난 몇 달 동안 수많은 개인 투자자가 시장에 쏟아져 들어왔다. 많은 해설자가 개인 투자자들이 보통 상승장의 막바지에 뛰어드는 경우가 많다고 지적했다. 일각에서는 최근에 일어난 옵션 열풍이 10년 전 금융위기 이후 시작된 강세장이 끝나가고 있다는 강력한 신호일 수 있다고 주장했다.

한 증권분석가는 《블룸버그》와의 인터뷰에서 "코로나바이러스가 모든 것이 얼마나 빨리 무너질 수 있는지를 보여주는 계기가 될 수도 있다"라고 말했다.[5]

월스트리트베츠의 미래는 불투명해 보였다. 그러나 지난달 서브레딧에 불어닥친 열풍이 종말의 신호가 아니라 곧 시장을 강타할 훨씬 더 큰 해일의 시작일 뿐임을 놓친 사람은 《블룸버그》와 인터뷰한 그 증권분석가만이 아니었다.

코로나19와 요동치는 시장

> "지옥이 다가오고 있다."

3월의 첫 월요일, 코로나바이러스가 시장을 뒤흔든 지 일주일이 지났다. 제이미는 아파트 단지 내 주차된 차 안에서 인터뷰를 준비하고 있었다. 책상에 앉아서 하고 싶었지만 쌍둥이가 유치원에 갈 준비를 하느라 한창 난리법석일 시간이었다. 이처럼 중요한 인터뷰 도중에 쌍둥이 하나가 방문을 열고 들이닥치는 돌발 상황이 발생하는 것을 원치 않았다.

제이미는 설렘과 두려움이 교차했다. 금융계 정보의 원천인 《블룸버그》에서 가장 존경받는 해설자 두 사람이 진행하는 팟캐스트 〈오드 라츠Odd Lots〉에서 진행하는 인터뷰였다. 불과 한 달 전에 책을 출간할 때만 해도 상상조차 못 한 만남이었다. 하지만 그 이후로 상황은 예상과는 다르게 흘러갔다. 월스트리트베츠가 주가 조작과 불법 행위로 비난받고 있는 상황에서 제이미는 이 인터뷰가 자신에게 도움이 될지 확신할 수 없었다. 운전석에 앉아 멕시코시티의 흐린 아침 하늘을 바라보고 있을 때, 진행자가 환영 인사와 함께 제이미가 만든 기이한 온라인 커뮤니티를 소개해달라고 요청했다. 제이미는 숨을 깊이 들이마셨다.

제이미는 자신이 월스트리트베츠를 사랑하는 이유가 소셜 미디어를 장악한 '자기 홍보' 없이 진솔한 대화를 나눌 수 있는 곳이기 때문임을 꼭 전달하고 싶었다.

"사람들은 그런 솔직함을 높이 평가하며 '와, 이게 진짜 진솔한 대화지'라고 말합니다." 제이미가 말했다.

진행자들이 그 말에 동의하며 제이미가 책에서 이 공간을 진솔하게 묘사했다고 칭찬했다.

공동 진행자인 트레이시 앨러웨이Tracy Alloway는 제이미의 책을 높이 평가했다. "교만하게 들릴 수 있지만, 생각보다 깊이가 있고 진지해서 놀랐어요. 왜냐하면 월스트리트베츠라는 서브레딧 자체가 조롱과 농담이 난무하는 마초적인 성향이 짙은 곳으로 알려져 있으니까요."

하지만 진행자들은 월스트리트베츠에서 통용되는 공격적인 언어와 감마 스퀴즈를 조장하려는 최근의 움직임 같은 어두운

면에 대한 질문도 빼놓지 않았다. 앨러웨이와 공동 진행을 맡고 있는 조 위젠덜Joe Weisenthal이 "올해 초부터는 단순히 개인적인 의견을 나누는 수준을 넘어서 특정 목표를 달성하기 위해 조직적으로 협력하기 시작했죠"라며 감마 스퀴즈 사태를 언급했다.

제이미는 이 부분에서 가장 민감하게 반응했다. 특히 광범위한 조직적인 협력이라는 표현에 반박하며, 럼버 리퀴데이터 주가 조작 움직임을 포착했을 때도 '선제적 조치'를 취했다고 강조했다. 그러나 변호를 마무리하려는 순간, 현장 분위기가 산만해지기 시작했다. 위젠덜이 끼어들어 상황을 설명했다.

"우리가 팟캐스트를 녹음하며 이야기를 나누는 바로 이 순간에 로빈후드에 시스템 장애가 발생했다고 하는군요. 현재 시장이 엄청나게 출렁이는 와중이라 이 사태에 불만을 터뜨리는 월스트리트베츠 이용자가 많을 것 같네요. 현재 로빈후드 상태 페이지에 '시스템 전반에 장애가 발생했다'는 공지가 올라와 있습니다."

이 우연의 일치에 대해 위젠덜은 "이 순간이 마치 시적으로 완벽하게 맞아떨어지는 것 같군요"라고 덧붙였다.[1]

언제나처럼 월스트리트베츠 이용자들은 회사 측에서 공지를 띄우기 훨씬 전에 로빈후드에 문제가 발생했다는 사실을 알아차렸다.

"로빈후드 다운됨?" 월요일 개장 직후 월스트리트베츠에는 벌써 이런 글이 올라왔다.

불안감은 빠르게 증폭되었다.

"로빈후드 다운."

로빈후드가 문제를 공시하기까지는 한 시간이 걸렸다. 그러나 로빈후드 공식 트위터 계정에 올라온 공지 글에 유용한 정보는 전혀 없었다. "우리 시스템이 다운되어 모든 기능에 문제가 발생했습니다"라고만 적혀 있을 뿐이었다.

그 무렵 서브레딧은 완전히 공황 상태에 빠졌다. 모두가 의존하는 거래 플랫폼이 작동하지 않으니 당연한 일이었다. 게다가 하필 이날 이 시간에 시장 접근이 차단된 것은 최악의 상황이었음이 곧 드러났다. 감마 스퀴즈 열풍이 끝난 직후 코로나19가 전 세계로 확산되면서 지난 2주간 시장은 자유 낙하를 거듭했다. 하지만 이날, 3월 첫 번째 월요일 아침은 달랐다. 주말 사이에 중앙은행 관계자들이 경제 지원에 필요한 모든 조치를 취하겠다고 발표하면서 증시가 갑작스러운 반등세를 보였기 때문이다. 그러나 시장이 요동치는 동안 로빈후드 이용자들은 손 놓고 있을 수밖에 없었다.

조던이 갑작스레 탈퇴를 선언한 이후 제이미를 돕기 위해 나선 운영진은 신속하게 위급 시 행동 지침을 모은 게시판을 만들어 로빈후드 상태를 확인하는 방법, 규제 당국에 로빈후드에 대한 불만을 접수하는 방법, 규제 당국과 로빈후드 공동 창업자 모두에게 분노의 메시지를 보내는 방법을 안내했다. 이 게시판에 올라온 수많은 댓글은 마치 죽은 포트폴리오를 위한 광기 어린 추도식의 방명록을 연상케 했다.

"내 모든 텐디가 재가 되었다…"라는 댓글이 가장 많았다.

몇 시간 후 폐장을 알리는 종이 울릴 때까지도 로빈후드는 여전히 살아날 기미를 보이지 않았다. 다우존스 산업평균지수가 2009년 이후 가장 높은 상승률을 기록한 날, 로빈후드 고객들은 아무런 거래도 할 수 없었다. 바로 지난주에 큰 손실을 입었거나 바이러스 확산을 걱정하는 사람들에게 이날은 더할 나위 없는 기회였는데, 시스템 장애로 두 눈 뜨고 놓친 것이다. 특히 옵션으로 시장 하락에 베팅한 사람들이 입은 손실은 비교할 수 없이 컸다. 옵션 거래는 주식 거래보다 훨씬 더 타이밍이 중요하다. 하지만 로빈후드로 옵션을 거래한 모든 사람이 서비스 중단으로 인해 아무런 대응을 하지 못했다.

다음 날 아침 시장이 다시 열렸지만 문제는 여전히 해결되지 않았고 오후가 되어서야 앱이 복구되었다. 여전히 고객 서비스 전화가 없었고, 장애 복구 기간 동안 이메일 문의 기능도 중단되어 도움을 요청하는 수만 개의 메시지가 반송되었다. 로빈후드 측은 몇 주가 지난 후에야 이메일 문의에 응답하기 시작했다. 거래 기회를 날려버린 이용자들의 분노는 가라앉을 기미가 보이지 않았다. 이후 로빈후드를 상대로 제기된 집단 소송에서 전문가가 제출한 보고서에 따르면, 이틀간의 서비스 중단으로 약 3,000만 달러에 이르는 손실 또는 기회손실이 발생

한 것으로 추산되었다.²

　로빈후드 역사상 이런 일이 발생한 적이 한두 번이 아니었고, 그럴 때마다 로빈후드는 침묵으로 일관했다. 월스트리트베츠는 그때마다 막대한 손실로 분노하고 괴로워하는 사람들에게 필요한 정보와 조언을 제공했을 뿐 아니라 감정적으로 크나큰 위로가 되어주었다. 로빈후드 이용자들은 이 서브레딧에 모여 회사를 상대로 준비 중인 다양한 집단 소송을 논의했다. 대화는 결국 로빈후드의 근본적인 문제점으로 귀결되곤 했다. 월스트리트베츠에서 로빈후드와 관련하여 오랫동안 제기해온 불만들이 최근 들어 실질적인 문제로 나타나고 있었다. 월스트리트베츠에서는 로빈후드가 문제 해결보다는 성장에만 치중하는 점, 시장이나 자사 소프트웨어를 제대로 이해하지 못하는 듯한 경영진, 고객 지원에 투자하는 대신 호화로운 실리콘밸리 본사를 짓는 데만 막대한 자금을 지출한 점 등을 꾸준히 비판해왔다.

　이번 서비스 중단 사태로 제기된 집단 소송 과정에서 공개된 문서들은 월스트리트베츠 회원들이 지적한 로빈후드의 문제점을 그대로 드러냈다. 장애 발생 당시의 내부 대화 녹취록을 확인한 결과, 직원들이 회사 리더의 명확한 지시 없이 우왕좌왕했던 정황이 명백했다. 내부 줌 회의에서 문제의 원인을 파악하느라 이리저리 허둥대며 그야말로 혼란에 빠진 경영진을 바로 곁에서 지켜본 로빈후드 엔지니어 한 명은 업무용 메신저인 슬랙에 이런 글을 남기기도 했다. "솔직히 말해서 이 회사의 문화는 정말 엉망진창이다."[3]

나중에 로빈후드 측은 시장 데이터와 고객 거래를 처리하는 서버에서 일어난 일련의 문제들로 인해 서비스 장애가 발생했다고 보고했다. 그러나 일부 직원은 법정에서 단순한 컴퓨터 코드 오류보다 더 심각한 문제가 있었다고 증언했다. 로빈후드의 기술 인프라를 관리하는 책임자인 디날리 룸마^{Denali Lumma}는 입사한 지 불과 7개월밖에 되지 않은 엔지니어였다. 룸마는 법정 증언에서 입사 후 대부분의 시간을 회사를 계속 운영하기 위해 필요한 기본 시스템에 더 많은 리소스를 확보하는 데 보냈다고 말했다.

"매월, 때로는 매주 리더십 엔지니어 팀 및 회사 전체와 공식적으로 공유했던 내용은 로빈후드가 매우 불안정한 상태에서 운영되고 있다는 점이었습니다."[4]

룸마는 추가 인력을 요청하고자 공동 창업자 두 사람과 회의 일정을 잡았다고 말했다. 블래드 테네브의 사무실에서 만나기로 했지만 테네브와 바이주 바트 두 사람 다 원격으로 참석했다. 바트는 회의 도중 여러 번 음소거로 돌린 채 화면에서 사라졌다. 테네브는 끝까지 경청했지만 추가 채용을 승인하지 않았다. 룸마는 사고가 발생하기 몇 달 전까지도 회사의 최우선 순위가 안정적인 시스템을 구축하는 것이 아니라 가능한 한 많은 신규 고객을 유치하는 데 있었다고 말했다. 룸마는 나중에 회사가 "자기중심적이고 무엇이든 할 수 있다고 생각하며, 일을 전문적으로 처리하기보다는 마치 영웅이나 카우보이처럼 독단적으로 문제를 해결하려는 사람들이 활약하는" 문화를 조장했다고 말했다.[5]

결국 로빈후드는 이 서비스 장애로 발생한 손실에 대해 15만 명의 고객이 제기한 집단 소송을 해결하기 위해 1,000만 달러를 지불해야 했다. 하지만 서비스 장애 직후 수많은 로빈후드 이용자들은 (어느 레딧 이용자의 표현을 빌리자면) "우리가 너무 게을러서 다른 곳으로 갈아타지 않고 이 멍청한 회사에 돈을 맡겨둔 탓"이라며 적어도 일부 책임이 자신들에게 있음을 인정했다.

"모두가 입을 모아 로빈후드가 쓰레기라고 그렇게 수도 없이 얘기했는데, 진작에 그 말을 들었어야 했다!"

*　　*　　*

로빈후드 서비스 중단 사태 이후 얼마간 사람들은 이 사건으로 인해 개인 투자자들이 주식시장에 관심을 잃게 될 것이라고 생각했다. 코로나바이러스가 점점 심각해지는 상황에서 안 그래도 위축된 투자 심리가 더욱 위축되리라고 예상한 것이다.

로빈후드 서비스 장애가 처음 발생한 날, 아주 잠깐 시장이 회복될지도 모른다는 낙관론이 피어올랐지만 코로나바이러스가 계속 확산되면서 이내 사라졌다. 서비스 장애가 발생한 지 2주 만에 팬데믹이 선언되면서 필수 노동자를 제외한 모든 사람에게 무기한 자택 대피령이 내려졌고, 미국 경제 전체가 멈추었다. 3월 16일에는 나스닥 종합 지수가 사상 최대 하락 폭을 기록했고, 다른 주요 지수들도 대공황 이후 그 어느 때보다 큰 폭으로 하락했다. 골드만삭스의 경제학자들은 코로나19로 미국 경제가 몇 달 안에 최소 25퍼센트 이상 위축될 것이라고 예측했다. 헤지펀드 전문가인 빌 애크먼Bill Ackman은 CNBC에서 "지옥이 다가오고 있다"라며 당시의 불안한 분위기를 고스란히 전달했다.[6]

멕시코 정부는 팬데믹의 심각성을 빠르게 인지하지 못했지만, 의사 아내를 둔 제이미는 미국 뉴스를 주의 깊게 보며 한발 앞서 대응할 수 있었다.

"곧 심각한 상황이 벌어질 것이다. 특히 인구가 많은 도시 중 하나인 멕시코시티에서는 더더욱." 제이미는 레딧에 이렇게 썼다.

하지만 월스트리트베츠의 분위기는 제이미의 예상과는 너무나도 달랐다. 2월 감마 스퀴즈 열풍 때보다 훨씬 더 활기차 보였고, 이 혼란스러운 상황 속에서 어떻게 돈을 벌 수 있을지에 관한 대화가 24시간 내내 오갔다. 3월 15일에는 월스트리트베츠 회원 수가 마침내 100만 명을 돌파해, 제이미가 8년 전 주류 투자 서브레딧의 대안으로 만든 이 사이트가 마침내 r/investing을 넘어서게 되었다.

당시 이러한 성장세를 보인 곳은 월스트리트베츠뿐만이 아니었다. 대형 증권사 모두 시장의 혼란을 틈타 새로운 고객이 유입되고 있음을 시사하는 데이터를 발표했다. 놀랍도록 빠른 속도로 상황이 반전되면서 로빈후드도 다시 성장세로 돌아섰다. 실제로 첫 번째 서비스 장애가 발생한 지 일주일 만에 또다시 심각한 장애가 발생했지만, 이후 업계 데이터에 따르면 장애 발생 후 48시간 만에 앱 다운로드 수가 다시 증가하기 시작해 신규 고객 수가 역대 최고 수준을 기록했다.[7] 로빈후드는 수십 개 증권사 가운데 하나에 불과했지만, 로빈후드가 보고한 바에 따르면 신규 고객 가운데 절반이 이 회사를 선택했다. 로빈후드가 위기를 성장의 기회로 바꾼 것은 이번이 처음도 마지막도 아니었다.

제이미에게도 코로나 팬데믹은 2월에 월스트리트베츠가 부정적인 면에서 세간의 주목을 받은 이후로 불안하지만 반가운 전환점을 맞이하는 계기가 되었다. 한동안 몸을 사렸던 제이미는 다시 적극적으로 월스트리트베츠가 지속적인 성장세에 들어섰음을 알리는 새로운 징후를 하나씩 발표하기 시작했다.

"축하합니다, WSB. 이제 레딧에 투자자보다 투기꾼이 더 많아졌습니다." 월스트리트베츠 회원 수가 r/investing을 넘어선 후 전체 서브레딧에 제이미가 올린 글이다.

제이미는 직업이 없었고, 여전히 월스트리트베츠 투자 대결을 소재로 한 방송 프로그램이 필요했다. 제이미는 생방송으로 촬영할 예정이었던 프로그램에 팬데믹이 어떤 영향을 미칠지 알 수 없었다. 당시 대부분의 사람들이 그랬던 것처럼 봉쇄 조치가 하루빨리 끝나길 바랐고, 방송이 예정대로 가을에 방영될 수 있기를 바랐다. 3월 중순에 계획은 여전히 순조롭게 진행되고 있었다. 상황이 심각해지기 직전에 제이미는 마지막으로 세부 사항을 조율하기 위해 동업자인 애덤 하이만과 함께 이틀간 마이애미에 다녀왔다. 시장이 폭락할 무렵에는 공연장과 계약을 체결하고 대대적인 공개 발표를 준비하고 있었다. 역동감 넘치는 음악을 배경으로 월스트리트베츠의 성장을 다룬 뉴스 영상을 빠른 속도로 짜깁기해 만든 예고 영상도 제작했다. 3월 26일 아침, 밤늦도록 하이만과 기나긴 점검을 마친 제이미는 월스트리트베츠에 예고 영상을 게시하고 첫 페이지 상단에 고정했다. 영상 제목은 'WSB 챔피언십'이었다.

"WSB 챔피언십은 열두 명의 참가자가 실제 돈을 걸고 주식 옵션을 이용해 사흘 동안 현장에 모인 관중 앞에서 경쟁을 벌이는 대회로, 온라인으로 생중계됩니다."

제이미는 이 대회가 농담이 아니라는 사실을 증명하기 위해 《비즈니스 와이어Business Wire》에 올라온 공식 보도 자료 링크도 재빨리 추가했다. 초반에 회원들은 거의 다 긍정적인 반응을 보였다. 하지만 제이미가 썩 내키지 않아 말을 꺼내지 못한 내용이 하나 있었다. 바로 하이만이 투자금 6만 달러를 회수하고자 자신의 회사 중 하나인 트루 트레이딩 그룹에서 제공하는 유료 투자 수업을 홍보해달라고 요청한 것이다. 이 온라인 수업은 월 1,500달러에 실질적으로 도움이 되는 정보를 얻을 수 있다고 했지만, 온라인에는 매우 불만족스럽다는 후기 일색이었다.

제이미는 여러 차례 하이만에게 이 아이디어를 재고해달라고 부탁했다. 월스트리트베츠에서 좋은 반응을 기대하기도 어려웠고, 오랜 친구들은 자신이 돈 때문에 신념을 팔아치웠다고 생각할 것이 뻔했다. 하지만 하이만은 고집을 꺾지 않았고, 제이미는 이미 생활고가 시작된 마당에 반드시 이 일을 성사시켜야만 했다. 제이미는 결국 원래 게시물에 세 번째 추가 내용으로 최대한 조용히 투자 수업에 관한 내용을 작성해 올렸다.

"이번 행사의 주요 후원사인 트루 트레이딩 그룹(True Trading Group, TTG)에 대해 잠시 말씀드립니다."

제이미는 과거에는 "WSB에서 투자 강좌나 서적을 추천하거나 허용하는 것을 항상 자제해왔다"며 "그저 쓰레기에 불과한 것들이 너무 많았기 때문"이라고 인정했다. "하지만 하이만의 회사는 다릅니다. 여기는 정말 훌륭한 곳입니다. (WSB에서 흔히 볼 수 있는 투기를 넘어서) 더욱 진지하게 배우고 싶은 분들에게 추천합니다. 3월 31일까지 할인 코드 WSBTTG를 사용하면 모든 강좌에 대해 30퍼센트 할인을 받을 수 있습니다. 그 이후에 가입하시는 분들 역시 같은 코드로 20퍼센트 할인을 받을 수 있습니다."

이 문구로 제이미가 10년 동안 월스트리트베츠에서 쌓아온 신뢰는 순식간에 금이 가기 시작했다. 댓글 분위기는 곧바로 극단적인 의심으로 바뀌었다. 여러 사람이 트루 트레이딩 그룹을 검색해 불만으로 가득한 온라인 후기를 발견했다.

"온라인 투자 '교육' 사업은 이 커뮤니티와 그 위대한 욜로 정신과는 정반대다." 제이미에게 닥칠 후폭풍을 암시하는 첫 번째 댓글이었다.

월스트리트베츠 단골이자 시장 침체기에 큰돈을 벌었던 이용자 한 명이 하이만의 회사를 조사해 그 실사 내용(Due Diligence, DD)을 담은 게시물을 올렸다.

"트루 트레이딩 그룹이 정확히 어떤 회사인지 DD를 좀 해봤는데 정말 파도 파도 끝이 없더라. /u/jartek이 이 회사를 이토록 진지하게 밀어주는 이유가 과연 무엇일까? 내가 조사한 내용은 이런데."

이 게시물은 하이만이 논란이 많은 동전주를 홍보하는 여러 회사 및 웹사이트를 설립한 인물이라고 설명했다. 또한 하이만과 제이미가 월스트리트베츠 LLC라는 회사를 공동 등록한 기록도 있었다. 게시물을 요약하자면 한마디로 이런 내용이었다. "/u/jartek은 월스트리트베츠를 이용해 자신의 회사인지 친구의 회사인지 모를 트루 트레이딩 그룹을 홍보하고 우리의 텐디를 가로채려 하고 있다."

여기에는 명백한 모순이 있었다. 이 커뮤니티는 애초에 돈을 벌려는 사람들이 모인 곳이었지만, 이제 회원들은 제이미가 이 커뮤니티를 이용해 돈을 벌려고 한다면 그 순수함이 더럽혀질 수 있다는 생각에 단결하기 시작했다. 이러한 갈등은 금융위기 이후 신뢰와 관련된 상처가 얼마나 깊은지, 그리고 심지어 무법천지인 인터넷에서조차 사람들이 신뢰를 얼마나 중요하게 생각하는지를 보여주었다.

조던 자자라는 한 달 전 충동적으로 월스트리트베츠를 탈퇴한 이후 여전히 서브레딧과는 거리를 두었다. 조던은 마트에서 일하면서 라카이가 여전히 운영하고 있는 기존의 디스코드 채팅방에서 시간을 보냈다. 친구들 사이에서 제이미의 서브레딧 운영 방식에 대한 불만이 점점 더 커져가자 조던은 충동적으로 사임한 것이 후회되기 시작했다. 그러다가 월스트리트베츠의 전체적인 분위기가 제이미에게 불리하게 돌아서면서 다시 돌아갈 구실을 발견했다.

조던은 애덤 하이만의 과거를 조사해 글을 올린 사람에게 개인적인 메시지를 보내 최근 제이미와 있었던 불화에 대해 이야기했다.

"자르텍을 대신해서 내가 모든 것을 운영하고 있다는 인식이 있었기 때문에 이 모든 일에 어느 정도 책임감을 느낀다."

특히 조던은 제이미가 트루 트레이딩 그룹과 동업 계약을 맺은 것을 엄청난 배신으로 여겼다.

우리는 결코 그런 사람들과 손을 잡지 않았다.

오히려 나서서 차단했다.

지금 상위 관리자 대부분이 분노와 무력감을 느끼고 있다.

조던에게 메시지를 받은 이용자는 '스픽스인불리언스Speaks-InBooleans(불리언은 참 아니면 거짓이라는 논리값만 가질 수 있는 컴퓨터 데이터 유형을 뜻하는 말―옮긴이)'라는 아이디를 사용하고 있었다. 스픽스인불리언스는 이 문제를 파헤치며 조던만큼이나 화가 난 상태였고, 제이미와 하이만에 관해 더 알아낸 사실을 정리해 후속 게시물을 올릴 예정이라고 말했다. 그러자 조던은 출처를 밝히지 않는 조건으로 운영진이 추가로 알고 있는 정보를 제공하겠다고 제안했다.

"네가 이해해줘야 한다. 나는 이 커뮤니티를 정말 사랑했다. 그건 내 인생이었다." 조던은 말했다.

그날 늦은 오후, 스픽스인불리언스는 조던의 기대에 부응하는 새로운 글을 올렸다. 이번에는 실제 뉴스 기관에서 제작한 것처럼 보도 영상 형식으로 만들었다. 이 게시물에는 익명으로 된 조던의 발언과 조던이 제공한 일부 정보가 포함되어 있었다.

제이미는 멕시코시티에서 모든 상황을 지켜보고 있었지만, 갈등을 극도로 싫어하는 성격 탓에 현실을 도피하려고만 했다. 애덤 하이만은 화가 나서 제이미에게 반격하라고 거듭 재촉했지만 제이미가 계속 무시하자 결국 직접 행동에 나섰다. 제이미가 부여한 관리 권한을 이용해 하이만은 스픽스인불리언스는 물론이고 자신과 제이미와 트루 트레이딩 그룹을 비판하는 모든 사람을 차단했다.

한 이용자가 이러한 행동에 이의를 제기하자 하이만은 이렇게 대답했다. "결론은 이 서브레딧은 변화하고 있고, 그 변화가 모든 사람의 마음에 들 필요는 없다는 거다."

제이미는 여러 핑계를 대며 뒤에 숨었다. 팬데믹으로 유치원이 문을 닫아 아이들은 24시간 내내 집에 있었고, 아내가 하는 일이 유일한 수입원이다 보니 육아는 대부분 제이미 몫이었다. 아내는 서재에서 줌으로 진료를 보며 병원을 유지하려고 안간힘을 쓰고 있었다. 이렇게 스트레스로 가득한 하루 일과 중에 제이미가 숨을 돌릴 수 있는 유일한 시간은 발코니에 혼자 나가 담배를 피울 때뿐이었다.

분노로 가득 찬 메시지가 계속해서 쏟아지자 제이미는 결국 4월 초 행동에 나섰다. 제이미는 비교적 최근에 합류한 관리자 한 명이 진행하는 라이브 스트리밍 트레이딩 방송에 출연하게 해달라고 요청했다. 멕시코 레슬링 마스크를 쓴 채 실시간으로 투자도 하고 이야기도 하는 방송이었다. 갈등이 있을 때마다 제이미는 최대한 상냥한 태도로 의견 차이에 대해 조심스럽게 말하려고 노력했지만 트루 트레이딩 그룹과의 동업 관계를 옹호하며 내놓은 변명은 별로 진정성이 없었기 때문에 설득력도 없었다. 사실 제이미 본인도 이 동업 관계를 항상 불편하게 느꼈던 터라 진심이 담길 수가 없었다.

제이미와 하이만은 이후 "소통 방식이 형편없었다"라며 사과하는 게시물을 올렸다. 하지만 문제가 된 것은 소통 방식이 아니었다. 월스트리트베츠 회원들은 서브레딧을 이용해 돈을 벌려는 제이미와 이에 불만을 제기하는 사람을 전부 제거하려는 하이만의 행태에 분노했다. 사과랍시고 올린 이 게시물은 오히려 상황을 더욱 악화시켰다. "TTG에 해를 끼치거나 깎아내리려는 사람"은 앞으로도 누구든 차단할 것이라고 재차 강조했기 때문이다.

이때까지만 해도 예전 채팅방에서 제이미와 친했던 사람들은 대체로 이 논란에 관여하지 않았다. 아웃스퀘어와 몇몇 친구들은 제이미에게 무슨 일이 벌어지고 있는지 설명해달라고 연락했지만 아무런 응답을 받지 못했다. 결국 이들도 제이미에게 등을 돌리고 말았다. 아웃스퀘어는 조던과 접촉해 하이만에 대해 알아낸 정보를 넘기기 시작했다. 여기에는 하이만이 제이미와의 동업 관계에 대해 언급한 전화 통화 내용도 포함되어 있었다. 조던은 이 모든 정보를 스픽스인불리언스에게 전달했고, 스픽스인불리언스는 자신의 서브레딧에 이 논란에 대한 새로운 게시물을 계속해서 올렸다.

제이미와 친했던 오래된 운영진, 그리고 조던과 친한 새로운 운영진이 마침내 연합해 월스트리트베츠를 담당하는 레딧 관리자에게 단체로 메시지를 보냈다. "모든 핵심 운영진이 자르텍을 퇴출하기를 원합니다. 부탁드립니다. 레딧 관리자 여러분이 우리의 유일한 희망입니다."

4월 6일 아침, 샤워를 마치고 나온 제이미는 휴대폰에 쏟아져 들어온 메시지를 발견했다. 첫 번째 메시지는 레딧에서 보낸 것으로 최소 7일간 월스트리트베츠 관리자 권한을 박탈한다는 내용이었다. 나머지는 하이만이 보낸 것으로 제이미에게 화를 내며 앞으로 어떻게 대응할지를 묻는 문자가 여러 통 와 있었다.

제이미는 가슴이 철렁 내려앉았다. 이 이상한 서브레딧은 제이미 인생을 통틀어 가장 큰 업적이자 힘든 시간을 버티게 해준 버팀목이었기 때문이다. 보다 현실적으로는 경제적 어려움에서 탈출할 수 있게 해줄 수단이기도 했다. 제이미는 한동안 수건을 뒤집어쓰고 선 채로 이 또한 지나갈 것이라고 스스로를 다독였다. 마침내 마음을 가다듬고 2015년에 날아다니는 페니스 배너를 만들었던 영국 출신의 재치 있는 친구 온리원박지성에게 메시지를 보냈다. 제이미가 해임되면서 제이미 다음으로 가장 오랜 시간 관리자 자리에 있었던 온리원박지성에게 최고 관리자 권한이 넘어갔다.

"이번 주에는 네가 WSB 책임자인 것 같네." 제이미가 이렇게 보냈다.

"가장 안전한 손에 있지." 온리원박지성이 답했다.

이것이 제이미가 오랜 친구와 나눈 마지막 대화였다.

제이미의 해임 소식을 서브레딧에 공식적으로 알린 사람은 라카이였다. 라카이는 마치 테러범을 체포한 것 같은 엄숙한 어조를 흉내 내어 '신사 숙녀 여러분, 마침내 검거했습니다'라는 제목으로 글을 올렸다.

"오늘 밤, 우리는 이러한 성과를 얻기까지 끊임없이 노력한 수많은 정보 및 대테러 전문가들에게 감사를 표합니다. 이 서브레딧과 회원들은 그들의 노고를 보지 못하고 이름도 알지 못합니다. 하지만 지금, 그들은 스스로 정의를 추구해 얻은 결과에 보람을 느끼고 있을 것입니다."

조던은 이 소식을 듣자마자 'zjz'라는 새로운 아이디로 레딧 계정을 만들어 월스트리트베츠에 다시 가입했다. 라카이는 곧바로 zjz를 관리자로 임명했다. 디스코드 서버의 음성 채팅방은 조던의 복귀와 디지털 고향이 원래 모습으로 돌아온 것을 축하하기 위해 들어온 사람들로 열광적인 축제 분위기에 휩싸였다. 조던은 자신이 다른 사람들보다 먼저 문제를 알아차리고 "할복 자살하는 사무라이처럼 떠났다"며 허세를 부리기도 했다. 하지만 조던은 제이미의 해임을 비꼬는 듯한 게시물에 이 싸움의 진짜 이해관계가 무엇인지를 진지하게 설명하자고 라카이에게 제안했다.

"이 서브레딧은 재산이 아닙니다." 라카이가 새로 올린 글에서 단언했다.

"이곳은 특정 개인의 취향이나 의도대로 끌고 갈 수 있는 곳이 아닙니다. r/WallStreetBets는 하나의 문화이자, 100만 명이 넘는 사람들의 목소리를 대변하는 공간입니다. r/WallStreetBets는 바로 여러분입니다!"

특히 마지막 문장에서는 다른 온라인 커뮤니티에서는 상상하기 어려운 월스트리트베츠만의 정서를 엿볼 수 있었다. "돈을 벌어 세상을 바꿉시다."

뒤집힌 자본 시장의 패러다임

> "젊은 사람들은 시장을 이해하지, 두려워하지 않아요."

4월 둘째 주가 되자 조던은 다시 예전의 익숙한 일상으로 돌아왔다. 월스트리트베츠 관리자 자리에 복귀했을 뿐만 아니라, 이제 더 이상 마트에서 일하느라 정신을 빼앗기지 않아도 되었다. 3월 중순에 근무 시간 내내 기침을 하는 동료 옆에서 일했고, 그렇지 않아도 코로나바이러스에 관한 안 좋은 이야기를 많이 들었기 때문에 그날 밤을 마지막으로 그만두기로 결심했다. 서브레딧에서는 자르텍을 대신해 온리원박지성이 최고 관리자 자리에 올랐지만, 제이미와 마찬가지로 당장은 운영에 깊이 관여하지 않으려고 했다.

조던은 엄마와 통화할 때마다 얼른 새로운 직장을 구하라는 잔소리를 들었다. 엄마는 심지어 조던의 이력서 초안을 작성해 이메일로 보내주기도 했다. 하지만 월스트리트베츠를 떠나 있던 한 달의 시간과 제이미와의 갈등을 겪고 난 조던은 이 서브레딧에 계속 헌신해야겠다는 결심을 더욱 굳혔다. 경제적인 어려움을 겪게 되더라도 상관없었다. 조던에게 월스트리트베츠는 돈 이상의 의미가 있었다.

조던은 침실과 서재 사이만 오가며 일하는 일상으로 돌아왔고, 그런 상황이 이상하게도 위안이 되었다. 드디어 다른 사람들과 자신이 다르지 않게 느껴졌기 때문이다. 몇 주 전에 시작된 봉쇄 조치로 수천만 명이 지난 수년 동안 조던을 비롯한 수많은 젊은이가 겪었던 고립 생활을 강제로 체험하고 있었다. 더불어 조던은 많은 사람이 자신과 같은 취미를 즐기기 시작한 걸 보며 감격했다. 다들 소셜 미디어와 레딧, 특히 월스트리트베츠에서 시간을 보내기 시작한 듯했다. 조던은 운영자 대시보드에서 3월에 사이트 트래픽이 폭발적으로 증가하여 2억 5,000만 페이지뷰를 기록한 것을 확인했다. 감마 스퀴즈 열풍이 불었던 2월의 2배 이상, 1월의 5배에 달하는 놀라운 수치였다. 새로 유입된 사람들은 단순히 구경만 하는 것이 아니라 실제로 주식 거래도 시작했다. 3월과 4월에는 증권사 신규 가입자 수가 기록을 경신하고 있다는 기사가 하루가 멀다 하고 올라왔다.

이 모든 일이 단기간에 몰아닥치다 보니 코로나19 초기 몇 주 동안 사람들이 주식시장에 관심을 보인 것이 얼마나 이상하고 예상을 빗나간 일이었는지를 알아채기가 쉽지 않았다. 시간이 지나고 나니 주식 투자가 집에 갇혀 있는 사람들이 시간을 때우기에 좋은 활동이라는 사실이 분명해 보였다. 《블룸버그》 칼럼니스트 맷 러빈은 이 현상을 설명하기 위해 일명 '지루함 가설'을 제시했다. 하지만 한 가지 간과한 사실이 있었다. 바로 불과 몇 주 전만 해도 전문가들이 팬데믹으로 인한 변동성 때문에 신규 개미 투자자들이 겁을 먹고 시장에서 빠르게 물러날 것이라고 예측했다는 사실이다. 3월과 4월에 갑자기 늘어난 개인 투자자들의 거래량 증가를 다룬 일부 기사에서는 예상과 달리 오히려 시장에 몰려든 사람들을 보고 업계 전문가들이 받은 충격이 그대로 드러난다.

찰스 슈와브 CEO인 월트 베틴저Walt Bettinger는 2020년 봄에 열린 첫 온라인 연례 회의에서 "일반적으로 시장에 큰 충격이 있으면 투자자들이 투자를 멀리하는 경향이 있는데, 이번에는 오히려 기념비적인 거래량을 기록했다"라고 말했다.

슈와브는 3월 한 달 동안 서른한 날 중 무려 스물일곱 날에 48년 역사를 통틀어 가장 높은 거래량을 기록했다고 보고했다.

처음에는 이러한 현상을 1990년대 닷컴 버블 마지막 해에 나타났던 데이트레이딩에 대한 열기가 되살아난 것으로 이해하려는 경향이 있었다. 하지만 닷컴 버블은 호황기에 일어났던 반면 이번에는 위기 상황 속에서 발생한 현상이라는 차이가 있었다. 그 밖에도 이번 열풍은 여러 가지 면에서 매우 달랐으며, 특히 그 규모 면에서 가장 큰 차이를 보였다. 예를 들어 2020년 봄에 이트레이드에서는 하루에 100만 건의 거래가 이루어졌는데, 이는 2000년 닷컴 버블 절정기 때 하루 평균 거래량이 17만 건이었던 것과 비교하면 5배나 많은 수치였다. 게다가 이트레이드가 1990년대 후반에는 대형 증권사였지만 지금은 상대적으로 작은 회사가 되었다는 사실까지 감안하면 규모의 차이는 어마어마했다.[1]

이 새로운 개인 투자자들은 과거의 개인 투자자들과 매우 다르게 행동했는데, 그 이유는 서로 완전히 다른 부류였기 때문이다. 3월과 4월에 쏟아진 많은 기사에서는 개인 투자자를 '엄마 아빠 투자자', 즉 증권사 핵심 고객인 노년층으로 언급했다. 그러나 신규 투자자 대부분은 인구통계학적으로 완전히 다른 집단이었다. 슈와브는 2020년에 신규 계좌를 개설한 고객의 평균 연령이 35세로, 2019년 고객의 평균 연령보다 열여덟 살 낮아졌다고 보고했다.[2]

2020년의 거래 급증을 다룬 통찰력 있는 기자들은 시장에 새롭게 쏟아져 들어온 투자자들이 예상보다 젊고, 과거의 개인 투자자들과는 다른 방식으로 위험을 받아들이고 있다는 점에 주목했다. CNBC의 매기 피츠제럴드Maggie Fitzgerald 기자가 4월에 보도한 기사 제목은 이 새로운 젊은 투자자들의 위험을 두려워하지 않는 성향을 요약해서 보여준다.

'주식시장으로 몰려드는 젊은 투자자들, 위험을 장기적 매수 기회로 보다.'[3]

하지만 놀랍게도 이 신규 투자자들은 실제로 주식시장에서 수익을 내고 있는 것처럼 보였다. 3월 초, 언론에서는 최악의 순간에 새로운 자금이 쏟아져 들어왔다며 아쉬움을 나타냈다. 당시 팬데믹이 시작되면서 많은 전문가가 세계 경제가 큰 타격을 입을 것이라 예상했기 때문이다. 이 불길한 전망은 당시 《월스트리트 저널》에 실린 표지 기사에 잘 나타나 있다. "수수료가 없어지면서 거래량이 늘어나고 있다. 위험한 시장 상황에서는 좋지 않은 결과로 이어질 수 있다."

개인 투자자가 시장에 뛰어드는 시점을 잘못 선택할 것이라는 생각은 이들을 '어리석은 돈'으로 바라보는 통념과도 일치했다. 그리고 팬데믹이 시작되고 나서 첫 몇 주 동안은 이러한 통념이 현실로 나타나는 것처럼 보였다. 3월 셋째 주까지 주요 주가지수가 일제히 3분의 2로 토막 나며, 시장 역사상 가장 빠른 하락세를 기록했기 때문이다.

그러나 3월 24일에 의회 지도자들이 경기 부양을 위한 대규모 지원책이 합의에 가까워졌다고 발표하면서 주가는 회복세를 보이기 시작했다. 이는 민주당이 장악한 의회가 트럼프 대통령과 협력해 뜻을 같이한 드문 순간이었다. 4월 중순까지 주가가 계속 상승세를 이어가면서 주가가 최저점에 있을 때 시장에 진입한 신규 투자자들의 타이밍은 완벽했던 것으로 드러났다. 월스트리트베츠에는 시장 회복에 편승해 큰돈을 벌었다는 이야기가 넘쳐났다.

신규 개인 투자자들이 완벽한 시점에 시장에 진입한 것도 놀라운 일이었지만, 데이터는 또 다른 놀라운 사실을 보여주었다. 주요 투자자 집단 가운데 젊은 개인 투자자들만이 유일하게 시장 타이밍을 제대로 파악했다는 사실이 밝혀진 것이다. 전통적인 뮤추얼 펀드 투자자들은 3월과 4월에 투자를 대규모로 철회해 3월 한 달 동안 장기 주식 뮤추얼 펀드에서 3,000억 달러를 회수했다. 이는 2008년 10월에 세운 종전 기록의 3배에 달하는 금액이었다.[4] 심지어 헤지펀드의 전문 투자자들조차 주가가 바닥을 치자 앞다투어 시장에서 돈을 뺐다.[5] 월가의 베테랑들은 "거리에 선혈이 낭자할 때가 매수할 적기다"라는 네이선 로스차일드Nathan Rothschild의 오랜 격언을 즐겨 인용했다. 하지만 2020년 봄에 이 격언을 따른 사람은 오히려 경험이 제일 없는 초보 투자자들뿐인 듯했다.

4월 말 CNBC의 짐 크레이머는 로빈후드 CEO 블래드 테네브와 진행한 인터뷰에서 이 정상적인 질서에서 벗어난 모든 반전을 언급했다. 테네브는 숱이 적은 턱수염과 콧수염을 기른 채 실리콘밸리에 있는 자택의 텅 빈 거실에서 카메라 앞에 모습을 드러냈다. 이 인터뷰는 몇 주 전에 발생한 재앙과도 같았던 로빈후드의 서비스 중단 사태에 관한 것이었다. 하지만 크레이머는 그 사건을 간단히 언급한 후 최근 로빈후드와 주식시장에 불어닥친 젊은 투자자들의 매수 열기로 화제를 전환했다.

"굉장히 흥미롭고 인상적인 구매 활동을 보이고 있습니다. 요즘 고객들은 현금을 가져와서 오랫동안 보유할 목적으로 주식을 매수하고 있습니다." 테네브가 말했다.

시장과 관련한 복잡한 주제에 대해 이야기할 때면 흥분하는 것으로 유명한 크레이머는 테네브의 이야기를 듣고 평소보다 더 신이 났다. 크레이머는 "사람들이 이 하락장에서 매수를 하고 있고, 실제로 꽤 좋은 성과를 내고 있습니다"라며 이어서 이렇게 말했다. "지금이 바로 로빈후드의 전성기인 것 같군요. 보세요, 젊은 사람들은 시장을 이해하지, 두려워하지 않아요. 두려워하는 것은 노인들이죠. 자, 모두들 이 흐름에 동참하세요."[6]

로빈후드에 새로 계좌를 개설한 사람들은 최근 몇 년간 월스트리트베츠로 모여들었던 군중과는 조금 다른 모습을 보였다. 2020년 신규 가입자 가운데 여성 비율이 조금 늘었고 흑인도 2배 이상 증가했지만, 이후 금융 규제 기관의 조사에 따르면 흑인 투자자의 비율은 여전히 전체 가입자의 17퍼센트에 불과했다. 월스트리트베츠와 로빈후드를 이용하는 대다수는 여전히 백인이나 아시아계 젊은 남성이었다.[7]

4월까지 시장에 새로 진입한 인물 가운데 온라인 미디어 회사 바스툴 스포츠의 창립자인 마흔세 살의 데이브 포트노이Dave Portnoy가 있었다. 포트노이는 포챈식의 호전적이고 과격한 스포츠 보도 방식을 도입해 많은 시청자를 확보했다. 포트노이는 로커 룸에서만 볼 수 있었던 거칠고 남성 중심적인 태도를 거리낌 없이 드러내는 것으로 유명했다.

"만약 누군가가 그리스 신이나 로마 황제가 되어 포도송이를 받아먹으며 원하는 여자와 마음껏 섹스를 할 수 있다면, 마치 온 세상이 내 첩이 된 것처럼 말이죠, 우리가 바로 그런 존재입니다." 포트노이는 2011년 바스툴 스포츠 출범 당시 《보스턴 글로브》와의 인터뷰에서 이렇게 말했다.[8]

3월에 시장이 바닥을 치기 이틀 전, 모든 주요 스포츠 리그가 중단되면서 할 일이 없어진 포트노이는 전업 주식 투자자가 되겠다고 발표했다. 포트노이는 이트레이드 계좌에 300만 달러를 입금하고 자가 격리가 종료될 때까지 매일 트레이딩 과정을 생중계하겠다고 약속했다. 그러면서 스스로를 '데이비 데이트레이더Davey Daytrader'라고 칭했다.

포트노이는 월스트리트베츠에서 흔히 볼 수 있는 전형적인 젊은 남자였다. 그는 2011년 오바마 정부가 규제에 나서기 전에 온라인 포커로 도박을 배웠다. 제이미도 자신의 책에서 월스트리트베츠의 수많은 젊은 남성이 온라인 포커를 통해 위험과 확률을 다루는 방법을 배웠다고 기록한 바 있다.

하지만 포트노이는 새로운 세대의 스포츠 팬층에게도 호소력이 있었다. 포트노이와 그 구독자들은 경기 후 승패에 집중하는 대신 판타지 팀(실제 스포츠 선수들로 가상의 팀을 구성하고,

그 선수들이 실제 경기에서 기록한 성적에 따라 점수를 얻는 게임—옮긴이), 온라인 베팅, 스포츠 경영에 필요한 복잡한 통계 분석에 더 관심이 많았다. 이들은 복잡한 데이터와 차트 분석에 익숙했기 때문에 과거의 방식으로 스포츠를 즐기던 이전 세대에 비해 복잡한 시장 개념도 훨씬 친숙하게 여겼다.

조던은 월스트리트베츠에 포트노이에 관한 게시물이 쏟아지는 것이 달갑지 않았다. 시장을 깊이 이해하기보다는 단지 주목받는 법을 잘 아는 사람들이 인기를 끄는 것이 늘 불만이었다. 그래서 포트노이를 언급한 게시물을 자동으로 삭제하도록 봇을 프로그래밍했다.

그러나 곧 포트노이가 2017년에 비트코인이 했던 것과 같은 역할을 하고 있다는 사실이 명확해졌다. 포트노이 덕분에 위험을 감수할 때의 짜릿함을 맛보게 된 사람들이 월스트리트베츠로 유입되었고, 금세 서브레딧의 문화에 편안함을 느끼고 적응했다.

2020년 봄에 월스트리트베츠가 폭발적으로 성장하면서 오래된 회원들 사이에서 불만이 터져 나왔다. 불과 몇 달 전만 해도 테슬라 감마 스퀴즈와 무한 머니 치트 코드 같은 특별한 사례를 만들어낸 날카로운 감각과 전문성이 사라지고 있다는 내용이었다. 하지만 조던은 이러한 분위기에 정면으로 반박했다.

"여러분도 처음 여기 왔을 때는 거래에 문외한이었다. 여러분이 여기 오는 바람에 월스트리트베츠가 더 안 좋아졌나? 아니다. 오히려 여러분이 있어서 우리는 기쁘다. 더 많은 멍청이들이 이 누추한 곳으로 몰려들수록 손실 포르노가 더 많이 만들어질 테니까. 더 많은 자폐아들이 로빈후드를 이리저리 두드려댈수록 우리에게 떨어지는 콩고물과 구경거리가 더 늘어날 테니까. 우리가 커지면 커질수록 사람들은 우리를 인정할 수밖에 없을 테고, 그 결과는 재미있을 테니까."

포트노이는 5월에 월스트리트베츠의 많은 사람과 연합해 아메리칸 항공에 투자해서 큰 주목을 받았다. 전설적인 투자자 워런 버핏이 여행업계에 불어닥친 불황을 우려해 항공사 주식을 팔겠다고 발표한 직후였다. 하지만 포트노이는 개의치 않고 트위터에 이런 글을 남겼다.

"워런 버핏은 훌륭한 사람이지만, 주식에 관해서는 시대에 뒤떨어졌다. 이제 내가 리더다."

버핏이 매도하고 데이비 데이트레이더가 매수한 이후 한 달 동안 아메리칸 항공 주가는 100퍼센트 상승했다. 로빈후드 인기 주식 목록을 보면 개인 투자자들이 팬데믹으로 가장 큰 타격을 입을 거라 예상되던 항공사와 크루즈 회사 주식에 집중적으로 투자했음을 알 수 있다. 5월 말이 되자 해당 종목이 대부분 크게 상승하면서 새롭게 백만장자가 된 사람들에 관한 게시물이 곳곳에 올라왔다.

많은 사람이 이 거래에 주목했지만, 왜 젊은이들이 이처럼 불안한 시기에 주식의 위험을 감수하고 미래에 낙관적으로 베팅하는지에 대한 논의는 의외로 거의 없었다. 물론 다양한 영향과 동기가 복합적으로 작용했기 때문에 이를 완전히 파악하기는 어렵다. 단순하게는 월스트리트베츠에서 남들이 기피하는 종목에 과감히 베팅하는 것을 일종의 놀이처럼 즐기는 문화가 형성된 까닭도 있었다. 하지만 시기적으로 더 구체적인 요인이 존재했다.

월스트리트베츠에 올라온 게시물을 보면, 적어도 그곳에 모인 일부 젊은이들은 다른 유형의 투자자들보다 코로나19 위기를 바라보는 도널드 트럼프의 낙관적인 전망을 믿으려는 의지가 조금 더 강했다. 당시 보건 전문가들은 팬데믹 장기화에 대비하라고 경고했지만 트럼프는 "우리는 준비되어 있고, 잘 대처하고 있다"며 "곧 사라질 것이니, 진정하라"라고 말했다. 레딧을 이용하는 일부 트럼프 지지층은 이러한 긍정적인 전망을 투자에 반영했다. 조던도 트럼프를 지지하는 여러 운영자 가운데 한 명이었지만, 그조차도 트럼프가 생각하는 것보다 팬데믹을 더 심각하게 받아들여야 한다고 경고했다.

그해 봄 월스트리트베츠에 팽배한 낙관론을 설명하는 가장 흔한 이론은 트럼프와는 아무런 관련이 없었다. 대신에 지난 수십 년 동안 시장이 반복해서 가르쳐준 교훈에 초점이 맞춰져 있었다. 이 교훈은 '돈 찍어내는 기계가 윙윙 돌아간다'라는 문구와 함께 유행하던 밈에 잘 담겨 있었는데, 바로 시장이 어려운 국면에 접어들 때마다 전 세계 자금 흐름을 통제하는 중앙은행이 시장을 구해줄 것이라는 뜻이었다. 가장 최근에 일어난 금융위기 이후 중앙은행은 시장을 안정시키고 세계 경제를 구하기 위해 적극적으로 개입해왔다. 이 개입 방식은 다소 복잡했지만, 일반적으로 '양적 완화quantitative easing', 줄여서 QE 정책을 통해 이루어진다. 이는 경제에 현금을 투입하여 사람과 기업이 투자와 소비를 줄이지 않도록 유도하는 방법이다. 이렇게 중앙은행이 경기 부양책을 발표하면 시장의 공포는 마법처럼 사라지고 주가는 다시 상승하는 현상이 반복돼왔다.

월스트리트베츠에서는 이 교훈이 자주 화제에 올랐고 환영받았다. 이러한 인위적인 경기 부양책을 가리켜 일종의 '경제 스테로이드제'라며 비판하는 사람도 많았다. 하지만 대다수는 미국의 중앙은행인 연방준비제도(연준)의 힘을 존중했다. 주가가 하락할 때마다 연방준비제도가 개입할 것이라 예측하는 게 시물이 올라왔고, 복잡한 분석보다는 밈으로 이를 표현했다. 가장 인기를 끌었던 밈은 연준이 화폐 제조기로 돈을 찍어내는 모습을 상상하며 그 소리를 표현한 문구를 넣은 것이었다. 연준의 제롬 파월Jerome Powell 의장은 이러한 밈에 자주 등장했다. 파월 의장이 양복을 입고 진지한 표정으로 무대에 등장해 기타와 드럼 반주에 맞춰 화폐 제조기를 기관총처럼 들고 환호하는 사람들에게 지폐를 발사하는 영상이 인기를 끌기도 했다. 연준과 경기 부양책이 워낙 유명해지다 보니, 더 이상 직접적으로 연방준비제도를 언급할 필요도 없어졌다. 대신 '쭉식은 무조건 오른다Stonks only go up('쭈식stonk'은 주식stock을 의도적으로 틀리게 쓴 것—옮긴이)'라는 문구 혹은 줄여서 '쭈식'이라는 단어를 사용했다. 연준이 있는 한 주가는 떨어지지 않는다는 생각을 반영한 유행어였다.

과거에는 월스트리트베츠에서 시장 비관론자나 약세론자가 나타나면 '돈 찍어내는 기계가 있으니 걱정 없다' 혹은 '쭈식은 무조건 오른다' 같은 농담 섞인 반응이 돌아오곤 했다. 그러나 코로나19로 봉쇄 조치가 시작된 이후 이러한 밈이 서브레딧을 완전히 장악하며, 연준이 팬데믹으로 인해 시장이 입은 피해를 모두 복구해줄 것이라는 확신을 모두에게 심어주었다. 포트노이도 '쭈식은 무조건 오른다!'라는 낙관론을 퍼뜨리는 데 일조했다. 여전히 월스트리트베츠 상단 배너를 책임지고 있던 라카이는 이러한 분위기를 반영해 2020년 봄에 새로운 배너를 올렸다. 월스트리트베츠에서 성인으로 추앙받던 제롬 파월 연준 의장의 얼굴을 사제복을 입은 채 한 손에는 책을 들고 있는 중세 성직자의 사진에 합성한 것이었다. 책에는 '돈 찍어내는 기계가 윙윙 돌아간다', '쭈식은 무조건 오른다'라는 연준과 관련해 가장 유명한 밈에 등장하는 문구가 인쇄되어 있었다.

이 배너야말로 월스트리트베츠가 단순하고 재미있는 방식으로 시장과 정부 정책의 복잡한 상호 작용을 조명하고 설명한 대표적인 사례다. 월가에도 이 밈에 해당하는 "연준과 맞서 싸우지 말라"라는 격언이 있다. 연준이 시장을 지원하고자 할 때에는 주가가 쉽게 하락하지 않을 것이라는 의미다. 하지만 오랜 세월에 걸쳐 검증된 이 지혜를 받아들인 사람은 전문가들이 아니라 젊은 투자자들이었다. 코로나19가 발생한 이후 몇 주간 연준과 전 세계 중앙은행은 경제를 지원하기 위해 무엇이든 할 의향이 있다고 분명히 밝혔다. 그러나 워런 버핏 같은 경험 많은 투자자들은 이번에는 연준의 힘만으로는 시장을 회복시키기 어려울 것이라고 예상했다.

4월과 5월에 월가와 월스트리트베츠의 운명이 예상치 못한 방향으로 갈라지면서, 여러 대형 헤지펀드 매니저들은 자신들이 실수를 저질렀다는 사실을 깨닫기 시작했다. 헤지펀드계에서 전설로 불리는 폴 튜더 존스Paul Tudor Jones는 6월 초 온라인으로 진행된 뉴욕경제클럽 간담회에서 자신과 동료들이 연준의 시장 부양 능력을 과소평가한 것이 뼈아픈 실책이었음을 인정했다.

"만약 겸손해지는 파이를 파는 가게가 있다면, 그 가게 앞에는 끝이 보이지 않는 줄이 늘어서 있을 겁니다. 저를 포함해 우리 모두가 이미 그 파이를 한 입씩 크게 맛보았기 때문입니다." 존스는 이번에 겪은 수모를 비유적으로 이렇게 표현했다.[9]

그 후 며칠 동안 경제 신문에는 예상을 뒤엎고 승리를 거둔 언더도그에 관한 이야기가 가득했다. '억만장자들이 놓친 시장 반등의 기회, 로빈후드 투자자들이 잡아 떼돈을 벌다'라는 헤드라인이 초여름 CNBC를 장식했다. 《블룸버그》는 팬데믹이 시작된 후 두 달 동안 로빈후드에서 가장 인기 있는 종목 10개가 S&P 500 지수보다 10배나 빠르게 상승했다고 보도했다.

그러나 이 모든 성공 사례에 힘입어 월스트리트베츠에서는 트롤링 본능이 꿈틀거렸다. 팬데믹으로 곧 파산할 것처럼 보였던 여행사 주가를 얼마나 밀어 올릴 수 있을지 알아보기 위한 실험에 돌입한 것이다. 6월 초에 표적이 정해졌다. 5월 말에 파산을 선언한 렌터카 업체 '허츠Hertz'였다. 일반적으로 기업이 파산을 선언하면 주식 가치는 전액 소멸된다. 그러나 파산 신청 직후 주가가 폭락했을 때, 팬데믹으로 피해를 입은 주요 기업을 돕겠다는 정부 정책에 따라 파산한 기업도 살아날 수 있다는 글이 월스트리트베츠에 처음 올라왔다. 허츠 주가가 회복세를 보이기 시작하자 훨씬 더 많은 사람이 호기심에 이끌려 모여들었다. 대부분은 허츠가 결국 파산할 것이라는 사실을 알고 있었지만, 마치 벼랑 끝에서 누가 먼저 떨어지나 내기라도 하듯 치킨 게임 같은 상황이 벌어졌다. 어느 인기 게시물은 이 도전을 한 문장으로 간단하게 표현했다. "허츠는 폭락할 게 분명한데, 그게 과연 언제가 될 것인가?"

6월 첫째 주에 허츠의 주가는 하루 만에 100퍼센트 급등했고, 사람들은 다른 파산 기업에 투자할 기회를 찾았다. 포트노이도 이 열기에 동참하여 자신의 구독자들과 함께 편승했다. 허츠는 잠깐이지만 로빈후드에서 가장 인기 있는 주식이 되었다.

주류 언론은 당혹감과 경멸을 감추지 않았다. 하지만 여전히 운영자로 복귀하길 희망하던 제이미 로고진스키는 《월스트리트 저널》의 칼럼니스트에게 자신이 만든 서브레딧은 그 누구에게도 인정받길 원하지 않는다고 말했다.

"이들에게 대차대조표나 할인현금흐름분석은 아무 의미가 없습니다. 이들은 단지 변동성을 재미를 볼 기회로 여깁니다."[10]

6월 둘째 주에 허츠 주가가 최고점을 찍었을 때, 주가는 파산 신청을 기점으로 무려 800퍼센트 이상 상승했다. 많은 사람이 돈을 벌고 차에서 뛰어내렸지만 절벽 아래로 떨어진 사람도 많았다. 주가가 폭락하자 포트노이는 《월스트리트 저널》과의 인터뷰에서 지난 두 달 반 동안 벌어들인 75만 달러의 수익을 하루 만에 거의 모두 잃었다고 말했다.

이 사건은 월스트리트베츠에서 연마한 투자 방식이 얼마나 빨리 큰 손실로 이어질 수 있는지를 보여주는 사례였다. 특히 로빈후드와 옵션 거래가 관련된 경우에는 더욱 그랬다. 그러고 나서 얼마 지나지 않아 이 사실을 극명하게 보여주는 비극적인 사건이 발생했다. 허츠 주식이 폭락한 지 며칠 지나지 않아, 일리노이주에 사는 청년 하나가 로빈후드의 시스템 오류로 옵션 거래에서 엄청난 손실을 본 것으로 착각하고 극단적인 선택을 했다는 뉴스가 보도되었다.

앨릭스 컨스Alex Kearns는 대학 1학년을 막 마친 스무 살 청년이었다. 컨스는 팬데믹이 끝나기를 기다리는 동안 집에서 주식 투자를 하며 시간을 보냈다. 6월 둘째 주에 컨스는 로빈후드 앱을 열었다가 여름철 안전요원 아르바이트로 모은 1만 6,000달러가 어찌된 영문인지 73만 달러의 손실로 바뀐 것을 보고 크나큰 충격을 받았다. 몇 시간 후, 6일 이내에 회사에 17만 8,612달러를 지불해야 한다는 이메일을 받고 컨스는 공황 상태에 빠졌다.

컨스는 자신의 거래 내역에 따르면 서로 상쇄되어 최대 손실액은 기껏해야 1만 달러라고 생각했다. 나중에 밝혀졌듯이 그것은 실제로 사실이었다. 하지만 로빈후드 소프트웨어는 잔액을 올바르게 계산하지 못했다. 게다가 회사는 컨스가 대출을 요청하지 않았는데도 거래 금액의 몇 배에 달하는 마진 대출(투자자가 증권을 구매할 때 증권사에게 돈을 빌려 투자하는 방식—옮긴이)을 제공했다. 그날 밤, 컨스는 로빈후드에 수차례 연락을 시도했지만 누구와도 연락이 닿지 않았다. 로빈후드에는 여전히 고객 지원 센터가 없었기 때문이다. 컨스가 연달아 보낸 이메일들은 점점 더 절망적으로 변해갔다.

"제게 실수로 훨씬 많은 금액이 할당된 것 같습니다. 누가 이 문제를 조사해주실 수 있나요?"

로빈후드에서는 회사가 답변을 보내겠지만 지연되고 있다는 자동 응답 이메일이 왔다. (로빈후드는 컨스가 사망하고 며칠이 지나서야 실제로 로빈후드에 빚진 돈이 전혀 없으니 걱정하지 말라고 해맑게 답장했다.) 다음 날, 컨스는 정신이 혼미해져 유서를 쓰고 근처 철길로 향했다. 유서에서 컨스는 자신이 이해할 수 없는 위험을 감수하게 한 로빈후드에 분노를 표출했다.

"소득이 없는 20대가 어떻게 거의 100만 달러에 달하는 레버리지를 할당받을 수 있었을까? 내가 사고판 풋옵션이 서로 상쇄되었어야 하는데, 지금에 와서는 내가 뭘 하고 있었는지도 모르겠다. 이 정도로 큰 위험을 감수할 의도는 전혀 없었다." 컨스는 유서에 이렇게 적었다.

"씨발, 로빈후드 망해라."[11]

나중에 규제 당국은 로빈후드가 컨스의 포트폴리오 가치를 계산하는 과정에서 수많은 실수를 저질렀다고 판단했다. 가장 명백한 실수는 컨스의 계좌에 표시된 마이너스 또는 플러스 현금 잔고를 두 배로 표시한 오류였다. 이 오류는 이미 2016년부터 로빈후드가 마이너스 수치를 부풀려 표시하면서 문제가 되어왔다.

또한 로빈후드는 소위 마진 대출을 제공하는 실수를 저질렀고, 이로 인해 손실이 증폭되었다. 컨스는 앱에서 계좌를 설정할 때 로빈후드에서 마진 대출을 받지 않겠다고 명시했다. 그러나 나중에 규제 당국은 로빈후드가 고객의 이러한 요청을 조직적으로 무시하고 마진 거래를 비활성화한 고객 80만 명 이상에게 마진 거래를 허용한 사실을 발견했다. 이러한 종류의 대출로 고객은 거래를 더 많이 할 수 있게 됐고, 이로 인해 거래 수수료가 더 많이 발생하면서 로빈후드의 수익은 늘어났다. 하지만 고객은 원하지 않는다고 명시한 위험을 감수하는 부담을 떠안아야 했다.

로빈후드가 컨스의 계좌에서 저지른 여러 실수는 월스트리트베츠에서는 이미 잘 알려진 문제들이었다. 과거에도 이런 오류로 어려움을 겪던 로빈후드 이용자들이 월스트리트베츠에서 도움을 받기도 했다. 하지만 이런 문제들이 공개적으로 알려져 있었는데도 여전히 고쳐지지 않았고, 그날 밤 컨스는 월스트리트베츠에서 도움을 구할 생각을 하지 못했다.

투자 전문가였던 컨스의 친척 한 명이 트위터에서 로빈후드를 강력하게 비난했다. 그는 로빈후드에 대한 보이콧을 촉구하며 컨스의 사례는 로빈후드가 "업무 과실로 말도 안 되는 금액을 눈앞에 들이민 탓"이며, "UI 오류를 고치지 않는 것은 멍청하거나 게으르거나 탐욕스럽거나 셋 중 하나"라며 강력하게 비난했다.

컨스가 스스로 목숨을 끊고 나서 며칠 뒤, 로빈후드 공동 창립자 두 사람은 블로그 게시물을 통해 "이 비극에 개인적으로 큰 충격을 받았다"라고 밝히며, 고객들이 옵션 거래를 잘 이해할 수 있도록 더 많은 도움을 제공하겠다고 약속했다. 그러나 이 사건과 로빈후드의 대응은 전에 없던 커다란 분노를 불러일으켰다. 언론과 정치인들은 로빈후드가 고객들의 안전보다 회사의 성공을 더 우선시한다고 비판했다.

로빈후드 같은 기술 기업은 주로 벤처 자본가에게 받는 투자 금액에 따라 기업 가치가 결정된다. 실리콘밸리에서는 벤처 자본가들이 단기간에 얼마나 많은 고객을 유치하느냐를 중요하게 본다는 소문이 끊임없이 돌았다. 그래서 성장을 우선시하는 스타트업만이 성공한다는 고정관념이 생겨났다. 2020년 여름, 로빈후드는 회사의 가치와 서비스 품질 사이에 존재하는 간극이 어떤 문제를 초래할 수 있는지를 보여주는 대표적인 사례가 되었다. 로빈후드는 과거에도 여러 번 플랫폼 오류와 수익 구조의 한계로 문제를 일으켰지만 이를 개선하지 않았다. 그 결과 이제 한 사람이 목숨을 잃었다. 하지만 로빈후드의 투자자들은 전혀 신경 쓰지 않는 듯 보였다. 컨스가 죽고 나서 한 달쯤 지나 로빈후드는 추가로 3억 2,000만 달러의 자금을 유치했다고 발표했고, 기업 가치는 86억 달러(한화 약 12조 원)로 크게 상승했다.

검열이냐 표현의 자유냐

> "그게 일방적인 검열로 느껴진다면
> 차라리 무정부 상태로 방치하는 편을 택하겠다."

2020년 여름이 되자 이타카에 있는 조던의 책상은 점점 커져가는 월스트리트베츠의 네트워크 운영 센터가 되었다. 대형 모니터 하나만 있던 업무 공간은 모니터 세 개로 확장되었다. 맨 위에 가로로 놓인 모니터에는 디스코드 채팅창 및 동료 운영진과 함께 즐기는 비디오 게임이 열려 있었다. 그 아래 모니터는 주로 브라우저로 이메일과 운영자 대시보드를 띄워놓는 용도로 사용했다. 왼쪽에 세로로 놓인 모니터에는 집 밖을 보여주는 감시 카메라 화면 위로 푸티PuTTY 창이 깜박였다. 푸티는 원격 서버에 접속해 관리 작업을 수행할 수 있는 원격 관리 도구로, 월스트리트베츠에서 자동화된 봇이 수행하는 모든 동작을 실시간으로 모니터링할 수 있었다. 봇에 문제가 발생하면 조던은 그 창을 주 모니터로 가져와 봇 설정을 조정했다. 모니터에서 나온 전선들은 조던이 직접 조립해 책상 위 벽에 고정해놓은 본체와 연결되어 있었다. 깜빡이는 LED 전선을 본체에 감아 마치 우주선이 방 위를 맴도는 것처럼 보였다.

물론 월스트리트베츠 운영자가 조던 혼자는 아니었다. 사이드바에 보이는 운영진 명단은 수십 명으로 늘어나 있었다. 하지만 조던과 조던이 제작한 봇이 대부분의 일을 처리했다. 제이미와 불화가 생겼을 때 각 운영자가 게시물 삭제나 사용자 차단 등의 작업을 얼마나 수행했는지를 보여주는 레딧 자료가 유출되었는데, 이 자료에 따르면 라카이(또는 bawse1)가 수행한 관리 작업은 133건이었고, 제이미는 단 2건에 불과했다. 반면에 조던은 3,492건의 작업을 수행했고 그의 봇은 2만 건 정도를 처리했다.

제이미가 떠나고 몇 달 후, 조던은 서브레딧의 성장 속도를 따라잡을 수 있는 새로운 봇을 만드는 야심 찬 프로젝트를 시작했다. 조던은 농담 삼아 이를 '맨해튼 프로젝트'라고 불렀다. 새로운 봇의 이름은 '비주얼모드'로 텍스트뿐만 아니라 이미지와 동영상까지 처리할 수 있도록 설계해 월스트리트베츠에 올라오는 모든 종류의 자료를 선별할 수 있었다. 비주얼모드를 구축하기 위해 조던은 몇 주 동안 오픈AI 같은 인공지능 회사에서 개발 중인 대규모 언어 모델LLM까지 독학했다. 심지어 월스트리트베츠에 올라오는 모든 게시물을 처리하는 데 필요한 성능을 갖추기 위해 사비로 클라우드 서버까지 임대했다.

미국 사회에서 월스트리트베츠의 영향력이 점점 커지면서 조던을 비롯한 운영진은 뜻하지 않은 영향력을 행사할 수 있는 위치에 놓였다. 그에 따라 이 온라인 커뮤니티를 어떻게 관리하고 통제할지에 대한 고민도 깊어졌다. 조던은 적정선을 넘지 않으면서 월스트리트베츠 특유의 자유분방한 분위기를 유지하길 원했다. 조던은 일종의 '자유주의적 개입주의libertarian paternalism'를 지향했다. 즉, 사람들이 원하는 자유를 제공하면서도 꼭 필요한 규제는 시행하는 균형 잡힌 관리 방식을 목표로 삼았다.

운영진 내부에서는 이 적절한 균형을 둘러싸고 자주 다툼이 발생했다. 허츠 주식 거품이 터지고 몇 주 후에 또 다른 논쟁이 일어났는데, 유명 유튜버 미스터비스트MrBeast가 등장해 올린 글이 발단이 되었다. 구독자가 수천만 명에 달하는 미스터비스트는 7월에 월스트리트베츠에 글을 올렸다.

"심심해서 여러분이 추천해주는 종목에 로빈후드로 10만 달러를 투자하려고 한다. 성공 확률은 2퍼센트 정도지만 성공하면 수백만 달러를 벌 수 있는 그런 정신 나간 종목 좀 추천해주길 바란다. 한번 놀아봅시다, 너드 여러분!"

하지만 그해 봄에 새로 운영자로 합류한 변호사 한 명이 나머지 운영진에게 만약 미스터비스트가 여기서 추천받은 종목에 투자해 돈을 잃으면 서브레딧과 운영진이 소송에 휘말릴 수 있다고 조언했다. 운영진 가운데 어린 친구 몇몇은 진짜 변호사가 조언을 해준다는 사실과 변호사 같은 전문직 종사자도 이런 곳에서 시간을 보낸다는 사실에 벅차올랐다. 결국 운영자 한 명이 재빨리 미스터비스트의 글을 삭제했다.

하지만 조던에게 화려한 학벌 따위는 중요하지 않았다. 조던은 미스터비스트와 그를 따르는 어마어마한 팬들과 이 커뮤니티를 연결할 수 있는 기회를 놓친 것에 분노를 표출했다.

"다음번에는 바로 삭제하는 일은 없도록 하자. 이용자들 무서워서 아미시(기독교의 한 종파로 미국 펜실베이니아 중부에 생활공동체를 이루어 살며 현대 문명을 거부하는 것으로 유명하다—옮긴이)처럼 보수적으로 굴다가는 금방 지루한 곳이 되어버릴 거다."

이 사건을 계기로 커뮤니티 내 갈등이 폭발했다. 월스트리트베츠가 성장하면서 기존의 투기성 거래보다는 일반적인 거래가 주류가 되어가고 있었다. 제이미 시절부터 활동해온 몇 안 되는 현직 운영자 한 명은 너무 빠른 성장으로 월스트리트베츠만의 고유한 문화가 희석되어가는 점에 불만을 토로했다.

"이제 더 이상은 '어떤 대가를 치르더라도 몸집을 불리는 것'에 찬성하지 않는다." '전기톱_정관절제술CHAINSAW_VASECTOMY'이라는 인상 깊은 아이디를 사용하는 오랜 운영자가 말했다. "갑작스러운 성장이 일부 오랜 회원들 사이에서 불만을 야기하고 있다는 점에 주목해야 한다."

어떤 면에서 이 주장은 제품 품질에 대한 충분한 고민 없이 성장만을 우선시하는 로빈후드에 대한 비판과 일맥상통했다. 인터넷상의 입소문 덕분에 급격한 성장을 이루었지만, 그 과정에서 품질을 관리하던 기준이 사라지면서 관리가 힘들어졌다. 하지만 예전에 제이미가 그랬던 것처럼 조던도 월스트리트베츠의 인기와 더 큰 규모로 성장할 수 있는 기회에 매료되었다.

"이건 빌어먹을 큰 텐트다"라고 조던은 썼다. "최대한 많은 저능아들을 이곳에 몰아넣어 조만간 공식 WSB 블룸버그 특파원을 배출해야 한다."

결국 운영진은 조던의 직감을 믿고 미스터비스트의 게시물을 복구했고, 그 결과 더 많은 이용자가 유입되었다. 하지만 조던에게 운영 방식을 둘러싼 이러한 논쟁은 단순히 성장에 관한 것만은 아니었다. 그해 대선을 앞두고 조던은 다른 많은 사람들과 마찬가지로 소셜 미디어에서 누가 무슨 말을 할 수 있는지에 관해 깊이 고민하고 있었다.

2020년 대선에서 트럼프는 소셜 미디어 규제 완화를 핵심 쟁점으로 삼았다. 온라인에서 예의범절을 무시하는 트럼프의 호전적인 태도를 감안하면 쟁점이 될 수밖에 없었다. 2020년 봄에 '흑인의 생명도 소중하다' 시위 과정에서 발생한 폭력과 약탈 사태를 비판하면서 트럼프는 "약탈이 시작되면 총격도 시작된다"라는 위협적인 내용을 트위터에 게시했다. 트위터는 즉시 해당 내용을 모자이크 처리하고 "이 트윗은 폭력 미화에 관한 트위터 운영 원칙을 위반했습니다"라는 경고를 추가하는 전례 없는 조치를 취했다. 얼마 지나지 않아 다른 소셜 미디어에서도 트럼프와 그 지지자들에게 더욱 엄격한 규정을 적용하기 시작했다. 6월 말에 레딧은 트럼프 지지자들이 모인 주요 서브레딧인 r/the_donald를 포함한 몇몇 서브레딧을 폐쇄한다고 발표했다.

조던은 이러한 조치에 분노했다. 레딧이 트럼프와 그 지지자들에게 불리하도록 정치적으로 불공정하게 개입하고 있다고 생각했다. "다른 전직 대통령에게도 저런 짓을 할 수 있을까. 정말 어이가 없다." 조던은 수차례 불만을 터뜨렸다.

트럼프에 대한 조던의 생각은 2016년 이후 크게 바뀌었다. 월스트리트베츠에 입성할 당시만 해도 조던은 트럼프를 비판하는 사람 중 한 명이었다. 하지만 레딧에서 좌파들이 인종이나 성 정체성같이 논란이 될 수 있는 주제에 대해 아예 대화를 하지 못하도록 차단하려는 모습을 보면서 조던은 트럼프 편으로 돌아섰다. 조던을 포함해 남초 커뮤니티를 떠도는 수많은 청년들은 이로 인해 인터넷에서조차 표현의 자유가 위협받고 있다고 여겼다. 2016년 대선 이후 이러한 문제가 더욱 부각되었고, 조던은 특히 남초 커뮤니티 문화와 연관된 미디어에 빠져들면서 생각이 바뀌었다. 특히 그는 캐나다의 심리학 교수이자 팟캐스트를 진행하는 조던 피터슨을 좋아했는데, 피터슨 교수는 남성성, 권력 위계, 개인의 책임 같은 다양한 전통적 가치가 현대 사회에서 외면받고 있다고 주장했다.

조던은 피터슨과 비슷한 인물들을 팔로우하면서 젊은 남성들이 직면한 새로운 문제에 더 민감해졌다. 여성과 소수 인종이 직면한 비슷한 문제에 비해 젊은 남성들의 어려움이 상대적으로 덜 주목받는다고 느꼈다. 수많은 주류 인사가 미국 내 흑인과 백인 사이에 존재하는 불평등에 관심을 보였지만, 실제로 몇몇 분야에서는 인종 간 격차보다 젊은 남성과 젊은 여성 간 격차가 더 컸음에도 불구하고 그들은 이 문제에 별다른 관심을 보이지 않았다.[1] 조던이 트럼프를 더 좋아하게 된 이유는 트럼프가 이처럼 변화하는 세상에 적응하기 위해 애쓰는 모든 젊은 남성을 대변할 유일한 사람처럼 보였기 때문이었다.

조던은 2020년 어느 논쟁 중에 이런 말을 남겼다. "지금 사회는 어떤 백인 남성이 조금이라도 수상한 말을 하면 그 사람에게 기득권에 뿌리 내린 인종차별적 의도가 있다고 믿고 싶어 하는 것 같다. 이 사회는 자신이 피해자라는 교육을 받으며 자라온 소위 '깨어 있다는' 사람들이 오히려 스스로 선량한 사람이라고 말하면서 뒤로는 연합해 부당한 이득을 취할 수도 있다는 사실은 전혀 고려하지 않는 것 같다."

조던은 트럼프에 대해서도 여전히 불안한 점이 있다고 생각했고, 트럼프가 "종종 잘못된 정보를 받아들이고 감정적으로 반응한다"고 말했다. 하지만 언론이 트럼프 지지자들의 극단적인 행동은 비난하면서 좌파들의 극단적인 행동은 관대하게 넘어가는 이중 잣대를 적용한다고 생각했다. 특히 이러한 이중 잣대는 소셜 미디어 회사가 정책과 기준을 적용할 때 분명하게 느낄 수 있었다. 소셜 미디어는 폭력을 옹호하거나 정당화하는 진보 성향 운동가들에게는 별다른 제재를 가하지 않았다. 조던은 레딧이 r/the_donald를 삭제한다고 발표했을 때 큰 우려를 표명했다.

"레딧은 처음에는 무슨 내용이든지 간에 표현의 자유를 옹호하는 플랫폼이었다. 그때와 지금의 간극이 너무 커서 미래가 걱정된다."

이번 선거 기간 동안 거대 소셜 미디어의 운영 정책을 걱정하는 사람은 조던뿐만이 아니었다. 소수의 소셜 미디어 기업이 사회의 정보 흐름을 통제하는 것처럼 보이는 상황에 좌파와 우파 모두 큰 우려를 표시했다. 좌파 진영에서는 트위터와 페이스북이 트럼프가 코로나19와 선거 사기에 대한 거짓말과 잘못된 정보를 퍼뜨리도록 허용한다고 불만을 터뜨렸다. 트럼프와 우파 진영에서는 소셜 미디어 기업이 자신들에게만 다른 잣대를 적용한다고 주장하면서 소셜 미디어 기업을 규제하고 처벌하기 위한 법안을 추진하기 시작했다. 소셜 미디어를 둘러싼 갈등은 이번 선거의 핵심 쟁점이 되었다. 초반에는 레딧에서 이 문제로 트럼프가 주요 지지자를 확보했는데, 예상치 못하게 대선 쟁점으로까지 부활한 것이다. 하지만 이제는 양쪽 진영이 모두 소셜 미디어 기업이 너무 큰 권력을 행사하게 된 데에 문제가 있다는 점에 동의했다.

조던에게 이는 동떨어진 추상적인 주제가 아니라 직접적이고 개인적으로 겪고 있는 일이었다. 이 문제가 처음으로 불거진 건 지난 2월에 제이미가 혐오 발언을 문제 삼아 월스트리트베츠 디스코드 채팅방을 새로 만들기로 결정했을 때였다. 제이미와의 갈등이 일단락되고 나서, 조던은 제이미가 서브레딧을 되찾기 위해 혐오 발언을 핑계로 삼았다고 생각하게 되었다. 온라인에서의 표현의 자유를 둘러싼 다른 여러 논쟁에서도 볼 수 있는 권력 다툼과도 유사했다.

하지만 이는 시작에 불과했다. 레딧은 r/the_donald를 금지한 후, 혐오 발언과 괴롭힘을 근절한다는 명목으로 내부에 '안티-이블Anti-Evil' 팀을 만들었다. 얼마 지나지 않아 조던은 월스트리트베츠 게시물이 운영진이 전혀 손대지 않았는데도 삭제되고 있다는 사실을 알아차렸다. 레딧 관리자는 저능아나 자폐아 같은 모욕적인 단어에 더 엄격하게 대응하기 시작했다고 설명했다. 조던은 이 모든 상황이 탐탁지 않았다.

"나쁜 말 운운하며 1984년식 검열 놀이나 하고 있을 게 아니라, 제발 우리끼리 알아서 관리하게 내버려두실래요?"

조던은 레딧 관리자들을 달래려고 월스트리트베츠를 성인 커뮤니티로 분류하고 부적절한 언어가 오갈 수 있다는 경고문을 띄우는 조치를 취했다. 하지만 그렇게 해도 레딧 측에서는 여전히 게시물을 임의로 삭제했고, 조던은 이러한 논쟁의 발원지인 포챈을 예로 들어 이처럼 엄격한 검열 정책에 반대하는 이유를 설명했다.

"포챈 같은 곳에서 가장 자유롭고 격렬한 토론이 벌어지는 데에는 이유가 있다. 우리는 대부분 멍청이라서 우리가 나누는 대화는 '공공장소에서 큰 소리로 말할 수 있는 성질'이 아니다. 진짜로 솔직하게 생각을 나누고 싶다면 검열이 거의 없고 듣기에 불편한 표현도 자유롭게 할 수 있는 곳으로 가야 한다. 다른 길은 있을 수가 없다."

선거일이 다가오자 조던은 안티-이블 팀의 요구를 받아들여 문제 단어가 포함된 게시물을 봇이 일시적으로 삭제하도록 설정했다. 회원들이 불만을 제기하자, 조던은 레딧 계정을 지키기 위해 어쩔 수 없이 임시로 이 같은 조치를 취하고 있다고 설명했다. 이를 계기로 월스트리트베츠에서는 이전과는 성격이 다른 밈이 만들어지기 시작했고, 회원들은 스스로를 가리켜 상대적으로 레딧 측에서 덜 문제 삼는 '이단아'라고 부르기 시작했다.

하지만 조던은 레딧이 언제 무슨 트집을 잡아 서브레딧을 폐쇄할지 모른다는 걱정을 떨칠 수 없었다. 레딧이 월스트리트베츠를 갑자기 폐쇄할 경우를 대비해 레딧과 비슷하지만 규제가 훨씬 느슨한 오픈소스 사이트인 러커스Ruqqus에 복사본을 만들어두었다.

모순적이게도 조던은 표현의 자유를 위해 싸우는 동시에 월스트리트베츠에서 정치적 논쟁이 일어나지 않도록 막았다. 조던은 정치 이야기가 자신을 포함해 모든 사람에게서 최악의 면모를 끌어낸다고 생각해서 월스트리트베츠는 시장과 관련된 밈에 집중하기를 원했다. 게다가 월스트리트베츠 이용자가 2016년보다 다양해지면서 트럼프를 찬양하는 데에 누군가가 불편함을 느낄 가능성이 높아졌다는 사실 또한 알고 있었다.

트럼프 팬 한 명이 불만을 제기하자 조던은 이렇게 답변했다. "내가 레딧에서 유일하게 정치색 없는 대규모 커뮤니티를 유지하려 애쓰고 있다는 점을 이해해달라. 내 냉장고에도 트럼프 사진이 붙어 있다. 그렇다고 해서 여기서 다른 사람의 정치적 헛소리를 듣고 싶지는 않다. 내가 동의하는 내용일지라도 말이다."

선거 당일에 월스트리트베츠 운영진은 그날 하루만큼은 자유롭게 정치적인 이야기를 할 수 있는 스레드를 서브레딧 상단에 고정해두었다. 조던은 댓글로 자신의 정치색을 숨기지 않고 드러냈다. "오늘 트럼프에게 투표했다. 내 인생 첫 투표다. 다들 파이팅!"

그러나 이날 가장 많은 추천을 받은 게시물은 넥타이를 매고 재킷을 입었지만 바지를 입지 않은 젊은 남성이 컴퓨터 화면으로 주식 차트를 바라보는 똑같은 그림 두 개가 나란히 놓인 만화였다. 동일한 두 개의 그림 아래에는 '바이든이 승리할 경우 내 인생'과 '트럼프가 승리할 경우 내 인생'이라는 서로 다른 문구가 적혀 있었다. 이 게시물은 월스트리트베츠 회원들에게는 누가 당선되느냐보다 자신의 주식 계좌가 어떻게 되느냐가 더 중요하다는 사실을 보여주었다.

✳　　✳　　✳

선거가 치러지기 전 한 달 동안은 주식시장과 월스트리트베츠 모두 활동이 뜸했다. 모든 것이 불확실한 상황에 놓여 있었기 때문이다. 하지만 결과가 나오자마자 (비록 트럼프는 승복하지 않았지만) 시장은 활기를 되찾았고, 2020년의 개인 투자 열풍은 계속 이어졌다.

주류 언론은 보통 허츠 열풍 같은 가장 광적인 순간에만 월스트리트베츠를 주목했다. 그러나 이 투자자들을 추적 관찰한 기업들이 수집한 데이터는 개인 투자 열기가 여전히 뜨겁고 그 관심이 몇몇 밈 주식에만 국한되지 않는다는 사실을 보여주었다. 반다 리서치에 따르면 2020년 봄에는 개인 투자자들이 경기 회복의 수혜를 받을 수 있는 주식에 집중했지만, 여름에는 아마존과 애플 같은 대형 기술 기업으로 자금을 옮겼다. 가을에는 다시 테슬라나 데이터 회사 팔란티어 같은 미래형 스타트업으로 자금이 이동했다.

놀라운 점은 젊은 투자자들이 단순히 트레이딩을 하는 수준을 넘어서 '어리석은 돈'이라는 평판이 무색하게 계속해서 성공적인 종목을 골라냈다는 사실이다. 골드만삭스 연구진은 팬데믹이 시작된 직후 개인 투자자들이 선택한 인기 종목들이 헤지펀드가 선호한 종목보다 더 좋은 성과를 냈으며, 해를 거듭할수록 그 격차가 더 커졌다는 사실을 발견했다. 나중에 바클레이 보고서도 비슷한 결과를 발표했다. "2020년에는 개인 투자자가 현명한 돈이었다."[2]

개인 투자자들 가운데 가장 눈에 띄는 승자는 여전히 테슬라에 투자한 사람들이었다. 2월에 테슬라 주가가 천정부지로 치솟았을 때 대부분의 시장 평론가들은 머지않아 주가가 다시 바닥을 칠 것이라고 예측했다. 하지만 2020년 한 해 동안 테슬라는 월스트리트베츠와 로빈후드에서 가장 인기 있는 종목으로 남아 있었고, 덕분에 테슬라 주가는 연말에 그해 첫 두 달보다 220퍼센트 더 상승했다. 한편 헤지펀드는 테슬라 주가가 하락할 것이라 예상하고 계속 공매도에 베팅했다. 결과적으로 이 판단은 틀렸고, 11월에는 200억 달러가 넘는 누적 손실액을 보고했다.

테슬라의 성과를 단순히 월스트리트베츠 이용자들이 옵션시장에 집중적으로 베팅해 주가를 끌어올린 또 다른 사례로 볼 수도 있다. 그러나 많은 전문가는 개인 투자자들이 헤지펀드가 놓친 테슬라의 성장 가능성을 알아봤다고 생각했다. 개인 투자자들이 테슬라에 투자하기 시작했을 때만 해도, 테슬라는 단 한 번도 분기별 수익을 낸 적이 없었다. 그러나 그 이후로는 매분기 수익을 냈고, 증권분석가들이 예상한 것보다 더 많은 자동차를 꾸준히 생산해냈다.

개인 투자자들의 열정적인 투자가 테슬라의 재정 상태를 눈에 띄게 변화시킨 덕분에 테슬라는 증권분석가들의 예상을 뛰어넘는 성과를 계속해서 낼 수 있었다. 2월에 주가가 천문학적인 상승세를 보이자 일론 머스크는 회사의 제조 시설에 자금을 지원하기 위해 20억 달러를 추가로 조달하기로 결정했다. 이 자금으로 테슬라는 베를린과 상하이의 공장을 예상보다 빠르게 확장해 생산량을 늘릴 수 있었고, 그 결과 생산량이 늘어나면서 독일과 중국의 건설 및 고용 시장에도 영향을 미쳤다. 이는 주식시장의 변화가 실제 세계에 영향을 미칠 수 있다는 사실을 보여주는 사례가 되었다.

대부분의 사람들은 여전히 개인 투자자들 사이에서 일어나는 열기에 대해 아무것도 몰랐지만, 월가는 이 현상을 점점 진지하게 받아들였다. 《블룸버그》는 헤지펀드들이 이 새로운 개인 투자자들이 어디에 돈을 투자하는지 파악하기 위해 데이터를 수집한다고 보도했다. '레딧이 월가의 필독서가 되다'라는 기사 제목은 월스트리트베츠 회원들에게 큰 즐거움을 안겨주었다. 몇 년 전까지만 해도 사람들은 월스트리트베츠 커뮤니티를 주식시장에서 어떻게 하면 안 되는지를 알고 싶을 때 참고하는 멍청이 집단으로만 여겼다. 당시 아웃스퀘어는 이를 가리켜 '역WSB' 전략이라고 이름 붙여 유행시키기도 했다.

그러나 이러한 성공은 월스트리트베츠와 월가를 대표하는 거물들 사이의 대립을 부추겼다. 월가의 거물들은 계속해서 이들이 실패할 것이라고 생각했다. 월가에서 공매도 투자가로 유명한 짐 채노스Jim Chanos는 《블룸버그》와의 인터뷰에서 테슬라 주가 하락에 베팅해서 큰 손해를 봤지만 결국에는 이 신규 투자자들이 틀렸다는 사실이 증명될 것이므로 그때까지 기다리겠다고 말했다.

"지금 사람들은 정말이지 멍청하게 돈을 굴리고 있다. 하지만 시간이 지나면 결국 정석대로 투자하는 사람이 이길 것이다."³ 채노스가 말했다.

월스트리트베츠는 테슬라 주식이 급등하던 초기부터 헤지펀드에 일종의 원한을 품었다. 일론 머스크가 헤지펀드와 공매도 투자자들에게 품은 분노에 공감했기 때문이다. 머스크는 이들을 시장을 조작하면서도 세상 물정은 모르는 엘리트주의자로 묘사했고, 이러한 생각은 금융위기 이후 월가를 바라보는 부정적인 관점의 연장선상에 있었다. 2020년 가을, 젊은 투기꾼들을 비판하는 헤지펀드가 늘어나면서 월스트리트베츠 내 월가를 향한 분노는 더욱 고조되었다. 이제 헤지펀드는 로빈후드라는 오래된 적을 제치고 월스트리트베츠의 공공의 적으로 등극했다.

그중 가장 눈에 띄는 표적은 앤드루 레프트Andrew Left라는 헤지펀드 매니저였다. 레프트는 그해 초에 테슬라 주식을 공매도

하며 공분을 산 인물이었다. 당시 레프트는 주식에 관해 거침없이 발언하는 것으로도 유명했는데, 테슬라가 너무 많이 올라서 이제 떨어질 일만 남았다며 "떨어지기 시작하면 급락할 것"[4]이라고 말했다. 물론 주가는 계속 상승했지만, 레프트는 한층 노골적으로 개인 투자자들을 조롱했다. 데이브 포트노이가 워런 버핏과 반대로 아메리칸 항공에 투자했을 때, 레프트는 버핏의 편을 들며 "로빈후드 투자자들은 자신이 무엇을 사는지도 전혀 모른다"[5]라고 말했다. 하지만 2020년 11월에 월스트리트베츠 투자자들이 중국의 전기자동차 제조사인 니오와 미국의 데이터 프로세싱 기업 팔란티어에 돈을 쏟아붓기 시작하자, 레프트는 개미들 때문에 팔란티어가 "더 이상 주식이 아니라 카지노로 변질됐다"라며 거센 비난을 퍼부었다.[6]

"망할 시트론! 이건 전쟁이다!!!" 당시 월스트리트베츠에 올라온 인기 게시물은 레프트가 몸담은 헤지펀드 시트론 리서치를 상대로 전쟁을 선포했다.

월스트리트베츠에서는 이제 레프트의 단기 매매 방식과 전술을 파헤치기 시작했다. 시트론 리서치는 일반적인 헤지펀드와 달리 여러 주식을 분석해서 매수나 매도를 결정하는 곳이 아니었다. 시트론은 사실상 레프트가 직접 설립한 회사로, 레프트가 하락할 것으로 예상하는 종목을 집중적으로 겨냥했다. 레프트는 소수만이 실행하던 공격적인 공매도 방식을 대중화한 인물이기도 했다. 그는 문제가 있다고 생각하는 기업을 조사한 후 공매도하고 주가가 하락할 때까지 기다리는 대신, 문제점을 담은 보고서를 최대한 자극적인 표현을 사용해 작성하여 대중에게 공개했다. 이 과정에서 레프트는 보고서를 공개하기 직전에 해당 주식을 공매도한 다음, 자신이 공개한 보고서에 투자자들이 반응해 주가가 하락하면 수익을 실현했다.

이 공매도 방식은 논란이 많았고 앞으로 몇 달간 더욱 논란이 될 예정이었다. 주가를 떨어뜨릴 목적으로 문제를 강조한 보고서를 내놓는 레프트의 방식을 주가를 인위적으로 조작하는 행위로 보는 사람이 많았다. 실제로 레프트는 홍콩에서 이러한 행위로 거래 금지 처분을 받은 상태였다. 월스트리트베츠는 이러한 레프트의 평판을 재빨리 파악해 공격에 나섰다. 몇몇 게시물에서는 시트론 리서치의 '노골적인 시장 조작' 행위에 대해 규제 당국의 조사를 촉구하는 글과 함께 Change.org(온라인 청원 플랫폼으로 사회적, 정치적, 환경적, 또는 개인적인 문제에 대해 누구나 무료로 청원하고 서명할 수 있는 사이트—옮긴이)에 청원 링크를 만들고 공유했다.

그러나 여기서 그치지 않고 레프트에게 경제적으로 실질적인 타격을 입히고자 계획을 세우기 시작한 사람들이 있었다. 가장 확실한 방법은 감마 스퀴즈로 앤드루 레프트가 공격했던 팔란티어의 주가를 밀어 올리는 것이었다. '시트론 리서치와 앤드루 레프트가 WSB 공공의 적 #1이 되어야 한다'라는 제목 아래 'WSB 자폐아들은 이 주식을 성층권으로 끌어올려야 한다'

라는 내용을 담은 게시물이 가장 인기를 끌었다.

"우리 모두의 텐디를 건드린 대가를 톡톡히 치르게 해주자."

이러한 게시물에 조던은 불안감을 느끼며 팔란티어 주가를 인위적으로 올리려는 노골적인 계획을 담은 게시물을 삭제했다. 조던은 여전히 레딧이 월스트리트베츠를 폐쇄할지도 모른다고 걱정하며 문제가 될 수 있는 행동은 삼가려고 했다. 조던은 회원들에게 주가 조작처럼 보일 수 있는 게시물은 올리지 말라고 했지만 왜 앤드루 레프트는 되고 자신들은 안 되냐는 회원들의 반발에 부딪혔다.

"시트론이 지금 하는 짓은 뭐라고 생각하는데?" 어느 회원이 조던에게 물었다.

딱히 할 말이 없었던 조던이 대꾸했다. "젠장, 시트론은 누구랑 손을 잡았길래 저런 짓을 하고도 무사한 거야?"

월스트리트베츠에 어떤 게시물을 허용할지 결정하는 데 한 사람이 지나친 영향력을 행사한다며 조던을 비판하는 사람이 늘어나기 시작했다. 조던이 금지한 게시물을 캡처한 사진을 이어 붙여 조던이 서브레딧을 얼마나 통제하고 있는지를 보여주는 동영상도 올라왔다.

"zjz라고도 알려진 jcrza를 소개합니다. 24시간 연중무휴로 월스트리트베츠 게시물을 관리하는 사람이지요. 한눈에 보고 마음에 들지 않으면 바로 삭제해버립니다. 여기는 월스트리트베츠가 아니라 zjz베츠입니다." 동영상에는 이런 자막이 달려 있었다.

조던은 마음이 매우 불편했다. 1년 내내 레딧의 과도한 규제를 비판했는데, 이제 자신이 똑같은 비난에 직면한 것이다. 조던은 이러한 비판에 서브레딧 이용자들에게 표현의 자유를 제한하는 사람으로 비치기를 원치 않는다는 입장을 밝혔다. "단지 이 서브를 깨끗하게 유지하길 원했을 뿐이다. 하지만 그게 일방적인 검열로 느껴진다면 차라리 무정부 상태로 방치하는 편을 택하겠다." 조던이 사과했다.

하지만 이 무질서한 커뮤니티를 관리하는 데 따르는 어려움은 곧 기하급수적으로 증가하기 시작했다.

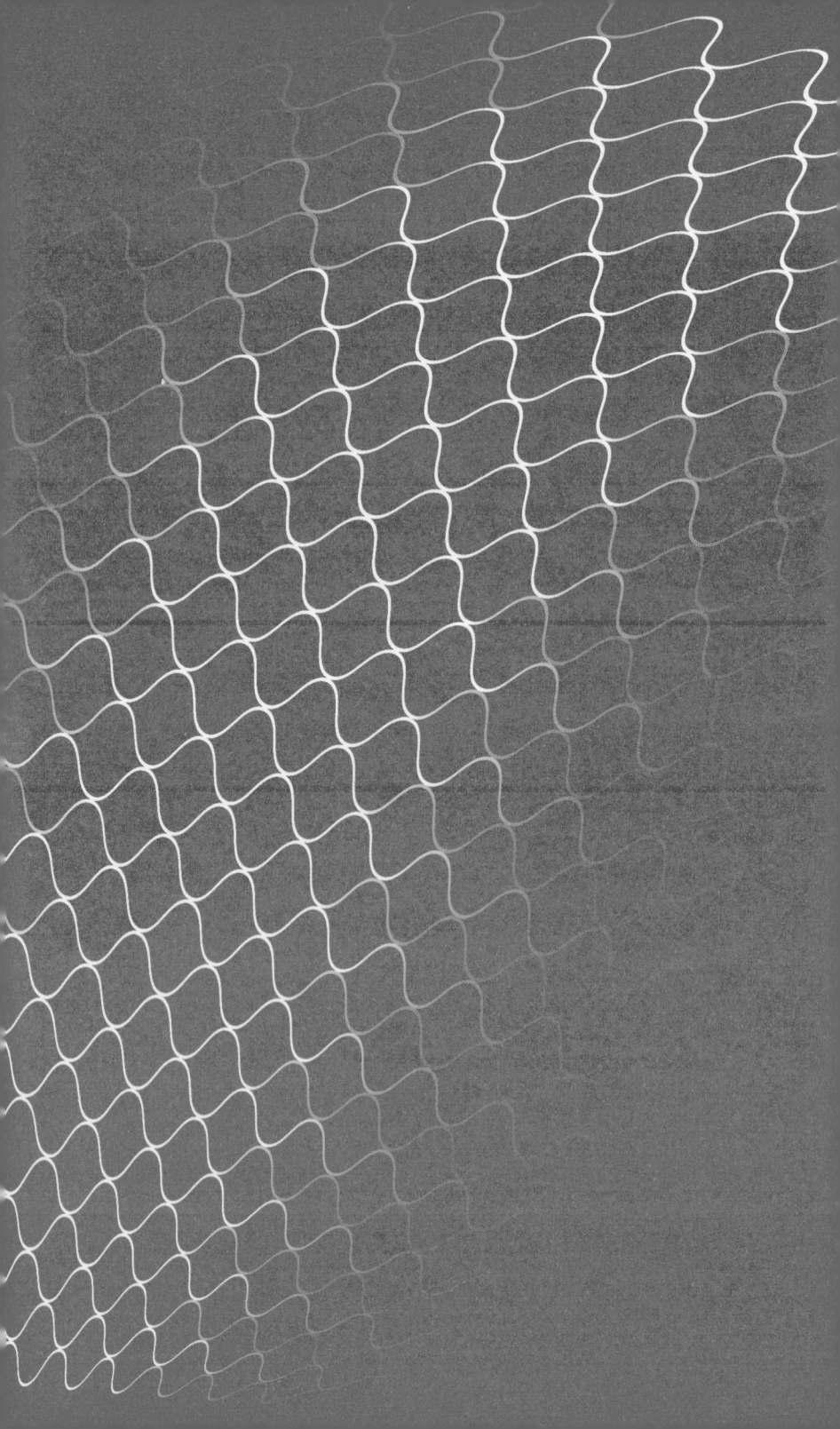

3부
이제 복수할 기회가 왔다

목적지는 명왕성, 지금 탑승하라

> "이제 그들을 진지하게 받아들일 때가 된 것 같다."

추수감사절 다음 날이자 미국의 소비 대목인 블랙프라이데이에 월스트리트베츠에 짧은 동영상 하나가 올라왔다. 평범한 상가 주차장에서 촬영된 영상이었다. 한 중년 남성이 소니에서 새로 출시한 비디오 게임 콘솔 플레이스테이션 5가 들어 있는 커다란 흰색 상자를 들고 게임스톱 매장에서 걸어 나왔다. 그때 카메라를 들고 있던 사람이 달려들어 중년 남성을 바닥으로 밀쳐 넘어뜨렸고, 그 바람에 들고 있던 상자가 떨어졌다. 동시에 트레이닝복 차림에 빨간 머리띠를 두른 금발의 젊은 남자가 카메라맨 뒤에서 튀어나오더니 플레이스테이션 상자를 낚아채고는 전속력으로 도망치기 시작했다. 그는 정신 나간 사람처럼 웃음을 터뜨리며 달아나면서 '플레이스테이션!'을 연호했다.

트위터에서 가장 먼저 공유되기 시작한 이 영상에서 도둑의 낄낄거리는 웃음소리는 유난히 불쾌감을 자아냈다. 하지만 월스트리트베츠에서 이 영상은 아무런 도덕적 판단 없이 그저 플레이스테이션 5를 판매한 매장인 게임스톱, 종목 코드 GME에 대한 긍정적인 거래 신호로만 해석되었다. 이 동영상이 포함된 게시물의 제목이자 내용은 단순했다. "게임스톱 매장 앞에서 발생한 PS5 강탈 사건, GME에 대한 강세 신호임."

테슬라나 버진 갤럭틱 같은 미래형 기술 기업을 선호하는 경향이 있는 월스트리트베츠에서 게임스톱은 다소 특이한 주식이었다. 게임스톱은 과거의 잔재에 가까웠고, 아마존 같은 기술 기업에 밀려나고 있었다. 닌텐도와 세가 같은 게임기의 시대가 저물고 게임 산업이 디지털 다운로드와 아이폰 게임 위주로 성장하면서 굳이 매장을 찾을 필요가 없어졌다. 살아남은 게임스톱 매장은 얼룩진 카펫과 퀴퀴한 냄새로 악명이 높았다. 강도 사건을 찍은 영상에도 주류 판매점과 현금 서비스 가게에서 몇 걸음 떨어진 곳에 위치한 게임스톱 매장의 허름한 느낌이 그대로 담겨 있었다. 비디오테이프의 시대가 끝나면서 넷플릭스에 밀린 블록버스터가 파산 신청을 했듯이, 디지털 다운로드가 대중화되면서 게임스톱 역시 블록버스터와 같은 길을 가게 될 것이라는 예측이 지배적이었다.

하지만 블랙프라이데이에 막 출시되어 불티나게 팔리고 있던 소니의 새로운 비디오 게임 콘솔 덕분에 게임스톱은 예상치 못한 반전을 맞이하는 것처럼 보였다. 소니는 새로운 플레이스테이션에 게임 디스크 슬롯을 넣기로 결정했고, 이는 게임스톱의 오프라인 매장이 아직 죽지 않았음을 시사했다. 월스트리트베츠는 비디오 게임을 좋아하는 사람들이 모인 곳이라 이러한 역학 관계를 잘 알고 있는 듯했다. 이제 월스트리트베츠의 밈과 로빈후드 계정은 게임스톱을 정면으로 겨냥했다.

"빨리 올라타, 우리 목적지는 명왕성이야." 'GME 갱 갱 갱 갱'이라는 제목으로 한 오랜 회원이 글을 올렸다. 이 게시물에는 22만 5,000달러 상당의 게임스톱 콜옵션을 보유한 포트폴리오 인증샷이 첨부되어 있었다.

그 주 주말까지만 해도 월스트리트베츠에는 게임스톱에 대한 글이 올라오지 않았는데, 지난봄에 제이미가 동전주와 시가총액 10억 달러 미만 기업에 대한 게시물을 금지했기 때문이었다. 게임스톱은 수천 개의 매장을 보유하고 있었지만 심각한 경영난을 겪고 있던 터라 회사 전체가 사실상 동전주로 평가되었다. 하지만 블랙프라이데이에 10억 달러 문턱을 돌파하면서 금지령이 해제되자 마치 댐이 무너지듯 주가가 급등했다. 그날 게임스톱은 테슬라를 제치고 서브레딧에서 가장 많이 언급된 주식으로 등극했다. 주가가 급등하는 동안 조던은 책상에 붙어 앉아 쏟아지는 이 최신 밈 주식에 대한 게시물을 막으려고 고군분투했다.

"장이 열린 후부터 말 그대로 서브만 쳐다보며 스팸을 삭제하고 있다." 조던이 몇 시간 후 글을 올렸다. "수준 낮은 게시물에 대해 수십, 아니 어쩌면 수백 건에 달하는 임시 차단 메시지를 보냈다. 오전 9시부터 내내 이 작업만 하고 있다."

게임스톱 관련 게시물에는 놀라운 수준의 조사 내용과 지식이 담겨 있었다. 특히 기업 역사를 기술한 장문의 게시물에는 최근 라이언 코언Ryan Cohen이라는 젊은 억만장자가 회사 경영권에 관심을 갖고 게임스톱 주식을 상당량 매입했다는 소식도 있었다. 지금까지 월스트리트베츠에서 주목을 받으며 성공적으로 급등한 다른 종목들과 마찬가지로 게임스톱 역시 헤지펀드 사이에서 인기가 없다는 이야기도 많았다. 테슬라나 팔란티어와 마찬가지로 게임스톱도 헤지펀드의 공매도 대상이었다. 다만 게임스톱은 그 차원이 달랐다. 테슬라가 월가에서 가장 많이 공매도된 주식이었던 지난 2월, 헤지펀드는 테슬라 주식의 약 20퍼센트를 공매도했다. 공매도 비율은 해당 기업의 주가 하락에 대한 시장의 비관적인 시각을 가늠할 수 있는 일반적인 척도였다. 게임스톱의 경우 이 공매도 비율이 거의 100퍼센트에 달해 테슬라보다 5배나 높았다. 헤지펀드가 게임스톱이 망할 것이라 내다보고 주식을 거의 전량 빌린 것이다. 월스트리트베츠에서는 모든 주식을 빌려놓고 회사가 망하기를 기다리는 월가의 행태에 분노했다. 지난달 시트론 리서치의 앤드루 레프트가 개인 투자자들 사이에서 가장 인기 있는 종목을 비판하며 주가 하락에 베팅한 사건 이후 헤지펀드에 복수할 기회를 호시탐탐 엿보고 있던 서브레딧에게 게임스톱은 완벽한 기회처럼 보였다. 다 같이 힘을 모아 게임스톱 주가를 끌어올린다면 헤지펀드에 엄청난 손해를 입힐 수 있기 때문이었다. 이와 관련한 게시물은 엄청난 인기를 끌며 월스트리트베츠를 열광의 도가니로 만들었다.

"공매도 투자자가 올린 트윗 하나 때문에 (쿨럭, Citron/PLTR, 쿨럭) 콜옵션 망하고 주식 망한 적은 몇 번이며, 그 주가 조작 행위에 놀아나 고가에 매수하고 저가에 매도한 적은 몇 번인가?" 어느 게시물에 이런 질문이 등장했다.

"자, 이제 복수할 기회가 왔다."

조던은 상황이 흘러가는 모습에 불안감을 느꼈다. 행여 레딧에게 이 서브레딧을 폐쇄할 구실을 제공할까 봐 노심초사하며 시트론 리서치 관련 게시물을 단속하던 중이었다. 조던은 또다시 게임스톱 주가를 '펌핑pumping(인위적으로 주가를 올리는 것—옮긴이)'해서 공매도 투자자들을 '스퀴징squeezing(더 큰 손해를 보기 전에 급하게 주식을 매입하도록 압박하는 것—옮긴이)'하자는 내용이 담긴 게시물을 찾아서 삭제하기 시작했다.

"고양이를 사랑하지만 고양이가 식탁 위, 내가 싫어하는 그 자리에 자꾸 올라갈 때 그 엿 같은 기분 아는 사람?" 조던이 물었다. "우리가 주가를 'P(펌프)'해서 'S(스퀴즈)'를 일으켜보자는 내용이 담긴 GME 관련 게시물을 발견할 때마다 내가 느끼는 감정이 바로 그거다."

조던은 다시 한번 이 조치가 검열을 위한 검열이 아니라는 점을 전달하고자 노력했다. "자유를 침해하고 싶어서 삭제하는 것이 아니다. 단지 조심하려는 것뿐이다."

하지만 며칠이 지나도 게임스톱 관련 글은 계속 쏟아졌고, 조던은 이것이 단순히 소수가 주도하는 펌프 앤 덤프 방식의 주가 조작 계획이 아니라는 사실을 깨달았다. 이번 게임스톱 사태에서는 진지하게 공부하고 분석한 내용을 토대로 게임스톱에 대한 매우 똑똑하고 철저한 실사가 많이 이루어졌다. 이는 일종의 크라우드소싱으로 월스트리트베츠에서 이전에는 볼 수 없었던 새로운 방식의 주식 분석 행태였다.

이 시기 '우버킥츠11^{Uberkikz11}'이라는 아이디를 사용하는 새로운 인물이 등장해 눈길을 끌었다. 우버킥츠11은 게임스톱이 월가 전문가들이 평가한 것보다 훨씬 더 유망한 기업이라고 주장하며 재무 보고서와 기타 자료를 상세히 분석한 글을 게시했다. 그는 "내 순자산 대부분을 GME에 투자했다"라고 밝히며 소셜 미디어를 통해 게임스톱의 잠재력을 알리고자 적극적으로 노력했다.

"개인이 할 수 있는 선에서 GME 관련 정보를 최대한 많이 제공하겠다. 당연히 이 모든 재무 모델링 및 데이터 수집 작업을 아무런 목적 없이 하는 건 아니다. 나는 여기서 다른 사람들에게 도움을 주고 싶다."

오프라인 세계의 우버킥츠11은 플로리다주 탬파에 사는 31세 남성으로, 라이더라는 트럭 대여 회사에서 중간 관리직으로 일하고 있었다. 특이한 이용자 아이디는 축구광이었던 청소년 시절에 입었던 등번호 11번 유니폼에서 따왔다고 했다. 소셜 미디어의 익명성을 중시하는 대부분의 레딧 이용자와는 다르게 우버킥츠11은 자신의 본명인 로드 알츠만Rod Alzmann도 자주 언급했으며, 2014년식 쉐보레 볼트를 몰고 뱅가드 은퇴 계좌에 게임스톱 옵션을 보유하고 있다는 등 다소 고리타분한 취향도 거리낌 없이 공유했다.

"몸은 서른한 살인데 속은 여든한 살 노인이다." 알츠만은 자신을 가리켜 이렇게 말했다.

하지만 알츠만은 게임스톱 투자에서만큼은 아주 현대적인 접근 방식을 시도하고 있다는 사실을 강조했다. 알츠만은 소셜 미디어에 모인 군중의 지식과 자원을 결집해 일반인보다 유리한 위치에 있는 헤지펀드에 대항하고자 했다. 그중 가장 인상적인 프로젝트는 게임스톱에서 물건을 구매한 고객의 영수증을 수집해 게임스톱의 온라인 매출을 추정하는 것이었다. 알츠만은 게임스톱이 독특하게도 영수증에 순차적으로 번호를 매긴다는 사실을 발견했다. 그래서 하루의 첫 영수증과 마지막 영수증을 모으면 그날의 전체 거래 건수를 대략적으로 추정할 수 있었다. 특히 블랙프라이데이 주말 동안 알츠만은 게임스톱에서 플레이스테이션과 엑스박스를 구입한 사람이 있다면 영수증을 보내달라고 부탁했다.

"GME 주문 번호 받습니다! 여기에 주문 번호를 공유하세요!" 알츠만은 축제에서 호객 행위를 하듯이 소셜 미디어에서 게임스톱 주문 번호를 수집했다.

알츠만은 수집한 데이터를 바탕으로 게임스톱의 분기별 매출 추정치를 작성하고, 이를 수시로 업데이트해 팔로워들과 즉시 공유했다.

온라인에서 게임스톱과 관련한 대화를 주도한 또 다른 인물은 '포효하는 키티Roaring Kitty'라 불리며 주로 유튜브에서 활동했다. 그는 정기적으로 유튜브에서 라이브를 진행하며 다른 사람들과 게임스톱 관련 최신 뉴스 및 정보를 공유하곤 했다. 가을 내내 유튜브 활동을 점점 늘려가더니, 12월에는 일주일에 수차례 밤마다 몇 시간씩 방송을 진행했다. 이야기하면서 차트와 문서를 띄워 보여주기도 했고, 라이브 채팅창에 모인 사람들과도 활발하게 소통했다. 알츠만도 이 라이브 채팅에 참여해 포효하는 키티를 비롯한 다른 참석자들과 최신 정보를 공유하며 계속해서 투자 결정을 신중하게 검토했다. 이들은 무턱대고 낙관적으로 투자하기보다는 명확한 증거를 바탕으로 투자하길 원했다. 진지한 대화가 오가는 와중에 포효하는 키티는 중간중간 자기 자신을 포함해 이처럼 엉뚱한 회사에 집착하는 다른 사람들에게 자조 섞인 농담을 날리곤 했다.

"도대체 어느 누가 단일 종목을 놓고 다섯 시간씩 쉬지도 않고 이야기를 하겠나?!"

"내가 말해주지… 그건 바로 포효하는 키티 크루다."

시가총액 10억 달러 미만인 기업에 관한 게시물이 금지되어 있었기 때문에 12월 이전까지 게임스톱 이야기는 주로 다른 소셜 미디어에서 이루어졌다. 포효하는 키티는 주식과 투자로 유튜브에서 유명해진 여러 인물 가운데 하나였다. 코로나19 이후 주식 투자 열풍이 불자 경제와 금융을 주제로 활동하는 인플루언서들이 생겨났다. 이들을 가리켜 '핀플루언서finfluencer'(금융을 뜻하는 영어 단어 '파이낸셜financial'과 '인플루언서influencer'의 합성어―옮긴이)라는 신조어까지 등장했다.

게임스톱에 대한 논의가 이루어진 또 다른 중심지는 트위터와 유사하지만 주식 정보 공유를 목적으로 만들어진 플랫폼 '스톡트윗StockTwits'이었다. 스톡트윗은 금융위기 때 설립되어 당시 약 300만 개의 활성 계정을 보유하고 있었으며, 이는 월스트리트베츠의 회원 수보다 2배가량 많은 숫자였다. 스톡트윗은 관리가 부실한 탓에 사기 및 스팸에 취약해 월스트리트베츠에서 종종 조롱의 대상이 되곤 했다. 하지만 필터링 기능으로 특정 주식에 관한 정보만 찾아볼 수 있다는 장점이 있었다. 덕분에 게임스톱 팬들은 서로를 쉽게 찾아 소통할 수 있었다. 알츠만을 비롯한 몇몇 열성 투자자들은 2020년 한 해 동안 스톡트윗에 모여 대화를 나누었다. 스톡트윗에서 이들은 스스로를

GME 올빼미라고 부르며 추수감사절 무렵부터 월스트리트베츠에 게임스톱을 홍보할 계획을 세웠다.

게임스톱에 관한 대화는 코로나 봉쇄 기간 동안 투자 전용 새로운 미디어 생태계가 월스트리트베츠를 넘어 빠르게 성장하고 있음을 보여주었다. 하지만 아무리 유튜브와 스톡트윗 같은 다른 플랫폼에서 투자 관련 대화가 활발히 오가도 월스트리트베츠만큼 강력한 영향력을 발휘하는 곳은 없다는 인식이 점차 커져갔다.

"WSB에서 활발하게 주식 투자를 하는 회원 1퍼센트만 장난삼아 20주씩만 산다 쳐도 말 그대로 남는 주식이 없어진다." 블랙프라이데이 이후 GME 올빼미들이 월스트리트베츠로 몰려들기 시작하자 스톡트윗 이용자 한 명이 남긴 글이다.

추수감사절 다음 주에 스톡트윗의 GME 올빼미들은 월스트리트베츠에서 얼마나 많은 사람이 GME 주식을 매수하고 있는지 파악하기 위해 설문 조사를 실시했다. 응답자 2,400명은 총 340만 주를 매수한 것으로 나타났다. 이는 게임스톱 주주별 지분율 7순위에 해당하며 일부 월가의 대형 증권사들보다도 많았다. 스톡트윗에서는 레딧 이용자들의 집중력과 지속력을 회의적으로 바라보는 시각도 있었다. 하지만 추수감사절 이후 게임스톱이 하락세를 보이자 월스트리트베츠 이용자들은 결의를 더욱 굳건히 다졌다.

"문화가 형성되면 강한 신념이 생길 수 있다는 사실이 드러났다." GME 올빼미의 주요 멤버 한 명이 스톡트윗에 글을 남겼다. "이제 그들은 옵션으로 도박하던 방식에서 벗어나 대부분 더 큰 대의를 위해 주식을 직접 매수하고 있다."

GME 올빼미들이 2020년 가을에 알아낸 가장 중요한 정보는 그해 초 게임스톱 주식 수백만 주를 매입한 젊은 억만장자 라이언 코언에 관한 것이었다. 코언은 주식을 매수한 이유를 공개적으로 언급하지는 않았지만, 규제 당국에 제출한 서류에서 이사회에 합류하고 게임스톱이 전자상거래를 더 적극적으로 수용하도록 독려할 계획이라고 밝혔다. 코언은 온라인 반려동물용품 가게인 '츄이'를 설립하고 운영하며 부를 쌓았다. 츄이는 아마존과 경쟁하면서도 성공한 몇 안 되는 전자상거래 스타트업이었다. 만약 코언이 게임스톱에서도 전자상거래로 성공을 이루어낼 수 있다면 다운로드 가능한 비디오 게임에 밀려 사라질 운명에 놓인 게임스톱을 소생시킬 수 있을지도 몰랐다.

알츠만을 비롯한 GME 올빼미들은 코언이 게임스톱을 변화시키려는 계획에 차질이 없는지 확인하기 위해 코언이 제출하는 새로운 서류와 정보를 하나도 빠짐없이 집요하게 추적했다. 알츠만은 심지어 코언의 변호사에게 연락해 월스트리트베츠가 코언을 지지하고 있다는 사실을 알리기까지 했다. 또한 알츠만은 코언이 실제로 게임스톱에서 더 적극적인 역할을 맡을 계획이라는 증거를 월스트리트베츠에 공유했다. 이로 인해 코언을 악랄한 헤지펀드에 맞서 싸우는 평범한 사람들의 영웅으로 묘사하는 밈이 급증했다.

이러한 크라우드소싱으로 진행된 연구와 응원은 12월 중순에 코언이 게임스톱 이사회에 편지를 보내면서 결실을 맺었다. 이 편지는 코언이 회사를 개혁하고자 훨씬 더 적극적으로 노력하고 있으며 쉽게 포기하지 않을 것임을 시사했다. 이 소식이 공개되자 주가는 급등했고, 월스트리트베츠에서는 그간의 노력이 인정받았다며 크게 기뻐했다.

CNBC에서 오랫동안 개인 투자자들의 주식 열풍을 흥미롭게 지켜보던 크레이머는 게임스톱 주식이 오르는 상황도 주시하고 있었다. 처음에는 게임스톱 열풍을 보면서 지난 2월 버진 갤럭틱 같은 말 같지도 않은 주식을 계획적으로 사들였던 감마 스퀴즈를 떠올렸다. 하지만 월스트리트베츠에서 게임스톱을 둘러싸고 오가는 대화를 자세히 살펴본 결과, 이전과는 다르게 훨씬 더 전문적인 일이 벌어지고 있음을 감지했다.

"저는 스스로에게 '너 자신을 과신하지 말라'고 말하곤 합니다. GME를 목표로 정했다면 제대로 알아야 합니다. 공부를 게을리해선 안 됩니다." 크레이머는 시청자들에게 조언했다.

크레이머는 월가가 지금까지 대부분의 논평에서 그랬듯이 계속해서 레딧과 로빈후드 군단을 경멸의 시선으로 바라볼 것이라고 말했다. 하지만 자신의 생각은 다르다고 덧붙였다.

"결론은? 2020년에 성공적인 행보를 보여준 젊은 투자자들을 이제 더 이상은 무시하지 말아야 할 것 같습니다. 지금까지 보여준 놀라운 성과를 보면, 이제 그들을 진지하게 받아들일 때가 되었습니다. 아직 늦지 않았습니다."[1]

이 시기에 월스트리트베츠로 몰려든 사람들은 확실히 이전과는 다른 에너지와 전문성을 보유하고 있었다. 알츠만이라는 인물은 MBA 학위를 가지고 있었고, 뛰어난 엑셀 기술을 활용해 새로운 방식의 크라우드소싱 연구를 조직적으로 진행했다. 하지만 알츠만은 월스트리트베츠를 조금 특이한 도박꾼들이 모인 곳이라고 여겼다. 그래서 자기 자신은 이방인이라고 선을 그었다.

"여기에 잘 섞여 어울릴 수는 있지만 나 자신이 진정한 WSB의 이단아라고 생각하지는 않는다." 알츠만이 시인했다. "나는 그저 가끔 투기도 즐기는 투자자이지, 그 반대가 아니다. 괜찮다고 판단되면 즐기기도 하지만 도박 자체가 무엇인지 잘 알고 있다."

유튜브에서 게임스톱 패거리를 이끌던 포효하는 키티는 보스턴 외곽에 사는 서른네 살의 키스 길Keith Gill이라는 인물이었다. 길은 매스뮤추얼 생명보험회사에서 초보 투자자들을 위한 교육 자료를 만드는 일을 했다. 이제 막 로빈후드 계좌를 개설한 풋내기가 아니었다.

하지만 길은 몇 년 전부터 주식 투자에 뛰어든, 비디오 게임에 열광하는 다른 여러 젊은이들과 공통점이 많았다. 금융위기가 한창일 때 대학을 졸업한 길은 어릴 때 운동, 특히 달리기에 쏟았던 경쟁심을 발휘할 수 있는 곳을 찾으려고 애쓰고 있었다. 한때 실직 상태가 길어지면서 어린 자녀를 책임지는 가장으로서 조금이라도 돈을 벌어야겠다는 생각으로 투자에 뛰어들었고, 유튜브 채널도 팬데믹이 시작될 무렵 사회적으로 고립된 느낌에서 벗어나 코로나가 터지기 전에는 바깥 활동으로 보냈던 시간을 메울 무언가를 찾다가 시작하게 되었다.

길은 유튜브 구독자들에게 월스트리트베츠에서는 다른 아이디로 활동하고 있다는 사실을 밝히지 않았다. 월스트리트베츠에서는 그곳에 더 적합한 '딥퍼킹밸류DeepFuckingValue'라는 아이디를 사용했으며, 2019년부터는 게임스톱 콜옵션에 투자한 5만 4,000달러의 수익 현황을 꾸준히 업데이트했다. 2019년 말과 2020년 초에는 게임스톱 같은 망해가는 기업에 돈을 투자한 것을 조롱하는 댓글이 대부분이었다.

하지만 길은 레딧 이용자들에게 게임스톱과 관련해 헤지펀드가 놓친 몇 가지 요소를 가장 먼저 알려준 사람이었다. 그는 특히 2020년 가을에 출시할 예정이던 최신 비디오 게임 콘솔에 기대를 걸고 있었다. 게임 회사들은 5년마다 거의 같은 시기에 최신 콘솔을 출시했고, 그때마다 콘솔 구매가 쇄도하면서 게임스톱의 주가도 급등하곤 했다. 길은 어떻게 공매도 투자자들이 이 사실을 간과했는지 이해할 수가 없었다.

2020년 초에 길은 이런 글을 남겼다. "사람들은 내가 미쳤다고 생각하지만, 내가 보기엔 오히려 다른 사람들이 미친 것 같다. 하반기에 들어서면 투자자들이 새로 출시될 콘솔로 수익을 낼 방법을 찾기 시작할 테고, 그러면 내가 지금 보고 있는 가능성을 이해하게 될 것이다."

가을이 되자 게임스톱 주가는 길의 예상대로 상승했고, 2019년에 게임스톱에 걸었던 5만 4,000달러의 콜옵션이 큰 수익을 내기 시작했다. 길은 매달 월스트리트베츠에 'GME 욜로 근황'이라는 제목으로 게시글을 올려 수익 현황을 공유했는데, 재산이 급격히 불어나기 시작했다. 12월 말에는 옵션의 가치가 370만 달러에 달했다. 월스트리트베츠의 조언을 따라 길은 이미 원금보다 더 많은 금액을 현금화했기 때문에 이 투자는 무조건 수익을 남기는 것이 확정된 상황이었다.

길의 레딧 계정인 딥퍼킹밸류는 12월에 게임스톱과 관련해 가장 인기를 끈 밈의 출처가 되었다. 가장 인내심 높은 투자자들조차 길을 가리켜 '다이아몬드 손'이라고 불렀다. 길은 주가가 하락할 때에도 '종이 손'처럼 팔랑거리며 옵션을 팔아치우지 않고 끝까지 붙들고 있었기 때문이다. 이제 길이 수익 현황을 업데이트할 때마다 댓글에는 다이아몬드와 손 모양 이모지, 로켓 이모지들이 줄줄이 달렸다.

12월 수익 현황을 올리고 나서 며칠 후, 길은 마침내 딥퍼킹밸류와 포효하는 키티가 동일 인물이라는 사실을 밝혔다. 포효하는 키티 팬이라면 누구나 유튜브 라이브 방송을 통해 잘 알고 있는 그의 웃는 얼굴이 담긴 사진이 딥퍼킹밸류가 올린 레딧 게시물에 올라왔다. 길은 유튜브에 새로운 구독자와 팬들에게 감사하는 마음을 담은 동영상을 올렸다. 이 영상에서 길은 이 일을 시작하기 전까지만 해도 자신은 부자가 아니었다고 말했다.

"작년까지만 해도 100만 달러는 구경조차 못 해본 액수였다. 당연히 람보르기니도 없었다. 지금 여러분이 보고 있는 이 집도 세를 내며 살고 있다. 우여곡절이 정말 많았다."

길은 라이언 코언이 게임스톱에서 더 적극적인 역할을 할 수 있다면 앞으로 더 많은 수익을 기대할 수 있을 것이라고 말했다. 하지만 "가족과 함께 시간을 보내기 위해" 유튜브 라이브 방송을 잠시 중단할 계획이라고 밝혔다.

이제 포효하는 키티를 친구처럼 생각하게 된 알츠만은 크리스마스 당일에 정체를 공개한 것이 '역대 최고의 크리스마스 깜짝 선물'이라며 즐거워했다.

알츠만의 투자 수익은 아직 300만 달러에 미치지 못했지만, 그는 크리스마스를 맞아 돈보다는 뜻밖의 커뮤니티를 만나 우정을 쌓게 된 것을 더욱 감사하게 느끼는 듯 보였다.

"길고 외로운 여정이었다. 지난 1년 동안 이 여정을 함께할 친구들을 많이 만나게 되어 정말 감사하게 생각한다."

* * *

이타카에 사는 조던 자자라에게는 유난히 외로운 크리스마스였다. 조던은 이번 연휴에 롱아일랜드에 사는 어머니를 찾아뵙지 않기로 결정했다. 크리스마스이브에 위층에 살고 있는 아버지가 조던을 식사에 초대했다. 아주 드물게 있는 일이었다. 하지만 아버지는 크리스마스도 평범하게 보낸 적이 없었다. 그는 조던을 위해 트리나 선물을 준비한 적이 없었다. 아버지 없이 어린 시절을 보내면서 조던은 전형적인 미국 가정에서 느낄 수 있는 따뜻한 분위기를 별로 기대하지 않게 되었고, 대부분의 시간을 혼자 보냈다. 하지만 이따금씩 따스한 온기가 느껴지는 집이 그리웠다. 그래서 트리를 사서 거실에 설치하고 몇 가지 장식을 달았다. 거실은 거의 사용하지 않았지만 송진과 솔 냄새가 풍기는 아늑한 분위기를 즐기고 싶었.

게임스톱 사태가 시작되면서 조던은 빠르게 성장하는 서브레딧을 관리하느라 한 달 내내 바빴다. 게임스톱 주식이 급등하면서 월스트리트베츠 방문자 수는 코로나19로 시장이 폭락했던 3월과 4월 수준으로 다시 올라갔다.

"지난주 내내 스팸 방지 봇, OCR 위치 인식 봇, 운영 규칙 자동 시행 등을 강박적으로 재정비했다." 밀려드는 트래픽 속에서 조던이 말했다.

하지만 조던은 인정받지 못한다고 느꼈고, 제이미가 떠난 후에도 여전히 운영진으로 남아 있던 그의 오랜 친구 몇몇이 문제를 일으킬 조짐이 보였다. 가입 기간이 오래된 만큼 레딧에서 높은 서열을 차지하고 있는 초기 운영진은 대부분 서브레딧 운영에는 별다른 관심을 보이지 않았다. 하지만 11월과 12월에 언론의 관심이 집중되자 기회를 감지하고 다시 참견하기 시작했다. 현재 운영진 목록 최상단에 있는 온리원박지성은 몇 주 동안 서브레딧 활동을 하지 않다가, 짐 크레이머가 월스트리트베츠의 집단 지성을 칭찬하는 방송이 나간 후 갑자기 나타나 크레이머와의 무물을 추진하겠다고 했다. 조던은 새삼 제이미가 지난 1월에 갑자기 나타나 서브레딧을 다시 장악하려 했던 때가 떠올랐다.

초기 채팅방에 있던 다른 운영자 한 명이 익명으로 나머지 운영진에게 조던이 서브레딧 운영에서 너무 지배적인 위치를 차지하고 있다고 불평하는 이메일을 보내면서 상황은 빠르게 악화되었다.

이 이메일 작성자는 조던이 봄에 만든 새로운 아이디인 zjz로 조던을 지칭하며, "zjz의 운영 방식에는 우리 운영진이 간과하고 있는 몇 가지 문제가 있다"라고 지적했다. 특히 조던의 관리 봇을 거론하며 "그의 비전에 따라 서브가 완전히 바뀌고 있다"라고 주장했다.

이어서 "그는 자신의 생각과 맞지 않는 의견을 내는 이용자를 차단하면서 서브를 자기 입맛대로 바꿔가고 있다"며 "그의 뜻에 따르지 않으면 그는 당신을 갖다 버릴 것이다"라고 마무리 지었다.

조던이 대응하기 전에 한 친구가 나서서 조던을 변호했다.

"zjz가 서브를 장악하려는 기미는 단 한 번도 느끼지 못했으며, 그는 단지 서브를 개선하고 성장시키려고 노력했을 뿐이다."

원년 멤버들은 서브레딧에 관한 중요한 결정이 조던은 초대받은 적도 없는 월스트리트베츠 IRC 채팅방에서 이루어져야 한다고 생각하는 듯했다. 조던은 이러한 태도에 불만을 토로했다. 원년 멤버 한 명은 조던에게 사과하거나 기존 채팅방에 조던을 초대하기는커녕 오히려 자신들이 진짜 책임자이며, 지난봄에 제이미가 서브레딧으로 돈을 벌려고 했을 때 제이미를 제거하기 위해 개입했던 것도 자신들이라고 주장했다.

"우리는 서브레딧을 운영하는 일종의 이사회다. 너는 이사회의 일원이 아니기 때문에 그 논의에 관여할 수 없다." 오랜 기간 운영자로 활동한 '그렙파grebfar'가 조던에게 말했다.

조던은 재빨리 비꼬는 말투로 응수했다. "지난 1년 동안 이 사회가 우리를 위해 어떤 일을 했는지 말씀해주시겠습니까? 아니면 그 이전에라도?"

"분명한 점은 당신들이 우리에게 제공하는 가치라는 게 일상적인 관리 활동이나 유용한 방향성, 의견 등을 제시하는 것과는 무관하다는 거다. 언제 당신들 중에 한 명이라도 나한테 무엇을 해야 할지 알려주거나 문제를 해결해준 적이 있는가? 내가 기억하기로는 없다."

그러자 오래된 운영자 한 명이 이메일에서 암시한 대로 조던이 실제로 서브레딧을 이용해 돈을 벌 계획이 있는지 추궁했다. 이 질문에 조던은 분노하며 돈을 벌기는커녕 월스트리트베츠 봇이 작동할 수 있도록 서버 비용을 사비로 부담하고 있다고 반박했다.

게시물 검열을 놓고 이용자들의 불만이 쏟아지자, 조던은 마치 바다를 가로지르는 거대한 배의 어두운 기관실에서 무급으로 혼자만 힘겹게 일하고 있는 듯한 기분이 들었다. 정작 배를 조종하는 건 흥청망청 술에 취한 사교 클럽 회원들인데 말이다. 그러다 그들이 갑자기 아래로 내려와 이래라저래라 명령까지 내리니 모든 일이 무의미하게 느껴졌다. 조던은 다시 한번 서브레딧을 그만두기로 결심했다. 하지만 지난번처럼 계정을 삭제하는 대신 이번에는 더 나은 방법을 선택했다. 조던은 전체 서브레딧에 글을 올렸다.

"현재 활발하게 활동하고 있는 우리 운영진이 서브레딧 최상단에 있는 운영자(운영진)의 판단과 의도를 더 이상 신뢰하지 못하는 상황이 또다시 발생했다."

조던은 자신의 주장을 증명하고자 온리원박지성이 최고 운영자가 된 이후 8개월에 걸친 모든 활동 내역을 공개했다. 조던이 24시간 내내 활동하는 동안 온리원박지성이 활동한 내역은

겨우 11건에 그쳤다. 그마저도 대부분은 조던의 봇이 삭제한 친구의 글을 다시 공유한 것뿐이었다.

"아무리 좋은 일이라도 그게 좋은 일인지도 모르는 인간들을 위해 굳이 이렇게 열심히 할 필요가 없다."

이 말과 함께 조던이 봇을 끄자마자 서브레딧은 쓰레기로 넘쳐났다. 조던이 얼마나 큰일을 하고 있었는지가 순식간에 여실히 드러났다. "20분 만에 엉망진창이 돼버렸다." 곧바로 이용자들이 불만을 쏟아냈다. 조던이 없으면 앞으로 어떻게 될지 진지하게 걱정하는 댓글도 달렸다.

"솔직히 이번 사태로 내가 사랑해 마지않는 서브레딧이 이 지경이 된 걸 보니 너무 슬프다. u/zjz가 떠나는 바람에 각종 스팸 메시지, 주가 조작 세력, 그리고 개인적인 이익을 추구하려는 사악한 인간들이 곧 이곳을 장악하게 될 것이다."

운영진에 있던 조던의 친구 몇몇은 원년 멤버들에게 조던에게 사과하고 다시 돌아올 수 있게 해달라고 간청했다. "zjz가 운영진에서 떠나 있는 시간이 길어질수록 이 커뮤니티는 더욱 불안정해질 것이다. 안정적인 커뮤니티를 유지하는 일은 우리 모두에게 중요하다." 조던의 절친한 친구 한 명이 말했다.

조던은 며칠 동안 서브레딧을 떠나 있었지만 새해가 다가오자 여러 사람의 응원과 격려에 힘입어 조용히 다시 활동을 시작했다. 화가 났을 때를 제외하고는 관심 끄는 것을 좋아하지 않아서 소리 소문 없이 복귀했지만, 디스코드 채팅방에서 그는 자신이 사소한 일에 너무 쉽게 흥분한다는 사실을 인정했다.

"나는 성격이 더럽고 다루기 힘든 인간이다. 내가 사소한 일에도 짜증을 잘 내는 성격이란 걸 스스로도 잘 알고 있다."

이후 조던의 복귀가 운명처럼 느껴지는 사건이 발생하면서 월스트리트베츠는 몇 주 동안 그 누구도 상상하지 못했던 수준의 명성을 떨치게 되었다. 이 모든 것이 뉴욕 이타카에 살면서 변변한 직업도 없이 툭하면 짜증을 내는 한 남자의 컴퓨터 한 대에 달려 있는 것처럼 느껴질 때가 많았다. 하지만 지금은 일단 그걸로 충분해 보였다.

분노, 불만, 열정을 베팅하다

> "지금까지 우리를 엄청나게 과소평가한 거지."

도널드 트럼프는 자신을 반대하고 비판하는 사람들을 트롤링하는 데서 가장 큰 즐거움을 찾는 것처럼 보였다. 트럼프는 상대방이 얼마나 쉽게 발끈하는지를 보여줄 의도로 터무니없는 주장과 모욕적인 언사를 서슴지 않았다. 하지만 그는 농담 뒤에 숨어 있는 진지한 생각이나 뿌리 깊은 분노가 언제든지 심각한 논쟁이나 갈등으로 빠르게 전환될 수 있다는 사실 또한 생생하게 보여줬다. 2021년 1월 6일, 트럼프는 백악관 바로 남쪽에 위치한 엘립스 공원에서 대선 결과에 승복할 수 없다며 집회를 열었다. 연설이 끝나자 트럼프 추종자들은 국회의사당으로 난입했다. 이런 일이 벌어지는 동안에도 이 모든 것이 장난인지 아닌지 구분하기가 어려웠다. 국가 지도자들이 목숨을 잃을까 봐 두려워 숨어 있는 동안, 우스꽝스러운 복장을 한 청년들이 국회의사당을 점거한 채 이 모든 상황을 소셜 미디어에 생중계했다. 이 기이한 사건의 본질을 보여주는 뉴스 인증샷이 그날 월스트리트베츠에 올라왔다. "미국 수도에서 폭동이 일어나는 와중에 누군가 매점을 설치했다."

사진을 자세히 보면 폭동의 소용돌이 가운데 매점에서는 치킨 텐더를 팔고 있었다. 이 사진은 즉시 엄청난 인기를 끌었다. 월스트리트베츠에서 치킨 텐더는 '텐디', 즉 투자 수익을 의미했기 때문이다.

"텐디로 텐디를 벌고 있다. 너무 늦기 전에 누가 이 사람 좀 말려줘!" 이런 댓글도 달렸다.

월스트리트베츠는 트롤링으로 시작된 커뮤니티였지만, 몇 주 뒤 그러한 행동이 어떤 예기치 못한 상황을 연출할 수 있는지를 스스로 드러낼 예정이었다. 그러나 1월 6일의 매점 게시물을 제외하고는 서브레딧에서는 워싱턴에서 일어난 혼란에 큰 관심을 보이지 않았다. 트럼프 지지자로 북적였던 2016년과는 달리 다양한 사람들이 월스트리트베츠에 모여들면서 정치 편향을 벗어났기 때문이다. 조던은 몇 달 전에 트럼프에게 투표했지만 1월 6일에 발생한 폭동은 꺼림칙하게 느껴져 애써 모르는 척했다. 조던은 하루 종일 월스트리트베츠의 새로운 통계

대시보드를 만드는 작업에 몰두하고, 시가총액 10억 달러 미만의 기업 주식은 언급을 금지하기로 한 서브레딧 규정을 다시 논의했다. 운영진은 국회의사당 폭동에 대한 이야기에 서브레딧 전체가 잠식당하지 않도록 '긴급 미국 정치 봉쇄 구역'이라는 특별 스레드를 만들었다.

진짜 혼란은 바로 그다음 날인 월요일, 게임스톱이 개장 두 시간 전에 라이언 코언과 그의 측근 두 명이 이사회에 합류할 것이라는 보도자료를 배포하면서 시작되었다. 이는 코언이 2020년 말에 게임스톱에 협박성 편지를 보내 회사를 소생시킬 수 있도록 이사회에 자리를 달라고 강력히 요청한 결과였다. 아슬아슬한 줄다리기 끝에 결국 코언은 요구한 사항을 모두 얻어냈다. 이 소식은 스톡트윗과 레딧을 중심으로 퍼져나갔고, 개장 시간이 되자 투자자들은 코언을 지지하며 게임스톱 주가를 15퍼센트 이상 끌어올렸다.

이 일련의 사건으로 로드 알츠만은 복잡미묘한 감정에 휩싸였다. 알츠만은 라이언 코언이 게임스톱에서 중요한 역할을 맡아 회사를 되살리기를 누구보다도 간절히 바랐다. 12월에는 기존 경영진에 실망해서 '#우리는코언을원한다 WeWantCohen'라는 해시태그를 퍼뜨리기도 했다. 하지만 그 후 몇 주가 지나는 동안 알츠만은 코언이 이사회에서 뜻하는 바를 관철하려면 수개월이 걸릴 것이라고 확신하게 되었다. 한편 알츠만이 수집한 데이터에 따르면 게임스톱의 연말 매출이 기대에 미치지 못할 것으로 예상되어 단기적으로 주가가 하락할 가능성이 높았다. 그래서 알츠만은 가지고 있던 콜옵션을 일부 매도하고 풋옵션을 매수하는 등 주가 하락에 대비했다. 그러나 월요일 아침에 게임스톱 주가가 급등하면서 알츠만은 오히려 손실을 보게 되었다. 큰 그림을 제대로 이해하더라도 옵션 거래가 잘못될 수 있다는 사실을 다시금 일깨워준 사건이었다. 알츠만은 탬파에 있는 자택 서재에 앉아 매우 복잡한 심경을 가라앉히며 본업에 집중하려고 노력했다.

"이렇게 빨리 합의가 될 줄은 예상하지 못했다." 알츠만은 스톡트윗에서 소용돌이치는 감정을 추스르며 친구들에게 말했다.

"수학을 너무 잘해도 문제네." '마일하이MileHigh'라는 아이디를 사용하는 GME 올빼미 한 명이 알츠만을 위로했다. "코언이 아무런 저항도 없이 회사를 접수할 줄 누가 알았겠어?"

그중에서도 알츠만이 가장 힘들었던 순간은, 크리스마스에 잠시 방송을 쉬겠다고 발표했던 포효하는 키티가 다시 돌아와 이 상황을 축하하는 라이브 방송을 진행한 밤이었다. 라이브 채팅창에서는 너도나도 그날 벌어들인 수익이 얼마인지 이야기하고 있었다. 알츠만은 채팅창에서 자신이 돈을 잃었다는 사실을 밝혔다. 포효하는 키티는 시가를 입에 물고 치킨 텐더를 먹으며 등장했다. 그는 라이브 시청자 수가 200명, 300명, 500명을 넘어가는 것을 지켜보며 웃음을 터뜨렸다.

"모두들 반가워." 포효하는 키티가 말했다. "뭘 어떻게 해야 할지 모르겠네. 사흘 밤낮으로 방송을 켜고 있어야 하나? 한동안 방송 본 사람들은 알겠지만, 이게 진짜 무슨 일이냐?"

2019년 5만 4,000달러에서 2020년 12월 말 370만 달러까지 불어난 수익 현황을 공유했던 레딧 이용자 딥퍼킹밸류가 본인이라는 사실을 공개한 이후, 포효하는 키티가 시청자와 함께 생방송을 진행한 것은 이번이 처음이었다. 댓글창은 딥퍼킹밸류와 다이아몬드 손에 관한 밈으로 도배되었다. 그러나 포효하는 키티는 몇 달 동안 게임스톱 관련 정보를 전달하느라 수고한 모든 사람, 특히 로드 알츠만에게 감사를 표했다. 포효하는 키티는 알츠만이 힘든 시간을 보내고 있다는 사실을 알고 기운을 북돋아주려고 최선을 다했다. 포효하는 키티는 "로드가 여기저기서 공유해준 모든 정보에 대해 감사하게 생각한다"라고 말했다.

포효하는 키티는 새로 들어오는 사람들에게 로드 또는 우버(로드의 아이디 '우버킥츠11'을 줄여서 부르는 애칭—옮긴이)가 2017년부터 게임스톱에 관심을 갖고 주식을 추적해왔다는 사실을 알려주며, 그 노고를 공개적으로 인정해주었다.

"기나긴 여정이었어, 그렇지?"

항상 밝고 긍정적인 포효하는 키티 덕분에 알츠만도 기운을 차렸다. 지난 몇 달 동안 포효하는 키티의 라이브 방송을 계속해서 시청했던 것도 이러한 까닭이었다. 주식 하나에 매달려 시간을 보내는 것에 대해 여자 친구와 그녀의 딸은 번갈아가며 놀리거나 짜증을 냈지만 말이다. 그날 밤 알츠만은 '이런 날도 있고 저런 날도 있는 거지'라며 스스로를 다독였다. 라이언 코언이 게임스톱 이사회에 합류했다는 소식은 아직 주가에 반영되지 않았고, 그날 주가가 오르긴 했지만 이제 겨우 12월 말 수준을 회복했을 뿐이었다. 로드는 다시 라이브 채팅창에 뛰어들어 몇 시간 전보다 눈에 띄게 밝아진 태도로 말했다. "나는 2017년 말부터 GME에 투자하기 시작했는데, 오늘보다 더 낙관적이었던 적은 없었다."

*　　*　　*

알츠만은 게임스톱에 계속 투자하기로 마음을 다잡았다. 이틀 뒤 아무도 예상하지 못한 진짜 축제가 시작되었다. 수요일 아침 개장하자마자 약 20달러였던 게임스톱 주가가 치솟기 시작해 점심시간이 되기 전에 거의 40달러까지 급등했다. 몇 시간 만에 회사 창립 이래 역대 연간 상승률보다 더 큰 폭으로 주가가 급등한 것이다. 스톡트윗에서는 GME 올빼미들조차 이게 도대체 무슨 상황인지 몰라 혼란스러워했다.

"너무 폭발적이고, 너무 빠르다." 누군가 말했다. "도저히 따라잡을 수가 없다."

주가가 갑자기 급등한 이유를 모두가 궁금해했다. 라이언 코언 때문이라면 왜 이틀 전 그 소식이 처음 나왔을 때는 주가가 오르지 않았을까? 아무래도 다른 이유가 있는 듯했다.

나중에 밝혀진 사실이지만, 이 또한 개인 투자자들이 전례 없이 엄청난 수의 콜옵션을 매수하면서 발생한 결과였다. 특히 추수감사절 이후, 개인 투자자들은 게임스톱의 주가 상승에 베팅하는 9,800만 개의 콜옵션 계약을 매수했다. 이는 지난 2년 동안 팔린 콜옵션 계약 건수를 모두 합친 것보다 많은 양이었다. 반다 리서치에 따르면 개인 투자자들이 그 주 수요일에만 3,700만 개를 매수했고,[1] 그중에서도 많은 투자자가 딥퍼킹밸류가 매달 수익 현황에서 공개한 것과 동일한 콜옵션, 즉 2021년 1월 15일에 만료되는 콜옵션을 매수한 것으로 나타났다. 만기일이 이틀 앞으로 다가온 상황에서 코언이 이사회에 취임했다는 소식이 전해지면서 행사 가격이 20달러였던 콜옵션 상당수가 이익이 나는 상태, 즉 전문 용어로는 '내가격^{in the money}(기초 자산인 주식 가격이 옵션 가격보다 높아진 상태—옮긴이)'에 진입한 것이다. 이 옵션을 판매한 시장 조성자들은 최대한 손실을 줄이기 위해 게임스톱 주식을 최대한 많이 확보하려고 동분서주하고 있었다.* 이는 곧 감마 스퀴즈 현상으로, 2020년 초에 테슬라와 버진 갤럭틱 주가를 급등시켰던 것과 같은 원리

---

* 이 과정을 좀 더 자세히 설명하자면, 옵션이 만기일에 내가격, 즉 수익이 나는 상태에 들어가면 옵션을 판 사람은 행사 가격, 즉 계약에 명시된 가격으로 주식 100주를 옵션을 산 사람에게 팔아야 한다. 주가가 행사 가격보다 훨씬 더 높아진 상태에서 옵션 판매자는 조금이라도 낮은 가격에 주식을 확보해야 그나마 손해를 줄일 수 있다. 그래서 주식 가격이 더 오르기 전에 가능한 한 많은 주식을 최대한 저렴하게 사들이려고 하는 것이다.

였다.

하지만 수요일에 주가가 급등했을 때 이 현상이 감마 스퀴즈일 수 있다는 사실을 알아차린 사람은 거의 없었다. 특히 로드 알츠만을 비롯해 게임스톱에 관심을 갖고 모여든 사람들 대부분은 감마 스퀴즈로 떠들썩했을 당시 월스트리트베츠에 없었기 때문에 이 현상에 대해 전혀 알지 못했다. 2020년에는 《블룸버그》 기자 루크 카와가 개인 투자자들이 감마 스퀴즈를 유발하는 과정을 공개적으로 설명해주었지만, 이를 눈여겨본 금융 회사에서 카와를 영입해버리는 바람에 더 이상 언론에서는 그의 설명을 들을 수가 없게 되었다. 대신 《블룸버그》의 한 신입 기자가 그날 옵션 거래량이 폭발적으로 증가했다고 언급했고, 월스트리트베츠에서도 감마 스퀴즈를 이해하는 몇몇 회원이 이 현상을 설명했다. 그러나 또 다른 해석이 퍼지기 시작하면서 하마터면 상황이 아주 딴판으로 흘러갈 뻔했다.

많은 사람들이 게임스톱 주가가 하락할 것이라 예상하고 거액을 베팅한 공매도 세력 때문에 주가가 폭등했다고 생각했다. 공매도가 많이 된 기업은 '숏 스퀴즈'라고 하는 시장 현상에 취약해진다. 숏 스퀴즈는 주가가 예상과 다르게 오를 경우 공매도 투자자들이 손해를 피하려고 주식을 사들이면서 주가가 급격히 상승하는 현상이다. 기본적으로 공매도 세력은 예상과 달리 주가가 오를 것 같으면 빨리 주식을 사서 거래를 종료하려고 한다(공매도는 말 그대로 주식을 빌려서 파는 방식이기 때문에 계약 기간이 끝나면 다시 주식을 사서 돌려줘야 한다). 만약 주가가 빠르게 상승하고 있다면 주가가 더 오르기 전에 손실을 최소화하기 위해 최대한 빨리 주식을 되사려고 공매도 세력끼리 경쟁하게 된다. 여러 공매도 세력이 앞다투어 주식을 사들이면 주가는 더 오른다. 그러면 더 많은 공매도 세력이 주식을 사들이는 데 동참하게 되고, 감마 스퀴즈 현상에서와 마찬가지로 자기 영속 루프가 시작될 수 있다.

시장 역사상 유명한 숏 스퀴즈 사례는 여러 차례 있었다. 2008년 폭스바겐 숏 스퀴즈로 폭스바겐은 잠깐이지만 단숨에 세계에서 가장 가치 있는 회사가 되었고, 주가가 하락할 것이라 예상했던 공매도 세력은 엄청난 손실을 입었다. 일반적으로 공매도가 많은 기업일수록 숏 스퀴즈에 더 취약해진다. 그리고 지금껏 그 누구도 게임스톱만큼 공매도가 많은 기업을 본 적이 없었다.

2020년 레딧과 스톡트윗 같은 커뮤니티에서는 1년 내내 게임스톱이 숏 스퀴즈에 취약하다는 이야기가 돌았다. 너무 많은 주식이 숏 포지션(공매도)에 잡혀 있었기 때문에 어떤 사람들은 이를 가리켜 '모든 숏 스퀴즈의 어머니Mother of All Short Squeezes'라는 뜻으로 줄여서 MOASS라고 부르기도 했다. 그러다가 게임스톱 주가가 전례 없이 급등하자, 많은 사람은 드디어 오랫동안 기다려온 MOASS가 현실이 되었다고 생각했다. 심지어 월스트리트베츠를 주의 깊게 지켜보던 짐 크레이머 같은 전문가도 방송에서 이 커뮤니티의 열기를 보자니 공매도 세력이 숏 포지션 즉, 주가 하락에 베팅한 상태를 청산하거나 정리할 수밖에 없을 것이라고 말했다.

처음에 월스트리트베츠에서는 본능적으로 이 소식에 환호했다. 헤지펀드가 드디어 자비를 구걸하며 항복을 외치는 순간이 임박한 듯했다. 그러나 숏 스퀴즈에 대한 소문이 퍼지면서 예상하지 못한 결과가 나타나기 시작했다. 많은 사람이 헤지펀드를 이기기 위한 노력이 마침내 성공했으니 이제 게임스톱에서 손을 뗄 때가 되었다는 결론에 도달한 것이다. 숏 스퀴즈는 흥미로운 현상이지만 그로 인한 주가 상승이 오래 지속되진 않을 것이므로 하락하기 전에 팔고 나오려는 심산이었다. 여러 게시물과 댓글에서 지금이 주식을 팔고 다른 종목으로 갈아타야 할 때인지 묻는 질문이 등장했다.

"GME 주식으로 100퍼센트 이상 수익을 냈는데, 이게 바로 우리가 기다리던 숏 스퀴즈인가요? 이제 팔아야 할 때인가요?"

수요일 장이 마감될 무렵 게임스톱 주가는 31.40달러로 전날 종가보다 50퍼센트 이상 오르면서 게임스톱 역사상 하루 동안 가장 큰 상승 폭을 기록했다. 그날 오후 딥퍼킹밸류는 GME 율로 수익 현황을 게시했는데, 월요일에 310만 달러였던 옵션이 580만 달러로 상승한 상태였다. GME 올빼미들 가운데 일부는 그날 벌어들인 수익을 현금화할 준비를 하기 시작했다.

며칠 전 알츠만을 위로했던 마일하이도 작별 인사를 남겼다.

"내 인생 최고의 경험이었다. 이 포럼은 내 마음속에 영원히 남아 있을 것이다. 이 모든 과정을 함께해준 여러분에게 깊은 감사를 전한다."

하지만 GME 올빼미 대부분은 아직 승리를 선언하기에는 너무 이르다고 생각했다. 그중에 2020년에 테슬라로 200만 달러를 벌었다는 '스니커스소매상sneakerssourcerer'이라는 인물은 당시 헤지펀드가 테슬라 공매도로 생긴 손실을 청산하는 데만 몇 달이 걸렸다며, 빌린 주식을 일부라도 반환할 때마다 주가가 조금씩 올라갔다고 설명했다. 알츠만은 최신 데이터를 보고 그날은 숏 스퀴즈가 일어나지 않았음을 확인했다. 만약 진짜 숏 스퀴즈였다면 공매도 세력이 손실을 줄이기 위해 베팅을 포기하면서 공매도 비율이 줄어들었어야 했다. 하지만 그날 올라온 새로운 데이터에 따르면 오히려 주가 하락에 베팅하는 사람이 늘어나 공매도 비율은 더욱 상승했다.

GME 올빼미들이 이 뜻밖의 정보를 소셜 미디어에 공유하자 모두가 깜짝 놀랐다. GME 올빼미들 중 '캡틴허바드CPTHubbard'라는 이용자는 다음과 같은 글을 남겼다. "오늘 공매도가 오히려 증가했다. 진짜, 미쳤다." 이어서 그는 게임스톱을 공매도한 헤지펀드들이 "항복할 생각조차 없었다"라고 말했다.

아직 숏 스퀴즈가 시작되지도 않았다는 것은 앞으로 더 큰 수익을 거둘 수 있는 기회가 남아 있다는 뜻이었다. 캡틴허바드를 비롯한 모든 GME 올빼미들은 그날 밤 사람들에게 이 광란은 끝이 아니라 이제 시작일 뿐이라는 점을 설득하려고 본격적으로 나섰다.

"앞으로 몇 주 동안은 일정을 비워두고 팝콘을 준비하라. 테슬라 때처럼 장기간 지속되는 숏 스퀴즈가 올 가능성이 크다."

2020년에 감마 스퀴즈를 경험했던 사람들이 나서서 그날 실제로 무슨 일이 일어났는지를 설명해주었다. 가장 많은 주목을 받은 게시물은 2020년 2월에 감마 스퀴즈 현상을 서브레딧에 처음으로 설명한 블룸버그 기사를 '푸하하 블룸버그'라는 제목으로 소개했던 바로 그 사람이 쓴 것이었다. 다시 모습을 드러낸 그는 최신 감마 스퀴즈에 참여하려고 방금 게임스톱 콜옵션 100개를 샀다고 말했다.

"숏 스퀴즈는 잊어라. 이건 감마 스퀴즈고 이제 겨우 시작에 불과하다. 숏 스퀴즈는 아직 시작도 안 했다."

이 메시지가 빠르게 퍼지면서 다음 날 월스트리트베츠에는 온통 게임스톱 주식을 보유하거나 추가로 매수하자는 이야기뿐이었다. 게임스톱 주가는 이제 사상 처음으로 40달러 선을 넘어섰다. 이때까지만 해도 언론에서는 게임스톱 관련 기사를 별로 찾아볼 수 없었다. 하지만 소셜 미디어에서는 이미 많은 정보가 활발히 오갔다. 반다 리서치에 따르면, 수요일과 목요일에 걸쳐 소액 투자자들은 3,900만 주에 달하는 게임스톱 주식을 매입했다. 지난 한 달 반 동안 소액 투자자들이 매입한 것과 거의 비슷한 양이었다. 하지만 더 눈길을 끈 것은 옵션 매수량이었다. 이틀 동안 개인 투자자들은 실제 주식보다 거의 2배나 많은 콜옵션을 매수했는데, 이는 일반적인 판매 공식을 뒤집는 기이한 현상이었다.[2] 콜옵션의 판매량 증가로 감수해야 하는 위험 부담도 어마어마하게 높아졌지만, 동시에 감마 스퀴즈 현상을 유발해 주가에 엄청난 상승 압력이 가해졌다.

목요일 주가는 전일 대비 27퍼센트, 2020년 저점 대비 1,300퍼센트 상승한 39.91달러로 마감했다. 딥퍼킹밸류의 최신 GME 수익 현황에 따르면 처음에 투자한 5만 4,000달러가 현재 740만 달러까지 불어난 상태였다. 그러나 이 게시물은 아직 승리를 선언하고 출구로 향할 때가 아님을 보여주는 데도 일조했다. 딥퍼킹밸류는 그 주 금요일에 만료될 예정이던 옵션 계약을 모두 처분했다. 하지만 주가가 더 오를 것이라 믿고 그 돈으로 다시 게임스톱 주식 수천 주와 새로운 옵션 계약을 사들였다. 딥퍼킹밸류를 상징하는 다이아몬드 손 이모지는 이제 '게임스톱은 아직 끝나지 않았다'라는 의지를 표현하는 수단이었다.

이틀 동안 일어난 게임스톱 주가 급등의 원인을 둘러싼 논쟁은 현실 세계에서는 큰 관심사도 아니었을뿐더러 난해하기만 했다. 그러나 서브레딧은 언론 보도를 거부하고 자신들만의 더 깊이 있는 시장 분석을 믿었다. 그 결과 몇 주 동안 주식시장의 판도가 바뀌었다. 원래 주식을 팔고 떠나려던 많은 사람이 이 복잡한 시장 원리를 이해하게 되면서 계속해서 주식을 보유하기로 결정했다. 그래서 이 활발한 커뮤니티에서는 게임스톱 주식을 둘러싼 더욱 크고 독특한 움직임이 생겨나게 되었다.

목요일 저녁 최신 데이터는 공매도 세력이 여전히 포기할 생각이 없음을 보여주었다. 목요일 거래가 마감되었을 때 공매도 비율은 오히려 증가했다. 나중에 밝혀진 사실이지만, 금융 정보 분석업체 오텍스의 데이터에 따르면 공매도는 이날 사상 최고치를 기록했다.[3] 이를 통해 공매도 세력이 포기는커녕 실제로 게임스톱 주가가 하락할 것이라 믿고 더 많은 베팅을 하고 있다는 사실이 분명해졌다. 월스트리트베츠에서는 공매도 세력의 이런 태도에 다시 관심이 쏠렸고, 헤지펀드가 경험이 부족한 개인 투자자들이 금방 포기할 것이라는 데 베팅하고 있다는 사실을 깨달았다. 물론 이러한 상황은 사람들의 분노를 자극했고 이 싸움에서 이기고야 말겠다는 의지를 증폭시켰다.

"이 건방진 새끼들이 [게임스톱 주가가] 0이 될 거라고 확신하나 본데, 조만간 몇 놈 파산하겠군." 알츠만이 말했다.

공매도 세력은 일반적으로 익명을 유지할 수 있었고, 누가 특정 주식을 공매도했는지 공개적으로 확인할 수 있는 방법도 없었다. 반면에 주식 가격 상승에 베팅하는 공매수 투자자는 거래 내역을 공개해야 했다. 예를 들어 라이언 코언이 수백만 주에 달하는 게임스톱 주식을 매입했을 때는 법에 따라 규제 당국에 공매수를 신고해야 했다. 그러나 공매도 세력이 비슷한 수의 주식을 빌려 공매도를 했을 때는 공시할 필요가 없었다. GME 올빼미들은 법이 누가 주가 하락을 바라는지 알아낼 수 없도록 공매도 세력을 비밀의 장막 뒤에 숨겨준다는 사실에 분노했다. 또한 레딧과 스톡트윗에서는 게임스톱이 파산하길 바라는 의문의 공매도 세력이 누구인지, 그 정체를 알아내고자 하는 열망이 더욱 높아졌다.

게임스톱 공매도 세력의 정체를 찾아 나선 몇몇 사람들이 헤지펀드가 대규모 옵션 보유 시 제출해야 하는 서류에서 흥미로운 단서를 발견했다. 헤지펀드가 주식을 공매도할 때는 이를 공개할 필요가 없지만, 이상하게도 풋옵션(주식을 팔 수 있는 권리를 사서 주가 하락에 베팅하는 방법으로 주식을 빌려서 파는 공매도에 비해 손실이 제한적이다—옮긴이)으로 특정 기업의 주가 하락에 대규모 베팅을 할 때는 반드시 서류를 제출해야 했기 때문이다. GME 올빼미 몇몇은 특히 멜빈 캐피털이라는 헤지펀드가 수년간 주가 하락에 베팅하기 위해 풋옵션 수백만 개를 매수한 사실을 발견했다. 이 사실을 알아내자마자 로드 알츠만은 소셜 미디어 활동으로 쌓아온 인맥을 동원해 수사에 착수했다. 몇몇 월가 관계자가 알츠만에게 접촉해 정보를 교환했다. 알츠만은 자연스럽게 이 정보원들에게 멜빈 캐피털에 대해 물어보았고, 실제로 월가에서 게임스톱을 공매도하는 데 가장 큰 역할을 한 헤지펀드라는 이야기를 들었다. 알츠만의 소식통에 따르면 멜빈 캐피털은 전체 게임스톱 주식의 거의 절반가량을 공매도한 것으로 추정되며, 이는 공매도의 특성과 숏 스퀴즈가 일어날 가능성을 고려할 때 엄청난 베팅이자 큰 위험을 감수한 행동이었다.

멜빈 캐피털을 조사하던 알츠만은 소셜 미디어에서 상대적 박탈감으로 인한 분노가 점점 커져가는 상황에서 그 분노를 표출할 대상으로 이 회사가 적격이라는 사실을 알게 되었다. 멜빈 캐피털은 헤지펀드계 거물인 SAC 캐피털에서 뛰어난 트레이더로 이름을 날렸던 게이브 플롯킨Gabe Plotkin이 설립한 회사였다.

"웩." 알츠만은 플롯킨의 이력을 알고 난 후 역겨움을 감추지 못했다. SAC 캐피털은 금융위기 직후 대규모 내부자 거래 스캔들에 휘말린 적이 있었다. 회사가 유죄를 인정하고 10억 달러에 가까운 벌금을 내는 것으로 마무리된 이 사건은 월가의 거물들이 일반인들과는 다른 특별 대우를 받는다는 인식을 심어주며 공분을 샀다.

12월과 1월에 월스트리트베츠와 스톡트윗에서는 플롯킨과 멜빈 캐피털에 엄청난 관심이 쏟아졌다. 월스트리트베츠의 몇몇 끈질긴 이용자들은 과거 내부자 거래 의혹에 관한 기사를 파헤쳤다. SAC 캐피털 재직 당시 플롯킨이 내부 정보를 이용해 거래한 증거가 나왔지만, 그는 기소되지 않았고 혐의를 전면 부인했다.

"멜빈 캐피털 CEO는 과거 내부자 거래에 관여한 적이 있다. 우리가 바로 이런 인간들을 상대로 싸우고 있는 것이다." 플롯킨이 부인했던 혐의에 관한 《블룸버그》 기사를 공유한 게시물

에는 이렇게 적혀 있었다.[4]

공매도는 다른 투자자들이 간과할 수 있는 부실기업이나 사기 행위를 적발함으로써 금융시장에서 중요한 기능을 수행할 수 있다. 하지만 복잡한 금융 거래로 경영난을 겪고 있는 기업과 그 기업에 의존해 살아가는 평범한 사람들의 어려움을 이용해 이익을 챙긴다는 점에서 대중의 분노를 사기 쉬웠다. 월스트리트베츠에 올라온 플롯킨 관련 게시물에서도 공매도 세력에 대한 불신이 여실히 드러났다. 특히 플롯킨이 오랫동안 게임스톱 주가 하락에 베팅해왔다는 사실이 알려지면서 분노는 더욱 커졌다.

"멜빈 캐피털은 게임스톱이 파산하길 바라고 있다." 알츠만이 조사한 내용을 읽은 어느 이용자는 이런 결론을 내렸다. "만약 그렇게 되면 그 개자식들은 뉴욕 사무실에서 샴페인을 터뜨리며 기뻐할 것이다. 그로 인해 피해를 입는 사람들이야 어찌 되든 말든. 팬데믹을 또 다른 소매업체의 관짝에 박아 넣을 마지막 못으로 활용하려 했다."

1월 중순까지만 해도 멜빈 캐피털은 게임스톱을 공매도했다는 사실을 공개적으로 인정하지 않았다. 하지만 멜빈의 대규모 공매도 베팅은 월스트리트베츠에서 공공연한 사실이었고, 플롯킨은 공공의 적이 되었다. 만화 속 악당처럼 실제로 플롯킨은 공개 석상에 거의 모습을 드러내지 않았다. 하지만 사람들은 플롯킨이 개인 트레이너와 함께 출연한 팟캐스트를 찾아냈다. 이 팟캐스트에서 플롯킨은 스포츠광이자 성공한 투자자로서 마이클 조던과 친분을 쌓아 조던의 소속 팀인 샬럿 호니츠의 지분을 매입한 과정을 이야기했다. 영상 속 플롯킨은 당당한 태도와 결점 없는 피부, 세련되고 절제된 스타일로, 성공한 금융가의 전형적인 모습이었다. 나중에야 밝혀진 사실이지만, 플롯킨이 그토록 위풍당당했던 이유가 있었다. 그해 그의 펀드가 52퍼센트라는 엄청난 수익률을 기록했기 때문이다. 이는 대형 헤지펀드를 통틀어 최고의 성과였다. 멜빈 캐피털은 이렇게 몇 년 동안 연속해서 큰 성공을 거두며 헤지펀드 업계의 서물로 성장했다.[5]

새해가 밝자마자 플롯킨에 대한 기사가 나왔다. 플롯킨이 플로리다주 마이애미비치에 있는 주택을 3,200만 달러에 매입했으며, 그 옆집도 1,200만 달러에 매입해 테니스 코트와 야외 정자로 개조하기 위해 허가를 요청한 상태라는 내용이었다. 이 집은 소셜 미디어에서 개인 투자자들이 맞서 싸우는 상대가 가진 부와 권력의 상징이 되었다.[6]

이 기사를 링크한 첫 번째 게시물에는 이렇게 적혀 있었다. "한번 읽어보시길. 웃음이 절로 나올 테니까. 이 개자식들 지금 똥줄깨나 탈 텐데."

하지만 알츠만을 비롯한 GME 올빼미들을 분노케 한 것은 플롯킨이 소유한 어마어마한 부나 게임스톱의 파산에 베팅했다는 기본적인 사실뿐만이 아니었다. GME 올빼미들은 멜빈 캐피털이 개인 투자자들을 겁주려고 조작적 거래 전술을 반복적으로 사용했다고 확신했다. 복잡한 1일 거래 패턴을 철저히 분석해 멜빈 캐피털이 게임스톱 주가가 오를 때마다 가격을 떨어뜨리려고 대규모 임시 주문을 쏟아부은 수많은 증거를 수집한 뒤 도달한 결론이었다. GME 올빼미들은 심지어 짐 크레이머가 헤지펀드에 근무할 당시 비슷한 전술로 경쟁자를 쫓아냈다는 내용을 언급한 해묵은 동영상도 찾아냈다. 알츠만은 소셜 미디어에 이러한 증거를 게시해 사람들의 분노를 자극했다.

"멜빈 캐피털은 수개월 혹은 수년 동안 실질적으로 주가를 조작해왔다(조작이라는 말 대신 다른 표현을 써도 상관없다)." 알츠만이 대화 중에 말했다.

"공매도 세력에게 탈출구는 없다. 고통스럽게 발버둥 칠 일만 남았다."

GME 올빼미들은 멜빈 캐피털이 '공매도 공격 short raids(주가 하락을 유도하려는 공격적인 매도 전략—옮긴이)' 같은 악의적인 편법을 사용하고 있다고 확신하고 증권거래위원회에 신고했지만 형식적인 답변만 돌아왔을 뿐 의혹을 확인할 길은 없었다. 멜빈은 나중에 그러한 행위를 한 적이 없다고 부인했다. 하지만 GME 올빼미들 사이에서 이러한 혐의는 기정사실로 받아들여졌고, 멜빈 캐피털과 맞서 싸워야만 하는 이유가 되었다.

"그들은 벌을 받아야만 한다." 알츠만이 말했다. "우리는 이미 경험해봤기 때문에 이 전쟁이 우리에게 달려 있으며 승리는 우리 것이라는 사실을 알고 있다."

멜빈 캐피털을 둘러싼 이 모든 의혹은 라이언 코언이 게임스톱 이사회에 합류했다는 뉴스가 보도된 후 주가가 급등하면서 수면 위로 떠올랐다. 주가가 급등하자 게임스톱에 관한 부정적인 뉴스 기사와 소셜 미디어 게시물이 쏟아지며 거래 포기를 부추겼다. GME 올빼미들은 그 배후에 멜빈 캐피털이 있다고 생각했다. 그 와중에 충격적인 일이 발생했다. 불과 며칠 전까지만 해도 게임스톱의 엄청난 잠재력에 관한 보고서를 수차례 작성했던 GME 올빼미 한 명이 이러한 게시물 작성에 가담한 것이다. 바로 위스콘신 출신의 젊은 투자자산운용사 저스틴 도피에랄라Justin Dopierala였다. 그 주에 게임스톱이 큰 폭으로 상승하던 와중에 도피에랄라는 멜빈 캐피털의 창업자인 게이브 플롯킨이 트위터에서 자신을 팔로우했으며 서로 메시지를 주고받을 수 있게 되었다는 사실을 알렸다. 그러고 나서 얼마 지나지 않아 도피에랄라는 게임스톱에서 완전히 손을 떼겠다는 폭탄 발언을 했다. 도피에랄라는 상대편 헤지펀드의 끈질긴 대응과 자원을 보고 머지않아 숏 스퀴즈가 일어날 것이라는 희망이 '꺾였다'고 설명했다.

도피에랄라의 갑작스러운 항복 선언에 동료 GME 올빼미들은 분노와 의심에 휩싸였다. 스톡트윗의 단체 채팅방에서는 온갖 추측이 난무했다. 플롯킨이 월스트리트베츠를 달군 게임스톱 열기를 식히려고 트위터로 도피에랄라에게 접촉해 회유하거나 돈을 주고 빠지게 만든 것 같다는 의견이 많았다.

"저스틴: 왜 게이브 플롯킨이 네가 거절할 수 없는 제안을 한 것 같은 느낌이 들지?" GME 올빼미인 캡틴허바드는 트위터에 이렇게 썼다. "돈 번 거 축하해."

도피에라는 인터넷에 퍼진 의혹을 강력하게 부인했다. 하지만 소셜 미디어에서는 한번 의혹이 싹트면 다시 뿌리 뽑기가 어렵다. 게다가 이 무렵 GME 올빼미들은 게임스톱과 관련된 이상한 움직임을 포착했다. GME 올빼미 한 명이 사람들에게 게임스톱 주식을 팔도록 부추기는 모든 게시물을 문서화하기 시작했다. 그 결과 이러한 게시물이 대부분 새로 생성된 계정에서 올라왔으며 여러 소셜 미디어에서 동일한 문구를 사용하고 있다는 사실을 발견했다. "여러 소셜 미디어를 추적해보니 이런 게시물이 엄청나게 많았고 모두 같은 내용이었다."

이 소식은 곧 월스트리트베츠에 올라왔고, 비교적 최근에 합류한 사람이 무슨 일이 일어나고 있는지 공표했다. "누군가 $GME 스퀴즈를 막으려고 WSB에 침투하고 있다."

게임스톱 주식을 팔아야 한다거나 주가가 떨어질 것이라는 부정적인 글이 갑자기 소셜 미디어에서 확산되었다. 멜빈 캐피털이 게임스톱 공매도를 보호하기 위해 수단과 방법을 가리지 않을 것이라는 예상은 확신이 되었다. 알츠만을 비롯한 수많은 GME 올빼미들은 소셜 미디어에 올라오는 의심스러운 게시물들이 전부 게임스톱에 대한 열기를 인위적으로 억누르려는 장기적이고 조직적인 움직임의 연장선상에 있다고 판단했다.

"나는 공매도 세력이 타격을 받고 있으며, 그래서 봇을 이용해 허위 정보를 퍼뜨리고 있다고 확신한다." 알츠만이 말했다. "이건 그들이 항상 사용하는 전략이며 그들은 앞으로 더 큰 혼란을 조장하려 할 것이다."

조던은 이 문제를 조사하려 했지만 여론을 조작하는 봇을 파악할 수 있는 자원이 부족했다. 게다가 레딧 측에서는 이 문제에 관심조차 보이지 않았다.

지금까지 공매도 거래로 발생한 피해 규모를 고려할 때 멜빈 캐피털은 엄청난 손실을 막기 위해 무슨 일이든 할 가능성이 있었다. 나중에 데이터 회사 S3가 분석한 자료에 따르면, 라이언 코언이 게임스톱 이사회에 합류한 후 나흘 동안 공매도 세력은 14억 달러(한화 약 1조 9,000억 원)의 손실을 입은 것으로 추정되었다.[7]

물론 멜빈 캐피털은 소셜 미디어에서 어떤 형태로든 여론을 조작하기 위해 비용을 지불한 적이 없다고 부인했다. 온라인에서 사회운동이 확산될 때면 이런 종류의 두려움이나 의심이 발생하곤 했다. 소셜 미디어에서는 누가 진짜인지, 누가 반대편의 공작원인지 알기 어렵다. 사람들은 전통적인 정보원을 불신해서 소셜 미디어를 찾지만, 오히려 소셜 미디어에서 그런 불신이 심해지는 경우가 많았다.

그 주 주말, 여론 조작에 대한 두려움으로 알츠만과 다른

GME 올빼미들은 스톡트윗을 버리고 비공개 디스코드 서버로 후퇴했다. 디스코드에서는 개개인의 신원을 확인하고 관리하기가 더 쉬웠기 때문이다. 하지만 이번 사건으로 지난 10년간 월스트리트베츠에 퍼져 있던 금융업계에 대한 불신이 더욱 확고해지면서 게임스톱은 완벽한 대의명분으로 거듭났다. 엘리트 계층이 불공정한 방식으로 부를 축적하면서 해안가 대저택에 살지 않는 소시민들을 무시한다는 생각이 서브레딧을 사로잡았다. 특히 온라인에서 부는 열풍에 절대 굴복하지 않으려는 멜빈 캐피털의 모습을 보면서 이 의심은 더욱 확고해졌다.

"지금까지 우리를 엄청나게 과소평가한 거지." 알츠만이 스톡트윗에서 동료 GME 올빼미에게 말했다.

월스트리트베츠 회원들은 헤지펀드를 향한 복수심에 불타 게임스톱 주식이나 옵션을 더 많이 매입해 주가를 더욱 끌어올리고 헤지펀드에 더 큰 고통을 주기로 결심했다.

"[공매도 세력의] 강냉이를 날려버리고 싶다. 그리고 돈도 빼앗고 싶다." 누군가 알츠만에게 말했다.

이 댓글에 알츠만도 바로 공감을 표시했다. "그들 때문에 수년간 고통받았으니 이제 내가 돌려줄 차례다."

게임스톱을 둘러싼 소용돌이는 지난 1년 동안 월스트리트베츠에 쌓인 분노, 불만, 열정 같은 모든 감정을 단일 종목에 집중시켰다. 하지만 지금 이들이 느끼는 모멸감은 앞으로 닥칠 일에 비하면 아무것도 아니었다.

*　　*　　*

라이언 코언이 게임스톱 이사회에 합류한 지 일주일 후, 주식시장은 폭탄 발언으로 떠들썩했다. 그 주인공은 시트론 리서치의 창립자이자 2020년에 월스트리트베츠에서 가장 인기 있는 종목을 수차례 비판했던 앤드루 레프트였다. 레프트는 화요일 개장 직후 트위터에 시트론 리서치가 게임스톱 주가를 끌어내릴 계획이라고 공표했다.

"내일 오전 11시 30분(미국 동부 표준시)에 시트론은 라이브 방송을 진행할 예정이다. 게임스톱 $GME 주식을 지금 이 가격에 구매하는 사람은 결국 이 포커 게임에서 호구가 될 수밖에 없는 이유 다섯 가지를 알려주겠다. 주가를 순식간에 20달러 선으로 다시 끌어내리겠다. 우리는 당신들보다 공매도를 더 잘 이해하고 있으니 제대로 설명해주겠다."

트윗이 올라가자 게임스톱 주가를 떨어뜨리겠다는 레프트의 목표는 즉시 달성된 듯 보였다. 원래도 레프트는 주가 하락에 베팅한 뒤 부정적인 정보를 발표하는 방식으로 돈을 벌었다. 이번에도 트윗을 올린 지 30분 만에 주가는 10달러 가까이 하락했다.

레프트의 트윗은 그렇지 않아도 무시당하고 있다고 느끼는 군중에게서 분노를 최대치로 끌어내기 위해 완벽하게 고안된 것처럼 보였다. 레프트는 이들을 호구라고 지칭하며 자신이 시장을 훨씬 더 잘 알고 있다고 도발했다. 레프트의 의도는 제대로 먹혀들었다. 월스트리트베츠에서는 거센 반발이 일어났다.

"시트론이 방금 전쟁을 선포했다. 씨발, 어디 한번 해보자. 집도 팔고, 차도 팔고, 아내도 팔아서, GME 사자."

레프트는 지난가을 팔란티어와 테슬라를 공격하고 로빈후드 개인 투자자들을 조롱해 서브레딧에서 분노를 샀던 인물이었다. 하지만 게임스톱에 열광하던 월스트리트베츠 이용자들은 이 선전 포고가 레프트의 단독 행동이 아닐 거라고 추측했다. GME 올빼미들은 새로운 디스코드 서버에서 주말 내내 멜빈 캐피털이 무슨 수를 써서라도 게임스톱 열풍을 억누르려 할 거라는 이야기를 주고받았다. 그러던 중에 레프트가 이런 트윗을 올리자 그 배후에 플롯킨과 멜빈 캐피털이 있다는 데에 모두가 동의했다.

"누군가 도움을 요청한 것 같은데, 아니야? @gabeplotkin." 디스코드 채팅방 멤버 한 명이 트위터에 멜빈 캐피털 창립자를 태그하며 이렇게 썼다.

"멜빈은 이 명(망)작에 얼마를 지불했을까?" 또 다른 트윗이 질문했다.

일각에서는 레프트가 게임스톱 주가를 끌어내린 것이 헤지펀드 업계에서는 일반적인 전술임을 확인시켜주는 기사를 찾아냈다. 지난가을에 미셸 셀라리어Michelle Celarier라는 탐사 보도 기자가 《기관 투자자Institutional Investor》 잡지에 기고한 이 기사는 대형 헤지펀드가 공매도 대상 기업을 공개적으로 무너뜨리기 위해 소규모 헤지펀드에 돈을 지불하는 경우가 있다는 내용이었다. 이 기사에는 앤드루 레프트가 "제3자에게 돈을 받고 보고서를 발표한 적은 없다"라고 진술한 내용도 담겨 있었다. 그러나 이어지는 기사 내용에는 레프트가 대형 헤지펀드와 긴밀한 협력 관계를 유지하며 헤지펀드에서 제공한 자료를 자신이 조사한 것처럼 발표하는 것으로 유명하다고 나와 있었다. 대형 헤지펀드는 이처럼 소규모 헤지펀드를 앞세우고 그 뒤에 숨어서 돈을 벌려고 상장 기업을 공격한다는 논란을 피해 갈 수 있었다.

"다른 사람에게 정보 공개를 맡기면 직접 나서지 않아도 되니까 원하는 대로 거래 방식을 조정할 수 있는 유연성을 확보할 수 있다." 익명을 요구한 어느 대형 헤지펀드 매니저가 이렇게 말했다.[8]

이 기사를 읽고 월스트리트베츠 회원들은 헤지펀드에 맞서 싸우려는 의지를 더욱 다잡았다. 헤지펀드가 개인 투자자들과는 달리 불공정한 방식으로 시장을 조작한다는 의혹을 확인했기 때문이다.

알츠만은 디스코드 서버에서 멤버들을 모아 단순히 욕을 하는 데서 그치지 않고 제대로 된 반격에 나섰다. GME 올빼미들은 다음 날 온라인 라이브 이벤트를 예고한 레프트에게 맞서 그의 주장을 반박하는 보고서를 작성하기로 결의했다. 라이브 시작 전까지 게임스톱이 실패할 수밖에 없는 이유를 하나하나 반박하는 논거를 모아 한눈에 볼 수 있도록 정리하는 것이 목표였다. 그날 오후와 저녁, 디스코드에 있는 모든 사람이 발 벗고 나섰다. 어느 기업 마케팅 전문가는 월가 증권분석가가 작성한 공식 보고서처럼 보이도록 문서 형식을 편집했다. 당연히 알츠만이 데이터와 스프레드시트를 제공했다.

그날 밤 포효하는 키티가 라이브 방송을 진행했고 모두가 그 방송을 시청하면서 보고서 작업에 매달렸다. 디스코드에서는 보고서에 어떤 내용을 포함해야 할지를 둘러싸고 열띤 논쟁이 벌어졌다. 특히 보고서 상단에 넣을 주식 목표 가격을 두고 격렬한 논쟁이 오갔다. 일론 머스크의 발자취를 따라 월스트리트베츠가 열광할 만한 상징적인 숫자를 사용하자는 의견이 나왔다. 그러자 누군가 대마초 문화와 성적 체위를 상징하는 숫자 420과 69를 결합하자고 제안했는데, 이 제안은 반발에 직면했다.

"여러분, 여기서 흥을 깨고 싶진 않지만 169,420달러라는 숫자가 그토록 열심히 작성한 보고서의 나머지 부분에 대한 신뢰를 떨어뜨리진 않을까 걱정이 된다. X나 영리하다고 생각하지만 WSB 구독자가 아니면 눈살을 찌푸릴 수 있다."

무리에서 진지함을 담당하는 알츠만은 신뢰성을 고려하는 것도 중요하지만 대중이 공감할 수 있는 새로운 방식으로 접근해야 한다고 주장했다.

"전문적인 언어가 필요하다는 데 동의하지만 유머를 적절히 추가해도 신뢰를 해치지 않을 수 있다." 알츠만이 말했다.

보고서는 앤드루 레프트의 라이브 방송이 시작되기 전까지 넉넉한 시간을 두고 완성되었다. 이 보고서는 전문적이고 깔끔한 4쪽짜리 문서로, 글머리 기호와 차트를 이용해 게임스톱의 다양한 잠재적 가능성을 보여주며, 최상의 시나리오로 주가가 169달러에 도달할 수 있다는 전망을 제시했다. 디스코드 사람들은 이 보고서와 추가 연구 자료를 공개할 수 있도록 GMEdd.com이라는 웹사이트도 만들었다. 이 보고서 곳곳에는 게임스톱이 단순한 투자가 아니라 대의명분이라는 점을 강조하기 위해 고안된 작은 상징이나 농담도 여러 개 숨겨져 있었다.

문서 하단에는 이런 문구가 적혀 있었다. "월가를 믿지 마세요. 오픈소스 데이터를 포함한 대화형 스프레드시트(xls)를 다운로드해 직접 분석하세요."

GME 올빼미들은 모든 소셜 미디어에 신속하게 보고서를 게시하고 레프트의 라이브 방송에 대비했다. 하지만 레프트는 생방송 시작 직전에 트위터에 워싱턴에서 열리는 조 바이든의 취임식과 일정이 겹쳐서 행사를 연기한다고 발표했다. 올빼미들은 즉각 고의성을 의심했다. 레프트가 운동 경기에서 몇 초를 남기고 타임아웃을 요청하는 것처럼 불확실성을 끌어내고 상대편의 집중력을 흩뜨리기 위해 의도적으로 이런 행동을 했다고 생각했다. 레프트의 전략은 어느 정도 효과가 있었다. 화요일 아침 레프트가 트윗으로 선전 포고를 한 이후로 주가는 보합세를 유지하고 있었다. 끝없는 상승세는 끝이 난 듯했다. 그러나 군중을 흩어지게 하지는 못했다. 라이브 방송이 시작되기를 기다리는 동안 월스트리트베츠는 레프트를 직접 겨냥했다. 누군가 서브레딧에 레프트의 집 주소를 유포했고 사람들은 그 주소로 피자를 배달시키고 협박 편지를 보냈다. 레프트는 제이미 로고진스키에게 연락해 폭도들을 막을 수 있는 조언이나 도움을 줄 수 있는지 물었다. 하지만 제이미는 자신은 더 이상 서브레딧에 관여하지 않는다고 답했다.

레프트는 사실 월스트리트베츠의 적이 되기에는 어울리지 않는 인물이었다. 상황이 달랐다면 오히려 영웅이 될 수도 있었을 것이다. 레프트는 대부분의 금융업계 종사자보다는 월스트리트베츠에 모인 사람들과 배경이나 성향 면에서 훨씬 비슷했다. 홀어머니 슬하 어려운 가정 환경에서 자라 입이 거칠고 거리의 싸움꾼 같은 면모가 있었다. 부자가 된 후에도 맨해튼의 고급 펜트하우스에 숨어 살지 않고 베벌리힐스와 마이애미에 호화로운 저택을 구입했다. 《뉴욕 타임스》에서는 레프트를 가리켜 "클럽 홍보 담당자 같은 어딘지 모르게 수상하지만 사람들을 끌어당기는 카리스마"를 지녔다고 묘사했다.[9] 심지어 정공법에서 벗어난 공매도 기법은 월가의 기존 관행과 고정관념에 도전하는 레프트만의 방식이었다. 이처럼 레프트와 월스트리트베츠는 비슷한 언어와 사고방식을 공유했지만 이 유사성이 오히려 갈등을 폭발시켰다.

목요일 정오 무렵에 레프트는 마침내 동영상을 올렸다. 겉으로는 침착함을 유지하려고 애썼지만 분명히 흔들리고 있었다. 동영상은 고가의 추상화가 벽에 걸려 있는 베벌리힐스 자택에서 조용하지만 초조하게 녹화 장비를 만지작거리는 레프트의 모습으로 시작했다. 면도하지 않은 얼굴에 살짝 비틀린 미소를 지으며 무심한 듯 자신감을 드러내려 했지만, 오히려 얼마나 불안해하고 있는지가 여실히 드러났다. 레프트는 온라인 폭도들의 표적이 되어 틴더 앱에 강제로 가입되고, 집으로 주문하지도 않은 피자가 배달되고, 전자기기나 온라인 계정을 해킹하려는 시도가 빈번히 일어나고 있다며, "투자에서 반대 의견을 좀 냈기로서니 이토록 분노하는 사람들은 본 적이 없다"라고 말했다.

레프트는 이어서 게임스톱을 분석한 결과를 이야기했다. 그러나 내용을 들어보니, 기업에 대한 제대로 된 분석은커녕 소셜 미디어에 퍼져 있는 쟁점조차 제대로 파악하지 못한 듯했다. 레프트는 게임스톱이 지금 숏 스퀴즈에 휘말려 있다는 믿음이 공공연하게 퍼져 있는데 이는 사실이 아니라고 반박했다. 하지만 실제로 월스트리트베츠는 이 부분에서 레프트와 입장이 같았다. 숏 스퀴즈가 아직 일어나지 않았다고 생각했기 때문이다. 레프트는 이 사실을 모르고 논점을 잘못 잡은 듯했다. 이어서 레프트는 라이언 코언의 신규 투자에도 불구하고 게임스톱은 전년도에 형편없는 재무 실적을 기록했던 경영진을 그대로 유지하고 있다고 지적했다.

"두 달 전 라이언 코언이 게임스톱 경영진에게 보낸 편지에는 회사가 어떻게 잘못된 방향으로 나아가고 있는지가 아주 일목요연하게 적혀 있다. 그런데 문제는 지금도 그 경영진이 바뀌지 않고 건재한다는 사실이다."[10]

레프트는 라이언 코언이 최근 이사회에 합류했으며 경영권을 인수인계받는 과정에 있다는 사실을 전혀 모르는 듯했다.

그 밖에도 여러 가지 주장을 했지만 오류투성이였다. 월스트리트베츠는 큰 안도의 한숨을 내쉬었다. 레프트가 월스트리트베츠의 주장에서 예상치 못한 허점을 발견하거나 라이언 코언과 관련해 치명적인 사실을 알아낼지도 모른다는 걱정은 기우에 불과했다. 레프트는 가장 기본적인 내용조차 제대로 숙지하지 않은 것 같았다.

"너무 엉망이라 웃음이 나올 정도다. 한 주 동안 도대체 뭘 한 거냐. 여보세요, 정신 좀 차리세요." GME 올빼미 한 명은 레프트에게 이런 트윗을 남겼다.

실제로 레프트는 훨씬 더 설득력 있는 비판을 내놓을 수도 있었다. 게임스톱에 부정적인 의견을 가진 다른 증권분석가들은 훨씬 더 구체적이고 논리적인 이유를 제시했다. 가령 오랫동안 게임스톱을 분석해온 마이클 팩터Michael Pachter는 코언이 온라인 반려동물 식품 분야에서는 성공했지만 그 경험이 비디오 게임을 판매하고 오프라인 매장을 운영하는 게임스톱에는 도움이 되지 않는 이유를 설명하는 보고서를 발간하기도 했다.

하지만 레프트의 허술한 비판이 대중에게 가장 널리 퍼져나갔다. 레프트의 발표가 끝나고 몇 분 지나지 않아 이 상황이 게임스톱 강세론자들에게는 일종의 선물임이 분명해졌다. 월스트리트베츠에서는 월가가 게임스톱을 오해하고 있으며 개인 투자자들의 신뢰를 뒤흔들어 주가를 떨어뜨리기 위해 다방면으로 공작을 펼치고 있다는 사실을 증명하려고 부단히 노력해왔다. 몇 달 동안이나 복잡한 증거를 제시하며 이러한 사실을 입증하려고 애썼는데, 레프트가 단 몇 개의 트윗과 동영상만으로 이를 간접적으로 증명해준 셈이 되었다.

결국 레프트는 월스트리트베츠의 분노를 결집시키는 동시에 게임스톱이 헤지펀드에게 반격할 확실한 기회임을 재차 확인시켜준 꼴이 되고 말았다. 월스트리트베츠에 올라온 한 인기 게시물은 게임스톱이 단순한 주식 이상의 의미를 가지는 것 같다고 말했다.

"미친 소리처럼 들리겠지만 이건 게임스톱이라는 회사에 관한 것이 아니다. 이건 기관 투자자를 무너뜨리려는 것이다."

"거대한 기관에게서 돈을 빼앗아 평범한 개인 투자자와 친애하는 WSB 저능아들 손에 쥐여주려는 것이다. 빌어먹을, 미국인이자 이 서브의 회원인 것이 자랑스럽다."

목요일 주가는 10퍼센트 가까이 상승한 43달러로 마감했다.

게임스톱이 40달러가 넘는 가격으로 마감한 것은 수년 만에 처음이었다.

다음 날 아침 로드 알츠만은 금융 투자 전문 온라인 뉴스 매체인 벤징가에서 출연 요청을 받았다. CNBC나 《블룸버그》는 아니었지만, 외부에서도 월스트리트베츠를 주목하기 시작했다는 신호였다. 알츠만이 방송에 출연했을 때 많은 GME 올빼미들이 그의 얼굴을 실제로 처음 보았다. 깔끔하게 손질한 머리와 풀 먹인 반팔 폴로 티셔츠 차림으로 등장한 알츠만은 온라인에서 그가 스스로 묘사했던 대로 '평범한 동네 축구 코치' 같은 모습이었다.

이윽고 진행자들이 입장했다. 알츠만은 깜짝 놀랐다. 진행자들은 아직도 게임스톱을 단순히 이상한 밈 때문에 잠시 주가가 급등했을 뿐 망해가는 회사로 알고 있었기 때문이다. 알츠만은 기업 전망이 어떻게 바뀌었는지 최선을 다해 설명했다.

"게임스톱은 이제 아예 방향을 바꾸었습니다." 알츠만이 열정적으로 말했다. "비용을 절감하고 디지털 중심으로 운영 방식을 전환하고 있습니다. 게다가 라이언 코언이 이사회에 합류하면서 마치 로켓 엔진을 단 것처럼 변화에 가속도가 붙었습니다."

알츠만이 이야기를 이어가던 중 갑자기 진행자가 끼어들었다. "잠깐, 잠깐만요. 거래가 중단된 것 같은데, 맞나요?"

알츠만과 진행자들이 황급히 주가를 확인하려 했다. 그때 진행자 한 명이 물었다. "로드, 지금 게임스톱 주가가 얼마일 것 같나요? 지금 당신이 방송에 등장한 이후로 주가에 어떤 변동이 생겼을까요?"

진행자는 프로듀서에게 실시간 주식 차트를 화면에 띄워달라고 요청했다. 바로 직전 20분 동안 주가는 69퍼센트 상승한 76달러로, 단 30분 만에 역대 1일 최대 상승 폭을 훨씬 뛰어넘어 기업 역사상 최고가를 경신했다. 이로 인해 뉴욕증권거래소에서는 서킷 브레이커가 발동되어 5분간 게임스톱 거래가 중단되었다. 거래가 재개되자 주가는 잠시 급락했다가 다시 급등했고, 5분도 채 지나지 않아 두 번째 서킷 브레이커가 발동되었다.

이 모든 일이 실시간으로 진행되자 알츠만은 "이렇게 빠르게 재평가되다니 충격적입니다"라며 믿기지 않는 표정을 지었다.[11]

인터뷰가 끝나자마자 알츠만은 곧바로 레딧과 디스코드에 글을 올렸다. 몇몇 멤버가 우스갯소리로 알츠만의 방송 출연이 이 광풍의 촉매제였다고 말했다. 언론에서는 게임스톱 주식이 급등한 이유를 분석하며 다시 한번 오랫동안 기다려온 숏 스퀴즈를 유력한 원인으로 지목했다.

하지만 월스트리트베츠 회원들은 그 어떤 기자보다 게임스톱의 주가를 면밀히 주시하고 있었기에 이번 급등이 숏 스퀴즈 때문이 아님을 곧바로 간파했다. 그날 옵션 시장에서 일어난 전례 없는 활동에 관한 게시물이 쏟아지기 시작했기 때문이다. 수개월 동안 게임스톱에 대해 가장 낙관적인 콜옵션은 주가가 60달러 이상으로 오르는 것을 전제로 했는데, 갑자기 모든 콜옵션이 내가격에 들어가게 되었다. 이 계약은 월스트리트베츠에서 한동안 가장 인기 있는 콜옵션이었다. 그런데 이제 이를 판매한 증권사 혹은 딜러들이 돈을 지불해야 하는 상황에 처하면서 잠재적 손실을 줄이기 위해 가능한 한 많은 게임스톱 주식을 매입하고 있었다. 특히 이날은 대부분의 옵션 계약이 만료되는 금요일이었기 때문에 딜러들은 매우 촉박하게 주식을 구해야만 했다. 월가에서 나온 일부 보도에 따르면 그날 만기가 예정된 모든 콜옵션이 내가격에 진입한 전례 없는 상황이 벌어졌다. 서로 경쟁적으로 매수하다 보니 주식을 매도할 의향이 있는 사람을 찾기가 거의 불가능했다. 결국 주가는 비정상적으로 급등락하다가 가격 단절이 발생하는 지경에 이르렀다. 장이 끝날 무렵까지 거래소는 게임스톱 거래를 네 차례나 중단했다. 월스트리트베츠의 한 영리한 해설자는 이를 '투기 중독성 degenerity'이라고 명명했다. 서브에서 자신들을 지칭하는 은어인 '이단아'들이 시장에 혼란을 야기할 때 일어나는 현상을 설명하는 데 전문 용어처럼 들리도록 단어를 바꾼 것이었다.

"블랙홀 같지만 옵션이 있네. 물리학 및 재무금융학 박사 학위 소지자들이 이 이론을 더 확장해주기를 기대한다." 이 게시물은 말했다.

게임스톱은 전날 저녁보다 52퍼센트, 그달 초보다 200퍼센트 상승한 65달러에 장을 마감했다. 장이 마감된 후 딥퍼킹밸류는 최신 수익 현황을 공유하며 현재 수익이 1,100만 달러(한화 약 145억 원)에 도달했다고 알렸다. 이 게시물은 좋아요 9만 5,000개를 받으며 폭발적인 관심을 끌었다. 《월스트리트 저널》의 속보를 포함한 게시물에는 그보다 더 열광적인 반응이 뒤따랐다. 줄리엣 정Juliet Chung 기자는 멜빈 캐피털이 외부 투자자들에게 전화를 걸어 전체 포트폴리오가 불과 몇 주 전에 비해 15퍼센트 하락해 수십억 달러의 손실을 입었다는 사실을 알렸다고 보도했다. 그중에 정확히 얼마큼이 게임스톱으로 인해 발생한 손실인지에 관한 자세한 내용은 없었지만, 이 기사는 신뢰할 만한 외부 소식통이 멜빈 캐피털이 게임스톱 주요 공매도 세력임을 처음으로 확인시켜준 사례였다.[12] 또한 그동안 아마추어 투자자들이 수행한 연구와 예측이 모두 맞았음을 입증해주었다. 월스트리트베츠는 멜빈 캐피털이 그동안 이 거래에서 빠져나갈 기회가 여러 번 있었는데도 그러지 않았던 모든 순간을 떠올리면서 자업자득이라며 축제 분위기에 휩싸였다.

하지만 GME 올빼미들이 모이는 비공개 디스코드 서버에서 알츠만은 훨씬 더 놀라운 소식을 공유했다. 알츠만은 소셜 미디어를 통해 친분을 쌓은 월가 전문가들에게서 게임스톱 관련 정보를 가끔씩 전해 듣곤 했다. 그중에 가장 흥미로운 정보원은 믿을 만한 사람에게 건너 들은 멜빈의 소식을 알츠만에게 전해주는 한 트레이더였다. 처음에는 그가 전해주는 메시지를 그다지 신뢰하지 않았지만, 그가 전해준 소식이 매번 알츠만 자신이 수집하고 있던 다른 증거와 일치했다. 이번 주 금요일에 그 소식통이 전해온 소식은 매우 흥미로웠다. 한마디로 '멜빈은 항복하지 않았다'는 것이었다.

그날 오후 알츠만은 최신 공매도 비율이 약간 내려가긴 했지만 아직 미미한 수준임을 확인했다. 이는 숏 스퀴즈와 이로 인해 발생할 수 있는 엄청난 이익이 아직 남아 있음을 다시 한 번 시사했다.

게임스톱 주가 상승으로 커뮤니티는 큰 이익을 거두었고, 미래에 다가올 더 큰 수익을 기대하며 축제 분위기에 휩싸여 있었다. 이 와중에 포효하는 키티가 어쩌면 마지막이 될지도 모르는 라이브 방송을 예고했다. 오후 7시에 화면에 모습을 드러낸 포효하는 키티는 불과 6개월 전 첫 라이브 방송을 진행했을 때와는 완전히 다른 사람처럼 보였다. 그때만 해도 장밋빛 뺨에 수줍은 미소를 머금은 보이스카우트 대원 같은 모습으로 시청자들을 맞이했다. 당시 첫 방송은 경고와 함께 시작되었다. "투기나 단타 꿀팁 같은 걸 기대하고 왔다면 실망할 거야. 그런 이야기를 하려고 시작한 건 아니거든."

6개월 후인 1월 22일, 포효하는 키티는 한 손에는 시가를, 다른 한 손에는 샴페인 잔을 들고 등장했다. 레이밴 선글라스를 쓰고 빨간 머리끈으로 긴 머리를 뒤로 묶은 채 1분 정도 아무

말도 하지 않고 웃으며 몸을 앞뒤로 흔들기만 했다. "건배, 여러분, 건배!" 마침내 그가 입을 열었다. "행복한 금요일! 다들 기똥찬 한 주 보냈길 바란다. 정말이지 미친 하루, 미친 한 주였다."

소셜 미디어에서 성공하면 사람이 변하곤 한다. 하지만 축제 분위기 속에서도 포효하는 키티는 그날 밤 어느 누구보다 신중한 태도를 보였다. 포효하는 키티는 게임스톱을 추가로 더 매입해야 한다거나 앞으로 주가가 더 오를 거라는 말은 하지 않겠다는 점을 분명히 했다.

"그 누구에게도 조언해줄 것은 없다." 포효하는 키티가 말했다. "궁금한 점이 있으면 금융 전문가와 상담하면 된다."

포효하는 키티에게서 평소 게임스톱과 관련된 정보 공유와 질문 공세로 열정적인 토론을 주도하던 모습은 찾아볼 수 없었다. 오늘 밤은 주식이나 라이언 코언에 대해 이야기하기보다는 이 믿기지 않는 순간을 온전히 음미하고 싶은 듯했다. "거래가 성공하면 정말 기분 좋지, 그렇잖아? 모든 조건이 같다면 당연히 거래가 성공하기를 바라지. 그렇지만 여러분이 공유해준 생각과 이야기에 정말 감사하고 고마운 마음이 든다."

그는 특유의 빠르고 거침없는 말투 대신 몇 달 만에 처음 듣는 느릿느릿한 말투로 이야기하며 감정에 휩싸인 듯 카메라를 응시했다.

"정말 너무나도 영광이고 깊이, 깊이 감사를 드린다. 이 기분을 충분히 표현할 말을 찾을 수가 없다. 라이브 시작할 때 이 말부터 했어야 했는데, 나와 우리 가족이 느끼는 이 감정을 꼭 알아줬으면 좋겠다."

포효하는 키티는 이건 단순히 주식에 국한된 이야기가 아니라고 덧붙였다.

"여기서 많은 사람을 만나 관계를 맺으면서 약간의 공동체 의식이 생겨난 것 같다." 포효하는 키티는 두 손을 모으고 감정을 추스르듯 잠시 카메라에서 시선을 돌렸다. 이윽고 그는 채팅창을 보며 침묵에서 빠져나왔다. 빠르게 지나가는 이름들과 쏟아지는 대화를 보며 평소 단골 멤버들의 이름을 하나하나 읊어주던 습관이 생각났는지, 이내 원래의 쾌활함을 되찾았다.

"오늘 밤 분위기 좋네요." 포효하는 키티는 이렇게 말하며 로드 알츠만을 포함해 채팅창에 보이는 익숙한 이름을 차례차례 불렀고, 다시 한번 잔을 채웠다.

게임스톱 주가 대폭등

> "그가 아직 버티고 있으니 나도 버티겠다."

2021년 1월에 게임스톱 주가가 폭등하면서 월스트리트베츠는 유례없는 관심과 조명을 받았다. 조던 자자라는 갑자기 거대한 벽이 조던 자신과 그가 구축한 디지털 농장을 에워싸고 점점 더 거리를 좁혀오는 듯한 압박감을 느꼈다.

우선 이전에 경험하지 못한 엄청난 방문자 수 증가로 시스템이 불안정해졌다. 앤드루 레프트가 게임스톱 사태를 비판하는 영상을 올린 목요일에 서브레딧은 사상 처음으로 24시간 만에 1,000만 페이지뷰를 기록했다. 금요일에는 그보다 2배 빠른 속도로 페이지뷰가 증가했고, 내부 대시보드에 따르면 1초마다

10개의 새로운 댓글이 달렸다. 조던은 지난 한 달 동안 커뮤니티의 성장에 발맞춰 봇 기능을 개선하며 대비해왔지만, 이처럼 폭발적인 관심은 전혀 예상하지 못한 것이었다.

"젠장, 도저히 감당이 안 되는데. 봇이 따라잡지를 못하네."

조던은 다른 운영진에게 적극적으로 도움을 요청했지만, 디스코드 대화방에 운영진 수십 명이 참여하고 있는 동안에도 실제로 일을 하는 사람은 조던이 거의 유일했다.

"자러 가고 싶은데 지금 지켜보고 있는 사람이 나뿐인 것 같다." 어느 날 밤늦게까지 게임스톱에 대한 대화가 이어지는 동안 조던이 말했다.

조던이 잠 못 드는 이유는 폭발적으로 증가한 트래픽 때문만은 아니었다. 그는 지난 1년 동안 레딧이 논란이 많은 커뮤니티를 폐쇄해버리는 것을 지켜보면서 월스트리트베츠가 그 표적이 될지도 모른다는 생각에 불안해했다. 특히 안티-이블 팀이 월스트리트베츠를 집중적으로 감시하기 시작한 이후로는 더욱 그랬다. 그래서 서브레딧이 앤드루 레프트와 시트론 리서치를 공격하기 시작했을 때, 조던은 레딧이 이를 문제 삼을지도 모른다는 생각에 곧바로 레프트와 그 가족을 위협하는 모든 사람을 적극적으로 단속했다. 그리고 모두에게 조심할 것을 당부했다.

"우리는 같은 편인 척하면서 악의적인 짓을 하려는 사람들을 특히 경계해야 한다." 조던이 회원들에게 말했다.

"뭔가 이상하다고 생각되면 댓글로 알려주길 바란다."

조던은 월스트리트베츠 창립자에게서는 그 어떤 도움도 받지 못하고 있었다. 제이미 로고진스키는 지난봄 서브레딧에서 쫓겨난 이후로 조용히 지냈다. 게임스톱으로 세간이 떠들썩해지자 다시 나타났지만 자신을 쫓아낸 데 대해 여전히 불만과 앙심을 품고 있는 것이 분명해 보였다. 제이미는 자신의 트위터 계정인 @wallstreetbets에 게임스톱 열풍에서 조작의 냄새가 풍긴다며, 자신이 책임자로 있었을 당시에는 이런 조작 가능성을 차단하려 노력했다고 주장했다.

"친애하는 @reddit에게, 이런 일은 내가 관리했다면 절대 발생하지 않았을 거야. 진심을 담아, 내가." 제이미는 이렇게 썼다.

제이미의 오랜 친구 몇 명은 제이미가 서브레딧을 곤경에 빠뜨리려 한다며 그를 비난했다. 하지만 이 오래된 운영진 때문에 조던 또한 곤경에 빠진 적이 있었다. 한 달 전 조던이 서브레딧에 너무 많은 권한을 행사한다며 문제를 제기하는 바람에 화가 난 조던이 서브레딧을 잠시 그만두었던 이후로 이들은 한동안 잠잠한 듯 보였다. 그러다가 앤드루 레프트 사태가 벌어지자 또다시 등장해 권한을 행사하려 했다. 가장 연차가 높은 운영자인 온리원박지성은 제이미가 운영하는 트위터 계정에 대항할 공식 계정(@WSBmod)을 개설해 자신을 포함한 기존 운영진이 관리하겠다고 선언했다.

"세상은 이미 우리에 대해 이야기하고 있다. 이제 우리도 목소리를 내야 할 때다." 온리원박지성이 레딧에 공식 트위터 계정을 개설했음을 알리며 말했다. "앞으로는 운영진이 직접 관리하는 트위터 계정으로 외부와 소통하겠다."

조던을 비롯한 나머지 운영진은 이 조치에 분노했다. 기존 운영진이 아무런 상의도 없이 트위터 계정을 개설했을 뿐만 아니라 계정 관리에서도 조던과 새로운 운영진을 아예 배제해버렸기 때문이다.

조던은 디스코드에서 온리원박지성에게 트위터를 삭제하라고 말했다.

"아무하고도 상의하지 않고 그렇게 너희 저능아들끼리만 IRC 채팅방에 모여서 독단적으로 행동하는 방식은 통하지 않아. 그만둬."

온리원박지성은 꿈쩍도 하지 않았다.

"너희는 너무 감정적이야. 한발 물러나서 차분히 생각해봐."

트위터 계정을 둘러싼 싸움은 일주일이 지나면서 더욱 치열해졌다. 기존 운영진이 새로운 트위터 계정으로 앤드루 레프트를 공격하기 시작한 것이다. 조던이 외부의 감시에서 서브레딧을 지키기 위해 했던 노력과 정반대되는 행동이었다. 조던의 걱정에 동조하는 다른 많은 회원도 트위터 계정을 비판하며 계정 삭제를 요청하는 게시물을 올리기 시작했다. 이들은 이 계정의 끔찍한 유머 감각에 불만을 토로하며, 월스트리트베츠를 유명하게 만든 독창적인 트롤링이나 밈과는 거리가 멀다고 비판했다. 또한 이 계정이 월스트리트베츠가 조직적으로 주가를 조작하고 있다는 비난을 받고 있는 상황에서 마치 배후에 어떤 세력이 있는 것처럼 보이게 만든다는 조던의 주장에 동조했다.

"이 트위터 계정은 우리를 대변하지 않으며 언론도 그렇게 생각하지 않기를 바란다. 단지 허수아비일 뿐이다." 어느 이용자는 분노에 차서 이런 댓글을 남겼다.

트위터 계정을 폐쇄하라는 청원에 수만 명이 서명했다. 조던은 기존 운영진이 커져가는 분노를 지켜보며 생각이 바뀌었는지 살펴보려 다시 디스코드를 찾았다.

"잘못된 생각이었다는 걸 인정해라." 조던이 온리원박지성에게 말했다.

바보 같은 짓 그만둬라.
아니면 트위터 계정이 그렇게도 중요하냐?
모든 사람이 싫어하는데도 상관없다는 거냐?

이에 온리원박지성은 "해결하고 있는 중"이라고만 답했다.

"해결 같은 소리 하고 있네." 조던은 결국 아무 소용이 없음을 깨닫고 포기했다.

하지만 그 주 금요일에 주가가 치솟고 더 많은 사람이 몰려들면서 조던의 두려움은 점차 현실화되었다. 앤드루 레프트는 트위터에 게임스톱 공매도 계획은 포기하겠지만 자신과 가족을 괴롭힌 사람들에게 복수하겠다고 공표했다.

"우리는 더 이상 게임스톱에 대해 언급하지 않을 것이다. 우리의 투자 논리를 믿지 않기 때문이 아니라 이 주식을 소유한 폭도들이 분노에 휩싸여 지난 48시간 동안 각종 범죄를 저질렀기 때문이다. 나는 이 범죄 행위를 FBI, SEC(미국 증권거래위원회) 및 기타 정부 기관에 넘길 것이다." 이어서 레프트는 이렇게 덧붙였다. "순진하게 익명성을 믿고 이런 일을 자행하는 사람들 때문에 또 다른 피해자가 발생하지 않도록 정부가 나서서 이 문제를 해결해주길 바란다."

월스트리트베츠는 이전에는 그저 건전하지 못한 방식으로 위험을 사랑하는 다소 거칠지만 웃긴 커뮤니티로 알려져 있었다. 하지만 앤드루 레프트 사건 이후로 사악한 힘을 남용하는 집단이라는 이야기가 쏟아져 나오기 시작했다. 여러 기사에서 헤지펀드 매니저의 말을 인용해 월스트리트베츠를 익명의 시장 조작단 소굴로 묘사했다. 전 재무부 장관인 래리 서머스Larry Summers가 블룸버그 텔레비전에 출연해 월스트리트베츠를 언급하면서 세간의 이목은 더욱 집중되었다.

진행자 데이비드 웨스틴David Westin이 말했다. "래리, 주중에 주목할 만한 일이 있었죠. 게임스톱이라는 회사가 하루 동안 두 번이나 거래를 중단해야 했습니다. 주가가 폭등했죠. 정말 엄청나게 올랐는데요. 공매도에 맞서기 위해 함께 뭉친 이른바

레딧 군단 때문인 것 같습니다."

진행자는 미국 대선에 러시아가 개입해 정보 조작 활동을 벌인 사건을 언급하며 서머스에게 물었다. "소셜 미디어가 우리 정치뿐만 아니라 시장에도 정말 해를 끼칠까요?"

서머스는 소셜 미디어가 시장에 심각한 영향을 미칠 수 있으며 규제 당국이 이 문제에 적극적으로 나서야 한다고 말했다. "우리 시장 시스템이 소셜 미디어로 인한 문제에도 살아남을 것이라고 생각하지만, 90년대에 재무부에서 말했듯이 시장의 현대화 수준에 맞는 규제 시스템이 필요하다고 봅니다."[1]

조던은 이 방송에 격분해 서머스 같은 부류를 가리켜 '위선자 새끼들'이라며 맹렬히 비난했다. 너무 화가 난 나머지 논리적인 대응을 내놓지 못하는 조던을 대신해 오랜 친구 라카이가 나섰다. 라카이는 오랜만에 올린 글에서 서브레딧과 그 구성원들을 옹호했다.

"혹시 눈치채지 못했다면 말인데, 지금 모든 이목이 r/WallStreetBets에 집중되어 있고, 이 커뮤니티를 무질서하고 무모한 곳처럼 보이게 만들려는 이야기가 퍼지고 있다." 라카이는 200만 명에 달하는 회원들에게 글을 남겼다.

라카이는 주가 조작 혐의는 현실을 인정하고 싶지 않은 헤지펀드가 월스트리트베츠에게 뒤집어씌운 것이라고 주장했다. "그들은 우리가 규칙에 따라 정정당당하게 싸웠는데도 이겼다는 사실이 싫은 것이다."

여기서 라카이는 과거 시제를 사용해 이미 '이겼다'고 표현했지만, 이대로 승리를 확정 짓기에는 시기상조였음이 곧 드러났다.

* * *

월요일 아침 개장 종이 울리자마자 금요일 오후에 멈췄던 열기가 그대로 되살아났다. 게임스톱은 개장 즉시 금요일 종가보다 약 50퍼센트 높은 100달러 근처에서 거래가 시작되었다. 거래가 시작된 지 5분도 되지 않아 또다시 서킷 브레이커가 발동했다.

"재개장까지 3분 남았다. 숨 들이마시고." 알츠만은 GME 올빼미들이 모두 모인 디스코드에서 이렇게 말했다.

거래가 재개된 후 한 차례 급격한 하락이 있었지만 이윽고 주가는 전례 없는 수직 상승세에 접어들었다. 100달러 미만이었던 주가는 15분 만에 120달러 이상으로 급등했고, 상승세는 멈출 기미가 보이지 않았다. 주가는 단 몇 분 만에 지난 화요일에 제시했던 가장 낙관적인 목표치인 169달러에 가까워졌다.

"나는 지금껏 하루에 일곱 자리 숫자를 벌어본 적이 없다. 결단코 이번이 처음이다." 디스코드에서 GME 올빼미 한 명이 말했다.

또 다른 이용자는 퇴근길에 주식 상황을 집중해서 지켜보기 위해 주유소 주차장에 차를 대고 앉아 있다고 말했다. 몇 분 후, 주가가 여전히 상승하는 가운데 그는 이렇게 말했다. "지금 버몬트 주유소에 차를 대고 앉아 있는데 내 자산이 여덟 자리 (1,000만 달러, 한화 약 1,400억 원—옮긴이)를 찍었다. 내 50년 치 월급에 해당하는 금액이다."

30분 동안 이어진 주가 급등으로 서킷 브레이커가 두 차례나 더 발동되었지만 그 상승세를 꺾지는 못했다. 세 번째 서킷 브레이커가 발동된 순간 주가는 160달러에 도달했으며, 이 모든 일이 불과 30분 만에 벌어진 일이었다. 이때 몇몇 GME 올빼미들은 슬슬 발을 뺄 궁리를 하기 시작했다. 주가는 지난봄 최저점 기준으로 무려 5,200퍼센트 상승했고, 이달 들어서 500퍼센트, 이날 하루 동안만 120퍼센트 상승했다. 일반 투자자라면 몇 년에 걸쳐 달성하기를 기대하는 수익률을 하루아침에 달성한 것이다.

"150달러에 절반을 팔아야 했다. 월요일에 직장을 그만둘 것이다. 인생이 바뀌었다." 버몬트 주유소에 앉아 있다는 남자가 말했다. "나는 시간당 임금 28달러를 받으면서 가족과 멀리 떨어져 1년에 600~700시간씩 초과 근무를 하며 생활하고 있다."

"축하해." 알츠만이 말했다.

"받아 마땅하니 누려라." 또 다른 올빼미가 화답했다.

월스트리트베츠도 흥분의 도가니에 휩싸여 있기는 마찬가지였다.

"하루 만에 100퍼센트!!! 이 아름다운 저능아들에게 한번 걸어봤는데… 믿기지가 않는다!"

"내 친구는 방금 GME로 백만장자가 되었고, 동생은 모기지를 갚았다!"

하지만 상황은 갑자기 무섭게 반전되었다. 오전 11시쯤 또 한 번 거래가 중단되었다가 재개된 이후, 게임스톱 주가는 갑자기 자유낙하를 시작했고 시장도 함께 무너지는 것처럼 보였다. 약 20분 만에 주가가 다시 장 초반 수준으로 떨어졌고, 전체 시장도 함께 떨어졌다. 기술주 중심의 나스닥 종합지수는 15분 만에 300포인트나 하락했다.

게임스톱 주가가 폭락하는 혼란스러운 와중에 알츠만에게 트위터로 쪽지가 날아왔다. 멜빈 캐피털 내부 상황을 알려주던 제보자에게서 온 쪽지였다.

"멜빈이 나가떨어졌다. 멜빈 직원에게 직접 전해 들은 소식이다."

엄청난 소식이었다. 몇 달 동안 버티던 멜빈이 드디어 항복했다는 뜻이었기 때문이다. 알츠만이 이 메시지를 받았을 때 다른 GME 올빼미들 사이에서는 이미 이 급격한 주식 변동이 마침내 멜빈 캐피털이 공매도 포지션을 청산했기 때문인지를 놓고 논의가 오가고 있었다.

"시장에 나타난 이 기이한 변동성은 대규모 펀드를 강제로 청산하면서 나타난 결과인가?" 알츠만이 쪽지를 받기 직전에 디스코드에서 누군가가 이렇게 물었다.

 30분간 일어난 폭등은 실제로 차입 주식을 반환하고 숏 포지션을 청산하기 위해 매우 빠르게 게임스톱 주식을 대량으로 매수해야 했던 상황처럼 보였다. 헤지펀드가 마침내 막대한 손실을 인정하고 청산했을 때 나타날 법한 전형적인 현상이었다. 멜빈이 게임스톱에서 이제 막 손실을 확정했다면 대규모 포지션 투자를 위해 빌렸던 마진 대출도 갚아야 했을 것이다. 이를테면 집을 팔아도 대출금을 다 갚을 수 없어서 또 다른 재산을 처분해야 하는 상황에 처한 것이다. 헤지펀드는 일반적으로 다른 보유 자산을 매각해 돈을 갚곤 했다. 디스코드 채팅방에서는 시장에서 가장 많이 매도된 주식들이 바로 멜빈의 대표적인 주요 보유 재산이었다는 사실을 곧 알아챘다.

 "포기해, 게이브!! 다 끝났어!!!" 누군가 디스코드에서 외쳤다. 멜빈 캐피털의 이니셜을 따 'RIP MC'라는 문구도 올라왔다.

 정오쯤에는 대대적인 매도세가 끝나가는 듯했다. 바로 그때 알츠만의 소식통이 정확했음을 알려주는 뉴스 속보가 떴다. 멜빈 캐피털이 헤지펀드 업계의 두 거물인 시타델과 포인트72(게이브 플롯킨의 옛 상사 스티브 코언이 내부자 거래 수사로 원래 운영하던 헤지펀드가 문을 닫은 후 새롭게 설립한 헤지펀드)에게 27억 5,000만 달러를 투자받는 계약을 체결했다는 내용이었다. 물론 멜빈이 게임스톱 숏 포지션을 청산했다거나 애초에 게임스톱을 공매도했는지 여부는 포함되어 있지 않았지만, 이 보도로 멜빈과 게이브 플롯킨이 막대한 손실을 입었다는 사실만큼은 분명해졌다. 불과 사흘 전에 《월스트리트 저널》은 멜빈이 올해 초에 15퍼센트 손실을 입었다고 보도했다. 월요일에는 이 손실이 30퍼센트로 불어났으며, 이는 게임스톱 주가가 큰 폭으로 상승하기도 전에 집계된 규모였다.[2] 멜빈은 이처럼 엄청난 손실을 메우기 위해 다른 헤지펀드에서 투자금 명목으로 27억 5,000만 달러를 지원받았지만, 대부분의 평론가들은 사실상 '구제금융'으로 해석했다.

레딧에서 많은 사람이 몇 달 동안이나 고대하면서 동시에 경고해왔던 일이 막상 실제로 벌어졌지만 마냥 축하만 할 수는 없었다. 우선 멜빈 캐피털 소식이 알려지자마자 게임스톱 주가는 다시 폭락했고, 금요일 장 마감 가격보다 내려갔기 때문이다. 그리고 나서 갑자기 월스트리트베츠와 게임스톱에 투자한 사람들에게 스포트라이트가 쏟아졌다.

점심시간에 방영되는 CNBC의 〈패스트 머니 하프타임 리포트Fast Money: Halftime Report〉는 화면을 8등분해 전문가 여덟 명의 얼굴이 한 화면에 보이도록 배치했다. 각자 시장 혼란에 대한 분석과 의견을 내놓으려고 열심이었다. 진행자 스콧 와프너Scott Wapner가 이야기를 시작할 때 화면에 나타난 모든 사람의 얼굴에는 충격이 선명히 떠올라 있었다.

"여러분은 혼란스러운 시장 속에서 이상한 일들을 많이 보셨을 텐데요, 이번 상황을 어떻게 바라보고 계신지 궁금합니다.

그리고 투자자들이 지금 이 상황에서 무엇을 고민해야 한다고 생각하시나요?"

헤지펀드 매니저 스티브 와이스Steve Weiss가 가장 먼저 대답했다. "이번 게임스톱 사태는 제가 지금까지 본 것 중에 가장 미친 짓입니다."

방송에 출연한 전문가들은 젊은 개인 투자자들의 행태가 법적으로 문제가 될 수 있다고 입을 모았다. 또한 게임스톱 같은 회사에 투자하는 것은 현명하지 못하다고 비판했다. 헤지펀드 매니저들이 보기에 게임스톱은 앞날이 없는 회사였기 때문이다. 출연진 중 한 명은 "외국 세력이 개입되었을 수도 있다"는 의견을 제시하기도 했다.[3]

월스트리트베츠에서는 실시간으로 쏟아지는 수많은 뉴스와 기사를 검토하고 논의했다. 그 결과 애초에 사람들을 이 서브레딧과 투자로 이끌었던 수많은 의혹과 분노가 사실임을 확인했다. 언론은 멜빈 캐피털이 저지른 실수에는 전혀 관심을 보이지 않는 듯했다. 그토록 막대한 손실을 입으며 공매도 포지션을 강제로 청산하는 끔찍한 결말에 이르렀는데도 말이다. 월스트리트베츠에서는 몇 달 동안 멜빈의 행동이 어떤 결과를 초래할 수 있는지를 꾸준히 지적해왔다. 하지만 막상 문제가 터지자 멜빈은 어떻게든 27억 5,000만 달러를 지원받게 되었고, 그 책임은 오히려 누구보다 먼저 이 문제를 파악한 사람들에게 돌아가는 것처럼 보였다. 특히 '구제금융'이라는 단어는

2008년 금융위기로 촉발된 불신을 다시금 자극했다. 이 불신이야말로 월스트리트베츠를 성장하게 한 중요한 요인이었다. 월스트리트베츠의 어느 일반 회원이 CNBC에 보낸 공개서한에는 이러한 정서가 가장 잘 표현되어 있으며, 보기 드물게 진지한 내용을 담고 있는 이 편지는 커뮤니티에서 큰 인기를 얻었다.

"당신이 허풍쟁이 헤지펀드 친구들을 방송에 불러다 앉혀놓고 r/WallStreetBets를 악마화하는 데 또 하루를 허비하기 전에 이 글을 읽어보시기 바랍니다." 서한은 이렇게 시작되었다.

"우리는 잘못된 투자로 손실이 나도 우리를 구제해줄 억만장자가 없습니다. TV에 나가서 수백만 명을 조종해 우리 편에서 투자하도록 만들 수도 없습니다. 만약 우리가 그들처럼 엄청난 실수를 저지르면, 모든 것을 잃고 처음부터 다시 시작해야 합니다. 웬디스(미국 패스트푸드점—옮긴이) 쓰레기통 뒤에서 대딸을 하는 신세로 돌아가게 됩니다."

월스트리트베츠에서 늘 그랬듯이 불만은 곧 행동으로 이어졌다. 몇몇 이용자들은 옵션 보유 내역을 신고한 서류에서 멜빈 캐피털이 공매도한 다른 주식 목록을 찾아 유포하기 시작했다. 이 주식들은 곧 서브레딧에서 가장 많이 언급된 종목 목록에 올랐다. 회원들은 이 주식들의 콜옵션을 매수해 주가를 끌어올려 멜빈 캐피털에 더 큰 피해를 입히려고 했다. 그 결과 블랙베리, 베드 배스 앤드 비욘드, 의류 소매업체 익스프레스 같은 주식이 급등했다.

"WSB가 단독으로 월가를 무너뜨리고 있다. 우리에게 힘을. 낫 놓고 기역 자도 모르는 우리 저능아들이 정말이지 자랑스럽다."

하지만 그날 시장에서 발생한 대규모 거래 활동이 단순히 개인 투자자들의 소행이 아니라는 인식도 커지고 있었다. 몇 달 동안 거래 패턴을 지켜본 GME 올빼미들은 이제 큰손들이 개미들이 발견한 종목을 뒤쫓는 조짐이 보인다고 이야기했다. 그날 시장에서 활동한 큰손은 멜빈의 몰락을 이용해 이익을 얻고자 하는 헤지펀드들이었다. 그 밖에 시장의 상승세를 감지해 단기간에 이익을 얻으려는 컴퓨터 알고리즘 기반의 투자 회사들도 있었다.

당시 상황을 가장 간결하게 설명하고 앞으로 어떤 일이 벌어질지 경고한 게시물이 올라왔다. 월스트리트베츠를 뻔질나게 드나들다가 지금은 헤지펀드에서 일하게 된 사람이 남긴 글이었다.

"지금 농담하려는 거 아니니까 의심스러우면 내 이전 글들 확인해봐. 나도 2016년에 AMD에 욜로했다가 말아먹고 접었어. 그러다가 큰손들에게 이 판이 어떻게 돌아가는지를 배웠지."

그는 최근 몇 주 동안 서브레딧이 보여준 힘을 인정했다.

"너네가 먼저 시작한 싸움이다."

하지만 이제 상황이 달라졌다고 경고했다.

"이제 큰손들이 뛰어들었으니 조심해야 한다."

월스트리트베츠에서는 모두가 서로의 동기를 의심하기 시작했다. 특히 헤지펀드 편에 서 있는 것처럼 보이는 사람들이라면 더더욱 그랬다. 하지만 이들은 월스트리트베츠 특유의 언어를 능숙하게 구사했고, 자신을 믿어야 하는 이유도 그럴듯하게 설명했다.

"내가 이 말을 하는 이유는 내 직장이랑 상사가 싫고 그들이 너희를 엿 먹이는 꼴을 보고 싶지 않기 때문이다."

그날 밤 나온 데이터를 보면 전체 주식시장 거래량이 최근 몇 주간과 비교해서 크게 증가한 것으로 나타났다. 반다 리서치에 따르면, 개인 투자자가 매입한 게임스톱 주식 수는 신기록을 갱신했다. 하지만 이제 대형 기관 투자자들까지 가세하면서 게임스톱의 전체 거래량은 더욱 빠르게 증가했다.[4]

새롭게 공개된 공매도 비율 정보를 보면 게임스톱에 공매도를 걸었던 일부 투자자들이 포지션을 정리하기 시작하면서 전체 공매도 비율이 약간 줄어든 것으로 나타났다. 하지만 월스트리트베츠의 모든 단골 회원은 공매도 비율이 크게 줄어들지 않는 이상 숏 스퀴즈가 계속될 가능성이 크다는 사실을 잘 알고 있었다. 자정 무렵에 서브레딧에서 가장 인기를 끈 게시물은 딥퍼킹밸류가 올린 최신 수익 현황으로, 옵션 계약 중 200건은 200만 달러로 현금화하고 나머지 800건은 더 큰 수익을 기다리며 보유하고 있다는 내용이었다. 그 아래 가장 많은 좋아요를 받은 댓글은 다음과 같았다.

"그가 아직 버티고 있으니 나도 버티겠다. 우리 모두 힘을 합치자."

* * *

월요일에 레딧에서 시작된 게임스톱 열풍은 이제 월가까지 가세한 광풍으로 바뀌었다. 화요일에는 인터넷에서 이 현상을 모르는 사람이 없을 정도로 퍼져나갔다.

그 시작은 전날 밤 캘리포니아 주지사 선거에 출마하겠다고 선언한 유명 인사 차마트 팔리하피티야Chamath Palihapitiya의 트윗이었다. 화요일에 팔리하피티야가 트위터에 자신이 방금 행사가 115달러인 게임스톱 콜옵션에 '수십만 달러'를 투자했다고 밝힌 것이다. 행사가 115달러는 당시 주가보다 35달러 정도 높은 가격이었다. 팔리하피티야는 게임스톱 주식과 관련된 밈을 잘 알고 있다는 사실을 보여주기 위해 포효하는 키티의 유행어를 추가했다. "가즈아!!!!!!!!"

게임스톱 주가는 월요일에 발생한 숏 스퀴즈로 최고점을 찍고 다시 하락했지만, 팔리하피티야의 트윗은 일종의 예언이 되어 점심시간이 되자 주가는 120달러로 회복되었다. 이어서 페이스북을 둘러싸고 마크 저커버그와 법적 다툼을 벌이다 현재는 비트코인 사업을 하고 있는 윙클보스Winklevoss 쌍둥이 형제도 트윗을 올렸다.

"게임스톱 $GME 주가는 @elonmusk의 트윗 한 번이면 폭등할 거야. 그러면 저 탐욕스러운 공매도 세력은 완전 끝장이지." 타일러 윙클보스Tyler Winklevoss가 말했다.

게임스톱 주가는 지난 한 주 동안 매도 세력과 매수 세력이 충돌하면서 그야말로 미친 듯이 요동쳤다. 그러나 화요일에는 상황이 달라졌다. 주가는 우상향을 그리는 완만한 곡선으로 바뀌었다. 현재 상황이 인터넷으로 퍼져나가면서 많은 사람이 게임스톱 주식을 몇 주씩 사들였다. 팬데믹이 시작된 이후 주식시장에 뛰어든 사람들의 관심이 이제 한 종목에 쏠린 것이다. 화요일에 개인 투자자가 사들인 게임스톱 주식 수는 6,800만 주로 사상 최고치를 기록했다.[5] 그 결과 게임스톱은 시가총액이 수백 배나 더 큰 애플과 마이크로소프트 같은 기업을 제치고 이날 하루 동안 세계에서 가장 많이 거래된 주식에 등극했다.

이런 일이 가능했던 이유는 게임스톱 주식을 둘러싼 모든 복잡한 논쟁을 단 몇 가지 문구와 이모티콘으로 요약한 밈 덕분이었다. 특히 딥퍼킹밸류를 따라다니는, 포기하지 않는 매수자를 상징하는 다이아몬드 손 이모지와 월가에 복수하려는 정의감을 담은 문구가 큰 역할을 했다. 그러나 딥퍼킹밸류의 수익 현황을 보고 포모 증후군이 발동해 단순히 시류에 편승하는 경우도 많았다. 화요일 장이 마감될 때 게임스톱은 하루 동안 93퍼센트 상승한 150달러를 기록했고, 딥퍼킹밸류의 수익 현황은 전날보다 900만 달러 더 늘어난 2,300만 달러에 도달했다. 이를 주의 깊게 지켜보던 《블룸버그》의 해설자 맷 러빈은 사람들이 불나방처럼 주식에 몰리고 있는 이 상황을 다음과 같이 요약했다.

"기업의 펀더멘털(회사의 경영 활동이나 재무 상태, 성장 가능성 등을 종합적으로 분석한 지표—옮긴이)을 보고 주식을 산 사람이 한 명 있다고 칩시다. 여기에 단순히 '재밌겠는데' 혹은 '공매도 세력에게 본때를 보여주자' 같은 개인적인 즐거움을 이유로 매수한 100명을 추가해봅시다. 그러면 이제 '다른 사람들이 사들이고 있으니까 나도 사야겠다' 하는 사람 수천 명이 더해지면서 주가가 급등하게 됩니다."[6]

하지만 놀랍게도 본격적인 입소문이 퍼지기 시작한 것은 화요일 장이 마감된 이후였다. 장이 마감된 지 불과 몇 분 후, 일론 머스크가 트윗을 올렸다. 월스트리트베츠 링크와 함께 '게임쭈GameStonk' 단 한 단어가 끝이었다.

트위터 팔로워 수백만 명을 거느린 머스크는 온라인 생태계를 직관적으로 이해했으며, 소셜 미디어를 마치 악기처럼 능숙하게 다루었다. 머스크는 '쭈식은 무조건 오른다'는 뜻을 담은 월스트리트베츠 밈인 '쭈식'을 '게임스톱'과 결합해 최고의 밈을 만들어냈다. 이 밈은 친숙하면서도 낯설고, 무슨 뜻인지 알고 싶고 계속 따라 하고 싶은 충동과 머스크가 만들어낸 이 흐름에 동참하고 싶은 마음을 불러일으켰다.

화요일 저녁에는 인터넷의 보이지 않는 전파력이 게임스톱에 마법 같은 효과를 발휘하는 모습을 실시간으로 볼 수 있었다. 지금까지는 투자와 금융에 관심 있는 사람들만 게임스톱에 주목했다면 이제는 훨씬 더 넓은 범위의 대중이 관심을 보이기 시작했다. 트위터나 페이스북에서 누군가 게임스톱 관련 메시지를 공유할 때마다 이전에는 그런 메시지를 한 번도 접해보지 못한 사람 다섯 명에게 추가로 전달되었다. 소셜 미디어 알고리즘이 게임스톱 관련 키워드가 갑자기 폭발적으로 공유되는 것을 감지하면서 그날 다른 모든 게시물을 제치고 게임스톱 관련 게시물을 가장 상위에 노출시켰다. 일단 알고리즘을 타자 그 파급력은 마치 대기권을 뚫고 중력의 영향을 벗어난 우주선처럼 일파만파 퍼져나갔다. '게임스톱'은 구글 검색어 급상승 순위에 오르며 '대통령 취임식'과 '슈퍼볼' 사이에 자리 잡았다.

로빈후드 이용자들은 시간 외 거래에 접근할 수 없었지만, 머스크의 트윗 이후 전문가들이 게임스톱을 매입하려고 몰려들면서 가격이 150달러에서 200달러 이상으로 치솟는 것을 지켜볼 수 있었다. GME 올빼미들은 디스코드 서버에서 실시간으로 치솟는 주가를 기록했다.

217

223

227

따라잡을 수가 없다. ㅋㅋㅋ

얼마 전까지만 해도 GME 올빼미들은 게임스톱 주식에 관심을 끌어오려고 열심히 노력했지만, 이제는 그냥 두 손 놓고 주식이 마치 중력을 벗어난 것처럼 가볍게 상승하는 모습을 구경만 하면 되었다. 오후 8시에 시간 외 거래가 마감되었을 때 주가는 250달러 바로 밑에 도달해 있었다.

월스트리트베츠 운영진은 별도로 메가스레드를 만들어 게임스톱 대화는 이 스레드 안에서만 오가도록 한정하려고 했다. 그러나 단일 스레드에 댓글 수 10만 개라는 제한이 있다는 걸 아무도 몰랐다. 첫 번째 메가스레드에서 댓글이 10만 개를 넘어가는 사상 초유의 사태가 벌어지면서 결국 운영진은 두 번째 메가스레드를 추가로 열어야 했다.

그날 밤 월스트리트베츠에서는 일종의 동문회가 열렸다. 아메리칸페가수스 같은 초창기 회원들뿐만 아니라 심지어 감옥에 있는 마틴 슈크렐리까지 이메일 접근이 허용된 동료 수감자에게 부탁해 쪽지를 보내왔다. 축하 인사와 함께 다음에는 어떤 주식이 폭등할지에 관한 이야기가 오갔다. 가장 뜨거운 대안으로 AMC가 떠올랐다. 멜빈 캐피털이 옵션을 이용해 공매도 한 주식 목록에 포함되어 있었기 때문이다. 하지만 AMC는 게임스톱처럼 오랜 밈이나 화젯거리가 없었다. 그래서 한 무리가 월스트리트베츠 디스코드 서버에 모여 AMC를 홍보할 수 있는 이모지와 문구를 새로 만들기 시작했다.

조던은 화요일 아침에 집 근처 던킨 도너츠에 다녀온 이후로는 책상에서 단 한 번도 일어나지 않았다. 늘 그랬듯이 그는 겉으로 보이는 성공에서 설렘만큼이나 두려움을 느꼈다. 커뮤니티가 성장하길 바랐지만 하루 만에 서브레딧 회원 수가 2배로 늘어났고, 이제 이곳을 찾는 대다수의 사람들은 조던이 신중하게 확립해온 규칙과 문화를 전혀 모르는 상태였다.

이 혼란을 통제하기 위해 조던은 회원 가입을 한 지 30일이 지나기 전에는 게시물을 올릴 수 없도록 제한하는 조치를 취했다. 다른 게시물에 댓글을 다는 건 가능했지만, 이 조치로 접근을 차단당했다고 느끼는 사람들에게서 수만 개의 항의 메시지가 쏟아졌다. 그중 상당수는 조던이 게임스톱 주가를 억제하려는 헤지펀드 음모의 일원이라고 비난했다. 조던은 이에 "헤지펀드가 5년 전부터 나를 매수해 잠입 요원으로 침투시킨 다음 게임스톱을 공매도했다"라며 농담으로 응수했다.

훨씬 더 무서운 비난은 서브레딧에서 벌어지는 일이 단순히 인터넷에서 확산되는 입소문으로 인한 현상이 아니라 불법적인 시세 조작일 수 있다는 뉴스 기사에서 나왔다. 조던은 사법 당국이 디스코드에 첩자를 심어놓았다는 익명의 이메일을 받았다. 조던의 오랜 친구인 라카이는 이번 일로 인해 법적 문제에 휘말릴 경우를 대비해 변호사를 구하고 있다고 말해 어린 운영자들을 겁에 질리게 했다.

조던은 왜 그렇게 불안해 보이냐는 질문에 이렇게 대답했다. "모든 것이 혼란스럽다. 법적 문제에 휘말릴세라 지레 겁먹고 잠적하는 사람도 있고, 이상한 이메일이 계속 날아오고 있다."

레딧 측에 도움을 요청했지만 아무런 답변도 듣지 못한 조던은 결국 월스트리트베츠에 관심을 보인 사람 중에 가장 사회적 지위가 높은 인물을 찾아가기로 결심했다. 바로 일론 머스크였다. 조던은 테슬라의 이메일 주소를 찾아 머스크의 호기심을 자극할 수 있는 간단한 메시지를 작성했다.

"일론 머스크와 연락을 시도하고 있습니다. 저희 커뮤니티(r/WallStreetBets)에 도움이 필요한 상황입니다. 제 신원을 증명할 수 있습니다. 머스크 씨께서 제게 이메일로 연락을 주실 수 있을까요? 저희에게 시간이 그리 많지 않을지도 모릅니다. 그리고 이 문제를 완전히 해결할 수 있는 사람은 지구상에서 어쩌면 머스크 씨 한 분뿐일지도 모릅니다."

✳ ✳ ✳

뉴욕 시간으로 수요일 오전 6시 30분에 월스트리트베츠의 비공식 뉴스 채널로 불리는 CNBC에 진행자 앤드루 로스 소킨 Andrew Ross Sorkin이 등장해 속보를 전했다.

"지금 막 들어온 속보입니다. 현재 시장에서 일어나고 있는 드라마 같은 이야기, 게임스톱에 관련된 소식입니다." 소킨이 말했다.

"게임스톱 주식을 공매도했던 헤지펀드로 게임스톱 주가를 올리려는 개인 투자자들의 대대적인 공격을 받은 멜빈 캐피털 매니지먼트가 이제 게임스톱에서 완전히 손을 뗐다고 합니다."[7]

알츠만은 월요일에 이미 멜빈이 공매도를 청산했다는 소식을 들었지만 게이브 플롯킨은 이 소식을 더 널리 알리고 싶어 했다. 플롯킨은 CNBC 앵커 앤드루 로스 소킨과 직접 통화하며 더는 게임스톱 주식을 공매도하지 않고 있다고 확실히 전했다. 비슷한 시각, 시트론 리서치의 창립자인 앤드루 레프트도 트위터에 새 영상을 올려 게임스톱에 대한 공매도 포지션을 완전히 청산했고 100퍼센트 손실을 봤다고 발표했다. 레프트는 이미 지난 금요일에 이 사실을 트위터에 알렸지만, 보다 강력한 호소로 대중의 분노를 조금이라도 누그러뜨릴 수 있기를 바란 듯했다.

이 전략은 처음에는 효과가 있는 것처럼 보였다. 개장하자마자 게임스톱 주가가 자유낙하를 시작했고 머스크가 처음 트윗을 올렸던 전날 밤 수준으로 내려갔기 때문이다. 월스트리트베츠의 주요 게시물은 전부 플롯킨의 발표가 주식에서 발을 빼기에 이미 너무 늦었다는 신호가 아닌지 걱정하는 목소리로 가득했다. 그러나 곧 변동성은 사실 증권사가 쏟아지는 주문을 모두 처리하지 못한 탓임이 드러났다. 거의 모든 증권사 고객이 오류 메시지에 불만을 토로하고 있었다.

증권사가 밀린 주문을 처리한 후 거래가 재개되었고, 마치 블랙프라이데이에 사람들이 밤새 진을 치다가 문이 열리자마자 물밀듯이 가게 안으로 쏟아져 들어가는 것과 같은 양상이 펼쳐졌다. 게임스톱 주가는 250달러 선에서 350달러 이상으로 폭등했고, 점심으로 뭘 먹을지를 생각하기도 전에 380달러에 육박했다. 심지어 다른 주식에 비하면 게임스톱의 상승 폭은 큰 것도 아니었다. 블랙베리 주가는 9년 만에 최고치를 기록했고, 노키아는 90퍼센트 상승했다. 두 종목과 관련해 월스트리트베츠에는 수만 개의 댓글이 달렸다.[8]

그날 아침 월스트리트베츠에서 진정한 돌풍을 일으킨 주식은 AMC였다. 전날 밤 디스코드에서 밈 제작에 힘쓴 덕분이었다. 팬데믹으로 관객 수가 급감한 상황에서 어떻게든 살아남고자 노력하는 이 영화관 체인을 언급하는 #SaveAMC라는 해시태그가 이미 화제였다. 바스툴 스포츠의 창립자인 데이브 포트노이가 라이브 방송에서 이 운동을 지지하고 나섰다.

"AMC를 응원합니다. 헤지펀드 파산 운동을 응원합니다."

몇 시간 만에 AMC 주가는 300퍼센트 급등했다. 게임스톱이 기록했던 역대 최고 1일 상승률을 몇 배나 능가하는 숫자였다. 장이 열린 지 두 시간 만에 서킷 브레이커가 무려 마흔네 번이나 발동되었다.[9]

뉴스에서는 멜빈 캐피털과 그 설립자 게이브 플롯킨과 친분이 있던 주요 헤지펀드들이 입은 피해를 상세히 다루었다. 플롯킨의 전 고용주인 스티브 코언이 새롭게 설립한 헤지펀드 포인트72는 이번 달에 약 15퍼센트의 손실을 입었고, 플롯킨의 옛 부하 직원 한 명이 운영하던 캔들스틱 캐피털도 비슷한 손실을 기록했다. 심지어 다른 헤지펀드들은 더 큰 손실을 입었다.[10] 이번 보도로 멜빈 외에도 게임스톱 주식을 공매도한 헤지펀드들의 실체가 처음으로 대중에게 공개되었다. 공개된 명단을 통해 게임스톱 공매도가 플롯킨과 그 무리가 함께 가담한 집단적인 행동이었으며, 결국 모두가 함께 큰 손실을 입었다는 사실이 만천하에 드러났다.

월스트리트베츠 단골 회원들은 개미들이 힘을 합치면 큰손도 이길 수 있다는 반직관적인 생각에 어느 정도 익숙했지만 지난 이틀 사이에 새롭게 유입된 사람들은 집단이 보여준 힘에 감탄했다. 그러나 그들 스스로 일으킨 혼란이 축하하고 싶은 본능을 억눌러야 했는데, 밈 주식으로 불리는 10여 개 종목은 급등한 반면에 나머지 시장은 무섭게 폭락하고 있었기 때문이다. 월요일에 멜빈이 게임스톱 공매도 포지션을 청산했다는 소식을 알린 직후 시장이 폭락했던 것과 같은 맥락인 듯했지만 그 규모는 훨씬 더 컸다. 밈 주식 보유로 큰 타격을 입은 헤지펀드들이 손실을 메우기 위해 나머지 보유 자산을 모두 매각하고 있는 듯했다. 만약 헤지펀드가 대출금을 상환하지 못하고 은행이 곤경에 처하면 시장 전체가 통제 불능 상태로 치달을 수 있다는 이야기가 나오기 시작했다. 상황이 얼마나 심각한지 보여주는 단적인 예로, 이날 백악관 1일 브리핑에서 주식시장 이야기가 나왔다. 대통령 공보비서관은 재무부 장관과 백악관 경제팀 전체가 "상황을 주시하고 있다"라고 말했다. 한편 매사추세츠주 금융 규제 당국은 게임스톱 거래를 30일간 중단할 것을 요청하기도 했다.

그 주에 이미 수차례 그랬듯이 시장 혼란에 대한 책임은 월스트리트베츠로 전가되었다. 나스닥 거래소 CEO는 소셜 미디어에서 일어나는 주가 조작 시도를 규제 당국이 주시해야 한다고 말했다. 포효하는 키티와 비슷한 시기에 게임스톱에 베팅한 유명 헤지펀드 매니저 마이클 버리Michael Burry는 게임스톱을 둘러싸고 벌어지고 있는 일이 "비정상적이고, 미친 짓이며, 위험하다"라고 평가했다.

버리는 트위터에 이렇게 썼다. "지금 벌어지고 있는 일에 법적 제재 및 규제 조치가 있어야 한다."

월스트리트베츠에 쏟아진 비난의 화살은 지난 몇 주 동안 수면 아래서 들끓던 온갖 분노를 자극했다. GME 올빼미들은 소셜 미디어에서 누구나 볼 수 있도록 공개적으로 활동했지만 모종의 음모를 꾸미는 그림자 세력처럼 묘사되었다. 정작 엄청난 게임스톱 공매도의 배후에 몇몇 친분 있는 헤지펀드 매니저들의 은밀한 담합이 있었음을 분명히 보여주는 헤지펀드 업계의 소식이 있었는데도 말이다.

실리콘밸리 투자자 차마트 팔리하피티야는 온라인 투자 열풍에 합류한 지 하루 만에 CNBC에 출연해 이번 상황은 헤지펀드가 빚어냈는데 왜 소액 투자자들이 비난받는지 모르겠다며 부당함을 지적했다.

"헤지펀드 매니저들처럼 햄프턴에서 '아이디어 만찬'을 하거나 귓속말로 대화를 주고 받는 대신, 이 젊은이들은 공개적인 포럼에서 용기 있게 행동하고 있습니다."[11]

사실 수요일에 시장에서 혼란이 일어난 근본적인 이유는 헤지펀드들에게 있는 것이 분명해 보였다. 게임스톱 공매도 베팅을 무모하게 감행한 헤지펀드들이 그로 인해 발생한 막대한 손실을 메우기 위해 보유 자산을 모두 팔아야 했기 때문이다. 결론적으로 콧대 높은 헤지펀드들끼리 뭉쳐 매우 위험한 거래를 감행한 탓에 발생한 혼란이었다. 하지만 CNBC는 이 부분을 전혀 지적하지 않았다. 골드만삭스의 분석에 따르면, 수요일 장이 마감될 무렵 헤지펀드 업계가 하루 동안 매도한 주식은 달러 기준으로 금융위기가 한창이던 2008년 10월 이후 가장 큰 규모였다고 한다. 나스닥 종합지수와 S&P 500 지수는 2.5퍼센트 이상 동반 하락하며 연초 이후 상승분이 통째로 증발해버렸다.

이번 혼란의 책임을 월스트리트베츠에 떠넘기는 행태는 주 초만 해도 커뮤니티를 결집시키는 힘이 되었다. 하지만 이제 혼란이 모든 것을 장악하면서 관련된 거의 모든 사람이 불안감과 위기감에 휩싸였다.

GME 올빼미들이 모인 디스코드 서버에는 이제 갓 억만장자가 된 사람이 여럿 있었지만, 수요일에 나눈 대화는 대부분 게임스톱에서 돈을 빼야 할지 말아야 할지, 그리고 2008년 금융위기 같은 상황이 일어날 가능성에 대비한 투자를 해야 할지에 관한 것이었다. 로드 알츠만은 게임스톱이 더 오를 것이라는 쪽에 베팅하는 것은 현명하지 않다고 판단했다. 하지만 거래를 실행하려고 온라인에 접속한 순간 로그인이 안 된다는 사실을 알게 되었다.

"주문을 넣으려는데 뱅가드 웹사이트에 접속할 수가 없다." 알츠만이 다른 사람들에게 말했다.

뱅가드의 누군가와 연결되기를 기다리며 전화기를 붙잡고 있는 동안, 알츠만은 로빈후드 앱에서 더 큰 문제를 겪고 있는 친구들이 당황해서 올린 글을 읽었다. 다들 주가가 폭락하고 시장이 붕괴하기 전에 제때 돈을 빼내지 못할까 봐 안달복달하고 있었다.

"우린 X 됐다." 로빈후드에서 2,000만 달러(한화 약 280억 원)를 현금화하려던 어느 이용자가 말했다.

"콜옵션 가격을 막아서 우리를 엿 먹이려 하고 있다."

그날 알츠만은 게임스톱에 묻어둔 돈을 대부분 인출했고, 200만 달러(한화 약 28억 원)가 넘는 은퇴 자금을 손에 넣었다. 그가 평생 모은 돈보다 많은 액수였다. 알츠만은 이 순간을 음미하려는 듯 글을 남겼다.

"난 알고 있었다. 이게 3달러 이상의 가치가 있다는 걸. 지금 우리가 서 있는 이 지점은 내가 처음 이 주식을 사들일 때 상상했던 최상의 시나리오를 훨씬 뛰어넘는다."

그러나 채팅방에는 알츠만보다 훨씬 더 적은 시간과 노력을 투자해 몇 배 더 큰 수익을 거둔 사람들이 있었다. 장이 마감된 직후, 딥퍼킹밸류는 투자금이 4,800만 달러가 되었다는 최신 수익 근황을 올렸다. 지난 이틀 동안 알츠만이 3년 동안 벌어들인 수익의 12배를 벌어들인 것이다. 투자금은 공개하지 않았지만 디스코드에서 가장 큰 수익을 올린 두 사람은 각각 2억 달러(한화 약 2,800억 원)가 넘는 수익을 올렸다.

하지만 알츠만은 원망하지 않았다. 여기 모인 모든 사람을 사랑하게 되었기 때문이다. 그는 2017년에 이 일을 시작하고 나서 마치 또 하나의 직업처럼 열심히 매달렸던 시간을 되돌아보았다. 결국 밤낮으로 철저히 분석하며 노력했던 시간만큼이나 몇 차례의 판단 실수와 운도 합쳐져 오늘 이 순간이 빚어진 것이었다. 돌이켜봤을 때 가장 힘들었던 순간은 라이언 코언이 이사회에 합류한다는 발표가 있기 일주일 전, 게임스톱의 연말 매출이 기대에 못 미칠 수도 있다고 판단해 콜옵션 몇 개를 청산했을 때였다. 그때 두려움에 사로잡혀 행동하지 않았더라면 지금 2배 이상의 부자가 되었을 것이다.

"이 모든 DD가… 단 한 번의 쓰레기 같은 판단을 위한 것이었다니." 당시 알츠만은 디스코드 채팅방에서 이렇게 말했다.

알츠만은 게임스톱 주변으로 모여든 군중을 걱정스럽게 바라보았다. 애초에 투자자들이 게임스톱의 비즈니스에 대한 세부 사항을 제대로 이해하지 못한다고 생각해 시작한 일이었다. 월스트리트베츠 이용자들이 이 논쟁의 복잡성을 학습하고 밈으로 만들어내는 능력에 놀랐지만, 최근 며칠 사이에 몰려든 사람들은 그런 배경지식은 전혀 알지 못한 채 주식에 돈을 쏟아붓고 있었다. 알츠만은 주가가 이미 상상했던 최고치를 훨씬 웃돌고 있는데도 여전히 게임스톱에 돈을 쏟아붓는 사람들을 어떻게 바라보아야 할지 판단이 서질 않았다.

이 불안한 불협화음은 월스트리트베츠에서 가장 크게 울렸다. 처음에 문제가 된 것은 운영진 대화방이 따로 있고 나머지 이용자 수십만 명이 이용하는 대화방이 여러 개 존재하는 디스코드 서버였다. 서버에 접속할 수 있는 인원수 제한에 도달하면서 더 이상 사람들을 받아들일 수 없게 되었고, 제한에 걸린 사람들은 모두 접속이 거부되었다. 《더 버지The Verge》의 한 기자가 단체 음성 채팅을 녹음했는데, 그 소리가 마치 반향실에 갇힌 하이에나와 코요테 무리가 싸우는 소리를 연상케 했다. 이 녹음이 유포된 지 얼마 지나지 않아 서버 전체가 갑자기 다운되었다.

조던과 다른 운영진이 새로운 음성 채팅방을 만들어 다시 모였을 때, 디스코드 본사 관계자가 서버 폐쇄 이유에 대한 성명을 발표했다. 서버에 올라온 공격적인 언어나 콘텐츠가 문제였다고 설명했는데, 이는 1년 전 제이미가 불만을 제기했던 것과 동일한 이유였다.

"오늘 우리는 반복적인 경고에도 불구하고 혐오적이고 차별적인 콘텐츠를 계속 허용한 해당 서버와 그 소유자를 디스코드에서 퇴출하기로 결정했습니다." 디스코드 관계자가 말했다.

조던은 지난 1년 동안 소셜 미디어 회사들이 월스트리트베츠를 폐쇄할지도 모른다는 걱정에 시달렸다. 디스코드 서버가 다운되자 라카이와 다른 운영진은 소셜 미디어에 트래픽 폭주로 어떤 관리도 할 수 없었다고 상황을 자세히 해명했다. 하지만 조던은 이제 서브레딧 자체의 존속 여부가 걱정이었다.

마침내 모든 운영진이 조던을 돕기 시작했다. 심지어 얼마 전까지 다투던 오랜 운영진도 합세해 새로 올라오는 부적절한 게시물을 최대한 빨리 삭제하려고 노력했다. 하지만 사람은 물론이고 봇조차도 그 속도를 따라잡을 수 없었다. 마치 폭포수에서 물을 마시는 것 마냥 봇이 금지된 단어와 종목 코드를 찾아내려고 새로 올라온 게시물 100개를 살펴보는 동안 또 다른 게시물 300개가 이미 올라오는 식이었다.

"뭘 어떻게 해야 할지 모르겠다. 스팸만 해도 너무 많아서 처리가 불가능하다. 불쌍한 봇들." 조던이 하소연을 쏟아냈다.

조던은 레딧 직원에게 사이트 운영에 관해 도움을 요청하려 레딧 운영진 전용 서브레딧을 방문했다. 하지만 이내 월스트리트베츠에 몰린 전례 없는 트래픽 때문에 레딧 전체의 안정성이 위협받고 있어 직원들이 이를 처리하느라 바쁘다는 사실을 알게 되었을 뿐이었다.

저녁 7시가 되기 직전에 조던은 서브레딧의 콘텐츠 관리가 불가능한 지경에 이르렀음을 깨달았다. 게다가 월스트리트베츠 때문에 레딧 전체가 다운될지도 모른다는 두려움에 휩싸였다. 조던은 순간적으로 결정을 내렸다. 사이트 전체를 비공개 모드로 전환해 수백만 명의 이용자가 접속할 수 없게 만들어 버린 것이다. 사이트가 비공개 상태로 전환되자 모든 이용자의 화면에 조던이 황급히 작성한 메시지가 떠올랐다.

"월스트리트베츠는 현재 접속자가 폭주 중인 관계로 승인된 이용자만 접근할 수 있습니다. 그동안 스파게티 맛있게들 드세요."

조던이 서브레딧을 비공개로 전환하자 전 세계의 이목이 집중되었다. 그날 월스트리트베츠에서 인기를 끌었던 게임스톱을 비롯한 모든 주식이 폭락하는 동시에 뉴스 보도가 쏟아지며 조던이 이 같은 결정을 내린 이유를 둘러싸고 온갖 추측이 난무했다.

웹진 《코타쿠Kotaku》에서는 "서브레딧이 비공개로 전환된 이유는 정확히 알 수 없지만, 사건 발생 직후 시간 외 거래에서 게임스톱 주가가 큰 타격을 받아 단 15분 만에 100달러 가까이 떨어졌습니다"라고 보도했다.[12]

잠시 숨을 돌린 조던은 더 상세한 공지 글을 홈페이지에 게시했다.

"우리는 현재 레딧의 콘텐츠 정책과 WSB 규칙을 제대로 준수하고 관리할 수 없는 상태입니다. 현재 기술 플랫폼이 폭발적으로 늘어난 트래픽을 감당할 수 있는 자동화 수준에 도달하지 못했기 때문입니다. 곧 다시 돌아오겠습니다."

조던이 올린 공지 글을 바탕으로 새로운 뉴스 보도가 나오면서 마침내 조던은 그날 내내 간절히 기다리던 답변을 받을 수 있었다. 조던은 레딧 관리자에게 서브레딧에서 직면한 문제에 대해 자세히 설명했고, 레딧 측에서는 각 서브레딧이 주고받을 수 있는 메시지 수 제한을 변경하겠다고 했다. 이러한 제한으로 봇이 모든 콘텐츠를 처리할 수 없었기 때문이다. 변경 사항이 적용된 월스트리트베츠 재활성화를 앞두고 조던은 또다시 장문의 공지 글을 작성했다. '우리는 여기서 어디로 가야 하고, 누가 우리를 도와줄 것인가?'라는 제목이었다.

조던은 오래된 운영진과 협력해 그들이 운영하던 트위터 계정을 서브레딧의 공식 소통 창구로 사용하기로 결정했다. 외부 세계와 소통할 방법이 필요하다는 점을 깨달았고, 트위터 계정을 이용하는 것이 가장 간단한 해결책이었기 때문이다.

"여러분을 대변하는 척하려는 게 아니라 지금 우리 이름이 가진 영향력을 활용해 필요한 일을 해결하기 위해 목소리를 내려고 한다." 그는 이렇게 썼다.

조던은 새로운 소통 창구를 이용해 디스코드를 규탄하고 서버를 되찾을 작정이었다.

"디스코드는 우리를 배신했다. 도구를 들고 와 문제를 해결해주지는 못할망정 없애버리다니, 정말 깊이 실망했다."

조던이 게시물을 올리자마자, 이 글은 빠르게 레딧에서 인기 게시물로 등극하며 그날 주식 관련 그 어떤 게시물보다 더 큰 인기를 얻었다. 그중에 가장 통쾌한 반응은 일론 머스크에게서 나왔다. 머스크는 트윗에 "디스코드마저 기업의 포로가 되었군…"이라는 글을 남겨 디스코드 같은 게임 회사가 본래의 정신을 잃고 기업의 비위를 맞춰 행동했다며 비판했다.

머스크의 트윗이 올라온 직후, 디스코드 직원이 라카이에게 사과의 뜻을 전했다. 앞서 단호했던 태도는 온데간데없고 사근사근한 말투였다. "여러분은 함께 모여 웃고 우정을 쌓는 유익한 커뮤니티를 구축했습니다. 이처럼 안전하면서도 자유로운 토론이 가능한 커뮤니티를 만든 것은 정말 대단한 성과입니다."

곧 디스코드도 다시 정상적으로 가동되었다. 조던은 방에서 나와 상쾌한 겨울 공기를 마시며 아버지가 머물고 있는 2층으로 올라갔다. 평소에는 아버지의 공간에 거의 발걸음을 하지 않았지만, 오늘만큼은 기쁜 마음에 한달음에 계단을 뛰어 올라가 영문을 모르는 아버지에게 뉴스를 켜보라고 말했다. 뉴스 진행자들은 하나같이 이 작은 물고기 떼가 상어와 싸워 이기고 있는 것처럼 보인다고 보도하며 월스트리트베츠를 주요 뉴스로 다루고 있었다. 아버지의 얼굴에 자랑스러운 미소가 번졌다. 조던의 아버지는 자신을 약자라고 생각했고, 또 다른 약자가 부자와 권력자에게 한 방 먹이는 모습을 보는 것을 매우 좋아했다.

조던은 아버지를 아래층으로 초대해 모든 것이 어떻게 돌아가고 있는지 보여드렸다. 아버지는 조던의 의자 뒤에 서서 봇과 그날의 트래픽 및 활동이 표시되는 대시보드를 바라보았다. 방금 작성한 게시물에는 이미 수만 개의 좋아요가 달려 있었고, 그 아래 댓글에는 조던이 해낸 작업에 감사를 표하는 글이 가득했다.

"/u/zjz는 대부분의 사람들이 돈을 받고 하는 일보다 더 많은 일을 공짜로 하고 있다. zjz가 없었다면 지금의 커뮤니티는 존재하지 않았을 것이다. zjz에게 박수를 보낸다."

조던은 적어도 잠시나마 자신이 뭔가 옳은 일을 했다고 느낄 수 있었다.

*　　*　　*

다음 날 아침, 전날의 좋은 기운을 이어받아 게임스톱은 개장과 동시에 전날 종가 대비 상승세로 거래를 시작했다. 하지만 30분도 채 지나지 않아 주가가 사상 최고치인 500달러에 가까워졌을 때 여기저기서 공포에 질린 목소리가 들려오기 시작했다.

"로빈후드가 GME 옵션과 주식 매수를 차단했다고?" 월스트리트베츠에는 이 같은 게시물이 수도 없이 올라왔다.

월스트리트베츠 이용자들은 로빈후드가 시장이 열리기 전에 게임스톱과 AMC의 주식을 구매할 수 있는 기능을 꺼버렸다는 사실을 발견했다. 심지어 GME라는 글자를 입력하면 빈 화면이 뜨면서 시세 검색도 불가능했다. 오전 9시 56분이 되어서야 로빈후드는 정책 변경을 알리는 트윗을 올렸다.

"현재 시장 변동성을 고려하여 $AMC와 $GME를 포함한 특정 증권에 대한 거래를 포지션 청산으로만 제한합니다."

이 복잡한 문구가 의미하는 바는 단순했다. 더 이상 게임스톱이나 다른 밈 주식들을 매수할 수 없다는 뜻이었다. 이 트윗에는 '시장 변동성이 큰 상황에서 고객에게 정보를 제공하는 것이 그 어느 때보다 중요하다'라는 내용의 블로그 게시물 링크가 포함되어 있었지만, 왜 거래를 중단시켰는지에 대해서는 일언반구 언급도 없었다.

만약 이모지와 대문자가 실제로 비명을 내지를 수 있었다면 혼란과 분노의 함성이 지구를 뒤흔들었을 것이다. 현실이 아니라고 부인하는 사람도 있었고, 합법성에 의문을 제기하는 사람도 있었다. 하지만 가장 지배적인 반응은 단순하고 억제되지 않은 분노였다.

바스툴 스포츠 설립자 데이브 포트노이는 트윗에 "감옥에 갈 시간"이라고 적었다.

모든 소셜 미디어 플랫폼에서 비난이 봇물 터지듯이 쏟아져 나왔다. 실리콘밸리에서 가장 존경받는 벤처 캐피털리스트인 샘 올트먼Sam Altman은 "로빈후드 엿 먹어"라고 올렸다.

로빈후드가 트윗을 올리기 직전까지 게임스톱 주가는 사상 최고치를 기록 중이었다. 그러나 로빈후드의 공지가 나오자마자 게임스톱을 비롯한 모든 밈 주식이 하늘에서 떨어지는 돌멩이처럼 떨어지기 시작해 불과 서너 시간 만에 게임스톱은 112달러로 폭락했다.

며칠 전까지만 해도 개미들은 특권층과 엘리트에게만 유리한 금융 시스템에서 약자이자 패자로 지내온 지난 세월에 어느 정도 복수를 이뤄냈다고 느꼈다. 그러나 잠시나마 누렸던 뜻밖의 승리가 무너지고 개인 투자자들이 얻었던 이익이 다시 헤지펀드로 돌아가면서, 얼마 전까지만 해도 궁지에 몰렸던 헤지펀드가 힘을 되찾는 모습을 실시간으로 지켜볼 수밖에 없었다.

소셜 미디어 계정이 있는 사람이나 없는 사람이나 불의에 분노했다. 금융위기에 대한 신랄한 논평으로 유명한 심야 토크쇼 진행자 존 스튜어트는 처음으로 트위터 계정을 만들어 로빈후드가 2008년의 최악의 기억을 모조리 소환하고 있다며 비난했다.

스튜어트는 첫 트윗에서 "이건 정말 말도 안 된다"라고 말했다. "레딧 이용자들은 부정행위를 하는 것이 아니라 월가 내부자들이 수년 동안 자기들끼리만 누려온 파티에 합류한 것뿐이다. 그들을 막지 말라."

스튜어트는 "우리는 2008년 금융위기에서 아무것도 배우지 못했다"라고 덧붙였다.

게임스톱으로 어마어마한 손실을 입은 멜빈 캐피털이 다른 거대 금융기관에게 수십억 달러를 지원받았다는 사실만으로도 2008년 금융위기 당시 은행들이 구제금융을 받았던 상황이 자연히 떠올랐다.

월스트리트베츠에는 이런 게시물이 올라왔다. "오늘 이 사기 행각으로 20만 달러 손실을 봤는데, 내 구제금융은 어디 있지?"

그날 아침, 다른 몇몇 증권사도 게임스톱 거래를 막았지만 대부분 곧바로 제한을 해제했다. 하지만 로빈후드는 움직일 기미는커녕 이렇다 할 해명을 내놓지도 않았다. 로빈후드는 이전에도 수많은 실수를 저지르면서 고객 지원과 시스템 개선을 약속한 적이 한두 번이 아니었다. 이러한 전적 탓에 이번 사태로 월스트리트베츠에서 로빈후드에 대한 분노는 극에 달했다. 사건 발생 하루 전까지만 해도 로빈후드 CEO 블래드 테네브는 CNBC에 출연해 고객들의 시장 접근성을 보장하기 위해 지속적으로 노력하고 있다고 강조했다.

"우리는 항상 신뢰할 수 있는 시스템을 유지하기 위해 안정성에 투자하고 있습니다. 또한 고객이 가장 필요로 할 때 서비스를 제공하는 데 초점을 맞추고 고객 지원에 투자하고 있습니다. 이 두 가지는 여전히 우리의 최우선 과제입니다."[13]

로빈후드 이용자들은 회사가 지난여름 앨릭스 컨스의 자살 이후 추가하기로 했던 고객 지원 전화 번호를 아직도 게시하지 않았다는 사실을 깨달았다. 월스트리트베츠에는 로빈후드를 저주하는 게시물이 여러 개 올라왔다. "로빈후드, 너희는 결국엔 망할 것이다."

몇 주 동안 비난과 싸움이 난무한 끝에 로빈후드에 대한 분노는 오히려 상황을 명확하게 정리해주었다. 월스트리트베츠에서 제이미와 조던을 비롯한 모든 운영진은 마침내 같은 합의에 이르렀다. 정치 영역에서도 마찬가지였다. 진보 진영의 사랑을 받고 있는 알렉산드리아 오카시오 코르테스Alexandria Ocasio-Cortez 하원의원은 청문회를 요청하며 '헤지펀드는 자유롭게 주식을 거래할 수 있는데 로빈후드는 왜 개인 투자자를 차단했는지'에 대해 의문을 제기했다. 정치적 스펙트럼의 반대편에 있는 두 명의 숙적, 도널드 트럼프 주니어와 테드 크루즈Ted Cruz는 물론이고 일론 머스크도 이 문제만큼은 지지를 표명했다.

그러나 비난의 화살이 끊임없이 쏟아지는 가운데 초점은 로빈후드를 넘어 빠르게 이동했다. 몇 주 동안 월스트리트베츠의 모든 사람은 헤지펀드가 게임스톱에 대한 개인 투자자들의 열정을 꺾기 위해 모든 수단을 동원했다는 증거를 찾아 나섰다. 이 증거를 찾으면 앤드루 레프트가 2주 전에 게임스톱을 상대로 소송을 제기한 이유도 같은 맥락에서 설명할 수 있었다. 이번에 로빈후드는 게임스톱 거래를 차단함으로써 헤지펀드가 원하는 바를 정확히 들어준 셈이 되었다. 그래서 월스트리트베츠를 비롯한 개인 투자자 집단은 헤지펀드가 로빈후드를 조종했다는 논리적 결론에 이르렀다.

"지금 일어나고 있는 일은… 돈 많은 소수가 다수를 침묵시키려는 시도로 비겁함과 탐욕과 두려움을 적나라하게 드러낼 뿐이다." 로드 알츠만은 그날 아침 스톡트윗에서 친구들에게 말했다.

사람들은 로빈후드가 헤지펀드의 요청에 따라 행동했을 것이라는 가설을 파헤치기 시작했고, 이를 뒷받침할 만한 정황 증거를 많이 발견했다. 가장 쉽게 찾을 수 있었던 연결 고리는 D1 캐피털이라는 헤지펀드였다. 바로 하루 전, 여러 뉴스 매체가 D1이 개인 투자자들 때문에 큰 손실을 입은 헤지펀드라고 보도했다. 이 회사는 샬럿에 있는 마이클 조던의 NBA 팀을 공동 매입할 정도로 게이브 플롯킨과 친분이 두터운 금융계의 거물 댄 선드하임Dan Sundheim이 설립한 회사였다. 스포츠 및 헤지펀드 투자 외에도 선드하임은 2020년 로빈후드가 가장 최근에 진행한 투자 유치회에서 주요 투자자로 나섰다. 이 2억 달러 규모의 투자를 빌미로 선드하임이 자신의 헤지펀드와 친구 플롯킨의 헤지펀드에 피해를 입힌 주식 거래를 중단하도록 로빈후드를 압박했을 것이라는 추측이 나왔다. 월스트리트베츠의 한 게시물은 이렇게 설명했다.

선드하임의 헤지펀드는 게임스톱 공매도로 210억 달러 규모의 펀드 가운데 20퍼센트가 증발했다.
또한 그가 설립한 헤지펀드 D1 캐피털을 통해 로빈후드에 2억 달러를 투자하기도 했다.
그들은 우리가 바보라고 생각한다.

하지만 곧 모두가 주목한 접점은 시카고에 본사를 둔 시타델 증권이었다. 시타델 증권은 월요일에 멜빈 캐피털에 27억 5,000만 달러의 구제금융을 제공한 회사 두 곳 중 하나였다. '투자' 명목으로 지급된 이 구제금융으로 시타델은 멜빈이 입은 손실을 줄이려 했는데, 이에 시타델이 게임스톱 거래 중단을 요청했을 가능성이 제기되었다. 시타델은 로빈후드의 주요 수익원인 주문 흐름에 대한 지불을 지급하는 회사 중 하나였다. 월스트리트베츠에서 조사한 결과 시타델이 로빈후드에게 지급하는 금액이 다른 어떤 시장 조성자보다 많았다. 이를 빌미로 시타델의 CEO인 켄 그리핀Ken Griffin이 로빈후드 경영진에게 게임스톱 거래를 중단시키라고 압력을 가했을 가능성은 어렵지 않게 상상할 수 있었다.

"로빈후드는 시타델이 가장 큰 고객이므로 우리를 손절했다." 월스트리트베츠의 인기 게시물은 이 상황을 한 문장으로 정리했다.

블래드 테네브는 그날 장이 마감된 후에야 해명을 내놓았다. 그 시점에는 시타델이 로빈후드에게 거래를 중단시키라고 명령했다는 소문이 이미 너무 널리 퍼져 있었기 때문에 테네브는 즉시 해명할 수밖에 없었다. "분명히 말씀드리지만, 이번 결정은 우리가 주문을 전달하는 다른 시장 조성자나 시장 참가자의 지시에 따라 이루어진 것이 아닙니다."

테네브는 트위터에 올린 글에서 'SEC 순자본 의무 및 청산소 예치금'과 관련된 복잡한 규정 때문에 거래를 제한할 수밖에 없었다고 주장했지만 의문은 여전히 해소되지 않았다.

그날 밤 테네브는 CNN에 출연했고, 크리스 쿠오모Chris Cuomo는 월스트리트베츠에 만연한 불만을 언급하며 그를 강하게 몰아붙였다.

"부자에게서 돈을 빼앗아 가난한 사람들에게 나눠줘야 하는 로빈후드가 정반대로 행동하고 있는 것처럼 보입니다. 회사의 주요 투자자 한 명을 포함해 큰손들이 손해를 보기 시작하자 게임을 중단시켜 개미들을 궁지로 몰아넣었다는 비판은 일리가 있는 말 아닌가요?" 테네브는 태연해 보이려 애썼지만 찌푸린 눈썹에서는 불안감이 고스란히 묻어났다.

"전혀 그렇지 않습니다." 테네브는 질문에 대한 답변 대신 로빈후드가 개인 투자자들을 돕기 위해 노력해왔다는 이야기만 되풀이했다. 그는 회사가 궁극적으로 고객을 보호하기 위해 규제를 마련했다고 말했다.

"개인 투자자들을 어떻게 돕고 있다는 거죠?" 쿠오모가 전혀 신뢰가 가지 않는다는 표정으로 되물었다.

테네브는 "우리는 언제나 100퍼센트 고객을 보호할 것"이라고 주장했다. "로빈후드의 전체 비즈니스는 창립 이래 개인 투자자에게 힘을 실어주는 데 초점이 맞춰져 있습니다. 앞으로도 계속 그럴 것입니다."[14]

쿠오모는 미심쩍은 표정을 지었고 월스트리트베츠 이용자들도 마찬가지였다.

그 목요일 저녁에 게임스톱을 다루지 않은 뉴스나 심야 방송은 없었다. 대부분의 보도는 로빈후드를 조롱하거나 그날 손해를 본 개인 투자자들에게 동정심을 표했다. 그러나 일부 논평은 이 사태로 지난 1년간 주식시장을 달구었던 열기가 마침내 식을지도 모른다는 전망을 내놓기도 했다. 이제 막 성공을 거두려고 할 때마다 시장에서 퇴출당할지도 모른다면 어느 누가 주식시장에 발을 들이고 싶겠는가?

하지만 그날 밤 다시 월스트리트베츠로 모여든 사람들은 이곳에서 만들어낸 움직임이 쉽게 사라지지 않을 것임을 보여주었다. 오히려 탐욕과 분노와 정의감의 소용돌이 속에서 이 움직임은 몸집을 더 불려나갈 참이었다.

유인원, 인플루언서 그리고 광신도

> "이곳은 미국의 축소판이라고 할 수 있다."

2016년 조던이 월스트리트베츠에 합류한 이후 5년 동안 서브레딧은 예상하지 못한 방향으로 성장했다. 하지만 2021년 1월 마지막 주에 일어난 충격적인 사건들 속에서 조던은 월스트리트베츠가 며칠 만에 완전히 새롭고 다른 무언가로 변했다고 느꼈다.

 1월 25일 월요일, 게임스톱이 전 세계적인 현상으로 번지기 전까지만 해도 조던은 마치 당국을 피해 도망치는 추방자 무리의 일원이 된 것 같은 기분이었다. 무섭기도 했지만 목적의식만큼은 더욱 선명해졌다. 이제 이 커뮤니티는 전 세계 약자들을 대변하는 상징이 되었고, 모두가 앞다투어 월스트리트베츠를 칭찬하고 나섰다. 목요일 저녁, 레딧의 CEO인 스티브 허프먼Steve Huffman은 소셜 미디어 네트워크 클럽하우스에서 진행한 인터뷰에서 월스트리트베츠가 자신이 아주 좋아하는 커뮤니티 중 하나이자 "현재 미국 전체를 하나로 묶는 접착제"[1]라고 말했다.

하루 전까지만 해도 조던은 바로 이 사람이 서브레딧을 폐쇄해버리지 않을까 두려워했으나 허프먼은 모든 사람에게 이 서브레딧을 방문하라고 권하고 있었다. "결코 완벽하지는 않습니다"라고 허프먼은 말했다. 하지만 그는 "바보 같은 허세"라고 생각했던 월스트리트베츠의 이면에는 실제로 "매력적인 지성이 감춰져 있다"고 전했다. 온라인 간행물《복스》에 실린 '월스트리트베츠는 미국이다'라는 제목의 글에는 월스트리트베츠가 사람들이 생각하는 것보다 훨씬 더 큰 무언가라는 새로운 인식이 담겨 있었다.

"월스트리트베츠는 거칠고 모욕적인 언어와 자기 비하적인 유머를 사용하며 문화도 약간 이상하지만 조직적인 혐오 집단은 아니다." 이 글의 저자 크리스티나 해들리Christina Hadly는 서브레딧을 깊이 파고들어 조사한 후에 이렇게 썼다.

"대신 내가 발견한 것은 복잡하고 다면적인 집단이다. 이곳에는 상부상조, 투기, 불평등, 공동체, 창의성, 남성성, 유머, 인류애가 존재한다. 미국의 축소판이라고 할 수 있다."[2]

조던은 그동안 무보수로 해왔던 일로 인정을 받고 어쩌면 레딧에 취업하여 드디어 돈을 벌 수 있을지도 모른다는 생각에 뿌듯했다. 하지만 서브레딧이 갑자기 대중주의의 표준으로 둔갑한 것은 당황스럽기도 했다. 알렉산드리아 오카시오 코르테스는 목요일 밤에 진행한 라이브 방송에서 월스트리트베츠를 월가 점령 시위대가 실패한 꿈을 성공적으로 되살린 최초의 집단으로 소개했다.

"이번 주에 이 대중주의 집회를 연 이유는 누군가 이 사람들에게 처음으로 책임을 묻는 것처럼 느껴졌기 때문입니다." 오카시오 코르테스가 말했다.

조던은 오카시오 코르테스의 팬은 아니었지만, 정치를 서브레딧에 끌어들이려는 모든 시도에 반발했다. 과거처럼 정치 이야기를 금지시킬 것이냐는 사람들의 질문에 조던은 시간을 좀 두고 지켜봐야 할 것 같다고 말했지만 내심 확신은 없는 모습이었다.

"개인적으로야 '정치 이야기 금지'를 선호하지만 알다시피 내가 결정할 사항은 아닌 것 같다." 조던이 대답했다. "앞으로 무슨 일이 일어날지 모르겠다."

목요일에 불거진 로빈후드에 대한 분노는 실제 시위로 번졌다. 분노한 사람들은 스탠퍼드대학교 근처에 있는 로빈후드 본사로 몰려가 '로빈후드는 우리 돈을 돌려달라', 'GME를 해방하라', '도둑놈들' 같은 문구가 적힌 팻말을 들고 시위를 벌였다.

월스트리트베츠 이용자답게 한 회원은 자비로 비행기를 빌려 '내 뒤나 닦아라, 로빈후드'라는 현수막을 달고 샌프란시스코만 지역 상공을 날아다니게 했다. 푸르른 하늘에 떠 있는 이 문구를 찍은 사진이 월스트리트베츠 홈페이지에 올라왔다.

그러나 월스트리트베츠에서 대화 주제는 목요일에 로빈후드에 거래 중단을 명령한 것으로 추정되는 헤지펀드로 다시 옮겨가고 있었다. 시타델 증권과 몇몇 헤지펀드가 손을 잡고 멜빈 캐피털을 비롯한 공매도 세력이 숏 포지션에서 쉽게 빠져나올 수 있도록 어떻게든 로빈후드에게 압력을 넣었을 것이라는 믿음이 널리 퍼졌다. 서브레딧에서는 시타델 증권과 헤지펀드에 반격하는 가장 좋은 방법은 지난 3주 동안 그랬던 것처럼 가능한 한 많은 게임스톱 주식을 매입한 다음 평생 보유하는 것이라는 공감대가 형성되었다. 금요일에 가장 인기 있었던 게시물은 복수를 위해 저축한 돈을 게임스톱에 투자했다는 내용이었다.

"방금 $GME 5,000달러를 매입했다. 증권사가 시장을 조작하려 하지 않았다면 이렇게까지는 안 했을 것이다." 한 신규 투자자의 글은 이러한 심경을 잘 대변해서 보여주었다.

목요일 저녁에 올린 최신 수익 현황에서 딥퍼킹밸류는 로빈후드가 거래를 중단한 이후 1,400만 달러를 잃었지만 옵션이나 주식을 팔지 않았다고 밝혔다. 이 글은 모두가 가야 할 길을 알려주는 등불 같은 역할을 했다. "DFV는 1,400만 달러를 잃고도 여전히 보유하고 있는데 우리도 할 수 있다"라는 댓글은 좋아요 수천 개를 받았다.

조던은 처음에는 이런 분위기가 사그라들기를 바랐다. 게임스톱의 사업성에 대한 실사나 공매도와 관련한 기술적 분석이 인기를 끌었던 일주일 전과는 양상이 매우 달랐기 때문이다. 타당한 재정적 근거도 없이 단순히 복수심이나 연대감으로 주식을 사는 것은 좋은 투자 전략으로 보이지 않았다. 주말 사이에 이 열기는 더욱 과열되었고, 특히 게임스톱 주식을 팔아 수익을 챙겼다고 인정한 회원들을 공격하는 일이 발생하자 조던은 분위기를 진정시키기 위해 몇 차례 개입했다.

"GME를 영원히 보유하지 않는다는 이유로 서로를 비난하는 것을 보니 하고 싶은 말이 있다." 조던이 말했다. "돈으로 자신의 의견을 표출하고 싶다면 얼마든지 그렇게 해라. 대신 선언문보다는 더 큰 숫자로 말해라."

조던은 정치적 논란이나 근거 없는 투자 전략 외에도 갑작스러운 서브레딧의 성공을 이용해 돈을 벌려는 사람들에 대해서도 우려했다. 가장 눈에 띄는 사례는 조던의 오랜 적이었던 제이미 로고진스키였다. 제이미는 2주 전 게임스톱 주식이 급등하기 시작했을 때만 해도 트위터에 이를 가리켜 일종의 펌프 앤 덤프 사기라고 말하며 "내가 있었다면 절대 일어나지 않았을 일"이라고 썼다. 하지만 게임스톱을 둘러싼 움직임이 인기를 끌자 순식간에 입장을 바꿔 《포브스》 기자에게 이 사이트가

"매우 자랑스럽다"라고 말했다.

"월스트리트베츠가 전체 시스템에 영향을 미칠 수 있는 잠재력을 지니고 있다는 사실이 자랑스럽다."[3]

작년에 쫓겨난 후, 제이미는 레딧이 자신을 다시 받아줄 것이라는 희망을 품고 변호사를 시켜 회사에 협박 편지를 몇 통 보내기도 했다. 하지만 결국 포기하고 멕시코의 한 기술 스타트업에 취직했다. 1월 말에 제이미는 자신이 쓴 책으로 쌓은 전문성을 활용해 돈을 벌 수 있는 또 다른 기회가 있다는 것을 깨달았다. 제이미는 《월스트리트 저널》에 연락했고, 집 근처 건설 현장에서 찍은 사진과 함께 1면 기사를 장식했다. 사진 속 제이미는 머리가 좀 빠지고 흰머리가 희끗희끗 보이는 모습이었다. 그 주 주말에는 NPR 라디오 방송 〈모든 것을 고려하다 All Things Considered〉에 출연했는데, 진행자는 제이미에게 트위터에 올린 모순적인 의견에 관해 질문을 던졌다.

"달콤씁쓸합니다"라고 제이미는 대답했다. "제가 운영진으로 남아 있었다면 이런 일은 일어나지 않았을 겁니다. 제가 앞장서서 막았을 테니까요. 하지만 동시에 이제 막 시작된 대중적인 관심과 논의의 확산은 제가 항상 열정을 가지고 있던 분야였습니다. 만약 제가 그 자리에 계속 있었다면 이런 운동은 일어나지 않았을 겁니다. 그렇지만 지켜보는 입장에서는 굉장히 흥미롭고 즐겁습니다. 전 세계가 중요한 대화에 참여하고 있다는 느낌이 듭니다."[4]

언론 인터뷰가 나가고 수많은 할리우드 감독과 제작자가 월스트리트베츠 이야기를 스크린으로 옮기고 싶다며 제이미에게 연락을 해왔다. 주말에 아내의 생일을 맞아 여행을 하던 중, 제이미는 마침내 자신의 인생 이야기를 다루기로 한 계약서에 서명했다. 6자리 숫자에 해당하는 계약금에 합의하고 제이미는 그동안 월스트리트베츠를 운영하며 쏟았던 모든 시간과 노력을 마침내 보상받았다고 느꼈다.

제이미가 영화를 계약했다는 기사가 나오자 조던은 또다시 분노에 휩싸였다. 조던 역시 여러 제작자와 기자들에게서 월스트리트베츠를 주제로 기획 중인 책과 영화에 출연하지 않겠느냐는 이메일을 받았기 때문이다. 하지만 조던의 목적의식에는 서브레딧을 이용해 금전적 이익을 챙기지 않겠다는 의지도 포함되어 있었다. 회원들이 월스트리트베츠를 사랑하고 신뢰하는 이유는 운영진에게 서브레딧을 이용해 돈을 벌 의도가 없다고 믿기 때문이라고 생각해서였다. 조던은 종종 자신을 〈왕좌의 게임〉 속에서 왕국 사이의 중립 지역을 지키고 끊임없는 전쟁을 막는 특수부대인 나이트워치로 묘사하곤 했다.

처음에는 다른 운영진도 월스트리트베츠를 돈벌이로 이용하지 않겠다는 입장에 동조하는 것처럼 보였다. 제이미의 오랜 친구들은 새로운 트위터 계정에서 제이미의 영화 계약을 비난하며 반감을 드러냈다. 하지만 머지않아 제이미의 친구들 또한 월스트리트베츠로 돈을 벌려고 움직이고 있다는 제보가 들려왔다. 정보의 출처는 여전히 원년 멤버들끼리 모여 있는 채팅방에 남아 있던 아웃스퀘어였다. 아웃스퀘어는 조던에게 이들의 계획에 실망해 채팅방을 나오고 싶지만, 초심을 잃지 않고 월스트리트베츠를 원래 취지대로 운영해나가려는 조던에게 정보를 제공하기 위해 계속 남아 있겠다고 말했다.

조던은 일단 공격적으로 나가지 않고, 운영진 목록에서 여전히 최상단을 차지하고 있는 온리원박지성에게 연락했다. 먼저 이야기를 들어보고 싶었다. 온리원박지성은 조던을 오래된 운영진만 모여 있는 비공개 디스코드 서버로 초대했다. 그곳에서 조던은 서브레딧을 비즈니스로 전환하기 위한 노력이 다각도로 진행되고 있다는 사실을 알게 되었다. 특히 할리우드 작가인 벤 메즈리치Ben Mezrich 그리고 트위터에서 게임스톱을 홍보했던 윙클보스 쌍둥이와의 영화 계약 건이 주요 논제였다. 오래된 운영진은 조던에게 이 모든 일이 서브레딧의 더 큰 사명, 즉 더 많은 사람이 시장에 접근할 수 있도록 도와주기 위한 것이라고 말했다. 하지만 조던은 전혀 동의하지 않았다.

"시장에 대한 평등한 접근성을 이야기하면서 어떻게든 지인이나 자신이 돈방석에 올라앉으려는 계략을 꾸미는 건 앞뒤가 안 맞는다."

조던은 디스코드 메인 서버로 돌아가 무슨 일이 벌어지고 있는지 알렸다. 얼마 지나지 않아 1년 전 제이미가 쫓겨났을 때와 크게 다르지 않은 내전의 조짐이 보이기 시작했다. 조던은 전체 서브레딧에 상황을 알리는 게시물을 작성했다.

"우리는 상위 관리자들에게 인질로 잡혔다. 몇 년 동안 떠나 있던 그들이 돈 냄새를 맡고 돌아왔다."

조던은 영화 판권 외에도 "상위 운영자의 친구 하나가 운영자를 꼬드겨 WSB를 발판 삼아 멍청한 암호화폐 사업을 시작하려고 한다"라며, "그 친구는 다름 아닌 윙클보스인데, 그 이름만 듣고 우리가 감탄하고 쩔쩔매길 바란다"라고 폭로했다.

항상 그랬던 것처럼 가입 기간이 가장 오래된 관리자는 자기 밑에 있는 관리자를 제거할 수 있었다. 온리원박지성을 비롯한 오래된 운영진은 재빨리 조던과 그 친구들에게서 관리자 권한을 박탈했다. 하지만 여전히 관리자로 남아 있던 조던의 동료들 가운데 일부가 다시 조던과 그 친구들을 관리자로 초대했다. 이에 오래된 운영진은 마치 두더지 잡기 게임이라도 하듯이 곧바로 그들을 다시 해임했다. 월스트리트베츠는 이미 주목을 받고 있던 터라, 이 권력 다툼도 곧바로 기사화되어 《블룸버그》 웹사이트에 올라왔다. 기사 제목은 '월스트리트베츠를 장악하기 위한 전쟁이 발발했다'였다.

레딧 본사가 커뮤니티 내부의 갈등을 중재하기 위해 개입했다. 밤늦게까지 이어진 협상에서 조던이 서브레딧에서 너무 막강한 권한을 행사하고 있다는 점이 논란의 핵심이 되었다.

"zjz가 자기 생각한 이미지대로 서브레딧을 조각하려 한다." 온리원박지성이 불평했다.

"조던이 봇으로 모든 것을 관리했고, 누구에게 게시를 허락할지와 언제 그리고 무엇을 삭제할지를 결정했다. 다른 누구도 이런 시스템에 대해 알거나 관여하지 못했다."

레딧 측은 1년 전 제이미를 해임했을 때와 마찬가지로 조던의 편을 들어 오래된 운영진의 운영자 권한을 박탈했다. 그러나 공정성을 기하고자, 공개적으로 불만을 표출해 갈등을 일으킨 책임을 물어 조던의 운영자 권한 또한 박탈했다.

조던의 친구들은 서브레딧에 글을 써서 이 부분적인 승리를 알렸다. "여러분 모두가 조던을 존경하고 우리 운영진 역시 조던을 존경한다"라며 조던이 떠나야 하는 상황에 아쉬움을 표현했다.

"/u/zjz가 서브레딧에 쏟은 시간과 노력을 대체할 수는 없겠지만, 조던이 세운 높은 기준을 유지하고 여러분의 높은 기대에 부응하기 위해 최선을 다하겠다"라고 덧붙였다.

월스트리트베츠의 영웅으로 추앙받은 지 불과 일주일 만에 조던은 퇴출당하고 말았다.

* * *

1월 마지막 주에는 개인 투자자들이 헤지펀드에 맞서 승리한 듯 보였지만, 조던이 축출된 2월 첫째 주는 로빈후드가 거래를 중단시키기로 결정한 이후 그러한 승리가 무너져가는 끝없는 여정처럼 보였다.

로빈후드는 거래를 차단한 이후 회사를 안정화하기 위해 투자금 34억 달러를 유치했다고 발표했다. 이 소식은 심각한 불공정을 둘러싼 논쟁을 재점화했다. 대기업은 망해도 언제나 구제금융을 받지만, 개인 투자자들에게는 그 혜택이 전혀 돌아가지 않는다는 이야기도 또다시 불거졌다.

로빈후드는 투자금을 고객들을 위한 거래 재개에 사용한다고 밝혔다. 그러나 다른 증권사들이 비슷한 거래 제한을 이미 해제한 뒤에도 로빈후드는 오랫동안 게임스톱 및 다른 밈 주식의 구매 가능 주식 수에 제한을 두었다. 이러한 제한 조치의 영향으로 그다음 주까지 게임스톱 주가는 꾸준히 하락했다. 화요일에는 주가가 100달러 아래로 떨어졌고, 수요일에는 앤드루 레프트 사건 직전 수준인 50달러 근처까지 떨어졌다. 서브레딧에는 지난주 게임스톱 열풍에 동참한 뒤로 연봉에 맞먹는 손실을 입었다는 사람이 넘쳐났다.

로빈후드는 투자를 받은 다음 주 일요일, 슈퍼볼 기간 동안 광고를 내서 회사의 위상을 다시금 회복하려 했다. 30초 분량의 광고에서 로빈후드는 고객들이 힘든 시기를 겪었다는 사실은 안중에도 없는 듯했다. 대신 귀여운 강아지들과 아이들을 사랑스럽게 바라보는 부모가 등장했으며 '우리는 모두 투자자입니다'라는 카피로 끝이 났다. 이 광고는 사람들의 분노에 불을 지폈다.

온라인 간행물인 《매셔블Mashable》의 칼럼니스트는 "로빈후드는 사람들을 화나게 하려고 작정한 것 같다"라고 썼다. "이 광고는 말 그대로 '우리는 모두 투자자'라는 메시지를 전달하는데, 문제는 사람들이 투자할 기회를 차단해버린 사건으로 헤드라인을 장식한 직후에 나온 광고라는 점이다."[5]

레딧은 자체적으로 슈퍼볼 광고를 집행했는데, 대체로 좋은 반응을 얻었다. 이 5초짜리 광고는 사실상 월스트리트베츠에 보내는 헌사였다. "지난주에 우리는 약자들도 공통된 목표를 중심으로 뭉치면 거의 무엇이든 이뤄낼 수 있다는 사실을 커뮤니티를 통해 배웠다."

다음 날 레딧이 투자금 2억 5,000만 달러를 유치했다는 소식이 보도되면서, 레딧 측에서 월스트리트베츠를 수용한 이유가 명백하게 드러났다.[6] 조던은 서브레딧을 돈벌이 수단으로 삼지 않겠다고 했고 레딧도 서브레딧으로 수익을 창출하려는 운영진을 퇴출했지만, 정작 레딧은 월스트리트베츠 덕분에 큰 이익을 얻게 되었다. spez라는 아이디로 활동하는 레딧 CEO 스티브 허프먼이 투자 유치 소식을 발표한 후, 월스트리트베츠에서는 승승장구하는 레딧과 퇴출된 조던의 상황을 나란히 놓고 비교하며 레딧 측에 비난을 퍼부었다.

"/r/WallStreetBets가 황금알을 낳는 거위 역할을 했는데 /u/spez가 수십억 달러를 벌어들인 다음 그 거위를 내쫓아버린 게 참 깜찍하지 않은가? /u/zjz가 경영진보다 서브를 더 걱정했다는 이유로 말이지."

이 게시물의 작성자는 "당장 /u/zjz를 복귀시켜라"라고 요구했다.

불공정과 분노의 소용돌이는 슈퍼볼이 끝난 직후 더욱 분명해졌다. 1월 말에 로빈후드가 게임스톱 거래를 제한한 사건을 놓고 의회 청문회가 열렸다. 팬데믹 때문에 모든 참석자가 원격으로 출석했다.

레딧 CEO인 허프먼은 증인으로 출석한 다섯 명 가운데 한 명이었다. 허프먼은 몇 가지 질문만 받았고, 대체로 월스트리트베츠에 감사를 표하는 데 그쳤다.

"월스트리트베츠에서 시간을 보내다 보면 회원들이 서로에게 보여주는 애정에서 이 커뮤니티의 깊이를 느낄 수 있을 것"이라고 허프먼은 말했다.

의원들은 정장을 입고 머리를 깔끔하게 다듬은 채 영상에 모습을 드러낸 로빈후드 CEO 테네브에게 가장 열성적으로 분노와 좌절감을 표출했다. 테네브는 또다시 청산소에서 부과한 예상치 못한 규제 비용 때문에 거래를 중단할 수밖에 없었다고 주장했다. 그러나 몇몇 의원이 반복되는 실수로 고객에게 계속해서 피해를 입힌 역사를 지적하며 로빈후드를 강하게 비판했다. 알렉산드리아 오카시오 코르테스 의원은 테네브에게 날카롭게 질문했다. "로빈후드의 과거 기록을 보면, 문제는 청산소가 아니라 장부 관리나 자체 마진 규정 관리, 그리고 내부 위험 관리에 실패한 것 아닙니까?"

지난여름 자살한 청년 앨릭스 컨스의 지역구 출신 의원은 로빈후드의 반복적인 고객 지원 실패를 거론했다. 위원회 위원장인 맥신 워터스Maxine Waters는 테네브가 자꾸만 대답을 피하자 답답한 마음에 그의 말을 끊었다.

"당신은 상황에 따라 규칙을 마음대로 바꿀 권리를 주장하고 있네요. 고객들이 부당한 대우를 받았다고 느끼는 것도 당연합니다."

월스트리트베츠 회원들은 디스코드 서버에 모여 실시간으로 청문회를 지켜보았다. 시타델 증권 CEO 켄 그리핀이 등장했을 때, 그에 대한 관심도 테네브 못지않게 높았다. 시타델은 로빈후드의 거래를 처리하는 회사로, 멜빈 캐피털을 재정적으로 도와주며 1월 말 사건 당시 보이지 않는 영향력을 행사했다고 의심받는 기업이었다. 소금과 후추가 뒤섞인 듯한 머리를 단정하게 빗어 넘긴 채 조명이 밝은 넓은 회의실에 앉아 있는 그리핀의 모습은 고층 빌딩에서 평범한 사람들과는 동떨어진 삶을 살아가는 냉정한 월가의 거물 같은 인상을 풍겼다.

대부분의 사람들은 1월 이전까지 시타델 증권이라는 이름조차 들어본 적이 없었다. 하지만 의회 청문회에서 시타델이 금융시장의 막후에서 얼마나 막강한 영향력을 행사하고 있는지가 상세히 드러났다. 시타델은 멜빈 캐피털 같은 헤지펀드에 투자할 뿐만 아니라 자체 헤지펀드를 운영하고, 로빈후드를 비롯한 소매 증권사에게서 개인 투자자들의 거래 정보를 구입했다. 그리핀은 1월 28일 로빈후드에 게임스톱 거래 중단을 지시했다는 의혹을 단호하게 부인했다. 하지만 그렇다고 해서 청문회나 월스트리트베츠에 모인 사람들에게서 시타델이 개인 투자자와 다각도로 이해관계가 충돌한다는 인식이 사라지지는 않았다.

청문회 의장인 워터스는 그리핀을 향해 "당신의 사업 전략은 시장의 투명성을 의도적으로 훼손하고, 기업과 다른 투자자들의 이익을 가로채도록 설계되었습니다"라고 말했다.

화면에는 그리핀 혼자 있는 것처럼 보였지만 한 의원이 그리핀에게 지금 화면 밖에서 정보를 제공하는 사람이 몇 명이나 있는지 물었다. 그리핀은 들켰다는 듯 잠시 머뭇거리다가 카메라 뒤에 보이지 않는 사람들을 세어보더니 네 명이라고 대답했다. 이 장면은 시타델이 금융시장에 행사하는 보이지 않는 은밀한 권력을 포착해낸 듯한 인상을 주었다.

월스트리트베츠에서는 이미 시타델에 대한 복수의 열망이 피어나고 있었다. 청문회에 증인으로 초대받은 어느 평범한 개인 투자자가 등장하면서 그 열기는 더욱 고조되었다. 바로 포효하는 키티로 알려진 키스 길이었다. 길은 유튜브 라이브 방송에서와 똑같이 빨간색 게이밍 의자에 앉아 있는 모습으로 청문회 영상에 등장했다. 자리에 걸맞게 정장을 입었지만, 눈썰미 좋은 시청자들은 뒤쪽 벽에 걸린 고양이 액자 모서리에 그가 평소 방송에 쓰고 나오는 빨간 머리띠가 걸려 있는 것을 발견했다. 길은 게임스톱에 투자하면서 시장의 메커니즘을 배웠다며 이렇게 말했다. "우리가 시장의 내부 작동 방식에 대해 아는 것이 이렇게나 적다는 사실이 충격적입니다."

하지만 길의 증언에서 가장 큰 주목을 받은 부분은 게임스톱과 관련된 설명이었다. 길은 1월에 "주가가 다소 지나치게 오른 것 같다"라고 시인했다. 그러나 그는 로빈후드가 거래를 차단한 이후 주가가 하락한 것은 비디오 게임 산업의 성장 잠재력과 라이언 코언의 존재를 고려할 때 사람들이 게임스톱의 장기적 가치를 여전히 이해하지 못하고 있기 때문이라고 주장했다.

"저는 잠재적인 회복 가능성을 그 어느 때보다 낙관적으로 바라보고 있습니다. 간단히 말하면, 저는 이 주식을 좋아합니다." 길은 라이브 방송에서 자주 사용하다가 이제는 밈이 된 자신의 유행어로 증언을 마무리했다.

다음 날, 장이 마감된 후 길은 2월 초 이후로는 처음으로 딥 퍼킹밸류 아이디로 게임스톱 최신 수익 현황을 게시했다. 1월 말에 4,800만 달러로 정점을 찍은 뒤 1,700만 달러로 크게 떨어졌지만, 그가 여전히 희망을 놓지 않고 있음을 알 수 있었다. 오히려 길은 게임스톱 주식 5만 주를 추가로 매입했다. 이 게시물이 올라가고 나서 시장이 다시 열렸을 때 주가는 상승하기 시작했고, 월스트리트베츠는 또 한 번 예상치 못한 국면을 맞이했다.

* * *

청문회를 둘러싸고 월스트리트베츠는 또다시 활기를 띠었지만, 동시에 조던과 그가 운영하던 봇의 부재로 인한 문제가 훨씬 더 뚜렷하게 드러났다. 남은 운영진은 레딧 측에 조던을 해임한 것은 실수였다고 계속해서 건의했다. 레딧 측은 원래 몇 달 동안 조던을 복귀시키지 않겠다고 했지만, 조던이 퇴출당한 이후 벌어진 상황을 보고는 생각을 바꾸었다.

조던은 1월에 겪은 불면의 밤과 혼란 이후 강제로 주어진 휴식을 즐기던 중 레딧에서 다시 초대를 받았다. 조던은 자신이 레딧에 제공하는 가치에 비해 대가로 돌아오는 건 아무것도 없다는 사실을 잘 알고 있었다. 하지만 이 일이 자신에게 금전적인 보상을 뛰어넘는 의미가 있다는 사실 또한 분명했다. 1월 말 내전이 일어났을 때 조던은 기자에게 월스트리트베츠가 자신에게 어떤 의미인지를 설명했다.

"WSB와 그 안에 담긴 제 역사와 커뮤니티가 저와 다른 사람들에게 어떤 의미인지를 생각하면, 마치 캠핑장에 있는 것처럼 마음이 따뜻해지고 행복한 추억에 함께 참여하는 것 같은 느낌이 듭니다."

하지만 관리자로 복귀한 조던은 월스트리트베츠가 이전과는 완전히 다른 곳이 되었다는 느낌을 피하기 어려웠다. 서브레딧 회원 수는 800만 명이 넘었고, 게임스톱 열풍 이전부터 이

곳에 있었던 사람보다 새로 유입된 사람이 3배 더 많았다. 이들은 커뮤니티의 기존 문화와 규칙에 대해 거의 또는 전혀 알지 못했다. 무엇보다 새롭게 유입된 사람들은 게임스톱에 그 어느 때보다도 집착했다. 포효하는 키티가 의회 청문회에 증인으로 출석해 게임스톱의 장기적인 잠재력에 대해 이야기한 사실도 이 집착에 한몫했다. 하지만 게임스톱의 새로운 팬들은 시타델 증권 같은 대형펀드에 대한 복수에 훨씬 더 관심이 많았다. 신규 회원 가운데 영향력 있는 인물 몇몇이 로빈후드가 거래를 재개한 후에도 시타델과 다른 헤지펀드가 계속해서 게임스톱 주가를 억누르려 했다는 복잡한 이론을 제기하기 시작했다. 심지어 어느 회원은 시카고 시내 고층 빌딩에 있는 시타델 본사에 드론을 날려 야근하는 직원들 모습을 촬영하기도 했다. 이 영상은 시타델이 게임스톱에 대규모 베팅을 하고 있기 때문에 직원들에게 야근을 강요하고 있다는 근거 없는 음모론의 일부가 되었다.

월스트리트베츠의 신규 회원들은 새로운 집단 정체성을 형성했다. 게임스톱 투자자들은 더 이상 스스로를 자폐아나 저능아라고 부르지 않았다. 이제 그들은 서로를 '유인원'이라고 불렀다. 영화 〈혹성탈출〉에 나오는 "유인원은 뭉치면 강하다"라는 대사에서 차용해 서브레딧 구성원들도 힘을 합치면 더 강해진다는 의미를 담고 있었다.

조던은 게임스톱에 대한 집착에서 벗어나 자연스럽게 화제를 전환시켜 보려 노력했다. 2020년에 다른 관리자들에게 했던 말을 떠올렸다. 그때도 비슷한 투자 열풍이 서브레딧을 달구고 있었다.

"우리는 언제 끼어들어야 할지를 현명하게 판단한 다음, 사람들에게 자신 있고 여유 있는 태도로 '아니, 이게 올바른 길이다'라고 알려줘야 한다. 감정적으로 반응하거나 패닉에 빠지지 말아야 한다."

하지만 3월 초에도 게임스톱 열풍은 진정될 기미가 보이지 않았다. 많은 사람이 게임스톱 주식을 사거나 보유하면서 주가가 자연스레 다시 올랐기 때문이다. 3월 10일까지 게임스톱 주가는 2월 최저점 대비 500퍼센트 상승했다. 주가가 다시 오르면서 새로운 음모론도 널리 퍼져나가기 시작했다. 시타델과 다른 헤지펀드가 게임스톱 주가를 어디까지 억누르려 할 것인지를 두고 각종 추측이 난무했다. 지난 1월 GME 올빼미들은 멜빈 캐피털이 은밀하게 주가를 억누르고 있다는 증거를 찾으려 했다. 그러나 3월에 유인원들은 GME 올빼미들보다 훨씬 더 극단적인 음모론에 빠져 있었다.

GME 올빼미들의 리더 로드 알츠만이 오랜만에 등장해 유인원들에게 조심하라고 경고했다. 알츠만은 지난 1월 로빈후드가 게임스톱 거래를 제한해 주가가 하락한 이후 헤지펀드들이 공매도 포지션을 대부분 청산했다고 주장했다. 알츠만이 살펴본 데이터에 따르면, 공매도 비율은 100퍼센트 이상에서 30퍼센트 미만으로 크게 감소했다. 하지만 유인원들 대부분은 알츠만을 알지 못했고, 헤지펀드가 게임스톱에서 빠져나갔다고 개인 투자자들을 속이기 위해 공매도 데이터를 의도적으로 조작한 것이라고 믿었다. 유인원들은 공매도 비율이 실제로는 그 어느 때보다 높으며, 숏 스퀴즈가 발생하면 주가가 주당 100만 달러까지 치솟을 것이라고 확신했다.

인기 있는 게시물 중 하나는 게임스톱을 둘러싼 복잡한 음모론을 20가지로 분류했다. 제목부터 길고 거창했다. '모든 숏 스퀴즈의 어머니MOASS 논문. 모든 사람이 (혹은 대부분의 사람이) 이해할 수 있도록 요약 정리함. 우리는 이제 엔드게임에 이르렀고, 이 로켓은 당신이 타든 말든 곧 이륙할 예정이다. 이 GME에 관한 모든 것을 이해하고 싶은 사람들을 위해 최선을 다해 정리한 요약본.'

이 게시물은 게임스톱이 월가 전체가 연루된 거대한 음모의 일부라고 주장했다. 월스트리트베츠는 항상 주류 금융 산업에 대한 건강한 수준의 불신을 바탕으로 운영되어왔다. 하지만 조던이 보기에 이 게시물이 주장하는 이론은 불신이 건강한 수준을 넘어 터무니없이 확대된 경우였다. 조던이 보기에 이러한 집단 사고는 월스트리트베츠의 원래 정신인 합리적 의심과 비판적 사고를 지나치게 벗어난 것이었다.

"매일 핍박받고 있다는 생각에 빠져 '온 세상'이 어떻게든 나를 속여 등골을 빼먹으려 한다는 새롭고 복잡한 음모론이 떠돌고 있다. 이 음모론에 반하는 증거는 '전혀' 받아들여지지 않고 있다." 조던이 비판했다.

하지만 조던은 단순히 소리를 지르는 데 그치지 않고 훨씬 더 강경한 조치를 취했다. 가장 논란이 된 행동은 1월 말부터 매일 운영해오던 게임스톱 관련 스레드를 중단한 것이었다. 유인원들은 이에 대응해 월스트리트베츠를 집단 탈퇴하고 새로운 서브레딧을 만들었다.

가장 먼저 생겨난 서브레딧은 r/gme로, 순식간에 구독자 수 20만 명을 달성했다. 하지만 의심에서 피어난 서브레딧인 만큼 관리자들 사이에 갈등이 생긴 건 어찌 보면 당연한 수순이었다. 의심과 분노의 수준이 특히 더 높은 운영자들이 4월 초에 r/gme를 떠나 또 다른 서브레딧 r/superstonk(슈퍼스통크)를 만들었다. 슈퍼스통크는 더욱 빠르게 성장해 r/gme보다 더 큰 인기를 끌었다. 이 새로운 서브레딧들은 유인원들 사이에서 일종의 종교적 신념으로 자리 잡은 음모론에 의문을 제기하는 사람들을 차단하기 위한 규칙을 만들었다. 슈퍼스통크는 심지어 게임스톱 주식을 팔았다고 인정하는 것조차 금지했다.

조던은 새롭게 생겨난 서브레딧들을 방문해 이성을 되찾을 수 있도록 설득하려 했다. 하지만 조던은 자신의 행동과 과거가 실제로 그들이 믿는 음모론에 통합되어 있다는 사실을 알게 되었다. 그들은 조던을 헤지펀드의 앞잡이로 보고 있었다. 일각에서는 지난 2월에 해임된 조던의 자리에 헤지펀드가 자신들의 지시를 수행할 꼭두각시를 보낸 것이라고 주장했다. 한 인기 게시물은 조던 혹은 zjz가 규제 당국에 쫓기고 있으며 곧 감옥에 갈 것이라고 주장했고, 또 다른 게시물은 조던을 영화 〈스타워즈〉에 나오는 악역 다스베이더에 빗대어 '다스 ZJZ'라고 부르며 대놓고 이런 글을 남기기도 했다. "너는 우리가 헤지펀드를 무너뜨리는 것을 도왔어야 했어, 그들과 한편이 될 것이 아니라!"

조던은 지난 1월에 앤드루 레프트가 당했던 것과 비슷한 공격을 받기 시작했다. 사람들이 그의 집 주소를 찾아내 인터넷에 공개했고, 곧 조던은 물리적 위협과 온라인 괴롭힘에 시달리게 되었다. 잠도 제대로 못 자고 밥도 제대로 못 먹는 나날이 이어지면서 조던은 갈수록 수척해졌다. 조던은 몇 번이고 슈퍼스통크를 찾아가 대화로 의심을 풀어보려 노력했다. 실시간 채팅창을 열어 모든 의혹을 직접 해명하기도 했다. 하지만 이러한 노력은 오히려 역효과를 낳았고 분노는 더욱 커져갔다.

조던은 "이쯤 되니 정말 피곤하다"라고 불평했다. "화를 내고 싶지 않지만, 나는 그저 이 커뮤니티와 시장에 대한 애정으로 내가 도움을 줄 수 있는 부분이 있다고 생각해서 몇 년 동안 무보수로 이 일을 해왔을 뿐이다. 그런데 지금 매일 수천 명, 수만 명, 아니 어쩌면 그보다 많은 사람이 나를 비난하고 있다. 실상은 주머니에 돈 한 푼 없는 거지인데 헤지펀드에게 뇌물을 받았다고 비난받고 있으니 환장할 노릇이다."

이 시기는 월스트리트베츠 역사상 가장 혼란한 시기였다. 처음에는 정당한 분노로 시작된 운동이 내전이나 복잡한 음모론으로 변질되었다. 이런 양상은 인류 역사에서 일어났던 여러 혁명이나 봉기에서도 쉽게 찾아볼 수 있었다. 작가 애덤 고프닉Adam Gopnik은 프랑스 혁명에 관해 이런 말을 한 적이 있다. "혁명을 승리로 이끄는 것은 연합군이고 그 이후 권력을 장악하는 것은 광신도다."[7]

그러나 이러한 분열은 월스트리트베츠뿐만 아니라 함께 성장한 다른 온라인 커뮤니티에서도 일어났다. 도널드 트럼프를 지지하던 대안 우파 세력은 나중에 피자게이트 같은 이상한 음모론에 빠져들었다. 민주당 지도부가 한 피자 가게에서 아동 성범죄 조직을 운영하고 있다는 말도 안 되는 음모론이었다. 이 음모론은 도널드 트럼프가 글로벌 성매매 조직을 상대로 전쟁을 벌이고 있다고 믿는 극우파 음모론자 집단인 '큐어넌QAnon'의 주장에 힘을 실어주었다.

이러한 움직임 가운데 상당수가 레딧에서 생겨났고 r/the_donald에서 r/qAnon이, r/WallStreetBets에서 r/superstonk가 갈라져 나온 것은 우연이 아니었다. 레딧에서는 누구나 새로운 서브레딧을 만들 수 있었기 때문에 어떤 커뮤니티가 커지면 새로운 분파가 많이 생겨났다. 일단 새로운 서브레딧을 만들고 나면 창립자는 독립적인 규칙을 만들 수 있고, 나아가 그 규칙에 동의하지 않는 사람을 퇴출할 수 있었다. 덕분에 반대 의견을 차단하기가 훨씬 쉬웠다. 레딧의 찬성/반대 투표 시스템은 커뮤니티의 신념을 가장 선동적이고 극단적으로 표현한 글이 맨 위로 올라가게 하는 구조였다. 그래서 레딧은 다른 소셜 미디어보다 새롭고 독특한 커뮤니티가 생기고 성장하기에 훨씬 적합한 환경을 제공했다.

슈퍼스통크에서 음모론자들과 대립하면서 조던은 과거 자신의 모습을 되돌아보게 되었다. 조던은 예전에도 피자게이트는 믿지 않았지만, 소아성애자 조직을 운영한 혐의로 기소된 제프리 엡스타인Jeffrey Epstein이 체포되고 결국 의문사한 사건에 집착했던 적이 있었다. 엡스타인은 클린턴 부부와 친분이 깊은 인물이었다. 하지만 2021년 중반에 조던은 음모론자들과 직접 대치하면서 그들이 반증조차 자신들의 이론을 더욱 강화하는 증거로 바꾸는 과정을 바로 앞에서 지켜볼 수 있었다.

"내가 힐러리 클린턴 같은 사람에게 공감하게 될 줄은 꿈에도 몰랐는데, 젠장… 음모론자들은 정말이지 황당하다." 조던이 슈퍼스통크를 비판하며 말했다.

* * *

그즈음 게임스톱 외에도 또 다른 열풍이 월스트리트베츠를 휩쓸었다. 2017년 조던이 그토록 싫어했던 암호화폐 열풍이 2020년 말에 게임스톱과 더불어 다시 맹렬한 기세를 떨쳤다.

거의 3년 동안 소강 상태를 보이던 비트코인 가격은 2020년 12월에 급등하기 시작해서 2017년 12월에 기록했던 최고치를 넘어섰다. 2월에는 또다시 2배가 올라 4만 달러(한화 약 5,600만 원)를 넘어섰다.

다시 돌아온 암호화폐 열풍과 함께 이번에는 온라인 인플루언서들이 암호화폐 투자를 선전하는 사례가 늘어났다. 그중에서도 월스트리트베츠의 인기 스타 일론 머스크가 단연 돋보였다. 머스크는 '게임스톱 쭈식'이라는 트윗을 올린 지 불과 일주일 만에 테슬라가 15억 달러를 비트코인에 투자했다고 발표하며 비트코인 열풍에 부채질을 했다. 얼마 지나지 않아 머스크는 비트코인의 기괴한 파생 상품인 도지코인에 세간의 관심을 집중시켰다. 도지코인은 2013년에 비트코인 소프트웨어를 약간 변형해 시바견을 마스코트로 장난삼아 만들어진 암호화폐다. 도지코인은 실제 기술적 혁신이나 재정적 가치가 거의 없었지만 머스크 덕분에 또 다른 밈 투자 대상으로 떠올랐다. 2월 초 머스크는 트위터에서 도지코인을 게임스톱 이후 일어난 대중 봉기의 일부분으로 재미있게 홍보하며 도지코인 열풍을 부추겼다.

"도지코인은 민중의 암호화폐다."

머스크는 밈의 아이러니한 특성과 농담 뒤에 숨겨진 잠재력을 능수능란하게 활용했다. 머스크는 "운명은 아이러니를 좋아한다"라며 이 상황을 언급했다.

"도지코인이 진짜로 미래에 지구 통화가 되면 그만큼 재미있고 아이러니한 결말은 없을 것이다."[8]

도지코인 가격은 단 며칠 새 100퍼센트 급등했다. 특히 4월이 되면서 점점 더 많은 유명인과 인플루언서가 도지코인 진영으로 몰려들어 열기는 더욱 뜨거워졌다. 그중에 가장 뜻밖의 인물은 로빈후드 CEO 블래드 테네브였다. 테네브는 2017년 암호화폐 붐 이후 로빈후드에 암호화폐 거래 서비스를 추가했다. 미국에서 가장 유명한 암호화폐 거래소인 코인베이스는 도지코인을 구매할 수 없도록 했고, 또 다른 암호화폐 거래소 CEO는 도지코인에 대해 "극도로 신중하게 투자해야 한다"라며 경고했다. 하지만 로빈후드는 이런 경고 없이 이용자들에게 투자 기회를 제공하는 회사로 유명했다. 테네브는 트위터에서 도지코인의 유쾌하고 장난기 가득한 특성을 이용한 농담을 던지며 로빈후드에서 도지코인을 거래할 수 있다고 홍보했다.

"와우, 대단해. 완전 밈이야." 테네브는 도지코인 마스코트인 시바견의 밈 언어를 이용해 트위터에 글을 올렸다. 그 밑에는 테네브가 도지코인을 얼마나 사랑하는지, 그리고 로빈후드가 도지코인 거래를 어떻게 허용했는지에 관해 이야기하는 동영상을 첨부했다.

도지코인 열풍이 한창이던 3월과 5월 초에 로빈후드는 게임스톱 열풍이 절정에 달했을 때만큼 많은 다운로드 수를 기록했다.[9] 일론 머스크는 로빈후드가 도지코인의 최대 보유자로, 전체 도지코인의 30퍼센트를 보유하고 있다고 밝히기도 했다. 하지만 이는 로빈후드 자체가 보유한 것이 아니라 고객들이 거래와 보관을 위해 맡긴 도지코인을 대신 관리하고 있는 것이었다. 도지코인은 해당 분기 로빈후드 수익의 25퍼센트를 차지하며 1월 게임스톱 거래 차단 사건 이후 로빈후드가 빠르게 회복하는 데 가장 큰 원동력이 되었다. 그러나 다시 한번 말하지만, 로빈후드의 성공은 고객들의 희생에 기반한 것이었다.

이 밈 로켓은 5월 초 머스크가 〈새터데이 나이트 라이브^{SNL}〉에 출연하면서 지구로 귀환했다. 특히 4월 20일 대마초의 날에 머스크와 다른 유명 인사들이 대마초를 주제로 한 도지코인 트윗을 쏟아내면서 몇 주간 도지코인의 상승세가 이어졌다. 머스크는 SNL을 대표하는 뉴스 형식의 코너 '위켄드 업데이트'에 출연해 도지코인에 대해 설명하는 역할을 맡았다. 앵커가 도지코인의 실질적인 가치에 대해 질문하자 머스크는 미소를 지으며 한낱 '사기^{hustle}'에 지나지 않는다고 인정했다. 곧바로 도지코인 가격은 절반으로 급락했고, 테네브가 로빈후드 고객들에게 홍보를 시작했을 때보다 더 낮은 가격으로 떨어졌다.

그해 봄은 인터넷에서 어떤 운동이나 현상이 확산되는 속도가 얼마나 빠른지, 그래서 정부나 규제 기관 등이 그 속도를 따라잡지 못하는 틈을 타 기회주의자들이 상황을 어떻게 악용할 수 있는지를 보여주는 사례 그 자체였다. 이는 2011년 아랍의 봄 이후 무슬림 극단주의자들과 군부 세력이 민중 운동을 빠르게 이용해 권력을 장악했던 일을 떠올리게 했다.

예전에는 사람들이 자신의 이익에 부합하는 투자 상품을 뻔뻔하게 홍보하다가 곤경에 처하곤 했다. 하지만 머스크를 비롯한 수많은 인플루언서들은 개인 투자자를 보호해야 할 규제 당국과 의회가 인터넷의 속도를 따라잡기에는 너무 느리고 소심하다는 사실을 알았다. 특히 금융은 기회주의자들에게 이용당하기 쉬운 영역이었다. 금융상품 자체가 워낙에 구조가 복잡해 사람들을 속이기가 쉽고, 특히 유명인들은 농담이었다는 핑계로 빠져나가면 그만이었기 때문이다.

금융 인플루언서들의 새롭고 위험한 영향력을 더욱 분명하게 보여주는 사건이 또 일어났다. 도지코인이 폭락한 직후, 온라인 금융 인플루언서들은 AMC라는 새롭게 부활한 밈 주식으로 대중의 관심을 돌렸다. 지난 1월 게임스톱 열풍 당시 처음 주목을 받았던 이 주식은 이후 관심이 사그라들었다가 게임스톱과 함께 다시 회복세를 보였다. 하지만 5월 들어 완전히 새로운 동력을 얻기 시작했다. 금융 인플루언서, 일명 '핀플루언서'들이 게임스톱에 이어 다음 표적으로 AMC를 지목한 것이다. AMC의 공매도 비율은 지난 1월 게임스톱의 공매도 비율과 비교할 때 몇 배나 작았지만, 슈퍼스통크의 유인원들은 AMC도 게임스톱처럼 악의적인 세력의 영향을 받고 있다는 이론을 제기했다. AMC의 CEO 애덤 애런$^{Adam\ Aron}$이 이 열풍의 중심에 있었다. 66세인 애런은 하버드대학교 출신에 재계에서 잔뼈가 굵은 인물로 건장한 체격과 새하얀 머리카락은 산타를 연상케 했다. 지난 1월, 라이언 코언은 게임스톱에 투자하려는 대중을 되도록 자극하지 않으려고 노력했다. 하지만 애런은 정반대였다. 기회가 있을 때마다 슈퍼스통크의 유인원들과 자신을 동일시하며 기성 금융 체계에 대한 대중의 불신을 부추겼다. 5월에 열린 기업 간담회에서 애런은 월가 증권분석가들에게 자신은 기관 투자자보다 개인 투자자를 우선시한다고 선언했다. 그러면서 개인 투자자들이 레딧에 쓴 글을 읽어보라고 권유했다.

"이 개인 투자자들이 우리 회사 주식의 대부분을 소유하고 있을 것이다." 애런이 간담회 도중에 말했다. "AMC의 소유주는 개인 투자자들이다. 우리는 그들을 위해 일한다. 나도 그들을 위해 일한다."[10]

그 후 한 달 동안 애런은 트위터에서 활발하게 활동하며 개인 투자자에게 보상을 제공하고 주가를 끌어올릴 수 있는 프로그램을 끊임없이 제안했다. 그 결과 새로운 감마 스퀴즈가 발생했다. AMC 주가는 1월에 기록했던 최고점을 훨씬 뛰어넘는 상승세를 보였다. 그러나 AMC에는 GME 올빼미들을 게임스톱으로 끌어들인 특징이 없었다. 특히 현금 흑자보다 부채가 많았고, 성장 산업이 아닌 사양 산업에 속했다. 로드 알츠만을 비롯한 GME 올빼미들은 애런과 유인원들을 가리켜 뻔뻔한 기회주의자라고 비난했다. 하지만 6월 초까지 열풍은 식지 않았다. 애런은 여기서 멈췄어야 했지만 한발 더 나아가 신규 주식 발행 계획을 발표했다. 그렇게 되면 유인원들이 이미 보유하고 있는 주식 가치가 희석될 수 있었다. 유인원들은 이를 배신으로 간주했고, 로빈후드가 AMC 거래를 차단할 필요도 없이 주가는 곤두박질치기 시작했다.

※　　※　　※

    2021년 봄을 강타한 주식과 암호화폐 열풍은 수년 동안 월스트리트베츠에 활력을 불어넣었던 농담 섞인 진담과 불신 풍조에 정점을 찍었다고도 할 수 있다. AMC에 대한 유인원들의 관심은 월스트리트베츠 초기에 회원들이 AMD 주식이나 도널드 트럼프 관련 투자에 걸었던 무모한 베팅과 비슷해 보였다. 하지만 2021년에 일어난 이 투자 열풍에서는 확실히 더 짙은 어둠과 환멸이 느껴졌다. 과거에 불었던 투자 열풍은 보통 경제에 대한 희망이나 낙관론에서 비롯된 경우가 많았다. AMD, 테슬라, 게임스톱에 대한 월스트리트베츠의 관심도 이들 기업이 지닌 잠재력에 대한 기대감에서 비롯된 것이었다. 하지만 2021년 봄에 일어난 투자 열풍에서는 어두운 냉소주의의 향기가 풍겼다. 암호화폐 광신도들은 달러에 기반한 세계 경제가 무너지고 비트코인이 그 자리를 대신할 것이라는 암울한 예측을 바탕으로 비트코인에 투자했다. 슈퍼스통크의 유인원들은 월가에서 벌어지는 거대한 음모를 일찍 간파한 사람들만

이 부자가 될 기회를 잡을 수 있다는 생각으로 게임스톱에 투자했다.

여기에는 몇 가지 모순이 있었다. 유인원들은 월가가 자신들을 망하게 하려 한다고 확신했다. 특히 헤지펀드 업계가 공매도로 게임스톱 주가를 억누르고 있다고 주장했다. 하지만 모순적이게도 실제 데이터는 개인 투자자들을 두려워한 헤지펀드가 공매도 포지션을 청산하고 있는 것으로 나타났다. 2021년 여름에 골드만삭스가 발행한 보고서에 따르면 헤지펀드가 기록적인 속도로 공매도 포지션을 청산하면서 전체 공매도 규모가 사상 최저 수준으로 떨어졌다. 이 과정에서 시장에 일대 혼란이 일어나면서 헤지펀드는 가격 상승을 기대하고 매입해 보유하고 있던 주식에서조차 "사상 최악의 실적을 기록했다"라고 골드만삭스 보고서는 밝혔다.[11] 초여름에 개인 투자자들의 눈 밖에 난 첫 번째 헤지펀드가 폐업했다. 당시 멜빈 캐피털은 1월에 발생한 약 68억 달러의 손실, 즉 운용 자금의 절반 이상을 회수하기 위해 노력하고 있었다. 하지만 몇 달 지나지 않아 멜빈에 구제금융을 제공했던 시타델 증권이 멜빈에 대한 신뢰를 잃고 돈을 돌려달라고 요청했고, 결국 몇 달 뒤에 게이브 플롯킨은 멜빈 캐피털 폐업을 발표했다. 얼마 전까지만 해도 업계에서 가장 성공적인 사례로 꼽히던 헤지펀드였다.

숏 스퀴즈 이후 몇 주 동안 수많은 개인 투자자들이 게임스톱에서 손실을 입었다는 사실을 고려할 때, 과연 다윗이 게임스톱 전투에서 골리앗을 이겼는지를 두고 언론에서는 큰 논쟁이 벌어졌다. 하지만 이 논쟁은 게임스톱 사태 직전에 개인 투자자들이 헤지펀드보다 더 나은 성과를 거두었다는 사실을 간과하고 있었다. 2021년 여름에 개인 투자자들을 면밀히 관찰했던 짐 크레이머는 개인 투자자들이 자신들의 무력함에 매몰된 나머지 실제로 얼마나 큰 잠재력을 발휘할 수 있는지를 깨닫지 못하고 있다고 지적했다.

"솔직히 월스트리트베츠 군중이 자신들이 얼마나 큰 힘을 가졌는지 모른다는 사실이 제일 놀랍습니다." 그는 방송에서 이렇게 말했다.[12]

"그들은 스스로를 과소평가하고 있는 것 같아요."

대중은 금융 산업이 진짜 힘을 숨기고 있다고 생각한다. 이러한 경향은 금융 산업이 운영되는 방식에서 비롯된 자연스러운 산물이다. 훌륭한 금융 회사는 훌륭한 포커 선수처럼 항상 자신이 가진 패를 감추려고 한다. 그래야 경쟁자들에게 전략을 들키지 않고 유리한 위치를 점할 수 있기 때문이다. 따라서 규칙도 이런 정보 비공개를 허용한다. 2020년에 게이브 플롯킨과 헤지펀드 동료들은 비공개로 거의 모든 게임스톱 주식을 공매도했다. 한편 시타델 증권은 회사 규모 및 사업 내용과 관련된 중요한 세부 정보를 감추기 위해 비상장 상태를 유지했다. 이 때문에 대중은 자연스럽게 이들이 매우 중요한 정보를 숨기고 있다고 생각하게 되었다.

하지만 이러한 의혹과 불신을 가장 심화시킨 장본인은 아마도 로빈후드일 것이다. 수년 동안 로빈후드는 고객들에게 모두가 시장에 공평하게 접근할 수 있는 플랫폼을 제공해 개인 투자자에게도 기관 투자자와 경쟁할 수 있는 기회를 보장하겠다고 약속했다. 그러나 막상 이 기회가 가장 절실히 필요할 때는 제대로 작동하지 않았다. 수년 동안 쌓여온 로빈후드에 대한 불신은 1월에 게임스톱 거래를 차단하면서 새로운 차원으로 발전했다.

물론 이 분노는 로빈후드가 월가의 사주를 받아 개인 투자자들이 게임스톱 주식을 구매하지 못하도록 막았다는 가정에서 비롯된 것이었다. 정부가 수사한 결과에 따르면 로빈후드가 헤지펀드의 직접적인 지시를 받았다는 증거는 발견되지 않았다. 로빈후드에서 게임스톱 거래가 차단되기 며칠 전부터 시타델과 로빈후드가 연락을 주고받은 것은 사실이었지만, 이는 시타델이 모든 거래를 원활히 처리할 수 있도록 하기 위해서였지 거래를 차단하라고 지시한 것은 아니었다.

수사 당국은 로빈후드가 과거와 동일한 문제로 인해 결국 거래를 차단할 수밖에 없었다고 밝혔다. 게임스톱 사태가 터지기 직전에 로빈후드 내부에서 과도한 거래량 때문에 시스템이 기술적으로 불안정해지고 규제 당국이 요구하는 의무를 충족하지 못할 위험이 있다는 직원들의 경고가 있었다는 증거가 발견되었다. 다른 여러 증권사도 비슷한 문제에 직면했지만 거래가 통제 불능 상태에 빠지지 않도록 거래 물량을 서서히 조절했다. 로빈후드 경영진도 내부 회의에서 거래를 점진적으로 제한하는 방안을 검토했지만, 그렇게 되면 투자자들이 가장 중요하게 생각하는 성장이 위협받을 수 있다고 생각해 이 방안을 선택하지 않았다고 밝혔다.

"성장의 수레바퀴는 끊임없이 돌아가야 한다." 2021년 1월 마지막 주 수요일, 게임스톱 거래가 정점에 달했을 때 고객 대면 비즈니스를 총괄하는 한 직원은 이렇게 적었다.

2021년 1월 28일 목요일 아침, 규제 당국은 로빈후드에게 10억 달러(한화 약 1조 원) 이상의 예치금을 요구했다. 이 예치금은 로빈후드가 고객들의 주식 거래를 처리할 수 있는 충분한 자금을 보장하기 위한 것이었고, 게임스톱 주식 거래량 급증으로 로빈후드가 부담해야 하는 법적인 의무였다. 하지만 규제 당국의 요구가 너무 커서 로빈후드는 고객들이 주식을 추가로 매입하는 것을 막아야만 사업을 계속할 수 있었다. 수사 당국이 조사한 결과, 로빈후드 직원들이 예치금 요구와 관련된 법적 요건조차 제대로 이해하지 못할 정도로 경험이 부족했던 탓에 결국 거래를 차단할 수밖에 없었다는 사실이 밝혀졌다.[13] 이런 상황은 과거에 로빈후드가 일으켰던 많은 문제와 크게 다르지 않았다. 즉, 로빈후드가 고객이 감수해야 하는 결과는 전혀 고려하지 않고 불안정한 성장에만 집중한 탓이었다. 그 과정에서 이용자들에게 사실을 제대로 알리지 않아 키워온 불신은

2월 의회 청문회가 끝난 후 블래드 테네브가 바스툴 스포츠의 데이브 포트노이와 진행한 인터뷰에서 여실히 드러났다.

포트노이는 첫 질문부터 이렇게 물었다. "자, 블래드, 이걸 보고 있는 모든 사람이 당신을 싫어한다는 거, 알고 있죠?"

테네브가 어색하게 웃었다. 포트노이는 계속해서 테네브를 몰아붙였다.

"솔직히 말해서, 만약 또다시 큰 사건이 생겨도 로빈후드가 내 편을 들어줄 것 같진 않다는 생각이 드네요. 또다시 회사의 이익을 우선시하겠죠. 그러다 내가 피해를 입든 말든 상관없다는 거잖아요. 그리고 이 인터뷰를 하는 이유도 신뢰 문제가 있다는 걸 알기 때문 아닙니까?"

"네, 이해합니다. 맞아요." 테네브가 겸손한 태도로 조용히 대답했다.

포트노이는 테네브에게 로빈후드가 게임스톱 거래를 차단한 이후 유치한 투자금 수십억 달러를 회사의 결정으로 피해를 입은 일부 고객을 돕는 데 사용할 의향은 없었는지 물었다.

"막대한 손해를 본 고객들을 보면서 '우리가 어떻게 하면 조금이라도 보상해줄 수 있을까' 같은 생각을 해본 적 있나요?"

그러나 테네브의 답변은 의회 청문회에서 같은 질문을 받았을 때와 다르지 않았다. 테네브는 곧바로 금융 시스템을 개혁하고 싶다는 추상적인 답변으로 화제를 돌렸다.

인터뷰를 마치며 포트노이는 테네브에게 로빈후드에 대한

인상이 조금도 변하지 않았다며 이렇게 말했다. "가면을 벗은 모습도 우리가 예상했던 것과 별반 다르지 않은 것 같군요."[14]

테네브와 공동 창업자는 로빈후드를 시작한 이유가 평범한 미국인들이 가진 시장에 대한 불신을 없애기 위해서라고 주장했다. 하지만 결국 로빈후드의 행동은 시장에 대한 새로운 유형의 더 지독한 불신을 만들어냈다. 심지어 이러한 불신은 오히려 로빈후드에게 도움이 되는 방식으로 작용했다. 로빈후드의 역사에서 가장 주목할 만한 점은 회사가 가장 큰 실패를 겪을 때마다 그 실패를 발판 삼아 가장 눈부신 성장과 성공을 이뤄냈다는 사실이다. 이는 온라인 경제의 모순적인 특성을 보여주는데, '그 무엇보다 관심을 우선시하는' 환경이 이런 결과를 가능하게 했다. 코로나19 초기에 시스템 오류가 발생한 이후 로빈후드는 가장 괄목할 만한 성장세를 기록했다. 게임스톱 거래 차단 이후에도 마찬가지로, 로빈후드와 헤지펀드에 대한 분노를 표출하고 싶었던 개인 투자자들이 게임스톱 주식과 도지코인을 더 매입하기 위해 로빈후드 앱을 다운로드하는 역설적인 상황이 벌어졌다. 앱토피아 데이터에 따르면, 거래 제한 조치가 시행된 다음 날 로빈후드는 1일 다운로드 수 신기록을 경신했다. 2021년 상반기 동안 로빈후드는 AMC, 게임스톱, 암호화폐 투자 열풍 덕분에 그 어느 때보다 많은 돈을 벌어들였다. 기술 전문 매체 《더 버지》는 이를 비꼬며 '로빈후드가 금융 허무주의로 수익을 창출하는 방법을 터득했다'라는 제목의 기사를 게재했다.

 6월이 되어 AMC 열기가 사그라들고 나서 규제 당국은 로빈후드에게 반복적으로 고객을 오도하고 고객의 금전적 이익을 보호하지 않았다는 이유로 벌금을 부과했다. 앨릭스 컨스의 자살 사건과 2020년 3월에 일어난 서비스 중단 사태를 비롯해 기타 여러 문제가 언급되었다. 미국의 금융산업규제기구는 로빈후드에 벌금 5,700만 달러(한화 약 800억 원)를 부과했다. 역대 단일 기업에 부과한 벌금으로는 최대 규모였다. 금융산업규제기구는 이 전례 없는 규모의 벌금이 2015년부터 2020년 사이에 "로빈후드가 저지른 위반 행위의 범위와 심각성" 및 "고객들이 입은 광범위하고 중대한 피해"를 반영한 조치라고 설명했다.

 하지만 이전의 모든 논란과 마찬가지로 이번 벌금과 조사 역시 기업의 성공에 큰 타격을 주지는 못했다. 벌금이 부과된 지 몇 주 후, 로빈후드는 나스닥 상장을 위한 기업공개IPO 준비를 마쳤다고 발표했다. '개인 투자자에게 더 안전한 투자 상품을 제공하고, 개인 금융 분야의 아마존이 되겠다'라는 로빈후드의 야망은 실현되지 못했다. 하지만 그건 중요하지 않았다. 블래드 테네브와 바이주 바트는 뉴욕 타임스 스퀘어에서 진행된 IPO 행사에 활짝 웃는 얼굴로 나타났다. 그리고 이 상장으로 두 사람의 개인 자산은 각각 22억 달러(한화 약 3조 원) 이상이 되었다.

IPO 이후 잠깐이지만 로빈후드 또는 종목 코드 HOOD는 월스트리트베츠에서 새로운 밈 주식으로 떠올랐다. 그동안 로빈후드가 갈취해 간 돈을 생각하면 종목 코드가 '강도질'을 뜻하는 영단어 ROB이어야 하지 않느냐고 말하는 사람이 많았다. 그러나 투자자들은 이 모든 문제를 극복하고 승승장구하는 회사의 능력을 보고 투자한다고 했다.

"내가 회사를 싫어하는 것도, 플랫폼을 신뢰하지 않는 것도, 불가리아 출신 소년이 헛소리를 지껄여대는 것도 중요하지 않다." 어느 로빈후드 투자자가 말했다. "너희 저능아들이 여전히 로빈후드를 사용하고 있고, 대부분의 신규 투자자들도 로빈후드를 사용하고 있기 때문에 나는 이 주식을 살 것이다."

하지만 몇 주 지나지 않아 로빈후드 주가는 급락했고, 월스트리트베츠의 많은 회원이 로빈후드 때문에 또다시 손실을 떠안아야 했다. 아이러니하게도 이 회사는 애초에 그들이 주식 거래를 시작하도록 부추긴 곳이었다.

분노 세대의 집권

> "완전히 새로운 투자자 계층이 등장했다."

2021년 여름과 가을에는 코로나19 팬데믹 이후 처음으로 많은 사람이 오랜만에 학교나 직장으로 돌아가기 시작했다. 이제 단타 주식 거래 열풍도 곧 끝날 것이라는 예상이 팽배했다. 격리 조치가 시행되고 관람할 운동 경기가 없어서 그 대안으로 주식 투자가 유행한 것이었기 때문이다. 특히 많은 사람이 도지코인이나 AMC 투자에서 손실을 입었기 때문에 이러한 예상에 더욱 힘이 실렸다. 하지만 새롭게 생긴 투자 습관과 이를 둘러싼 커뮤니티가 사람들이 생각한 것보다 훨씬 더 깊이 뿌리를 내렸다는 사실이 곧 드러났다. AMC 버블이 가장 심했던 시기가 지났는데도 팬데믹으로 인한 봉쇄 조치가 한창일 때와 마찬가지로 여전히 위험에 집착하는 젊은 투자자들이 시장에 많이 남아 있었다. 반다 리서치에 따르면 실제로 2021년 7월부터 10월까지 개인 투자자들이 주식에 투자한 금액은 2020년 같은 기간보다 15퍼센트 증가했고, 2019년 같은 기간보다 무려 9배 증가했다.[1]

개인 투자자의 보유 자산을 추적한 여러 데이터에 따르면, 2020년과 마찬가지로 2021년에도 개인 투자자들은 단순히 거래량만 늘린 것이 아니었다. 이들은 기본 주가지수와 헤지펀드보다 더 나은 성과를 이어가고 있었다. 반다 리서치의 데이터에 따르면, 여름이 되면서 개인 투자자들은 연초에 인기를 끌었던 밈 주식에서 벗어나 대형 기술주 테슬라 같은 검증된 인기 종목으로 이동하고 있는 것으로 나타났다. 이런 투자 패턴은 2020년 여름과 다르지 않았다. 당시 개인 투자자들은 허츠 같은 파산한 기업에 투자하며 주목을 받았지만, 실제로는 더 많은 자금이 보다 합법적인 장기 투자로 흘러갔다.[2]

찰스 슈와브는 2021년에 발표한 보고서에서 2020년 이후 시장에 진입한 신규 투자자들을 '투자 세대Generation Investor'라고 불렀다. 이들은 코로나19가 발생하기 이전의 투자자들보다 훨씬 젊고 재정적으로 여유가 적었다. 슈와브가 실시한 설문조사에 따르면 이들 중 많은 투자자가 단기 수익을 목표로 투자를 시작했지만 실수에서 배워나가면서 점점 장기 투자에 더 집중했다. 이런 변화는 제이미를 비롯해 월스트리트베츠에서도 여러 차례 관찰된 변화였다. 로빈후드는 이런 변화를 자신들의 서비스 철학과 연결 지었다. 로빈후드는 사람들이 트레이딩의 재미에 빠져 시장을 배우고 더 나아가 책임감 있는 투자에 참여할 수 있도록 하는 것이 목표라고 주장했다.

밀레니얼 세대와 Z세대 투자자들은 베이비부머 세대처럼 인덱스 펀드나 뮤추얼 펀드에 투자하지 않았다. 대신 이들은 주식보다 암호화폐에 더 많은 돈을 투자했다. 로빈후드의 경우 2021년 4월부터 10월 사이 고객 계좌에 보유 중인 암호화폐 가치가 106억 달러(한화 약 14조 원) 이상 증가했는데, 이는 같은 기간 계좌에 보유 중인 주식 가치가 40억 달러 증가한 것과 비교했을 때 2배 이상 많았다.[3] 나중에 연구자들은 Z세대가 전통적인 주식보다 암호화폐로 투자를 시작할 가능성이 높다고 판단했는데, 이는 이전 세대의 투자 입문 방식과는 현저하게 다르다.[4] 주식 투자자들도 나쁘지 않은 수익을 내고 있었지만 젊은 암호화폐 투자자들은 마치 도적 떼처럼 돈을 긁어모으고 있었다. 지역 신문에는 고등학교 중퇴자나 레스토랑에서 시급을 받으며 일하던 사람들이 20대 초반에 암호화폐로 백만장자가 된 이야기가 자주 실렸다. 2017년 암호화폐 붐 때만 해도 주로 아마추어 투자자들이 시장을 이끌었지만 이후 몇 년 동안 전문 투자자들도 암호화폐 시장에 진입했다. 이제 월가에 있는 모든 은행이 자체 암호화폐 거래 부서나 블록체인 프로젝트에서 기존 은행 기술을 비트코인과 유사한 새로운 소프트웨어로 대체하고 있다.

전문 투자자 및 기관은 이 젊은 신규 투자자들에게 큰 관심을 가지기 시작했다. 2021년에는 개인 투자자들의 행동을 분석하고 데이터를 제공하는 스타트업이 여럿 등장했다. 이들은 주로 헤지펀드나 기관 투자자들에게 서비스를 제공했다. 멜빈 캐피털과 같은 운명을 피하기 위한 목적도 있었지만, 이제는 단순히 개미들의 공격을 피하는 것뿐만 아니라 이들의 거래 전략을 따라 하려는 목적도 있었다.

"전문 투자자라면 개인 투자자의 흐름을 무시할 수 없습니다." JP모건체이스의 주식 거래 공동 책임자인 크리스 베르트 Chris Berthe가 《월스트리트 저널》에 실린 인터뷰에서 말했다. "완전히 새로운 투자자 계층이 등장했으며, 이들은 시장 트렌드를 제대로 파악하고 행동하는 투자자 계층입니다." JP모건은 개인 투자자들의 행동 데이터를 분석해 제공하는 서비스를 만들었고 이미 50개에 달하는 대형 자산 관리사가 이 상품에 가입했다고 밝혔다.[5]

제이미 로고진스키는 개인 투자자에 대한 관심이 커지는 상황에서 가장 큰 이익을 볼 수 있는 사람이었다. 지난 2월, 제이미는 멕시코 기술 회사에서 받던 연봉보다 더 많은 돈을 받고 영화 계약을 체결했다. 그 후 몇 달 동안 제이미는 은행과 금융 콘퍼런스에서 강연을 해달라는 초청을 수도 없이 받았다. 모두가 이 새로운 젊은 투자자들을 이해하고 싶어 했다. 제이미는 한 달에 몇 번씩 비행기를 타고 다니며 금융계 유명 인사들과 어울렸다. 봄이 끝나갈 무렵에는 강연 활동이 늘어나면서 다니던 직장을 그만두었다. 그렇게 번 돈으로 제이미는 알레한드라와 아들 쌍둥이를 데리고 수영장과 헬스장이 딸린 더 크고 보안이 강화된 아파트로 이사했고, 다시 운동에 전념할 수 있었다.

여름이 끝나갈 무렵, 제이미는 암호화폐에 강렬한 흥미를 느꼈다. 2012년 초기 채팅방에 암호화폐가 등장했을 때부터 암호화폐의 매력에 푹 빠져들었던 제이미는 왜 그 기회를 활용하지 않았나 자책했다. 제이미는 주저 없이 틈나는 대로 새로운 코인과 토큰 프로젝트를 공부했다. 그중 일부는 도지코인처럼 투기성 밈에 불과하기도 했지만 비트코인이 도입한 새로운 기술을 이용해 금융 시스템의 더 큰 문제를 해결하려는 시도도 있었다. 몇몇 회사는 위키피디아가 백과사전 출판사를 변화시킨 것처럼 블록체인 기술을 이용해 소셜 미디어가 모든 이익을 독식할 후 없는 인간 중심의 대안을 만들려고 하고 있었다. 제이미는 이 주제에 완전히 몰입해서 옵션 거래를 시작하던 초창기에 같은 생각을 가진 사람들을 찾으려고 서브레딧을 만들었던 시절과 같은 열정을 보였다. 하지만 이제는 새로운 서브레딧을 만들 필요가 없었다. 이미 레딧과 트위터를 비롯한 여러 곳에서 수많은 젊은이가 암호화폐에 대해 끊임없이 이야기하고 생각하고 있었기 때문이다.

제이미가 암호화폐에 보인 이러한 집착은 사실 ADHD 때문이기도 했다. ADHD 때문에 어떤 일에 집중하기가 어려울 때도 있지만, 다른 모든 것을 배제하고 한 가지에만 과도하게 몰두할 때도 있었다. 제이미는 과거에도 옵션 거래에 지나치게 몰두했다가 후회한 적이 있었기에 이런 행동이 건강하지 않다는 사실을 알고 있었다. 하지만 발을 빼기에는 이미 너무 깊은 수렁에 빠져 있었다. 제이미는 단순히 암호화폐에 투자하는 것뿐만 아니라 새롭게 떠오르는 암호화폐 프로젝트에도 개인적으로 참여했다. 이 프로젝트는 금과 같은 실물 자산에 기반을 둔 금 기반 ETF처럼 일반 주식 가치를 기반으로 하는 암호화폐 토큰을 만드는 것이었다. 암호화폐 토큰으로 주식을 거래할 수 있다면 매일 오후와 주말이면 문을 닫는 증권 거래소에 의존할 필요 없이 매일 24시간 내내 거래가 가능했다. 특히 게임스톱 같은 주식을 언제든지 거래할 수 있다는 점이 암호화폐 시장의 큰 매력 중 하나로 꼽혔다.

제이미가 참여한 프로젝트는 '탈중앙화 금융decentralized finance', 줄여서 '디파이DeFi'라고 알려진 신흥 산업에 속했다. 대부분의 디파이 프로젝트는 기본적으로 탈중앙화된 블록체인 기술을 사용해 금융 거래를 처리하는 중개인을 없애는 것이 목표였다. 중개인이 없으면 수수료가 사라져 더 효율적인 거래가 가능했다. 2021년에 디파이는 특히 로빈후드 때문에 발생한 모든 문제를 해결할 수 있다는 점에서 주목받았다. 로빈후드에 주식을 맡겨둔 고객들은 로빈후드의 서비스가 중단되었을 때 손발이 묶이고 말았다. 그러나 대부분의 디파이 프로젝트는 토큰이나 주식을 고객이 직접 보유할 수 있도록 허용했기 때문에 로빈후드 같은 중개업체에 의존할 필요가 없었다. 비트코인이 디지털 화폐를 다른 사람에게 직접 송금할 수 있게 한 것처럼 디파이도 주식, 예술품, 심지어 부동산 같은 다른 자산을 암호화폐 토큰에 연결해 직접 거래할 수 있도록 하겠다는 약속을 내세웠다.

2021년 가을 무렵에는 많은 디파이 프로젝트가 거래소나 증권사 없이도 돈을 빌리고 디지털 자산을 거래할 수 있는 소프트웨어를 갖추게 되었다. 제이미가 참여한 프로젝트는 비교적 시작이 늦었고 소속된 개발자도 몇 명 되지 않았다. 제이미는 이 프로젝트에 월스트리트베츠라는 이름을 제공했다. 2020년에 투자 게임 방송을 준비하면서 상표 등록을 해둔 상태였다. 제이미는 월스트리트베츠 탈중앙화 트레이딩 애플리케이션, 일명 WSBDapp을 본격적으로 홍보하는 데 돌입했다. 일례로 뉴욕에서 요트 크루즈 행사를 열어 기자들에게 월스트리트베츠의 역사에 관한 이야기를 들려주는 식으로 홍보를 진행했다. 이 프로젝트는 전 세계 어디서든 암호화폐를 보유한 사람이라면 누구나 이더리움을 전송하고 WSB 토큰을 받을 수 있었기 때문에 빠르게 자금을 모을 수 있었다. 제이미를 비롯해 프로젝트 관계자들은 WSB 토큰으로 보수를 받았고, 이 토큰은 수요가 늘어나면서 가치가 상승했다.

제이미는 홍보 영상에서 확신에 찬 목소리로 말했다. "모두가 이걸로 돈을 벌면 좋겠습니다. 저는 이걸로 분명히 돈을 벌 겁니다."

WSBDapp은 암호화폐의 가능성과 위험성을 동시에 보여주었다. 블록체인 기술을 사용한 탈중앙화 거래 방식은 금융 시스템의 자연스러운 진화 같았다. 인터넷으로 탈중앙화된 힘이 모든 유형의 디지털 상호작용에 변화를 일으킨 것처럼 블록체인 기술도 금융 분야에서 비슷한 혁신을 일으킬 수 있을 것처럼 보였다. 또한 암호화폐 덕분에 암호화폐 지갑만 있으면 누구나 새로운 스타트업에 초기 투자를 할 수 있게 되었다. 예전에는 이런 초기 투자 기회가 벤처 캐피털리스트 같은 전문 투자자들에게만 주어졌다. 일반인은 몇 년 후 기업이 상장될 때까지 기다려야 했으며, 그 시점에는 이미 가장 큰 성장이 끝난 상태인 경우가 많았다.

하지만 이로 인한 위험도 만만치 않았다. 우선, 중개인이 없으니 귀중한 주식이나 토큰을 이용자가 직접 보유해야 했는데, 기술적으로 능숙한 사람들조차도 비밀번호를 안전하게 지키지 못하는 경우가 많았다. 암호화폐 백만장자들 사이에서는 해킹을 당해 재산을 잃는 일이 비일비재하게 발생했다. 스타트업이 자체적으로 개발한 암호화폐 토큰으로 자금을 조달하는 이 새로운 방식은 사기꾼들에게도 새로운 기회를 제공했다. 실질적인 기술 없이 허울뿐인 말로도 돈을 모을 수 있게 된 것이다. 선의로 시작한 프로젝트일지라도 문제가 되기는 매한가지였다. 기술이 실제로 작동하는지 확인하기도 전에 자체 개발한 암호화폐 토큰을 지불하고 그 대가로 투자금을 유치했기 때문에, 실패할 경우 투자자들이 그 피해를 고스란히 떠안아야 했다. 이런 상황은 1920년대 미국 주식시장과 비슷했다. 당시에는 정부의 감독이나 규제가 없어서 투자자들이 사기를 당하거나 큰 손해를 입는 일이 많았다. 이후 정부가 투자자를 보호하기 위해 주식 발행사를 규제하기 시작했다.

제이미의 회사 역시 제대로 된 제품을 내놓기도 전에 일반인들에게서 자금을 모금한 수많은 암호화폐 프로젝트 가운데 하나였다. 투자금이 모이고 얼마 지나지 않아 투자자들은 제이미 측이 규제받지 않는 암호화폐 거래소에서 주식을 거래할 수 있게 해준다는 약속을 지킬 수 있을지 의심하기 시작했다. WSB 토큰 가격은 급격한 하락세로 접어들었고, 제이미는 자신을 믿고 투자했다가 손실을 본 사람들에게서 엄청난 비난을 받았다. 다른 수많은 신규 핀플루언서도 이러한 비난에 직면했다. 특히 제이미가 개인적인 프로젝트에 월스트리트베츠의 이름을 사용한 것에 분노한 조던 자자라는 트위터로 쪽지를 보냈다.

"이봐, 넌 우리를 엿 먹이고 우릴 이용해서 돈 벌려고 거짓말까지 해왔잖아. 최소한의 양심이라도 있으면 'WSB'라는 이름을 몰래 가져가서 닥치는 대로 돈벌이에 사용하는 짓까진 하지 말았어야지." 조던이 말했다.

화가 난 제이미가 과거 월스트리트베츠에서 문제가 되었던 인종차별 문제를 다시 끄집어냈다. 조던과 라카이가 인종차별에 동조했다고 비난했다가 커뮤니티에서 쫓겨난 제이미는 해묵은 앙금을 풀지 못한 상태였다.

"아직도 그 얘기냐?" 조던이 반격했다. "진짜로 그렇게 생각한다면, 내가 혐오 발언을 차단하려고 매달 사비를 쓰고 있다는 것만 알아둬라."

올해 상반기 내내 조던은 서브레딧에서 암호화폐 관련 대화를 허용하는 데 반대 입장을 고수해왔다. 한번은 라카이가 암호화폐에 관한 스레드를 올렸는데, 조던이 이를 삭제하라고 압박하기도 했다. 하지만 가을이 되자 암호화폐가 월스트리트베츠와 떼려야 뗄 수 없는 관계로 자리 잡으면서 더 이상 무조건 금지하기는 어려워졌다. 제이미에게 분노의 메시지를 보낸 지 불과 몇 주 만에 조던은 라카이 및 다른 운영진과 협력해 월스트리트베츠의 첫 번째 스핀오프 서브레딧을 만들었다. 이 서브레딧의 이름은 r/WallStreetBetsCrypto로 암호화폐 전용 공간이었다. 조던은 주식 관련 대화와 암호화폐 관련 대화를 분리하는 동시에 암호화폐에 대한 더욱 심도 있는 토론이 이루어지기를 바랐다. 젊은 투자자들의 자금이 암호화폐로 쏠리는 현상을 바라보면서 조던은 자신의 오랜 원칙을 재고하게 되었다. 은행계좌 잔고가 점점 줄고 있었기 때문이다.

팬데믹이 시작될 무렵 웨그먼스 마트를 그만둔 조던은 직장도 없었고 사고 합의금으로 받은 돈도 모두 바닥났다. 최악의 순간은 이타카 시청에서 빨간 봉투가 날아들었을 때였다. 2년 넘게 세금을 납부하지 않아서 지금 살고 있는 집에 담보권이 설정되었다는 내용이 적혀 있었다. 현관에 놓인 빨간 봉투를 본 조던의 아버지는 이런 매물을 노리는 투자자에게 공동 소유의 집이 넘어갈 수도 있다며 조던을 꾸짖었다.

"사람들을 속이고 싶지 않아서 큰돈을 벌 수 있는 기회도 다 마다했는데, 이제는 재산세조차 낼 수 없는 신세라니." 조던은 디스코드 채팅방에서 신세를 한탄했다.

조던은 레딧에 취직하려고 수차례 면접을 보았지만 아무런 연락도 받지 못했다. 결국 웨그먼스 마트에서 다시 일용직으로 일해야 하나 고민하던 차에 월스트리트베츠에서 가장 오랜 기간 유행한 밈에서 이름을 딴 스타트업에서 연락이 왔다. 바로 '텐디스Tendies'였다. 이 회사는 주로 월스트리트베츠에서 공유된 투자 관련 정보를 더 직관적인 인터페이스로 정리해서 보여주는 서비스를 제공했다. 예를 들어, 특정 옵션 계약 매매에 관한 이야기가 가장 많이 언급된 주식이 무엇인지 쉽게 확인할 수 있었다.

텐디스가 일자리를 제안했을 때 조던은 잠시 고민했다. 서브레딧을 돈벌이 수단으로 삼으려던 사람들을 비판했던 순간이 하나하나 떠올랐기 때문이다. 조던은 텐디스의 이익을 위해 서브레딧의 내용을 변경하거나 서브레딧에서 텐디스 앱을 홍보하는 일은 하지 않겠다는 조건을 내걸었다.

"나는 행여나 잘못을 저지르지 않도록 조심하고 싶을 뿐이다." 조던은 무엇이 올바른 행동인지 고민하며 디스코드 채팅방에서 이렇게 말했다.

"커뮤니티에 해를 끼치게 된다면 돈을 떠나 즉시 일을 그만둘 거다. 이 선택이 '모두가 이기는' 결과로 이어지길 바란다."

텐디스는 조던이 이타카에 있는 자택에서 계속 일할 수 있도록 허용해주었고, 실리콘밸리급 연봉을 제시했다. 조던이 성인이 된 이후로 처음으로 벌어본 큰돈이었다. 조던은 첫 월급을 받자마자 이타카 시청에 가서 밀린 세금을 납부했다. 그즈음 서브레딧에는 젊은 여성 회원이 늘어나기 시작했는데, 조던은 취직과 동시에 그중 한 명과 장거리 연애를 시작했다.

"속단할 순 없지만, 일이 잘 풀리고 있는 것 같다." 조던은 조심스럽게 말했다.

지금 만나는 사람은 예전에 나랑 사소한 일로 논쟁을 벌였던 이용자다.
알고 보니 꽤 괜찮은 사람이라
잘될 것 같다.

하지만 그간의 투자 실적을 보면 조던은 번번이 타이밍을 놓쳐 너무 늦게 베팅하곤 했다. 이번에도 다르지 않았다.

* * *

2020년 3월부터 시작된 주식시장 상승세는 2021년 12월에 정점을 찍은 후 몇 주 만에 급락하며 하락세로 돌아섰다. 미국 연방준비제도는 투자자들이 자신감을 잃지 않도록 다양한 경기 부양책을 내놓았고, 서브레딧에서는 또다시 '돈 찍어내는 기계'와 관련된 수많은 밈을 만들어냈다. 그러나 너무 많은 돈이 시장에 풀리자 달러 가치가 하락하면서 인플레이션에 대한 우려가 커졌다. 인플레이션에 대한 두려움은 2022년 2월 러시아가 우크라이나를 침공하면서 배가되었다. 이로 인해 유가가 상승하고 전반적인 경제 혼란이 우려되었다. 봄이 되자 주요 지수가 하락하며 2021년 상승분 대부분이 증발했다. 비트코인과 게임스톱처럼 2021년에 가장 빠르게 상승했던 투자 종목이 가장 빠르게 하락했다. 월스트리트베츠는 큰 손실을 입은 사람들로 피바다였다. 월스트리트베츠의 정신을 좇아 손실을 재미있는 밈으로 승화해보려는 노력도 있었지만 현실적인 고통 앞에서 밈도 그 힘을 잃었다. 어느 회원은 2021년 수익에 대한 세금으로 7만 달러를 납부해야 하지만 그 돈을 전부 잃어서 세금을 낼 수 없게 되었다고 썼다. 또 다른 회원은 아들의 대학 학비로 모은 24만 달러를 잃었다며 도움을 요청하기도 했다.

"아들이 내년에 고등학교를 졸업하는데 잃은 돈을 다시 메꿔야 한다! 욜로가 아닌 현실적이고 안정적인 주식 투자에 관한 조언을 해주면 대단히 고맙겠다!"

이 시기는 월스트리트베츠에서 대중화된 고위험 투자의 위험성을 모두에게 일깨워준 암흑기였다. 과거에 투자 열풍이 불 때마다 그랬던 것처럼 이번에도 지식과 경험이 부족한 취약 계층이 가장 늦게 뛰어들어 가장 빨리 돈을 잃었다. 특히 2021년 암호화폐 버블이 끝나갈 무렵 흑인 투자자들이 백인 투자자들보다 훨씬 더 높은 가격에 암호화폐를 사들였다.《디 애틀랜틱 The Atlantic》에 이러한 상황을 다룬 기사가 실렸다. "암호화폐 투자자라고 하면 보통 기술에 능통한 젊은 백인 남성을 떠올리겠지만 이번 암호화폐 폭락으로 가장 큰 타격을 받은 집단은 다름 아닌 흑인들이다. 흑인 투자자들은 백인 투자자들에 비해 주식 보유 비율이 절반에 불과한 반면, 암호화폐 보유 비율은 훨씬 더 높았다. 특히 흑인 투자자들은 최근 암호화폐 시장이 최고점을 찍었을 때 대거 투자에 뛰어든 탓에 현재 많은 투자자가 적자를 보고 있다."[6]

월스트리트베츠가 주도한 투자 열풍이 끝났다는 부정적인 기사가 언론을 장식했다.《블룸버그》와《뉴욕 포스트》는 모건 스탠리의 데이터를 인용해 개인 투자자들이 팬데믹 동안 벌어들인 수익을 모두 잃었다고 주장했다.[7] 그러나 개인 투자자들을 추적한 다른 회사들의 분석은 그리 심각하지 않았다. 골드만삭스와 반다 리서치에 따르면, 개인 투자자들은 팬데믹 초기부터 여전히 주식 투자로 수익을 올리고 있었다. 다만 월스트리트베츠에서 인기를 끌었던 고위험 투자는 전반적인 주식시장보다 실적이 좋지 않은 건 사실이었다.[8] 최근 암호화폐에 열광했던 제이미도 이번 폭락으로 큰 손실을 입었다는 사실을 인정했다.

"사람들이 두려워할 때 욕심을 냈어야 했다. 하지만 사람들이 욕심을 낼 때 나도 욕심을 냈고 그 결과 지금 빈털터리가 되고 말았다." 제이미가 트위터에 썼다.

《월스트리트 저널》은 '레딧의 월스트리트베츠는 게임스톱의 킹메이커였지만, 오랜 이용자들은 이제 그 매력이 사라졌다고 말한다'라는 제목의 기사로 월스트리트베츠를 정면으로 겨냥했다.

하지만 종말의 신호가 들려오는 와중에도 여전히 커뮤니티가 와해될 조짐은 보이지 않았다. 시장이 조금이라도 회복세를 보일 때마다 아무리 단기간일지라도 사람들은 다시 월스트리트베츠로 몰려들어 저가 매수에 대해 이야기했다. 이 저가 매수 전략은 로빈후드가 등장하고 중국 시장이 잠시 세계 증시를 혼란에 빠뜨린 직후인 2015년부터 월스트리트베츠에서 큰 인기를 끌었다. 월스트리츠베츠에서는 세상이 끝난 것처럼 보일 때가 주식을 싸게 살 수 있는 최고의 기회라는 생각이 내면화되어 있었다.

월스트리트베츠의 트래픽은 2022년 초에 급감해 2월에 바닥을 찍었다. 그러나 감마 스퀴즈 열풍이 불었던 2020년 2월보다 여전히 2배 많은 숫자였다. 그리고 곧 다시 늘어나기 시작했다. 반다 리서치의 데이터에 따르면 2022년 1분기가 끝났을 때 개인 투자자들이 주식시장에 투자한 금액은 게임스톱 열풍이 불었던 2021년 1분기와 비슷한 수준이었다. 그러나 이들이 매수한 주식의 양은 역사상 최고치에 근접한 수준을 유지했지만, 옵션 같은 고위험 상품에 투자한 금액은 전 분기 대비 절반 수준으로 감소했다.[9] 이는 개인 투자자들이 새로운 시장 상황에 적응하고 더 안전한 투자 방식을 선택하기 시작했다는 사실을 보여준다.

시장에 대한 지속적인 관심은 미국 젊은이들이 처한 재정적 상황에서 비롯된 것이 분명했다. 2019년에는 전례 없는 수준의 학자금 부채에 시달리며 복권 당첨을 간절히 바라는 밀레니얼 세대의 재정적 절박함에 대한 이야기가 많이 나왔다. 하지만 팬데믹 기간 동안 모든 계층의 미국인, 특히 부유하지 않은 미국인들은 지출을 줄이고 저축을 늘렸다. 데이터에 따르면 2023년까지 밀레니얼 세대와 Z세대로 불리는 주머^{Zoomer} 세대는 기성세대가 같은 연령대였을 때와 비교해 더 나은 재정 상태에 도달한 것으로 나타났다. 갑자기 생긴 저축 자산으로 투자를 하고 싶어 하는 사람들이 늘어난 것이다.

하지만 재정적 상황이 나아졌다고 해서 이들의 투자 성향이 바뀌지는 않았다. 이 젊은 투자자들은 부모 세대가 선택했을 법한 뮤추얼 펀드에 저축금을 넣는 대신, 소셜 미디어에서 표준처럼 여겨지는 더 위험하고 개인화된 투자 방식에 눈을 돌렸다. 규제 당국과 학계에서 실시한 설문 조사 및 분석에 따르면 밀레니얼 세대와 주머 세대는 부모 세대와 거의 정반대의 투자 선호도를 보였는데, 가장 먼저 암호화폐에 투자하고 그다음에 개별 주식에 투자했으며 베이비부머 세대와 X세대 사이에서 인기를 끌었던 뮤추얼 펀드에는 큰 관심을 보이지 않았다.[10] 18세에서 29세 사이의 남성 중 41퍼센트가 암호화폐를 보유하고 있다고 답했으며, 이는 같은 연령대 여성의 비율보다 2.5배 더 높은 수치였다.[11]

2023년 초 월스트리트베츠에서 오간 대화에서는 새롭게 유입된 투자자들의 다양한 관심사를 엿볼 수 있었다. 연준이 인플레이션을 해결하기 위해 더 공격적으로 나설 경우 어떤 주식이 유망할 것인가부터 시작해서, 암호화폐는 물론이고 심지어 고루한 채권에 초점을 맞춘 ETF에 관한 대화까지 있었다. 2022년 1월부터 10월까지 월스트리트베츠에 가입한 신규 회원 수는 160만 명에 달했고, 이는 게임스톱 열풍이 시작될 당시 전체 회원 수를 초과하는 규모였다. 월스트리트베츠의 인기가 시들 것이라는 회의론자들의 예상을 다시 한번 뒤집고 이 커뮤니티는 계속해서 새로운 회원들을 끌어들이며 독특한 투자 운동을 이어가고 있었다.

2022년에 들어선 지 몇 달 되지 않아 조던이 취직했던 스타트업 텐디스는 자금 부족으로 문을 닫았고 조던은 일자리를 잃었다. 하지만 그동안 받은 월급 덕분에 큰 지출이 없는 상태에서 안정적인 재정 기반을 마련할 수 있었다. 조던은 여전히 동료 운영진과 디스코드에서 어울리며 슈퍼스통크 같은 2021년에 생겨난 여러 온라인 투자 커뮤니티와의 경쟁에서 우위를 점하기 위해 월스트리트베츠를 좀 더 전문적으로 개선할 방안을 논의했다. 조던은 게임스톱 숏 스퀴즈 이후 제이미의 오랜 친구들이 레딧에서 모두 쫓겨난 뒤에 최고 관리자 자리에 오른 '오피니언_이즈_언파퓰러OPINION_IS_UNPOPULAR'와 많은 시간을 보냈다. 오피니언_이즈_언파퓰러는 열아홉 살이던 2015년에 서브레딧에 가입했다. 당시 월스트리트베츠에 가입했던 다른 여러 사람과 마찬가지로 그는 2013년 비트코인으로 투자를 배웠다. 하지만 채팅방이나 디스코드에서 활발히 활동한 적이 없었기 때문에 운영진 자리를 빼앗기고 되찾는 내분에 휘말린 적도 없었다. 오피니언_이즈_언파퓰러는 주로 레딧에서 제공하는 자동화 봇을 업데이트하는 등 뒤에서 조용히 일만 해온 인물이었다.

오피니언_이즈_언파퓰러의 본명은 누르 알Noor Al로, 이전 최고 관리자들에 비해 젊고 모범적이며 포챈의 영향을 덜 받은 사람이었다. 그는 캐나다에서 대학을 졸업하고 의료업계에서 컨설턴트로 일하고 있었다. 조던은 때때로 누르의 원칙주의적인 성향에 답답함을 느끼기도 했지만, 마침내 서브레딧에서 이루어지는 모든 주식 관련 대화의 규모와 흐름을 추적할 수 있는 데이터 대시보드를 함께 구축해나갈 사람이 생겼다는 사실이 기뻤다. 조던은 가장 야심 차게 개발한 봇을 재부팅했다. 이 봇은 모든 게시물 아래에 작성자의 활동 기간과 이력을 한눈에 볼 수 있는 작은 차트를 표시했다. 이 차트는 이용자들이 해당 게시물의 신뢰성 여부를 판단하는 데 도움을 주었다. 또한 조던은 오픈AI의 인공지능 모델을 이용해 이전에는 사람이 처리했던 관리 작업 일부를 자동화하는 방법을 배웠다. 한편 오피니언_이즈_언파퓰러는 매일 아침 장이 열리기 전에 디스코드 음성 채널에서 일종의 1일 토크쇼를 열어 30분 동안 그날의 소식과 주식 이야기를 나눴다. 이 채널은 매일 수천 명이 모이며 인기를 끌었다. 그는 조던을 따라 직장을 그만두고 월스트리트베츠에서 풀타임으로 일하기 시작했다.

여전히 디스코드 서버 관리자로 활동하던 조던의 오랜 친구 라카이는 마침내 운영진이 수익을 창출할 수 있게 하려는 계획을 세웠다. 바로 NFT라고 부르는 '대체 불가능 토큰$^{\text{non-fungible token}}$'을 활용하는 것이었다. NFT는 가장 최신의 암호화폐 기술로 사기 논란도 많았다. 라카이는 NFT를 이용해 월스트리트베츠 이용자들이 자신만의 디지털 아바타를 구매할 수 있게 하려고 했다. 이용자가 아바타를 구매하면 특정 디스코드 채널에 접근할 수 있는 권한을 부여받거나 서브레딧에서 특별한 혜택을 받는 방식이었다. 레딧에서도 희귀 디지털 캐릭터를 구매할 수 있는 자체 NFT 프로그램을 출시해 운영하고 있었다. 라카이는 조던과 다른 운영진에게 회원들에게 NFT를 판매하고 그 돈을 서브레딧 운영 자금으로 사용하자고 제안했다. 조던은 예전 같았으면 이런 계획에 반대했겠지만 너무 많은 사람이 서브레딧을 이용해 돈을 버는 것을 보아온 터라 반대할 의욕을 잃었다. 그러나 NFT 계획이 진행되는 과정에서 조던과 라카이와의 갈등은 빠르게 격화되었다. 라카이는 수익금의 상당 부분을 자신이 가져가려 했다.

라카이는 원래 성격이 거칠고 직설적이었고, 디스코드에서 활동하면서도 걸핏하면 화를 내고 비열하게 다른 사람들을 공격하곤 했다. 시간이 지나면서 이런 행동이 더욱 심해지는 것 같다며 걱정하던 조던과 그의 오랜 친구 스타일럭스는 라카이가 서브레딧을 완전히 장악하기 위해 둘 사이와 오피니언_이즈_언파퓰러와의 사이를 이간질하려는 징후를 감지했다. 게다가 라카이는 서브레딧에서 조던과 친분이 있던 여성 회원들을 모욕했고, 이 사건이 결정적인 계기가 되어 사이가 완전히 틀어지고 말았다.

2022년 가을에 조던은 스타일럭스, 오피니언_이즈_언파퓰러와 함께 라카이를 완전히 몰아낼 계획을 세웠다. 오피니언_이즈_언파퓰러가 최고 운영자 자리를 차지하고 있었기에 가능한 일이었다. 조던은 과거와 같은 혼란을 방지하고자 레딧 관리자에게 미리 쪽지를 보내 계획을 알렸다. 조던은 그동안 방어해야만 했던 디스코드가 '인종차별과 반유대주의와 괴롭힘과 신상 털기의 소굴'이라는 사실을 마침내 공개적으로 인정했다.

이 계획의 유일한 걸림돌은 조던과 오피니언_이즈_언파퓰러가 라카이에게서 디스코드 서버를 빼앗을 수 없다는 점이었다. 두 사람은 자신들이 통제할 수 있는 새로운 서버를 만들고 서브레딧에 있는 링크를 바꿔치기하기로 했다. 모든 작전은 마치 군사 쿠데타처럼 라카이가 반격할 기회를 갖지 못하도록 한밤중을 틈타 진행될 예정이었다. 작전 당일 밤, 조던은 2015년부터 라카이를 쫓아내려고 노력했던 오랜 친구 아웃스퀘어에게 계속해서 진행 상황을 공유했다.

조던은 비공개 채팅에서 아웃스퀘어에게 "작전 순서와 각자 맡은 역할이 명확히 정리된 구체적인 계획을 세웠다"라고 보고했다.

"정말 기대된다. 빨리 이 작전을 끝내고 싶다."

다음 날 아침, 조던과 스타일럭스, 오피니언_이즈_언파퓰러는 새로 개설한 디스코드 서버로 커뮤니티 회원들을 초대하는 글을 올렸다.

"우리가 성공한다면, 이곳은 친근하고 재미있고 무해한 공간이 될 거다." 오피니언_이즈_언파퓰러가 말했다.

"앞으로가 정말 기대된다."

"응, 정말 멋질 거야." 조던이 디스코드에서 자주 사용하던 예의 그 간결한 말투로 화답했다.

* * *

조던과 친구들은 2022년 10월 시장이 바닥을 친 직후에 새로운 디스코드 서버와 함께 서브레딧을 다시 시작했다. 이후 시장은 몇 달간 예상치 못한 상승세를 맞이했다.

2022년 말에는 포챈과 레딧에서 시작된 트롤링 문화가 전 세계를 장악한 것처럼 보였다. 그중에서도 단연 눈에 띄는 사례는 일론 머스크가 테슬라로 벌어들인 막대한 재산을 털어 재정난에 허덕이던 트위터를 인수한 일이었다. 머스크는 트위터를 인수한 후 직원을 대량 해고하고 싸움을 걸어 이용자와 광고주가 떠나가게 만들었다. 머스크가 440억 달러를 들여 트위터를 인수한 목적은 돈을 벌기 위해서라기보다는 자신을 비판하는 사람들에게 가운뎃손가락을 내밀기 위해서인 것처럼 보였다. 마치 월스트리트베츠의 욜로 투자처럼 머스크가 비평가들을 얼마나 하찮게 생각하는지를 보여줄 뿐이었다.

머스크는 테슬라를 공매도한 세력을 쫓아다니며 금융계에서 트롤링 기술을 연마했다. 그 덕분에 월스트리트베츠 초기부터 영웅으로 부상했고, 오랜 회원들은 머스크를 이단아 동료로 여겼다. 머스크에 관한 새로운 전기들에 따르면 그는 포챈에 가입한 수많은 젊은이들과 같은 어려움을 겪으며 자랐다. 어린 시절 또래 친구들에게 괴롭힘을 당하고 아버지에게도 학대를 당하며 자란 머스크는 결국 세상에 대한 깊은 불신과 반발심으로 자신이 강력한 존재임을 세상에 드러내고자 하는 강렬한 충동을 갖게 되었다.[12] 머스크의 이러한 면모는 예전에 저지른 기행에서도 엿볼 수 있었지만, 급격히 불어난 자산과 함께 소셜 미디어에서 보내는 시간이 늘어나면서 본격적으로 꽃을 피웠다. 머스크가 가진 권력과 분노에 찬 태도는 전 국민을 거의 중력처럼 끌어당겼다. 구 트위터(현 X)는 많은 정치인과 언론인이 정보를 얻고 대화를 나누기 위해 찾는 곳이었으나 머스크가 인수한 이후로는 최악의 트롤들이 활개 치는 공간이 되었다. 머스크는 트위터를 인수하자마자 1월 6일 폭동 이후 트위터에서 쫓겨났던 도널드 트럼프의 계정 차단 조치를 철회하면서 또 한 번 엄청난 논란을 불러일으켰다. 트럼프는 머스크에게 감사를 표했지만, 이미 자신만의 새로운 소셜 네트워크를 운영하며 2024년 대선을 준비 중이었다. 물론 여기서도 트럼프는 트롤링 성향을 마음껏 발휘하고 있었다.

머스크는 X를 레딧과 스톡트윗에 모이는 젊은 투자자들의 중심 허브로 만들길 바랐다. 머스크는 해시태그(#)처럼 주식 종목 코드를 검색할 수 있는 캐시태그($) 기능을 추가했다. 예를 들어 $TSLA를 검색하면 테슬라 주식과 관련된 스레드가 나오는 식이었다. 또한 앞으로 X에서 직접 주식을 거래할 수 있는 금융 도구를 추가할 계획이라고 밝혔다. 하지만 이러한 계획이 더디게 진행되자 머스크는 자신의 계정을 이용해 여전히 테슬라를 공매도하는 세력에 맞서기 시작했다. 2023년 초, 머스크의 이러한 태도와 전기자동차 산업의 성장에 힘입어 테슬라는 월스트리트베츠에서 가장 인기 많고 수익성 높은 종목으로 다시 떠올랐다. 테슬라가 자동차업계에 혁신을 일으킨 방식은 트롤링 이면에 숨어 있는 훨씬 더 복잡하고 실질적인 현실을 일깨워주었다.

트롤링 사고방식은 지속적으로 확산되어 라이언 코언에게도 영향을 미쳤다. 라이언 코언은 온라인 반려동물용품 회사 츄이의 창업자로, 게임스톱 이사회에 합류하며 주식시장에 숏 스퀴즈를 촉발한 인물이다. 2021년 초까지만 해도 코언은 소셜미디어 열풍과 거리를 두었지만, 그 이후 머스크를 비롯한 다른 CEO들이 핀플루언서로서 적극적으로 활동하는 모습을 지켜보면서 태도가 바뀌었다. 과거에는 이러한 행동을 규제하던 당국이 최근에는 아무런 제재도 하지 않는다는 사실을 깨달았기 때문이다. 코언은 신중한 태도를 버리고 트위터를 적극적으로 이용해 여전히 게임스톱과 헤지펀드를 둘러싼 음모론을 믿는 슈퍼스통크 회원들을 더욱 자극했다.

"공매도 세력은 투자 은하계의 멍청한 스톰트루퍼(영화 〈스타워즈〉에 나오는 하얀 갑옷과 헬멧을 착용한 제국군 군사들로 무능하고 어리석은 적을 비유한다―옮긴이)다." 코언은 트위터에 이런 글을 수차례 올리며 음모론자들에게 정당성을 부여했다.

　코언은 게임스톱의 전자상거래 사업을 활성화하겠다는 처음의 계획 대신 암호화폐와 암호화폐 파생 상품인 NFT에 회사 자원을 쏟아부었다. 하지만 이러한 계획은 실패로 돌아갔고, 소셜 미디어의 화려한 유행에 정신이 팔려 기본 사업을 소홀히 했다는 비난이 쏟아졌다. 그런데 코언은 갑자기 또 다른 밈 주식인 베드 배스 앤드 비욘드로 시선을 돌려 이 회사도 회생시키겠다고 발표했다. 슈퍼스통크에 모인 팬들이 코언을 따라 투자에 가담하면서 베드 배스 앤드 비욘드의 주가가 급등했다. 하지만 코언은 장기적으로 투자할 것이라던 공개 발언과는 달리 주가가 최고조에 달했을 때 몰래 자신의 지분을 모두 매각해 큰 이익을 챙겼다. 코언은 나중에야 이 사실을 팔로워들에게 알렸고, 주가가 폭락하면서 코언을 따랐던 개인 투자자들이 그 손실을 고스란히 떠안았다. 이후 코언은 온라인 인플루언서라는 지위를 이용해 본인은 이익을 챙기고 팔로워들에게 손실을 떠넘긴 혐의로 소송을 당했다. 한때 코언을 소셜 미디어 시대의 새로운 유형의 경영자라며 믿고 따랐던 GME 올빼미들과 슈퍼스통크 회원들은 커다란 배신감을 느꼈다.[13]

　코언과 머스크 같은 온라인 유명인들이 인기를 얻는 현상과 그로 인해 발생한 문제는 미국인들이 더 이상 과거에 미국 사회를 이끌던 기관이나 지도자들을 신뢰하지 않는다는 징후였다. 금융위기 이후 두드러지게 나타난 미국인의 불신병은 훨씬 더 심각해졌다. 퓨 리서치가 실시한 설문 조사에 따르면 미국인들이 다양한 기관과 서로에 대해 느끼는 신뢰도는 해마다 감소하고 있으며, 특히 가장 젊은 세대가 가장 낮은 신뢰도를 보였다.[14]

이 같은 불신은 젊은 투자자들이 트레이딩과 투자에 접근하는 방식에 깊은 영향을 미쳤다. 규제 당국과 학계에서 실시한 설문 조사에 따르면, Z세대 투자자들은 투자 정보를 얻을 때 가장 신뢰하는 출처로 소셜 미디어를 꼽았다. 전통적으로 투자 정보를 제공하던 금융 전문가들은 신뢰도 면에서 최하위를 기록했다.[15] 젊은 투자자들이 기존 금융 전문가 대신 머스크나 코언 같은 새로운 리더를 찾게 된 것은 불신 때문이었으나 아이러니하게도 이 새로운 리더들조차 팔로워들에게 더 큰 불신을 심어주는 행동을 하곤 했다. 이런 현상은 기존 문제를 해결하기 위해 사용된 기술이 예상치 못한 새로운 문제를 만들어낸 수많은 예시 중 하나다.

하지만 젊은이들이 온라인 투자에 빠져든 이유는 단순히 기존 투자 방식에 대한 거부감 때문만은 아니었다. 온라인 투자는 시장을 이해하는 이들에게는 기존에 즐기던 비디오 게임, 스포츠, TV 프로그램만큼이나 재미있는 오락거리이기도 했다. 게다가 실제 돈이 걸려 있다는 점에서 스포츠와 영화에서는 (적어도 스포츠 도박이 유행하기 전까지는) 결코 느낄 수 없었던 심리적 자극을 제공했다. 또한 스포츠를 비롯한 다른 오락거리와는 달리 경제와 현실 세계를 배울 수 있는 교육 효과도 제공했다.

물론 제이미와 조던이 월스트리트베츠에 그토록 많은 시간을 할애한 가장 큰 이유는 바로 유대감이었다. 이 서브레딧과 채팅방은 시장에 초점을 맞춘 새로운 유형의 커뮤니티가 어떤 모습일 수 있는지를 보여준 최초의 사례였다. 게임스톱 사태 이후로 커뮤니티는 월스트리트베츠 자체를 넘어 더 큰 규모로 확대되었다. 레딧을 벗어나 투자에 관한 정보와 의견을 공유하고 친분도 쌓고 심도 있는 논의도 할 수 있는 디스코드 서버가 폭발적으로 증가했다. 2023년에는 시장 데이터를 디스코드 서버에 제공하는 '스톡 봇' 프로젝트가 있었는데, 이를 사용하는 디스코드 서버만 2만 4,000개에 달했고, 이 서버에 참여하는 사람은 500만 명에 이르렀다.

제이미와 조던의 경우처럼, 이러한 새로운 커뮤니티들의 매력은 다른 곳에서 채우지 못한 인간관계에 대한 욕구를 충족할 수 있다는 점이었다. 코로나19 격리 이후 많은 사람이 실제 관계를 형성하고 유지하는 능력을 상실한 것처럼 보였다. 미국 정부의 공중보건 최고책임자인 의무총감은 코로나19가 사라진 후에도 외로움이라는 전염병은 여전히 남아 있다고 이야기했다. 새로운 형태의 우정을 쌓을 수 있는 공간인 온라인 커뮤니티는 이러한 공허함을 쉽게 메울 수 있는 방법을 제시했다. 그러나 온라인 소통은 더 깊고 오래 지속되는 관계로는 이어지지 않는 냉소적인 상호작용에 그치는 경우가 많아 현실 세계에서 관계를 형성하는 일을 오히려 더 어렵게 만들기도 했다.

월스트리트베츠 같은 커뮤니티의 근간이 된 사회적 불만은 주로 젊은 층, 특히 젊은 남성들 사이에서 가장 심각했다. 브루킹스 연구소의 리처드 리브스Richard Reeves는 2022년 가을에 출간한 책에서 젊은 남성들이 사회적, 학문적, 경제적, 정서적 측면을 모두 통틀어 여성 또래들에 비해 갈수록 뒤처지고 있다고 설명했다. 팬데믹 초기에는 봉쇄 조치로 젊은 여성들이 남성들보다 더 큰 타격을 입었다는 데이터도 있었다. 그러나 시간이 지나면서 봉쇄 조치로 이전의 경향이 악화되어 젊은 남성들이 더욱 불리해졌다는 사실이 분명해졌다. 리브스는 주류 언론과 정치 기관이 이 문제를 대체로 외면함으로써 젊은 남성들의 주류 사회에 대한 불신을 부채질하고 그들이 더 원초적이고 퇴행적인 형태의 남성성을 수용하도록 이끌었다고 주장했다. 또한 남초 사이트의 추악한 면이 나타난 이유는 미국 사회가 젊은 여성에게는 강한 여성상을 보여주는 다양하고 매력적인 롤 모델을 제공하려고 노력한 반면, 젊은 남성에게는 현대 사회에서의 강한 남성상의 본보기를 제시하지 못했기 때문이라고 분석했다.[16]

월스트리트베츠는 젊은 남성들에게 특히 매력적인 공간이었다. 다른 곳에서는 공격적이고 경쟁적인 본능 때문에 부적응자처럼 느껴지는 경우가 많았지만, 이곳에서는 적응하기도 쉽고 도전과 성취감을 경험할 수 있었다. 2022년과 2023년의 투자에 관한 인구통계 데이터를 보면, 이 분야에서만큼은 여전히 젊은 남성들이 압도적으로 큰 비중을 차지하고 있다.[17]

젊은 남성들이 시장에 보인 관심을 언론에서 거의 무시한 것만 봐도 그들이 사회에서 얼마나 소외되고 있는지를 알 수 있다. 많은 언론이 게임스톱 공매도 사태에만 관심을 기울였고, 이 사건을 단순히 소수의 밈 주식에 개인 투자자들이 가끔씩 몰려들어 발생한 현상 정도로 간주했다. 2022년과 2023년에도 새로운 밈 주식이 계속해서 등장했지만, 게임스톱만큼 큰 사건이 없었던 탓에 많은 전문가와 대중은 이 모든 현상에 별다른 의미가 없다고 생각했다. 특히 《패스트 컴퍼니Fast Company》의 칼럼니스트는 2023년 1월 게임스톱 숏 스퀴즈 사태 2주년을 맞아 개인 투자 붐이 끝났음을 선언하는 글을 쓰기도 했다.

"밈 주식 거품은 몇 가지 밈과 유행어를 남긴 것 외에는 아무런 실질적인 유산이 없다. 그것은 단지 어떤 사람들은 엄청난 부자로 만들고 또 어떤 사람들은 훨씬 더 가난하게 만든 집단적 광기의 한순간이었을 뿐이다."[18]

그러나 시장에 더 깊이 관여한 사람들과 기업들은 새로운 개인 투자자들의 관심이 밈 주식을 훨씬 넘어섰으며, 그 열기가 식을 조짐이 보이지 않는다는 사실을 알고 있었다. 새롭게 등장한 암호화폐 산업 외에도 로빈후드가 개인 투자자들도 손쉽게 접근할 수 있도록 만든 고위험 금융상품인 옵션 거래도 있었다. 2023년에는 만기까지 남은 기간이 0일인 옵션, 이른바 '0DTE 옵션'이라는 특히 위험한 옵션 계약이 유행했다. 이전까지만 해도 비주류 상품이었던 이 0DTE 옵션이 레딧에서 큰 인기를 끌자 거래소에서는 훨씬 더 다양한 상품을 제공했다. 곧 전문가들까지 개인 투자자들을 따라 새로운 유행에 뛰어들었고, 증권분석가들은 이러한 옵션 거래가 주가에 전반적으로 불안정한 영향을 미치고 있다고 우려했다. 이는 개인 투자 혁명이 불러온 또 다른 예상치 못한 파급 효과였다.[19]

그러나 0DTE 옵션 거래 유행조차도 개인 투자자 활동의 빙산의 일각이었다. 반다 리서치의 데이터에 따르면 개인 투자자들은 시간이 지날수록 옵션의 위험성을 정확히 인식하고 옵션 거래량을 점차 줄여나갔다. 2023년 초 시장이 다시 본격적으로 회복세에 들어섰을 때, 월스트리트베츠와 개인 투자자들은 다시 일반 주식으로 관심을 돌렸다. 게임스톱 사태 2주년이 지나고 한 달 후, 개인 투자의 종말을 선언했던 언론은 실제로는 개인 투자자들이 게임스톱 열풍 때나 코로나19 초기보다 훨씬 더 활발하게 주식을 거래하고 있다고 보도했다. 2023년 2월에 보도된 《블룸버그》의 한 기사 제목은 '개인 투자자 군단의 주식시장 장악력, 밈 주식 시대보다 더 강해지다'였다.

이제 월스트리트베츠에서 가장 주목받는 종목은 인공지능과 관련된 미래 지향적 성격을 띠는 기업들이었다. 2022년 말에 오픈AI가 '챗지피티ChatGPT'를 출시하면서 젊은 층 사이에서 인공지능이 열광적인 관심사로 떠올랐기 때문이다. 금융분석가들은 2020년 코로나19 회복 초기에 개인 투자자들이 움직였던 것처럼, 2023년에도 개인 투자자들이 시장 회복 초반부터 움직였다는 사실에 주목했다. 《파이낸셜 타임스》는 "전문 펀드 매니저들의 열의가 상대적으로 부족한 상황에서도 개인 투자자들의 자금 유입이 2023년 초에 강력한 시장 반등을 이끌어내는 데 기여했다"라고 보도했다.[20]

이 젊은 투자자들은 다른 증권사들이 더 나은 거래 플랫폼을 제공한다는 사실을 깨닫고 로빈후드를 대거 이탈했다. 브로커추저의 산업 통계 분석에 따르면, 로빈후드의 신규 계좌 개설 비율은 2021년 중반 58퍼센트에서 2022년 말 9퍼센트로 7분기 연속 하락했다.[21] 나머지 시장이 회복세를 이어가는 동안 로빈후드의 주가는 하락세를 보였다.

학계에서는 개인 투자자들이 정말로 돈을 잃고 있는지 아니면 단지 그렇게 보이는 것인지를 정확히 파악하려는 작은 움직임이 생겨났다. 언론은 주로 아마추어 투자자들이 '어리석은 돈'이라는 가설을 확증하는 연구에 주목했는데, 특히 옵션 거래와 관련하여 이를 뒷받침하는 연구가 많았다.[22] 그러나 2020년 이후 시장에 진입한 투자자들에 대한 새로운 연구는 단순히 아마추어 투자자들이 실수를 많이 한다는 기존의 인식과는 다른 더 복잡한 사실을 드러냈다. 개인 투자자들은 월스트리트베츠의 역사에서도 볼 수 있듯이 시간이 지날수록 점점 똑똑해지고 있었다. 한 연구 프로젝트에서 레딧을 비롯한 여러 투자 커뮤니티에서 활동하는 투자자 집단의 포트폴리오를 추적한 결과, 게임스톱 숏 스퀴즈 이후 디스코드에서 급증한 소규모 집중 투자 커뮤니티들은 전문적이고 심도 있는 대화로 시장을 능가하는 경향을 보였다는 사실을 확인했다.[23]

로드 알츠만과 몇몇 GME 올빼미들은 아마추어 투자자들이 함께 모여 역량을 집중할 수 있는 새로운 디스코드 서버를 만들었다. GMEDD 서버는 처음에는 게임스톱 관련 정보를 지속적으로 추적하기 위한 용도로 시작되었으며, 긍정적이든 부정적이든 게임스톱에 관한 소식을 얻을 수 있는 최고의 정보원이었다. 2022년에는 점점 더 발전해서 맨해튼의 헤지펀드 증권분석가들에게는 불가능한 크라우드소싱 방식으로 정보를 수집하고 분석하는 더 광범위한 커뮤니티로 거듭났다. 게임스톱으로 4억 달러(한화 약 5,600억 원)라는 놀라운 수익을 거둔 GME 올빼미 한 명은 알츠만과 협력하여 이 디스코드 서버를 활용해 크라우드소싱한 정보를 기반으로 하는 새로운 투자 펀드를 설립했다.

디스코드와 레딧의 투자 커뮤니티들은 단순히 새로운 연구 방식만 보여준 것이 아니었다. 이들은 시장과 경제를 완전히 다른 눈으로 바라보고 있었고, 이는 앞으로 이들이 미칠 영향력이 오랜 기간 지속될 가능성을 보여주었다. 이러한 변화는 어느 정도는 기존의 하향식 의사 결정과 승자 선정 방식이 사라진다는 의미이기도 했다. 대신 상향식으로 밑에서부터 자연스럽게 생각과 의견이 떠오르는 더 혼란스럽고 복잡한 방식으로 바뀌고 있었다. 이 과정에서 사기꾼이 활개를 칠 수 있는 여지도 많아졌다.

이 젊은 세대는 기성세대가 너무 불평불만이 많고 세상이 얼마나 빠르게 변화하고 있는지에 충분한 관심을 기울이지 않는다고 생각했다. 2020년 초, 아마추어 투자자들은 테슬라가 자동차 산업에서 구형 내연기관을 빠르게 대체할 것이라는 사실을 월가보다 앞서서 예측했다. 2023년 초, 월스트리트베츠는 인공지능이 예상보다 훨씬 빠르게 경제를 변화시킬 것으로 내다보고 투자했다. 게다가 이들은 밈이 실질적인 힘과 경제적 가치를 가질 수 있고, 대중적이지 않은 관심사를 중심으로 모인 온라인 커뮤니티가 기존에 사람들이 모이던 방식을 뛰어넘을 수도 있다고 생각했다. 월스트리트베츠 운영진은 온라인 커뮤니티가 스포츠 팀이나 정치적 이해관계를 중심으로 모인 기존 커뮤니티만큼이나 큰 영향력과 경제력을 발휘할 수 있는 미래를 꿈꾸며 나아갔다.

또한 소셜 미디어와 리얼리티 방송의 영향을 받아 단기간에 부자가 되고 싶어 하는 단순하고 노골적인 욕망도 있었다. 카다시안 가족과 도널드 트럼프처럼 부를 과시하는 유명인들이 매일같이 보이는 모습은 '조금만 더 노력하면 나도 저렇게 될 수 있다'라는 생각을 심어주었다. 미국인의 부에 대한 관념 변화를 연구해온 로런 그린필드$^{Lauren\ Greenfield}$는 10년 또는 20년 전만 해도 대부분의 사람들이 이웃과 자신을 비교해 부를 판단했다고 말했다. 이른바 '존스네 따라잡기'였다. 하지만 이제 소셜 미디어로 인해 많은 사람이 비현실적인 기대치를 갖게 되면서 '존스네 따라잡기'가 '카다시안 따라잡기'로 변했다.[24]

새로운 연구들은 시장에 발을 들인 젊은이들이 앞으로도 떠나지 않으리라는 사실을 분명하게 보여주고 있다. 2023년 초, 학계와 규제 당국은 코로나19 이후 투자를 시작한 사람들을 대상으로 실시한 설문 조사를 바탕으로 보고서를 발표했다. 이를 통해 팬데믹이 끝난 이후에도 신규 투자자들 가운데 상당수가 여전히 시장에 남아 있다는 사실을 확인할 수 있었다. 보고서는 "2020년에 관찰된 투자자 수 증가는 단순히 팬데믹이나 시장 상황과 관련된 일시적인 현상이 아니라 투자 인구의 지속적인 증가를 시사한다"[25]라고 설명했다.

미국 연방준비제도는 가계 소득과 자산을 파악하고자 3년마다 전국적인 설문 조사를 실시하는데, 가장 최근에 시행한 설문 조사에서도 이 같은 사실을 확인할 수 있었다. 코로나19가 발생하기 전인 2019년에 실시한 설문 조사에서는 Z세대가 이전 세대와는 달리 개별 주식에 관심을 보이기 시작했다는 첫 번째 징후가 포착되었다. 그러나 2023년 말에 발표된 2022년 설문 조사 결과에 따르면, 지난 3년 동안 미국인과 금융시장 간의 관계에서 전례 없는 변화가 지속되고 있다는 사실이 나타났다. 가장 두드러진 점은 2019년과 2022년 사이에 주식 보유 비율이 이 설문 조사가 처음 시행된 1980년대 이후 가장 큰 폭으로 증가해 역대 최고치인 57퍼센트를 기록했다는 사실이다. 팬데믹 기간 동안 예상치 못한 정부 지원금과 소비 기회 감소로 저축이 늘어났기 때문이었다. 그중 일부 자금은 월스트리트베츠가 조롱하는 뮤추얼 펀드로 흘러 들어갔지만 가장 극적인 증가는 개별 주식에서 나타났다. 아웃스퀘어가 인덱스 펀드 시대에 개별 주식은 과거의 유물이 될 거라고 예상했던 것과는 정반대의 결과였다.

또한 주식에 처음 도전하는 사람들은 과거에 데이트레이더로 주로 활동하던 나이 든 백인 남성만이 아니었다. 미국 여성과 히스패닉 및 흑인 가구의 주식 보유 비율이 그 어느 때보다 빠른 속도로 증가했다. 새롭게 등장한 개인 투자자들의 물결에 대해 가장 똑똑하고 눈에 띄는 분석을 내놓은 논평가들 역시 여성이 많았다. 이전에는 시장에 거의 참여하지 않았던 소득 최하위 계층에서도 주식 보유자 수가 증가했다. 하지만 가장 큰 증가세는 젊은 백인 남성 및 아시아계 남성들에게서 나타났다. 이러한 현상이 지금은 매우 당연하게 여겨지지만, 금융위기 직후만 해도 가장 어린 세대가 주식을 보유할 가능성은 가장 낮았다. 그런데 이제는 그들이 주식을 보유할 가능성이 가장 높다.

물론 이 모든 변화는 월스트리트베츠나 로빈후드, 또는 미국 증권업계를 휩쓸었던 거래 수수료 폐지보다 더 큰 흐름을 반영한 것이었다. 여성과 기타 소수자 집단은 월스트리트베츠와 레딧에서 환영받지 못하는 경우가 많았고, 로빈후드 역시 그 입지를 잃어가고 있었다. 하지만 월스트리트베츠가 새로운 온라인 세상의 일부가 되어 일반인들이 시장에 더 쉽게 접근할 수 있도록 만들어주었다는 결론을 부인하기는 어려웠다.

2008년 금융위기 직후 수많은 평범한 미국인이 주식시장에 등을 돌리면서 위기로 인해 드러난 불평등이 더욱 심화되었다. 그 이후 몇 년 동안 주가는 급등했고 그 혜택은 위기 속에서도 주식을 보유할 여력이 있었던 부유층에게만 고스란히 돌아갔다. 하지만 연방준비제도 조사 결과 이번에는 팬데믹으로 인한 경제적 혼란과 불안정 속에서 훨씬 더 많은 미국인이 주가 상승의 혜택을 누리고 있는 것으로 나타났다. 상위 1퍼센트와 나머지 인구 사이의 격차는 여전히 크지만, 주식시장에 대한 전반적인 관심이 커지면서 2019년과 2022년 사이에 하위 99퍼센트 가구의 자산이 전례 없이 증가했다. 이는 미국 사회의 불평등이 조금이라도 완화될 가능성을 보여주었다. 비록 일부 개인 투자자들이 과도한 거래로 이익을 조금 잃기도 했지만, 시장에 전혀 참여하지 않은 사람들보다는 훨씬 더 나은 성과를 얻었다. 또한 예전에는 주식 투자 경험이 전혀 없었던 사람들에게 미국 경제와 시장이 딴 세상 이야기가 아니라 자신들도 이해하고 참여할 수 있는 세계라는 인식이 생겼다.

2023년 봄에 월스트리트베츠는 회원 수 1,400만 명 규모로 성장했지만, 제이미 로고진스키는 이 서브레딧이 금융 운동의 중심에서 그 위치를 제대로 활용하지 못하고 있다고 확신했다. 제이미는 월스트리트베츠에서 자신의 지위를 복구해달라고 레딧을 상대로 소송을 제기할 작정이었다. 또한 자신이 만든 월스트리트베츠라는 상표를 레딧이 더 이상 사용하지 못하도록 하려고 했다. 소송을 준비하면서 제이미는 팟캐스트와 투자 게임쇼를 포함한 미디어 네트워크를 만들어 월스트리트베츠가 촉발한 흐름을 제대로 활용하겠다는 포부를 밝혔다. 제이미는 월스트리트베츠가 사람들이 시장 참여를 재미있게 느끼도록 유도하고, 그들이 점차 성숙한 투자자로 거듭나는 여정을 지켜보았다. 비록 자신이 운영할 당시에는 초점을 맞추지는 않았지만 월스트리트베츠가 더 포괄적이고 세심한 지침과 교육을 제공한다면 훨씬 더 많은 일을 할 수 있다고 믿었다. 소송 준비가 완료되자 제이미는 초창기 채팅방에서 습득한 사람들의 이목을 끄는 재능을 발휘해《월스트리트 저널》1면에 자신의 소송 관련 기사를 실었다.

"저는 물러서지 않겠다고 말하기 위해 이 자리에 섰습니다." 이 문장은 최근 제이미가 레딧에서 진행한 무엇이든 물어보세요 세션에 쓴 글의 서두로, 다행히도 레딧은 이 글을 삭제하지 않았다.

"저는 옳은 것을 위해 싸우고 있고, 제 것을 되찾기 위해 싸우고 있으며, 자기 권리를 지키지 못했던 사람들을 대신해 싸우고 있습니다."

소송의 핵심은 자신이 월스트리트베츠를 창립했으며, 레딧이 이를 빼앗아갔다는 것이었다. 제이미가 2020년에 월스트리트베츠라는 이름에 대한 상표권을 출원하자, 레딧은 모든 서브레딧의 이름은 이용자가 만든 것이라 하더라도 레딧의 소유라고 주장하며 이의를 신청했다. 제이미는 월스트리트베츠가 폭로한 여러 가지 부당함 중 하나를 쟁점으로 내세웠다. 각 서브레딧 운영진은 커뮤니티를 구축하기 위해 수많은 시간을 투자하지만 결국 이들의 노력으로 수익을 얻는 건 레딧뿐이라는 주장이었다. 이 주장은 여전히 경제적 어려움을 겪으며 월스트리트베츠에 들이는 시간과 노력을 어떻게든 생계로 연결할 방법을 찾고 있던 조던에게는 공감을 살 수도 있었다. 하지만 조던은 제이미 편에 설 생각은 단 한 순간도 하지 않았다.

제이미가 소송을 제기한 후 조던은 디스코드에 글을 올렸다. "제이미를 복귀시키는 것은 말도 안 된다."

제이미에게도 마찬가지였지만 조던에게도 이 커뮤니티는 돈벌이 수단 이상의 의미가 있었다. 사회적 불공정을 바로잡거나 자신의 주장을 증명하기 위한 수단도 아니었다. 아니, 어쩌면 그 모든 것에 더해 다른 수많은 의미가 얽혀 있었다. 그리고 조던은 이 커뮤니티가 자신에게 얼마나 중요한 곳인지 알기에 그 누구를 위해서도, 심지어 자신에게 큰 성공을 가져다주지 않는다고 하더라도 이곳을 포기할 생각이 전혀 없었다. 조던은 지금까지 이룬 것만으로도 충분히 만족스러웠다. 그리고 누가 뭐래도 이 커뮤니티가 훨씬 더 오래 지속될 것이라고 확신했다. 실제로도 이미 그렇게 되어가고 있었다.

감사의 글

이 책은 명석함과 관대함을 두루 갖춘 여러 훌륭한 사람의 도움이 없었다면 탄생하지 못했을 것이다. 유나이티드 탤런트 에이전시의 필라 퀸은 이 책의 필요성을 이해하고 그 비전에 생명을 불어넣을 수 있도록 도와주었다. 데이 스트리트 출판사에서는 한 명도 아닌 두 명의 뛰어난 편집자를 만날 수 있었다. 캐리 손턴은 시작부터 끝까지 함께하며 다정함과 인내심과 지혜를 보여주었다. 스튜어트 로버츠는 날카로운 안목과 통찰력으로 이 책을 편집해주었다. 트리나 던과 트레이시 로 역시 꼭 필요한 제안과 피드백을 제공해주었다. 데이비드 웨스튼헤이버, 에밀리 재스, 데이비드 오컷, 매들린 에버하트를 비롯해 수많은 사람들에게 큰 도움을 받았다.

이 책에 언급된 모든 분께도 감사를 드린다. 다들 자신의 기억과 자료와 통찰력을 아낌없이 나누어주었다. 이 책은 제이미 로고진스키, 조던 자자라, 로드 알츠만이 나를 믿고 자신의 이야기를 내 손에 맡겨주었기에 나올 수 있었다. 하지만 이 이야기에 등장하는 다른 많은 인물도 (이름이 언급되길 원치 않았던 많은 분을 포함해서) 언제든지 시간을 내어 기억을 나누어주었다. 특히 조 포니첼로와 에번 도밍고스에게 감사의 말을 전한다. 두 사람은 실제로 무슨 일이 일어났는지 이해하는 데 많은 도움을 주었다.

이 이야기를 취재하면서 시장의 작동 원리와 사회적 흐름을 비롯해 더 넓은 맥락을 이해해야만 했다. 그래서 여러 학자와 전문가들의 도움을 받았다. 조슈아 미츠, 오스틴 모스, 타이시야 시코르스카야, 이보 웰치, 편채현, 발레리아 페딕, 그레고리 이턴, 아룬 순다라라잔, 앤절라 폰테스, 발렌티나 세메노바, 줄리언 윙클러는 모두 자신들의 귀중한 학술 연구를 너그럽게 공유해주었다. 산업에 관해서는 래리 탭, 벤 아이퍼트, 니콜라오스 파니기르초글루, 크리스 조지프스, 존 피스토른, 앤서니 추쿰바, 에이미 우 실버먼, 브렌트 코추바, 릴리 프랑쿠스에게서 귀중한 조언과 통찰을 얻을 수 있었다.

금융시장을 추적하는 최고의 기관들에서 데이터와 분석을 제공받아 이 책에 담긴 광범위한 흐름을 생생하게 전달하고자 최선을 다했다. 특히 반다 리서치의 에릭 리우와 루카스 맨틀, 세인트루이스 연방준비은행의 로웰 리케츠, 셰라 달린, 마리아

하젠스탑, 쿼버 퀀트의 크리스토퍼와 제임스 카다츠케, 앱토피아의 애덤 블랙커, 알파큐션의 폴 로워디, 로빈트랙의 케이시 프리모직, 유레카헤지의 크리스틴 정에게 도움을 받을 수 있었던 것은 정말이지 큰 행운이었다.

내가 이 책을 집필하기 훨씬 전부터 이미 관련 내용을 취재하고 분석한 훌륭한 기자와 평론가들이 많이 있었다. 루크 카와, 트레이시 앨러웨이, 조 위젠덜, 맷 러빈, 카일라 스캔론, 샐리 프렌치, 미셸 셀라리에, 로이신 키버드, 줄리엣 정, 베일리 립슐츠, 루 왕, 모건 하우셀, 캔 두룩, 케이틀린 매케이브, 군잔 바네르지, 세라 니들먼에게서 많은 것을 배웠다.

특히 《뉴욕 타임스》 편집자인 푸이웡 탐, 제임스 커스테터, 제프리 케인 덕분에 이 주제를 파고들 용기와 힘을 얻을 수 있었다. 이 책이 세상에 나오기까지 그 기나긴 여정을 견딜 수 있도록 옆에서 격려해준 친구들, 특히 테디 웨인, 레브 모스코, 피터 이비스, 엘리스 길버트, 그레그 셔먼, 앤디 맥나마라, 조이 실베스터에게도 감사를 전한다.

마지막으로 가족들에게는 그저 모든 것이 감사하다. 아버지 루이스와 어머니 샐리, 여동생 줄리아나와 미리엄, 그리고 그 배우자인 마틴과 조나가 없었다면 결코 이 일을 끝까지 해낼 수 없었을 것이다. 그리고 고비마다 내 곁을 지키며 무엇이든 할 수 있는 원동력이 되어준 얼리사, 오기, 리비 이 세 사람에게 가장 큰 사랑과 감사를 전한다.

출처에 대한 설명

 이 책은 온라인 커뮤니티 구성원 수십 명과 그 가족 및 친구들, 그리고 이들을 이해하고자 노력한 전문가들과 수백 시간에 걸쳐 진행한 온오프라인 인터뷰와 대화를 바탕으로 집필했다. 하지만 단순히 구성원들의 기억에만 의존하지 않고, 이 새로운 온라인 커뮤니티에 매일 활기를 불어넣은 디지털상의 실시간 기록을 바탕으로 색다른 유형의 역사를 구성하고자 했다.

 이론적으로는 이 같은 새로운 유형의 역사를 기록하는 일은 예전보다 더 수월해야 했다. 소셜 미디어의 특성상 개인 간에 오간 쪽지와 게시물은 이미 컴퓨터에 입력되어 서버 어딘가에 저장되어 있기 때문이다. 하지만 안타깝게도 여러 군데 흩어져 있어 검색이 어렵고, 심지어 일부 기록은 애초에 저장되지 않았을 가능성도 있었다. 이런 이유로 이 커뮤니티의 역사를 복원하기 위해 다양한 출처를 조합해 하나로 엮어야 했다.

레딧 게시물과 댓글의 경우, '푸시시프트Pushshift'라는 프로젝트를 활용했다. 이 프로젝트는 거의 모든 서브레딧에서 작성된 모든 댓글과 게시물을 기록하고 보관하는데, 종종 이용자나 레딧이 삭제하기 전에 저장하곤 했다. 하지만 레딧이 푸시시프트가 이용 약관을 위반했다고 주장하면서, 현재는 이러한 기록에 접근할 수 없게 되었다. 다행히도 그런 일이 벌어지기 전에 r/WallStreetBets를 비롯해 여기서 언급된 서브레딧 대부분의 기록을 이미 확보해놓은 상태였다.

이 책에서 인용한 인터넷 릴레이 채팅방과 디스코드 대화 기록은 대화에 참여했던 사람들이 저장한 로그와 스크린샷을 참고했다. 몇몇 사람은 대화 내용을 실시간으로 기록한 뒤, 나중에 그 디지털 기록을 공유해주기도 했다. 트위터와 스톡트윗의 경우 대부분의 메시지를 해당 플랫폼에서 직접 수집할 수 있었다.

이러한 새로운 온라인 커뮤니티가 어떻게 성장했으며 금융시장에 어떤 영향을 미쳤는지를 이해하기 위해 관련 데이터를 추적하고 분석하는 여러 회사 및 기관과 협력했다. 과거에는 개인 투자자들의 세계를 면밀히 추적한 적이 없었기 때문에 협력 업체들이 이 책을 위해 특별히 새로운 데이터를 수집하고 분석해 제공해주었다.

개인 투자자가 주식과 옵션을 얼마나 많이 거래했는지를 정량화하기 위해 사용한 대부분의 데이터는 반다 리서치에서 제공해주었다. 이 회사는 기존 시장 데이터에서는 따로 구분할 수 없는 개인 투자자의 거래량을 분리하고 정량화하는 방법을 개발했다. 뮤추얼 펀드와 투자 자문사를 이용해 거래하는 개인 투자자도 많지만, 반다 리서치는 개인 투자자가 직접 주식과 옵션 계약을 매매하는 경우를 구분할 수 있는 방법을 찾아냈다. 또한 반다 트랙이라는 도구를 개발해 개인 투자자들이 매일 어떤 주식을 얼마나 사고팔았는지, 해당 투자가 얼마나 성과를 냈는지를 체계적으로 추적하고 분석했다. 이 책에서는 반다 리서치가 독점적으로 제공한 데이터를 사용했으며, 이 데이터는 대부분 공개적으로 이용할 수 없는 정보다.

전반적으로는 미국 연방준비제도가 3년마다 실시하는 '소비자금융조사'가 미국 가계의 주식 보유 현황을 파악하는 데 매우 유용한 데이터를 제공했다. 세인트루이스 연방준비은행 소속 데이터 과학자인 로웰 리케츠Lowell R. Ricketts는 이 설문 조사에서 나온 과거 데이터를 분석하는 데 도움을 주었다. 또한 시카고대학교 여론 조사 기관인 NORC 연구진과 금융산업규제기구가 관련 연구를 수행한 것도 내 입장에선 큰 행운이었다. 이 연구진은 코로나19 이후 시장에 진입한 투자자들을 대상으로 일련의 설문 조사를 실시하고 이를 바탕으로 보고서를 작성했다.

로빈후드 고객의 투자 선호를 파악하기 위해서는 '로빈트랙

Robintrack'이라는 프로젝트를 활용했다. 로빈후드는 몇 년 동안 자신들의 웹사이트에서 매일 주식별로 얼마나 많은 고객이 사고팔았는지를 보여주는 데이터를 제공했다. 로빈트랙은 이 데이터를 수집해 특정 주식별 고객 수가 시간에 따라 어떻게 변하는지를 보기 쉽게 정리했다. 로빈트랙은 발파라이소대학교에 학부생으로 재학 중이던 케이시 프리모직Casey Primozic이 만들었다. 2020년 말, 헤지펀드가 이 데이터를 이용해 로빈후드 고객들의 행동을 추적한다는 사실이 밝혀진 이후 로빈후드는 해당 데이터를 더 이상 제공하지 않기로 결정했다. 그러나 로빈트랙은 여전히 과거에 로빈후드가 공개했던 데이터를 처리하고 분석한 결과를 제공하고 있다.

이 책에서 헤지펀드가 집중적으로 공매도한 주식과 관련된 내용을 다룰 때는 오텍스와 S3에서 제공하는 원본 데이터를 사용했다. 이 두 회사는 특정 주식의 공매도 비율이 시간에 지남에 따라 어떻게 변했는지를 추정하는 데이터를 제공한다. 오텍스와 S3는 공매도를 위해 차입한 주식별 대여 수량과 공매도자가 포지션을 청산한 후 매일 반환한 차입 주식 수를 추적하여 공매도 비율을 추산한다.

Subredditstats.com이라는 웹사이트에서는 기본적으로 모든 서브레딧의 1일 활동 기록을 저장한다. 이를 통해 특정 날짜의 월스트리트베츠 및 기타 서브레딧의 회원 수와 게시물 및 댓글 수를 확인할 수 있었다. 또한 '욜로스톡YoloStocks'과 '톱스통크

TopStonks'라는 두 개의 서로 다른 프로젝트는 월스트리트베츠와 기타 투자 관련 서브레딧에서 게시물을 스크랩하여 각 주식 종목 코드가 매일 몇 번이나 언급되었는지를 기록했다. 개별 서브레딧의 트래픽 데이터는 공개되지 않기 때문에 운영진이 레딧의 내부 트래픽 대시보드를 찍은 스크린샷을 참고했다.

로빈후드를 비롯해 기타 투자 앱을 다운로드한 고객 수를 추적하는 데는 앱토피아를 활용했다. 앱토피아는 아이폰과 안드로이드 폰에서의 다운로드 수를 수집한 원본 데이터와 더불어 다양한 투자 앱을 이용하는 사람들의 인구통계학적 변화에 관한 데이터도 제공했다.

'알파큐션Alphacution'이라는 회사는 로빈후드 같은 소매 증권사가 시타델 같은 전문 시장 조성사로부터 수집한 주문 흐름에 대한 지불 데이터를 공유해주었다. 알파큐션은 증권사가 제출한 공개 규제 보고서에서 데이터를 추출하고 분석해 소매 중개 산업의 경제 구조와 소매 증권사가 처리하는 거래 규모 변화를 이해할 수 있도록 도움을 주었다.

주

서문

1. 2021년 1월 조던 자자라가 저자에게 직접 보낸 이메일.
2. 본 데이터 및 분석 내용은 2023년 반다 리서치가 저자에게 제공.
3. Aditya Aladangady et al., "Changes in U.S. Family Finances from 2019 to 2022: Evidence from the Survey of Consumer Finances," Washington, DC: *Board of Governors of the Federal Reserve System,* October 2023, https://doi.org/10.17016/8799.
4. "Gen Z and Investing: Social Media, Crypto, FOMO, and Family," *FINRA Investor Education Foundation,* CFA Institute, May 24, 2023, https://www.finrafoundation.org/sites/finrafoundation/files/Gen-Z-and-Investing.pdf.
5. Aladangady et al., "Changes in U.S. Family Finances."

1장 아웃사이더, 레딧을 점령하다

1. Jeffrey M. Jones, "U.S. Stock Ownership Highest Since 2008," *Gallup.com,* May 24, 2023, https://news.gallup.com/poll/506303/stock-ownership-highest-2008.aspx.
2. Paola Sapienza and Luigi Zingales, "Financial Trust Index, Wave 12," *Fi-*

nancial Trust Index,* University of Chicago Booth School of Business and Kellogg School of Management, October 19, 2011, http://www.financial-trustindex.org/resultswave12.htm.
3. 이 데이터는 세인트루이스 연방준비은행 소속 데이터과학자인 Lowell R. Ricketts가 연방준비은행이 발간하는 소비자 재정 조사 보고서에서 추출하고 분석했다.

3장 로빈후드, 완전히 새로운 판을 짜다

1. Anthony Ha, "Robinhood's Vlad Tenev on Stock Market Turmoil and Eliminating Trading Fees," *TechCrunch,* September 21, 2015, https://techcrunch.com/2015/09/21/robinhood-disrupt/.
2. Matthew Yglesias, "Making It Cheaper and Easier to Trade Stocks Is a Terrible Idea," *Vox,* September 23, 2014, https://www.vox.com/2014/9/23/6834867/robin-hood-app.
3. 밈의 역사와 중요성에 관해서는 다음 자료를 참조했다. Joan Donovan, Emily Dreyfuss, and Brian Friedberg, *Meme Wars: The Untold Story of the Online Battles Upending Democracy in America* (New York: Bloomsbury, 2022), and Ryan M. Milner, *The World Made Meme: Public Conversations and Participatory Media* (Cambridge, MA: MIT Press, 2018).

4장 혐오와 분노, 문화에서 정치로

1. Richard V. Reeves and Ember Smith, "Boys Left Behind: Education Gender Gaps Across the US," The Brookings Institution, October 12, 2022, https://www.brookings.edu/articles/boys-left-behind-education-gender-gaps-across-the-us/.
2. 시간 활용에 관한 데이터는 다음을 참조했다. Mark Aguiar et al., "Leisure Luxuries and the Labor Supply of Young Men," *National Bureau of Economic Research,* June 2017, https://www.nber.org/system/files/working_papers/w23552/w23552.pdf.
3. Dale Beran, "4chan: The Skeleton Key to the Rise of Trump," *Medium,* July 30, 2019, https://medium.com/@DaleBeran/4chan-the-skeleton-key-to-the-rise-of-trump-624e7cb798cb.

4. r/WallStreetBets, Subreddit Stats, accessed September 26, 2023, https://subredditstats.com/r/WallStreetBets 참조.

5장 트럼프 당선시키기

1. Andriy Mulyar, "How a Subreddit Made Millions from COVID-19," Academic Projects and Blogs, March 25, 2020, https://andriymulyar.com/blog/how-a-subreddit-made-millions-from-covid19.
2. Sally French and Shawn Langlois, "There's a Loud Corner of Reddit Where Millennials Look to Get Rich or Die Tryin'," *MarketWatch*, April 5, 2016, https://www.marketwatch.com/story/the-millennials-looking-to-get-rich-or-die-tryin-off-one-of-wall-streets-riskiest-oil-plays-2016-03-30.
3. Michael Barthel et al., "Reddit News Users More Likely to Be Male, Young and Digital in Their News Preferences," *Pew Research Center's Journalism Project*, February 25, 2016, https://www.pewresearch.org/journalism/2016/02/25/reddit-news-users-more-likely-to-be-male-young-and-digital-in-their-news-preferences/.

6장 폭주하는 밈과 암호화폐 도박꾼들

1. Daniel A. Cox, Ryan Streeter, and David Wilde, "A Loneliness Epidemic? How Marriage, Religion, and Mobility Explain the Generation Gap in Loneliness," *American Enterprise Institute*, September 26, 2019, https://www.aei.org/wp-content/uploads/2019/09/A-Loneliness-Epidemic.pdf?x91208.
2. Daniel A. Cox, "The State of American Friendship: Change, Challenges, and Loss," *Survey Center on American Life*, June 8, 2021, https://www.americansurveycenter.org/research/the-state-of-american-friendship-hange-challenges-and-loss/.
3. "Blockchain Capital Survey Finds Over One-in-Four Millennials Would Prefer Investing in Bitcoin Over Stocks and Bonds," *Cision PR Newswire*, November 8, 2017, https://www.prnewswire.com/news-releases/blockchain-capital-survey-finds-over-one-in-four-millennials-would-prefer-investing-in-bitcoin-over-stocks-and-bonds-300551422.html.
4. Fred Imbert, "JPMorgan CEO Jamie Dimon Says Bitcoin Is a 'Fraud' That

Will Eventually Blow Up," CNBC, September 12, 2017, https://www.cnbc.com/2017/09/12/jpmorgan-ceo-jamie-dimon-raises-flag-on-trading-revenue-sees-20-percent-fall-for-the-third-quarter.html.

7장 더 위험할수록 더 유명해진다

1. 원본 데이터는 2022년에 Apptopia가 제공.
2. Tara Siegel Bernard and Karl Russell, "The New Toll of American Student Debt in 3 Charts," *New York Times*, July 11, 2018, https://www.nytimes.com/2018/07/11/your-money/student-loan-debt-parents.html.
3. Marc N. Potenza, "The Neural Bases of Cognitive Processes in Gambling Disorder," *Trends in Cognitive Sciences* 18:8 (August 2014): 429–438, https://www.ncbi.nlm.nih.gov/pmc/articles/PMC4112163/.
4. O. R. Waluk, G. J. Youssef, and N. A. Dowling, "The Relationship Between Problem Gambling and Attention Deficit Hyperactivity Disorder," *Journal of Gambling Studie*s 32 (2015): 591–604, https://doi.org/10.1007/s10899-015-9564-8.
5. 저자가 2022년 Natasha Dow Schull과 직접 진행한 인터뷰에서 발췌.
6. Agnieszka Tymula and Xueting Wang, "Increased Risk-Taking, Not Loss Tolerance, Drives Adolescents' Propensity to Choose Risky Prospects More Often Under Peer Observation," *Journal of Economic Behavior and Organization* 188 (August 2021): 439–57, https://doi.org/10.1016/j.jebo.2021.05.030.
7. Dale Beran, "4chan: The Skeleton Key to the Rise of Trump," *Medium*, July 30, 2019, https://medium.com/@DaleBeran/4chan-the-skeleton-key-to-the-rise-of-trump-624e7cb798cb.
8. 2022년 Roisin Kiberd와 운영진 사이에 오간 대화를 저자가 직접 제공받아 작성.
9. "Free Options Trading from Robinhood: Our Exclusive Interview with Co-Founder Baiju Bhatt About the Future of Online Trading," *Options Alpha Podcast*, December 30, 2017, https://open.spotify.com/episode/3zaKOtsvW0zpsebJhkMp2J.
10. Max Chafkin and Julie Verhage, "Brokerage App Robinhood Thinks Bitcoin Belongs in Your Retirement Plan," *Bloomberg.com*, February 8, 2018, https://www.bloomberg.com/news/features/2018-02-08/brokerage-app-robinhood-thinks-bitcoin-belongs-in-your-retirement-plan.

11. Daren Fonda, "Charles Schwab and the New Broker Wars," *Barron's*, October 4, 2019, https://www.barrons.com/articles/who-will-win-the-new-broker-wars-51570233983.
12. Alexander Osipovich and Gunjan Banerji, "How Robinhood Cashes in on the Options Boom," *Wall Street Journal*, October 31, 2021, https://www.wsj.com/articles/how-robinhood-cashes-in-on-the-options-boom-11635681600.
13. 로빈후드에 대한 규제 당국의 조사 내용은 전부 여기서 발췌했다. "Letter of Acceptance, Waiver and Consent No. 2020066971201," *Financial Industry Regulatory Authority*, June 30, 2021, https://www.finra.org/sites/default/files/2021-06/robinhood-financial-awc-063021.pdf.
14. "Robinhood App Review—What Is the Cost of Free Commissions?" *Top Trade Reviews*, February 26, 2018, https://toptradereviews.com/robinhood-review/.
15. "Letter of Acceptance, Waiver."
16. Matt Levine, "Money Stuff: Playing the Game of Infinite Leverage," *Bloomberg*, November 5, 2019, https://www.bloomberg.com/opinion/newsletters/2019-11-05/money-stuff-playing-the-game-of-infiniteleverage?embedded-checkout=true.
17. 이 데이터는 세인트루이스 연방준비은행 소속 데이터과학자인 Lowell R. Ricketts가 연방준비은행이 발간하는 소비자 재정 조사 보고서에서 추출하고 분석했다.

8장 이달의 밈 주식과 테슬라 열풍

1. Jaime Rogozinski, WallStreetBets: How Boomers Made the World's Biggest Casino for Millennials (Seattle: Amazon Digital Services, 2020), https://www.amazon.com/WallStreetBets-Boomers-Worlds-Biggest-Millennials/dp/B084DFNN2F.
2. Alexander Osipovich and Lisa Beilfuss, "Schwab Cuts Fees on Online Stock Trades to Zero, Rattling Rivals," *Wall Street Journal*, October 1, 2019, https://www.wsj.com/articles/charles-schwab-ending-online-trading-commissions-on-u-s-listed-products-11569935983.
3. Jim Cramer, "Robinhood Has Changed Investing Forever," Mad Money with Jim Cramer, CNBC, November 26, 2019, https://www.cnbc.com/video/2019/11/26/cramer-robinhood-has-changed-investing-forever.html.

4. 원본 데이터는 2022년에 TopStonks에서 제공.
5. 데이터는 2023년 Robintrack에서 제공.
6. Michael Sheetz, "Elon Musk Rips Tesla Analysts, Says Individual Investors 'Have Better Insights' than Wall Street," CNBC, January 30, 2020, https://www.cnbc.com/2020/01/30/elon-musk-rips-tesla-analysts-retail-investors-have-better-insights.html.
7. Luke Kawa, "Reddit's Profane, Greedy Traders Are Shaking Up the Stock Market," *Bloomberg Businessweek*, February 26, 2020, https://www.bloomberg.com/news/articles/2020-02-26/reddit-s-profane-greedy-traders-are-shaking-up-the-stock-market.
8. 원본 데이터와 분석 내용은 2022년에 Joshua Mitts가 제공. 옵션 거래가 주식 가격에 미칠 수 있는 영향을 계산하기 위해 과거에 비슷한 시장 상황에서 특정 주식이 옵션 거래량이 많을 때와 적을 때 어떻게 반응했는지를 비교했다. 다만 옵션 거래자들이 실제로 그 주식을 거래했는지, 아니면 다른 파생상품을 거래했는지는 확실히 알 수 없으므로 계산 결과는 추정치일 뿐이라는 한계가 있다.

9장 시장 조작, 닥치고 매수하라

1. Michael Sheetz and Kate Rooney, "Forget Tesla. Wall Street Has Found a New Favorite Speculative Stock as Virgin Galactic Surges 23%," CNBC, February 19, 2020, https://www.cnbc.com/2020/02/19/virgin-galactic-is-wall-streets-new-favorite-speculative-stock-spce.html.
2. Luke Kawa and Bailey Lipschultz, "Virgin Galactic Frenzy Starting to Look a Little Like Tesla Run," *Bloomberg.com*, February 18, 2020, https://www.bloomberg.com/news/articles/2020-02-18/virgin-galactic-frenzy-starting-to-look-a-little-like-tesla-run.
3. Jennifer Ablan, "Record Wall Street Rally Triggers Boom in Options," *Financial Times*, February 18, 2020, https://www.ft.com/content/b267aac0-4f0d-11ea-95a0-43d18ec715f5.
4. Lu Wang and Vildana Hajric, "S&P 500's 5% Rout Hammers Mom-and-Pop Investors Who've Piled In," *Bloomberg.co*m, February 24, 2020, https://www.bloomberg.com/news/articles/2020-02-24/s-p-500-s-5-rout-hammers-mom-and-pop-investors-who-ve-piled-in.
5. Wang and Hajric, "S&P 500's 5% Rout."

10장 코로나19와 요동치는 시장

1. Joe Weisenthal and Tracy Alloway, "How a Profane Subreddit Moved the Market," *Odd Lots* (podcast), March 5, 2020, https://omny.fm/shows/odd-lots/how-a-profane-subreddit-moved-the-market.
2. "Expert Report of Scott E. Walster," *In re: Robinhood Outage Litigation*, case 3:20-cv-01626-JD, document 136-67, June 25, 2021.
3. "Exhibit 35," In re: Robinhood Outage Litigation, case 3:20-cv-01626-JD, document 136-39, October 22, 2021.
4. "Deposition of Denali Lumma," *In re: Robinhood Outage Litigation*, case 3:20-cv-01626-JD, document 136-5, filed October 22, 2021.
5. 해당 진술은 로빈후드 서비스 장애 소송 문건에서 발췌.
6. Yun Li, "Bill Ackman Pleads to Trump to Increase Closures to Save the Economy: 'Shut It Down Now,'" CNBC, March 18, 2020, https://www.cnbc.com/2020/03/18/bill-ackman-pleads-to-trump-to-increase-closures-to-save-the-economy-shut-it-down-now.html.
7. 앱 다운로드 수에 관한 원본 데이터는 2022년에 Apptopia에서 제공.

11장 뒤집힌 자본 시장의 패러다임

1. 데이터는 이트레이드의 과거 재무 보고서에서 발췌.
2. "The Rise of the Investor Generation: 15% of U.S. Stock Market Investors Got Their Start in 2020, Schwab Study Shows," *About Schwab*, April 8, 2021, https://www.aboutschwab.com/generation-investor-study-2021.
3. Maggie Fitzgerald, "Young Investors Pile into Stocks, Seeing 'Generational-Buying Moment' Instead of Risk," CNBC, May 12, 2020, https://www.cnbc.com/2020/05/12/young-investors-pile-into-stocks-seeing-generational-buying-moment-instead-of-risk.html.
4. Tony Thomas and Nick Watson, "Long-Term Fund Outflows amid Volatility Triple '08 Figures," *Morningstar*, April 14, 2020, https://www.morningstar.com/funds/long-term-fund-outflows-amid-volatility-triple-08-figures.
5. Maneesh Deshpande and Elias Krauklis, "Direct Retail Investors Were the Smart Money in 2020," *Barclays Equity Research*, January 12, 2021.
6. Jim Cramer, "Robinhood Co-CEO on Investing Habits, Platform Operability Amid Crisis," Mad Money with Jim Cramer, CNBC, April 20, 2020, https://

www.cnbc.com/video/2020/04/20/robinhood-co-ceo-on-investing-habits-platform-operability-amid-crisis.html.
7. "Investing 2020: New Accounts and the People Who Opened Them," *FINRA Investor Education Foundation,* February 2021, https://www.finrafoundation.org/sites/finrafoundation/files/investing-2020-new-accounts-and-the-people-who-opened-them_1_0.pdf.
8. Billy Baker, "Here, a Hangout for Trash Talking," *Boston Globe,* June 3, 2011, https://archive.boston.com/news/local/massachusetts/articles/2011/06/03/at_barstool_sports_cheap_shots_flow_along_with_the_sexist/?page=2.
9. Melissa Karsh and Hema Parmar, "Tudor Jones Says Time for 'Humble Pie' About Stock Market," *Bloomberg.com,* June 9, 2020, https://www.bloomberg.com/news/articles/2020-06-09/time-for-some-humble-pie-about-stock-market-tudor-jones-says.
10. Jason Zweig, "Playing the Market Has a Whole New Meaning," *Wall Street Journal,* June 12, 2020, https://www.wsj.com/articles/playing-the-market-has-a-whole-new-meaning-11591974010.
11. 컨스에 대한 세부 정보는 그의 가족이 이후 로빈후드를 상대로 제기한 소송에서 발췌. Kearns et al. v. Robinhood Financial LLC et al., case no. 5:2021cv01014, U.S. District Court for the Northern District of California (2021) 참고.

12장 검열이냐 표현의 자유냐

1. David Leonhardt, "A Link Between Fidgety Boys and a Sputtering Economy," *New York Times,* April 29, 2014, https://www.nytimes.com/2014/04/29/upshot/a-link-between-fidgety-boys-and-a-sputtering-economy.html.
2. Maneesh Deshpande and Elias Krauklis, "Direct Retail Investors Were the Smart Money in 2020," *Barclays Equity Research,* January 12, 2021.
3. Scarlet Fu, "Chanos Reduces 'Painful' Tesla Short, Tells Musk 'Job Well Done,'" *Bloomberg.com,* December 3, 2020, https://www.bloomberg.com/news/articles/2020-12-03/tesla-bear-jim-chanos-says-he-d-tell-elon-musk-job-well-done.
4. Claudia Assis and Tomi Kilgore, "Famed Short Seller Tells MarketWatch Why He's Betting Against Tesla's 'Casino,'" *MarketWatch,* February 5, 2020, https://www.marketwatch.com/story/tesla-casino-lures-back-famed-short-

seller-2020-02-04.
5. "Citron Critiques 'Robinhood' Traders, Questions American Air's Rally," *Seeking Alpha*, June 5, 2020, https://seekingalpha.com/news/3580845-citron-critiques-robinhood-traders-questions-american-airs-rally.
6. Wayne Duggan, "Citron Shorts Palantir, Calls Stock 'a Full Casino,'" *Benzinga*, November 18, 2020, https://www.benzinga.com/analyst-ratings/analyst-color/20/11/18555579/citron-shorts-palantir-calls-stock-a-full-casino.

13장 목적지는 명왕성, 지금 탑승하라

1. Tyler Clifford, "Jim Cramer Says Young Investors 'Changed the Entire Character of the Market,'" Mad Money with Jim Cramer, CNBC, December 7, 2020, https://www.cnbc.com/2020/12/07/jim-cramer-young-investors-changed-the-entire-character-of-the-market.html.

14장 분노, 불만, 열정을 베팅하다

1. 개인 투자자들의 옵션 매수량에 관한 원본 데이터 및 분석 내용은 2023년 반다 리서치에서 제공.
2. 개인 투자자들의 게임스톱 주식 및 옵션 구매에 관한 원본 데이터 및 분석 내용은 2023년 반다 리서치에서 제공.
3. 공매도 비율에 관한 데이터 및 분석 내용은 2022년 Ortex에서 제공.
4. Patricia Hurtado, "SAC's Plotkin Said to Have Been Tipped by Analyst,"- *Bloomberg.com*, March 18, 2013, https://www.bloomberg.com/news/articles/2013-03-17/sac-s-plotkin-said-to-have-been-tipped-by-analyst.
5. Tom Maloney and Hema Parmar, "Coleman Leads $23 Billion Payday for 15 Hedge Fund Earners," *Bloomberg.com*, February 10, 2021, https://www.bloomberg.com/news/articles/2021-02-10/chase-coleman-leads-23-billion-payday-for-15-hedge-fund-earners?sref=tnuvvlQG.
6. Katherine Kallergis, "Gamestop Short-Seller Revealed as Buyer of $44MMiami Beach Property," *Real Deal*, December 7, 2020, https://therealdeal.com/miami/2020/12/07/melvin-capital-founder-revealed-as-buyer-of-44m-miami-beach-property-sources/.
7. 원본 데이터 및 분석 내용은 2022년 S3에서 제공.

8. Michelle Celarier, "The Dark Money Secretly Bankrolling Activist Short-Sellers—and the Insiders Trying to Expose It," *Institutional Investor*, November 30, 2020, https://www.institutionalinvestor.com/article/b1pgz6k9kjs50v/The-Dark-Money-Secretly-Bankrolling-Activist-Short-Sellers-and-the-Insiders-Trying-to-Expose-It.
9. Jesse Barron, "The Bounty Hunter of Wall Street," *New York Times Magazine*, June 8, 2017, https://www.nytimes.com/2017/06/08/magazine/the-bounty-hunter-of-wall-street.html.
10. Andrew Left, "5 Reasons GameStop Is Going to $20," YouTube, January 2021, https://www.youtube.com/watch?v=mEi2axM4hwI (video removed).
11. "GME with Rod Alzmann and CJ Trades," ZingerNation Power Hour, January 22, 2021, https://www.youtube.com/watch?v=GLzTU87MJM-M&t=1021s.
12. Juliet Chung, "Short Bets Pummel Hot Hedge Fund Melvin Capital," *Wall Street Journal*, January 22, 2021, https://www.wsj.com/articles/short-bets-pummel-hot-hedge-fund-melvin-capital-11611349217?mod=article_inline.

15장 게임스톱 주가 대폭등

1. "Summers Says: Markets Will Survive Reddit Traders," *Bloomberg.com*, January 23, 2021, https://www.bloomberg.com/news/videos/2021-01-23/summers-says-markets-will-survive-reddit-traders-video.
2. Juliet Chung, "Citadel, Point72 to Invest $2.75 Billion into Melvin Capital Management," *Wall Street Journal*, January 25, 2021, https://www.wsj.com/articles/citadel-point72-to-invest-2-75-billion-into-melvin-capital-management-11611604340.
3. "GameStop Situation Is the 'Craziest I've Ever Seen': Steve Weiss," Fast Money: Halftime Report, CNBC, January 25, 2021, https://www.cnbc.com/video/2021/01/25/gamestop-situation-is-the-craziest-ive-ever-seen-steve-weiss.html.
4. 개인 투자자들의 주식 거래량 및 전체 거래량에 관한 데이터는 2022년과 2023년에 반다 리서치와 오텍스에서 제공.
5. 개인 투자자들의 게임스톱 주식 매입량에 관한 원본 데이터 및 분석 내용은 2023년 반다 리서치에서 제공.
6. Matt Levine, "The GameStop Game Never Stops," *Bloomberg*, January 25,

2021, https://www.bloomberg.com/opinion/articles/2021-01-25/the-game-never-stops.
7. "Melvin Capital Sells Out of GameStop," Squawk Box, CNBC, January 27, 2021, https://www.cnbc.com/video/2021/01/27/melvin-capital-sells-out-of-gamestop.html.
8. 해당 종목 코드 언급 횟수에 관한 데이터는 2022년 TopStonks에서 제공.
9. Bailey Lipschultz, "Reddit-Fueled Traders Trigger Volatility Halts Across Market," *Bloomberg.com*, January 27, 2021, https://www.bloomberg.com/news/articles/2021-01-27/reddit-fueled-traders-trigger-volatility-halts-across-the-market.
10. Juliet Chung, "Wall Street Hedge Funds Stung by Market Turmoil," *Wall Street Journal*, January 28, 2021, https://www.wsj.com/articles/several-hedge-funds-stung-by-market-turmoil-11611842693.
11. Matthew J. Belvedere, "Investor Chamath Palihapitiya: The GameStop Story Is Pushback Against Wall Street Establishment," Fast Money: Halftime Report, CNBC, January 27, 2021, https://www.cnbc.com/2021/01/27/chamath-palihapitiya-closes-gamestop-position-but-defends-individual-investors-right-to.html.
12. Ethan Gach, "Discord Bans r/WallStreetBets Server for 'Hateful' Content [Update: Subreddit Briefly Taken Offline]," *Kotaku.com*, January 27, 2021, https://kotaku.com/discord-bans-r-wallstreetbets-server-for-hateful-conten-1846146359.
13. "Robinhood CEO Vlad Tenev on His Motivation for Starting the Commission-Free Stock Trading App," Squawk Box, CNBC, January 27, 2021, https://www.cnbc.com/video/2021/01/27/robinhood-ceo-vlad-tenev-on-his-motivation-for-starting-the-commission-free-stock-trading-app.html.
14. "Robinhood CEO Vlad Tenev Speaks to Cuomo After GameStop Stock Chaos," Cuomo Prime Time, CNN, January 28, 2021, https://www.cnn.com/videos/business/2021/01/29/robinhood-ceo-vlad-tenev-gamestop-stock-cpt-vpx.cnn.

16장 유인원, 인플루언서 그리고 광신도

1. Hope King, "Reddit CEO Steve Huffman on GME WSB," *Medium*, January 29, 2021, https://medium.com/swlh/reddit-ceo-steve-huffman-on-gme-wsb-

d2589a2dfe35.
2. Christina Hadly, "WallStreetBets Is America," *Vox*, February 4, 2021, https://www.vox.com/the-goods/22264303/wallstreetbets-reddit-gamestop-stocks-language-community.
3. Abram Brown, "Founder of WallStreetBetsDiscusses Why the Group Unleashed Chaos on GameStop—and Why He's (Really) Exiled from Reddit," *Forbes*, January 28, 2021, https://www.forbes.com/sites/abrambrown/2021/01/28/founder-of-wallstreetbets-discusses-why-the-group-unleashed-chaos-on-gamestop-and-why-hes-really-exiled-from-reddit/?sh=18ad6c211c43.
4. "WallStreetBets Founder Is Fascinated Watching GameStop Frenzy from Sidelines," All Things Considered, NPR, January 30, 2021, https://www.npr.org/2021/01/30/962070028/wallstreetbets-founder-is-fascinated-watching-gamestop-frenzy-from-sidelines.
5. Tim Marcin, "Robinhood's Very Bad Super Bowl Ad Made Some People Real Mad," *Mashable*, February 7, 2021, https://mashable.com/article/robinhood-super-bowl-ad-memes-jokes-reactions.
6. Sarah E. Needleman, "Reddit's Valuation Doubles to $6 Billion After Funding Round," *Wall Street Journal*, February 9, 2021, https://www.wsj.com/articles/reddits-valuation-doubles-to-6-billion-after-funding-round-11612833205.
7. Adam Gopnik, "What Happens When You Kill Your King," *New Yorker*, April 17, 2023, https://www.newyorker.com/magazine/2023/04/24/the-blazing-world-jonathan-healey-book-review.
8. Sean Keane, "Elon Musk Gives Dogecoin a Boost with a Tweet," *CNET*, February 4, 2021, https://www.cnet.com/culture/elon-musk-gives-dogecoin-a-boost-with-a-tweet/.
9. 다운로드 수에 관한 원본 데이터는 2022년에 Apptopia에서 제공.
10. Katherine Doherty and Brandon Kochkodin, "AMC to the Moon: How Meme Stock Embraced Reddit Boom, Unlike GameStop (GME)," *Bloomberg.com*, June 4, 2021, https://www.bloomberg.com/news/articles/2021-06-04/amc-to-the-moon-how-meme-stock-embraced-reddit-boom-unlike-gamestop-gme.
11. "Hedge Fund Trend Monitor," *Goldman Sachs*, May 20, 2021.
12. Jim Cramer, "Cramer Breaks Down the Latest Jump in GameStop, AMC Shares, and Where Reddit Traders May Look Next," Mad Money with Jim

Cramer, CNBC, May 26, 2021, https://www.cnbc.com/video/2021/05/26/jim-cramer-breaks-down-the-jump-in-gamestop-and-amc-shares.html.
13. 의회 조사 관련 자료는 다음에서 발췌. Maxine Waters and Al Green, "Game Stopped: How the Meme Stock Market Event Exposed Troubling Business Practices, Inadequate Risk Management, and the Need for Regulatory and Legislative Reform," *U.S. House Committee on Financial Services*, June 24, 2022, https://democrats-financialservices.house.gov/news/documentsingle.aspx?DocumentID=409578.
14. "Dave Portnoy vs. Robinhood CEO Vlad LIVE," *Barstool Sports*, February 23, 2021, https://www.youtube.com/watch?v=LqoJApzkaPU.

17장 분노 세대의 집권

1. 개인 투자자들의 주식 투자 금액에 관한 원본 데이터 및 분석 내용은 2023년 반다 리서치에서 제공.
2. 개인 투자자들의 투자 종목 변화에 관한 원본 데이터는 2023년 반다 리서치에서 제공.
3. 로빈후드 이용자의 투자 수익 현황에 관한 데이터는 로빈후드의 2021년 분기보고서에서 발췌.
4. "Gen Z and Investing: Social Media, Crypto, FOMO, and Family," FINRA Investor Education Foundation, *CFA Institute*, May 24, 2023, https://www.finrafoundation.org/sites/finrafoundation/files/Gen-Z-and-Investing.pdf.
5. Caitlin McCabe, "Day Traders as 'Dumb Money'? The Pros Are Now Paying Attention," *Wall Street Journal*, January 16, 2022, https://www.wsj.com/articles/fund-managers-pay-attention-to-retail-day-traders-11642132135.
6. Annie Lowrey, "The Black Investors Who Were Burned by Bitcoin," *Atlantic*, November 29, 2022, https://www.theatlantic.com/ideas/archive/2022/11/black-investors-bitcoin-cryptocurrency-crash/671750/.
7. Lu Wang, "Day Trader Army Loses All the Money It Made in Meme-Stock Era," *Bloomberg*, May 8, 2022, https://www.bloomberg.com/news/articles/2022-05-08/day-trader-army-loses-all-the-money-it-made-in-meme-stock-era?embedded-heckout=true; Lydia Moynihan, "Day Traders' Profits from 'Meme Stock' Frenzy Have Been Erased: Report," New York Post, May 9, 2022, https://nypost.com/2022/05/09/day-traders-profits-from-meme-stock-frenzy-have-been-erased-report/.

8. 개인 투자자들의 투자 성과에 관한 원본 데이터 및 분석 내용은 2023년 반다 리서치에서 제공.
9. 개인 투자자들의 주식 및 옵션 거래량에 관한 원본 데이터 및 분석 내용은 2023년 반다 리서치에서 제공.
10. "Gen Z and Investing: Social Media, Crypto, FOMO, and Family."
11. Michelle Faverio and Olivia Sidoti, "Majority of Americans Aren't Confident in the Safety and Reliability of Cryptocurrency," *Pew Research Center,* April 10, 2023, https://www.pewresearch.org/short-reads/2023/04/10/majority-of-americans-arent-confident-in-the-safety-and-reliability-of-cryptocurrency/.
12. David Brooks, "A Theory of Elon Musk's Maniacal Drive," *New York Times,* September 21, 2023, https://www.nytimes.com/2023/09/21/opinion/elon-musk-ambition.html.
13. Matt Levine, "The Moon Emoji Is Securities Fraud," *Bloomberg.com,* July 31, 2023, https://www.bloomberg.com/opinion/articles/2023-07-31/the-moon-emoji-is-securities-fraud.
14. John Gramlich, "Young Americans Are Less Trusting of Other People—and Key Institutions—than Their Elders," *Pew Research Center,* August 6, 2019, https://www.pewresearch.org/short-reads/2019/08/06/young-americans-are-less-trusting-of-other-people-and-key-institutions-than-their-elders/;Jacob Liedke and Jeffrey Gottfried, "U.S. Adults Under 30 Now Trust Information from Social Media Almost as Much as from National News Outlets," Pew Research Center, October 27, 2022, https://www.pewresearch.org/short-reads/2022/10/27/u-s-adults-under-30-now-rust-information-from-social-media-almost-as-much-as-from-national-news-outlets/.
15. "Gen Z and Investing: Social Media, Crypto, FOMO, and Family."
16. 이러한 문제가 어떻게 무시되고 있는지와 관련해 리브스가 주장한 내용은 독립 출판 플랫폼 Substack에서 그가 발행한《Of Boys and Men》에서 발췌했다. Richard V. Reeves, "Into the Vacuum Demons Pour," Of Boys and Men, March 29, 2023, https://ofboysandmen.substack.com/p/into-the-vacuum-demons-pour.
17. 주식 투자 앱을 다운로드한 사람들의 인구통계에 관한 원본 데이터는 Apptopia에서 제공.
18. James Surowiecki, "RIP Meme Stocks. You Were Terrible Investments," *Fast Company,* January 12, 2023, https://www.fastcompany.com/90832078/rip-meme-stocks-bed-bath-beyond-bankruptcy-bubble.

19. Lu Wang and Carly Wanna, "Zero-Day Options Are Reordering the Way the Stock Market Behaves," Bloomberg.com, May 18, 2023, https://www.bloomberg.com/news/articles/2023-05-18/zero-day-options-are-eordering-the-way-the-stock-market-behaves.
20. Jennifer Hughes, "Meme-Stock 2.0: Wall Street's Retail Trading Boom Is Back," *Financial Times*, February 17, 2023, https://www.ft.com/content/0f-faea2b-ba38-4dbc-b52-499cdb0e1662.
21. 원본 데이터 및 중개 업계 시장 점유율에 관한 분석 내용은 2023년 Broker-Chooser에서 제공.
22. Svetlana Bryzgalova, Anna Pavlova, and Taisiya Sikorskaya, "Retail Trading in Options and the Rise of the Big Three Wholesalers," *SSRN*, April 20, 2022, https://papers.ssrn.com/sol3/papers.cfm?abstract_id=4065019.
23. Chaehyun Pyun, "Social Media Group Investing," *SSRN*, April 13, 2022, https://papers.ssrn.com/sol3/papers.cfm?abstract_id=4059696. Updates on that paper can be found at https://docs.google.com/document/d/1LF1jbxY-Pxy_kOJRj7074AdvIViqKC--UhS2yvWZFwa8/edit.
24. Brianna Steinhilber, " 'Keeping Up with the Joneses' Has Become 'Keeping Up with the Kardashians'—andIt's Destroying Our Happiness,"*NBCNews.com*, August 6, 2018, https://www.nbcnews.com/better/pop-culture/keeping-joneses-has-become-keeping-kardashians-it-may-be-destroying-nc-na898016.
25. Angela Fontes et al., "Where Are They Now? Following Up with the New Investors of 2020," *FINRA Foundation*, March 2023, https://www.finrafoundation.org/sites/finrafoundation/files/Where-Are-They-Now-Following-Up-With-The-New-Investors-of-2020.pdf.

옮긴이 **김지연**

KAIST 경영과학과 졸업 후 미국 듀케인대학교에서 레토릭 및 커뮤니케이션 철학을 공부하고 석사 학위를 받았다. 다년간 번역가로 활동하였으며, 현재 바른번역 소속 전문 번역가로 활동하고 있다. 옮긴 책으로는 『알렉산더 해밀턴』(공역), 『발견의 시대』, 『영향력과 설득』, 『외로움의 해부학』, 『프로방스에서의 25년』, 『나는 아우슈비츠의 약사입니다』, 『놀라움의 힘』 등이 있다.

분노 세대

초판 1쇄 발행 2025년 1월 31일

지은이 너새니얼 포퍼
옮긴이 김지연

발행인 이봉주 **단행본사업본부장** 신동해
편집장 김예원 **책임편집** 김서영
디자인 김은정 **교정교열** 박나래
마케팅 최혜진 강효경 **홍보** 반여진
국제업무 김은정 김지민 **제작** 정석훈

브랜드 웅진지식하우스 **주소** 경기도 파주시 회동길 20
문의전화 031-956-7212(편집) 031-956-7088(마케팅)
홈페이지 www.wjbooks.co.kr
인스타그램 www.instagram.com/woongjin_readers
페이스북 www.facebook.com/woongjinreaders
블로그 blog.naver.com/wj_booking

발행처 ㈜웅진씽크빅
출판신고 1980년 3월 29일 제406-2007-000046호

한국어판출판권 © ㈜웅진씽크빅, 2025
ISBN 978-89-01-29250-2 03320

- 웅진지식하우스는 ㈜웅진씽크빅 단행본사업본부의 브랜드입니다.
- 이 책 내용의 전부 또는 일부를 이용하려면 반드시 저작권자와 ㈜웅진씽크빅의 서면 동의를 받아야 합니다.
- 책값은 뒤표지에 있습니다.
- 잘못된 책은 구입하신 곳에서 바꾸어 드립니다.